Meyer
Lebensmittelrecht

Lebensmittelrecht
Leitfaden für Studium und Praxis

Herausgegeben von
Rechtsanwalt
Dr. Alfred Hagen Meyer,
München

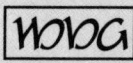

Wissenschaftliche Verlagsgesellschaft mbH Stuttgart 1998

Die Deutsche Bibliothek – CIP-Einheitsaufnahme

Meyer, Alfred Hagen:
Lebensmittelrecht : Leitfaden für Studium und Praxis / Alfred Hagen Meyer. – Stuttgart : Wiss. Verl.-Ges., 1998
  (Paperback Recht)
  ISBN 3-8047-1551-6

Jede Verwertung des Werkes außerhalb der Grenzen des Urheberrechtsgesetzes ist unzulässig und strafbar. Dies gilt insbesondere für Übersetzung, Nachdruck, Mikroverfilmung oder vergleichbare Verfahren sowie für die Speicherung in Datenverarbeitungsanlagen.
© 1998 Wissenschaftliche Verlagsgesellschaft Stuttgart
Printed in Germany
Satz: Sibylle Egger, Stuttgart
Druck: Hofmann, Schorndorf
Einbandgestaltung: Atelier Schäfer, Esslingen

Mein herzlicher Dank gilt

vor allem meiner lieben Frau, Apothekerin Monique Meyer, für ihre beständige und fachliche Unterstützung sowie ihre wertvollen Anregungen und Diskussionen, ohne die dieses Werk nie so zustande gekommen wäre,

meiner „Assistentin" Frau Petra Szczeponik, für ihren großen und unermüdlichen Einsatz

sowie den Herren Prof. Dr. Rudolf Streinz und Dr. Stefan Leible, die meinen beruflichen Lebensweg entscheidend prägten.

Inhalt

Inhaltsverzeichnis VII
Abkürzungsverzeichnis XV
Literaturverzeichnis XXV

Teil 1 – Leitfaden

Kapitel 1: Lebensmittel

1 **Lebensmittel** 1
   1.1 Stoffe 1
   1.2 Zweckbestimmung 1
   1.3 Ernährungs- und Genußzweck 2
   1.4 Zusatzstoffe 2
   1.5 Diätetische Lebensmittel 3

2 **Nahrungsergänzungsmittel** 3
   2.1 Bedarf an Nährstoffen 4
   2.2 Arzneimittel 5

3 **Novel Food** 6
   3.1 Anwendungsbereich 6
   3.2 Notifizierung, Prüfverfahren 8

4 **Arzneimittel** 9
   4.1 Zweckbestimmung 9
   4.2 Objektive Zweckbestimmung 12
   4.3 Beispiele 13
   4.4 Importerzeugnisse 14

Kapitel 2: Verkehr mit Lebensmitteln

1 **Verbote zum Schutz der Gesundheit, § 8 LMBG** 15
   1.1 § 8 Nr. 1 LMBG 15
   1.2 § 8 Nr. 2 LMBG 16
   1.3 § 8 Nr. 3 LMBG 17

2	Ermächtigungen zum Schutz der Gesundheit, § 9 LMBG		17
3	**Hygiene**		18
	3.1	Verbraucherschutz	18
	3.2	Sonderregelungen	18
	3.3	LebensmittelhygieneVO	19
		3.3.1 Hygieneanforderungen	20
		3.3.2 HACCP	23
		3.3.3 Qualitätsmanagementsystem (QMS)	29
4	**Zusatzstoffe**		33
	4.1	Zweckbestimmung	33
	4.2	Zusetzen	34
	4.3	Wirkung	34
	4.4	Keine Zusatzstoffe, § 2 Abs. 1 Halbsatz 2	35
		4.4.1 natürlicher Herkunft	35
		4.4.2 „den natürlichen chemisch gleiche" Stoffe	35
		4.4.3 Ernährungsphysiologischer Verwendungszweck	35
	4.5	Gleichgestellte Stoffe	36
		4.5.1 § 2 Abs. 2 LMBG	36
		4.5.2 § 2 Abs. 3 LMBG	37
	4.6	Zusatzstoffverbote, § 11 LMBG	38
		4.6.1 Verwendungsverbot, § 11 Abs. 1 Nr. 1a	38
		4.6.2 Zusatzstoffe erzeugen, § 11 Abs 1 Nr. 1c	38
		4.6.3 Verkehrsverbote	39
		4.6.4 Ausnahmen	39
		4.6.4.1 Technische Hilfsstoffe	39
		4.6.4.2 Andere Stoffe (Abs. 2 Nr. 2)	40
		4.6.5 Ausnahmen (Abs. 3)	41
		4.6.6 Straf- und Bußgeldvorschriften	41
	4.7	Zulassung von Zusatzstoffen, § 12 LMBG	41
		4.7.1 Zusatzstoff-Zulassungsverordnung	41
		4.7.1.1 Technologischer Zweck	41
		4.7.1.2 Einzelne Bestimmungen	45
		4.7.1.3 Anlagen zur ZZulV	46
		4.7.2 Zusatzstoff-Verkehrsverordnung	49
		4.7.3 Übergangsvorschriften	49
		4.7.4 Verordnung über die Zulassung von Zusatzstoffen für Lebensmittel zu anderen als technologischen Zwecken	50
5	**Ausnahmegenehmigungen nach § 37 LMBG**		50
	5.1	Ausnahmefälle	50
	5.2	Ermessensentscheidung	51

5.3	Nebenbestimmungen			51
5.4	Widerruf und Rücknahme			52

Kapitel 3: Kennzeichnung von Lebensmitteln

1	Essentielle Kennzeichnungselemente					53
	1.1	Ort der Kennzeichnung				54
	1.2	Art der Kennzeichnung				55
	1.3	Verkehrsbezeichnung				56
		1.3.1	Rechtsvorschriften			56
		1.3.2	Übliche Bezeichnungen			57
		1.3.3	Beschreibung eines Lebensmittels			57
		1.3.4	Verbindliche ergänzende Angaben			57
		1.3.5	Handelsmarken			58
		1.3.6	Importerzeugnisse			58
		1.3.7	Richtlinie 97/4/EG			58
	1.4	Zutatenverzeichnis				59
		1.4.1	Zutaten			59
		1.4.2	Zutatenverzeichnis			59
			1.4.2.1	Bezeichnung der Zutaten		59
			1.4.2.2	Das „Wie" des Zutatenverzeichnisses		60
		1.4.3	Quid			61
	1.5	Mindesthaltbarkeitsdatum				62
		1.5.1	Information des Herstellers			62
		1.5.2	Faktoren zur Bestimmung des MHD			62
		1.5.3	Art der Angabe des MHD			63
		1.5.4	Sondervorschriften			64
	1.6	Zusatzstoffe				64
2	Los-Kennzeichnung					65
3	Nährwertkennzeichnung					66
	3.1	Anwendung				66
	3.2	Nährwertkennzeichnung				66
	3.3	Art und Weise der Nährwertkennzeichnung				67
4	Novel Food					69
	4.1	Gleichwertigkeit				69
	4.2	Kennzeichnung „vorhandener Stoffe"				71
		4.2.1	GVO			71
		4.2.2	Art. 8 Abs. 1 Buchst. b und c			73
	4.3	„Gentechnik-frei"				74

Kapitel 4: Täuschungsschutz

1 Täuschungsschutz, § 17 Abs. 1 LMBG 76
   1.1 Zum Verzehr ungeeignete Lebensmittel, Nr. 1 76
      1.1.1 Zum Verzehr ungeeignet 76
      1.1.2 Salmonellen 77
      1.1.3 Nachträgliche Beseitigung 78
   1.2 Wertgeminderte Lebensmittel, Nr. 2 79
      1.2.1 Nachgemachte Lebensmittel, Nr. 2 Buchst. a 79
      1.2.2 Wertgeminderte Lebensmittel, Nr. 2 Buchst. b 80
         1.2.2.1 Verkehrsauffassung 80
         1.2.2.2 Feststellung der Verkehrsauffassung 80
         1.2.2.3 Ort und Zeit 83
         1.2.2.4 Nachweis 83
         1.2.2.5 Abweichende Beschaffenheit 84
         1.2.2.6 Wertminderung 84
      1.2.3 Scheinbare Verbesserung, Nr. 2 Buchst. c 85
      1.2.4 Ausreichende Kenntlichmachung 86
   1.3 Täuschung über Wert, Nr. 3 87
   1.4 Reinheitsangaben, Nr. 4 88
      1.4.1 Tatbestandsvoraussetzungen 88
      1.4.2 Verbotene Angaben 89
   1.5 Irreführung, Nr. 5 91
      1.5.1 Irreführung 91
         1.5.1.1 Verbraucherleitbild im Lebensmittelrecht 92
         1.5.1.2 Verbraucherleitbild im Wettbewerbsrecht 93
         1.5.1.3 Verhältnis § 3 UWG zu § 17 LMBG 95
         1.5.1.4 Begriffe in Nr. 5 95
         1.5.1.5 Formen der Irreführung 96
      1.5.2 Wirkaussagen, Nr. 5 Buchst. a 97
      1.5.3 Irreführung, Nr. 5 Buchst. b 98
         1.5.3.1 Herkunftsangaben 98
         1.5.3.2 Haltbarkeitsdauer 101
         1.5.3.3 Weitere für die Bewertung mitbestimmende Umstände .. 102
      1.5.4 Anschein eines Arzneimittels, Nr. 5 Buchst. c 103

2 Krankheitsbezogene Werbung, § 18 LMBG 104
   2.1 Krankheitsbezogene Aussagen, Nr. 1 105
      2.1.1 Krankheit 105
      2.1.2 Krankheitsbezug 105
   2.2 Hinweise auf ärztliche Empfehlungen und Gutachten, Nr. 2 106
   2.3 Krankengeschichten, Nr. 3 107

2.4	Äußerungen Dritter, Nr. 4	107
2.5	Bildliche Darstellungen, Nr. 5	108
2.6	Angstgefühle, Nr. 6	108
2.7	Anleitungsschriften, Nr. 7	108
2.8	Ausnahmen nach § 18 Abs. 2	109

Kapitel 5: Überwachung

1	**Zuständigkeit für die Überwachung, § 40 LMBG**		110
	1.1	Zuständigkeit der Länder, § 40 Abs. 1 LMBG	110
	1.2	Zuständige Behörden	110
		1.2.1 Bundesländer	110
		1.2.2 Gemeinschaftsgremien der Bundesländer	111
	1.3	Amtshilfe, § 40 Abs. 3 bis 7 LMBG	112
2	**Durchführung der Überwachung, § 41 LMBG**		112
	2.1	Kontrollorgane	113
	2.2	Kontrollbefugnisse, § 41 Abs. 3	113
		2.2.1 Eintrittsrecht nach Nr. 1	113
		2.2.2 Eintrittsrecht nach Nr. 2	115
		2.2.3 Einsichtsrecht nach Nr. 3	115
		2.2.4 Auskunftsverpflichtung	116
	2.3	Ordnungswidrigkeiten	117
3	**Probenahme, § 42 LMBG**		117
	3.1	Proben	117
		3.1.1 Beweismittel	117
		3.1.2 Probenumfang	118
		3.1.3 Unauffälliger Ankauf	119
	3.2	Probenarten	119
	3.3	Probenahme	120
		3.3.1 Anforderungen	120
		3.3.2 Gegenprobe	121
		3.3.3 Zweitprobe	121
	3.4	Ordnungswidrigkeiten	122
4	**Warnung**		122
	4.1	Produktsicherheitsgesetz	122
	4.2	Anordnung	123
	4.3	Warnung	125

5	**Duldungs- und Mitwirkungspflicht, § 43 LMBG**	127
	5.1 Duldung	127
	5.2 Mitwirkung	127
	5.3 Ordnungswidrigkeiten	128
6	**Landesrechtliche Bestimmungen, § 46 LMBG**	128

Kapitel 6: Supranationales Recht

1	**WTO**	129
	1.1 SPS- und TBT-Übereinkommen	129
	1.2 Codex Alimentarius	130
	1.3 DSU	130
2	**Gemeinschaftsrecht**	131
	2.1 Vorrangprinzip	131
	2.2 Richtlinie 83/189/EWG	132
3	**Primäres Gemeinschaftsrecht, Cassis-Rechtsprechung**	133
	3.1 „Maßnahmen gleicher Wirkung"	133
	3.1.1 Warenmodalitäten	134
	3.1.2 Verkaufsmodalitäten	135
	3.1.3 Globale Marketingstrategien	135
	3.2 Tatbestandsimmanente Schranke des Art. 30 EGV	137
	3.2.1 „Cassis"-Formel	137
	3.2.2 Verhältnismäßigkeitsgrundsatz	137
	3.3 Rechtfertigung nach Art. 36 EGV	138
	3.3.1 Allgemeines	138
	3.3.2 Beurteilungsspielraum	139
	3.3.3 Diskriminierung	140
	3.3.4 Darlegungslast	140
	3.3.5 Rechtfertigungsgründe	140
	3.3.6 Gesundheitsschutz	140
	3.4 Prüfungsschema	142
4	**Sekundäres Gemeinschaftsrecht**	142
	4.1 Verordnungen	142
	4.2 Richtlinien	143
	4.2.1 Umsetzung	143
	4.2.2 Unmittelbare Geltung	143
	4.3 Lebensmittelrechtliche Harmonisierung	144
	4.3.1 Konzept der Kommission	144

	4.3.2 Öko-Verordnung	146
	4.3.2.1 Pflanzliche Herkunft	146
	4.3.2.2 Tierische Herkunft	147
	4.3.3 Verordnung über Herkunftsangaben	147
	4.3.3.1 Regelungsübersicht	147
	4.3.3.2 Schutzgegenstand	149
	4.3.3.3 Verhältnis zum Markenrecht	150
	4.3.4 Spezialitäten-Verordnung	151
	4.3.5 Einzelne Richtlinien	152

5	Einfuhr	153
	5.1 Verbringungsverbot, § 47 LMBG	153
	5.2 § 47 a LMBG	153
	5.2.1 Rechtmäßig hergestellt oder in den Verkehr gebracht	154
	5.2.2 Irreführungsverbote	154
	5.2.3 Gesundheitsschutz	155
	5.2.4 Allgemeinverfügung	155
	5.2.5 Antrag	156
	5.2.6 Kenntlichmachung der Abweichung	156

Kapitel 7: Ordnungswidrigkeiten- und Strafverfahren

1	Ordnungswidrigkeiten- und Strafverfahren	160
2	Ordnungswidrigkeitenverfahren	161
	2.1 Verwarnung	161
	2.2 Anhörung	162
	2.3 Bußgeldbescheid	164
	2.3.1 Einspruch	164
	2.3.2 Entscheidung über den Einspruch	165
	2.3.3 Rechtsbeschwerde	165
	2.4 Gewerbezentralregister	166
3	Strafverfahren	166
	3.1 Vernehmung	167
	3.2 Strafbefehl oder Anklage	167
4	Aussetzung von Bußgeld- und Strafverfahren	168
5	Tatbestand	169
	5.1 Äußerer Tatbestand	169
	5.2 Innerer Tatbestand	169

	5.2.1		Vorsatz	170
	5.2.2		Irrtum	170
		5.2.2.1	Irrtum über Tatumstände.	170
		5.2.2.2	Verbotsirrtum	171
	5.2.3		Fahrlässigkeit	173
		5.2.3.1	Formen der Fahrlässigkeit	173
		5.2.3.2	Die Ursächlichkeit der Sorgfaltspflichtverletzung	174
5.3	Sorgfaltspflicht im Lebensmittelrecht			175
	5.3.1		Sorgfaltspflicht des Herstellers	176
	5.3.2		Sorgfaltspflicht des Importeurs	178
	5.3.3		Sorgfaltspflicht des Großhändlers	180
	5.3.4		Sorgfaltspflicht des Einzelhändlers	181

Teil 2 – Gesetzestexte

LMBG	183
LMKV	231
Novel Food-VO (Verordnung (EG) Nr. 258/97)	243

Teil 3 – Register

Sachverzeichnis	251

Abkürzungsverzeichnis

A

a.A.	anderer Auffassung
a.a.O.	am angegebenen Ort
abl.	ablehnend
ABl.	Amtsblatt
Abs.	Absatz
abw.	abweichend
ACNFP	Advisory Comittee on Novel Food and Processes
a.E.	am Ende
a.F.	alte Fassung
AG	Aktiengesellschaft
AGLMBG	Ausführungsgesetz zum LMBG
ALS	Arbeitskreis lebensmittelchemischer Sachverständiger der Länder und des Bundesgesundheitsamtes
Alt.	Alternative
ALTS	Arbeitsgemeinschaft lebensmittelhygienischer tierärztlicher Sachverständiger
ALÜ	Ausschuß für die Lebensmittelhygiene und -überwachung der Arbeitsgemeinschaft der Leitenden Ministerialbeamten der Länder
a.M.	anderer Meinung
AMG	Arzneimittelgesetz vom 24. August 1976 (BGBl. I S. 2445, bereinigt S. 2448)
amtl.	amtlich
Anh.	Anhang
Anl.	Anlage
Anm.	Anmerkung
ApoBetrO	Apothekenbetriebsordnung
ARGEVET	Arbeitsgemeinschaft der Leitenden Veterinärbeamten der Länder
Art.	Artikel
Aufl.	Auflage
Az.	Aktenzeichen

B

BAnz	Bundesanzeiger
BaWü	Baden Württemberg
Bayer. St. MinG	Bayerisches Staatsministerium für Gesundheit
BayObLG	Bayerisches Oberstes Landgericht
BayVGH	Bayerischer Verwaltungsgerichtshof
BB	Betriebs-Berater (zitiert nach Jahr und Seite)
Bd.	Band
Begr.	Begründung
Bek.	Bekanntmachung
BGB	Bürgerliches Gesetzbuch vom 18. August 1896 (RGBl. S. 195)
BGBl.	Bundesgesetzblatt der Bundesrepublik Deutschland (zitiert nach Teil und Seite)
BGH	Bundesgerichtshof
BGHSt	Entscheidungen des Bundesgerichtshofes in Strafsachen (zitiert nach Band und Seite)
BGHZ	Entscheidungen des Bundesgerichtshofes in Zivilsachen (zitiert nach Band und Seite)
BgVV	Bundesinstitut für gesundheitlichen Verbraucherschutz und Veterinärmedizin
Bl.	Blatt
BLL	Bund für Lebensmittelrecht und Lebensmittelkunde
BMinELF	Bundesministerium für Ernährung, Landwirtschaft und Forsten
BMinG	Bundesministerium für Gesundheit
BMJ	Bundesministerium der Justiz
Bsp.	Beispiel
BT-Dr.	Bundestags-Drucksache
Buchst.	Buchstabe
BVerfG	Bundesverfassungsgericht
BVerfGE	Entscheidungen des Bundesverfassungsgerichts (zitiert nach Band und Seite)
BVerwG	Bundesverwaltungsgericht
BVerwGE	Entscheidungen des Bundesverwaltungsgerichts (zitiert nach Band und Seite)
bzw.	beziehungsweise

C

C	Celsius
CAK	Codex-Alimentarius-Kommission
CCP	Critical Control Point

D

DAB	Deutsches Arzneimittelbuch
DAZ	Deutsche Apotheker Zeitung (zitiert nach Jahr und Seite)
DGE	Deutsche Gesellschaft für Ernährung
d.h.	das heißt
DiätVO	Verordnung über diätetische Lebensmittel (Diätverordnung) in der Bek. der Neufassung vom 25. August 1988
DIN	Deutsches Institut für Normung
Diss.	Dissertation
DLR	Deutsche Lebensmittel-Rundschau
DNS	Desoxyribonukleinsäure
Drs.	Drucksache
dt.	dertsch(e)
DVBl.	Deutsches Verwaltungsblatt (zitiert nach Jahr und Seite)
DZWir	Deutsche Zeitschrift für Wirtschaftsrecht (zitiert nach Jahr und Seite)

E

EFLR	European Food Law Review (zitiert nach Jahr und Seite)
EG	Europäische Gemeinschaft
Egr.	Entscheidungsgrund
EGV	Vertrag über die Gründung der Europäischen Gemeinschaft vom 25. März 1957
Einf.	Einführung
einschl.	einschließlich
endg.	endgültig(e)
Erg.	Ergänzung
etc.	et cetera
EU	Europäische Union
EuGH	Gerichtshof der Europäischen Gemeinschaften
EuZW	Europäische Zeitschrift für Wirtschaftsrecht (zitiert nach Jahr und Seite)
e.V.	eingetragener Verein
EWG	Europäische Wirtschaftsgemeinschaft

EWGV   Vertrag zur Gründung der Europäischen Wirtschaftsgemeinschaft

F

f.	und folgende (Seite)
FAO	Food and Agriculture Organization
FDA	Food and Drug Administration
ff.	und folgende (Seiten)
FlHG	Fleischhygienegesetz
FlHV	FleischhygieneVO
Fn	Fußnote
FPackVO	Verordnung über Fertigpackungen (Fertigpackungsverordnung) i.d.F. der Bek. v. 08. März 1994 (BGBl. I S. 451), bereinigt 14. Juni 1994 (BGBl. I S. 1307)
FS	Festschrift

G

g	Gramm
GBl.	Gesetzblatt
GbR	Gesellschaft bürgerlichen Rechts
Geb.-Nr.	Gebühren-Nummer
GeflHandelsKlV	Geflügelhandelsklassenverordnung
gem.	gemäß
GewO	Gewerbeordnung
GFlHG	Geflügelfleischhygienegesetz
GG	Grundgesetz für die Bundesrepublik Deutschland vom 23. Mai 1949 (BGBl. III 100-1)
g.g.A..	geschützte geographische Angabe
ggf.	gegebenenfalls
GmbH	Gesellschaft mit beschränkter Haftung
GRUR	Gewerblicher Rechtsschutz und Urheberrecht (zitiert nach Jahr und Seite)
GRUR Int.	Gewerblicher Rechtsschutz und Urheberrecht, Internationaler Teil (zitiert nach Jahr und Seite)
g.U.	geschützte Ursprungsbezeichnung
GVBl	Gesetz- und Verordnungsblatt (mit Kürzel des jeweiligen Bundeslandes)
GVO	gentechnisch veränderter Organismus

H

HACCP	Hazard Analysis Critical Control Point
Hdb.	Handbuch
hM	herrschende Meinung
Hrsg	Herausgeber
hrsg	herausgegeben
HS	Halbsatz
HWG	Heilmittelwerbegesetz
HZA	Hauptzollamt

I

i.d.Bek.	in der Bekanntmachung
i.d.F.	in der Fassung
i.d.R.	in der Regel
intern.	international
i.S.d.	im Sinne des
i.S.v.	im Sinne von
i.ü.	im übrigen
i.V.m.	in Verbindung mit

J

JZ	Juristenzeitung (zitiert nach Jahr und Seite)

K

Kap	Kapitel
kcl	Kilokalorien
KG	Kammergericht oder Kommanditgesellschaft
kg	Kilogramm
kJ	Kilojoule
KOM	Kommission

L

LG	Landgericht
lit	litera

LMBG	Gesetz über den Verkehr mit Lebensmitteln, Tabakerzeugnissen, kosmetischen Mitteln und sonstigen Bedarfsgegenständen (Lebensmittel- und Bedarfsgegenständegesetz) i.d.F. der Bek. vom 08. Juli 1993 (BGBl. I S. 1169), zuletzt geändert durch Zweites Gesetz zur Änderung des Lebensmittel- und Bedarfsgegenständegesetz vom 25.11.1994 (BGBl. I S. 3538)
LMHV	Lebensmittelhygiene-Verordnung
LMKV	Verordnung über die Kennzeichnung von Lebensmitteln (Lebensmittel-Kennzeichnungs-Verordnung – LMKV)
LRE	Sammlung lebensmittelrechtlicher Entscheidungen (zitiert nach Band und Seite)
Ls.	Leitsatz
LZ	Lebensmittel-Zeitung (zitiert nach Jahr, Ausgaben-Nr. und Seite)

M

m.	mit
m.abw.Stn	mit abweichender Stellungnahme
m.w.Nachw.	mit weiteren Nachweisen
m.w.Rspr.	mit weiterer Rechtsprechung
MarkenG	Gesetz über den Schutz von Marken und sonstigen Kennzeichen (Markengesetz-MarkenG) vom 25. Oktober 1994 (BGBl. S. 3082, berichtigt BGBl. 1995 I S. 156)
MD	Magazin-Dienst (zitiert nach Jahr und Seite)
mg	Milligramm
µg	Mikrogramm
MHD	Mindesthaltbarkeitsdatum
min.	mindestens
mg	Milligramm
mm	Millimeter
m.w. Nachw.	mit weiteren Nachweisen

N

Nachw.	Nachwort
N Engl J Med.	New England Journal of Medicine (zitiert nach Jahr und Seite)
NJW	Neue Juristische Wochenschrift (zitiert nach Jahr und Seite)
NJW-RR	NJW-Rechtsprechungsreport Zivilrecht (zitiert nach Jahr

NKV	und Seite) Verordnung zur Neuordnung der Nährwertkennzeichnungsvorschriften für Lebensmittel vom 25. November 1994 (BGBl. I S. 3526)
Nr.	Nummer
NVwZ	Neue Zeitschrift für Verwaltungsrecht (zitiert nach Jahr und Seite)
NW	Nordrhein-Westfalen

O

OECD	Organisation für wirtschaftliche Zusammenarbeit und Entwicklung
OHG	Offene Handelsgesellschaft
OLG	Oberlandesgericht
OVG	Oberverwaltungsgericht
OWiG	Gesetz über Ordnungswidrigkeiten idF der Bekanntmachung vom 19. Februar 1987 (BGBl. I S. 602)

P

PCR	Polymerasekettenreaktion
PMZ	Patent-, Muster- und Zeichenwesen
ProdSG	Produktsicherheitsgesetz
PZ	Pharmazeutische Zeitung (zitiert nach Jahr und Seite)

Q

Quid	Quantitative Ingredient Declaration
QMS	Qualitätsmanagementsystem

R

RDA	Recommended Daily Allowance
Rev.	Revision
Rdnr.	Randnummer
RG	Reichsgericht
RKI	Robert Koch Institut
Rn	Randnote
Rs	Rechtssache
Rspr.	Rechtsprechung
Rtl	Richtlinie

XXII Abkürzungsverzeichnis

S

S.	Satz, Seite
s.	siehe
Sächs	Sächsisch
Schl.Holst.	Schleswig-Holstein
Schr.	Schreiben
Slg.	Sammlung
s.o.	siehe oben
sog.	sogenannt(e)
SPS-Übereinkommen	Agreement on the Application of Sanitary and Phytosanitary Measures
st.	ständige
Stn.	Stellungnahme
StGB	Strafgesetzbuch idF der Bek. vom 10. März 1987 (BGBl. I S. 945, ber. S. 1160)
StPO	Strafprozeßordnung idF der Bekanntmachung vom 7. April 1987 (BGBl. I S. 1074, berichtigt S. 1319)
str.	streitig, strittig

T

TBT-Übereinkommen	Agreement on Technical Barriers to Trade
Thür	Thüringen
TQM	Total Quality Management

U

u.a.	und andere
u.a.m.	und andere mehr
UAbs.	Unterabsatz
u.s.w	und so weiter
UWG	Gesetz gegen den unlauteren Wettbewerb vom 7. Juni 1909 (RGBl. S. 499, BGBl. III 43-1), zuletzt geändert durch Markenrechtsreformgesetz vom 25. Oktober 1994 (BGBl. I S. 3082)

V

v	von, vom
v.a.	vor allem

VG	Verwaltungsgericht
VGH	Verwaltungsgerichtshof
vgl.	vergleiche
VO	Verordnung
Vorb.	Vorbemerkung
VwGO	Verwaltungsgerichtsordnung
VwVfG	Verwaltungsverfahrensgesetz

W

WHO	World Health Organization
WKD	Wirtschaftskontrolldienst
wrp	Wettbewerb in Recht und Praxis (zitiert nach Jahr und Seite)
WTO	World Trade Organization, Welthandelsorganisation
WZG	Warenzeichengesetz idF v. 2. Januar 1968 (BGBl. I S. 29, BGBl. III 4 Nr. 423-1)

Z

z.B.	zum Beispiel
z.T.	zum Teil
ZHR	Zeitschrift für das gesamte Handels- und Wirtschaftsrecht (zitiert nach Jahr, Band und Seite)
Ziff.	Ziffer
ZIP	Zeitschrift für Wirtschaftsrecht und Insolvenzpraxis (zitiert nach Jahr und Seite)
ZLR	Zeitschrift für das gesamte Lebensmittelrecht (zitiert nach Jahr und Seite)
ZPO	Zivilprozeßordnung idF vom 12. September 1950 (BGBl. I S. 535, BGBl. III 310-4)
zust.	zustimmend
zutr.	zutreffend
ZVerkV	Zusatzstoffverkehrs-Verordnung
ZVglRWiss	Zeitschrift für vergleichende Rechtswissenschaft einschließlich der ethnologischen Rechtsordnung (zitiert nach Band oder Jahr und Seite)
ZZulV	Zusatzstoffzulassungsverordnung

Literaturverzeichnis

I. Kommentare, Lehrbücher, Grundrisse, Sammelwerke, CD-ROM

1. zum Lebensmittelrecht im allgemeinen

Bund für Lebensmittelrecht und Lebensmittelkunde (BLL): Das gemeinschaftliche Lebensmittelrecht – Eine Zwischenbilanz zum 31.12.1996
Chapman & Hall (Redaktor für Deutschland *A.H. Meyer*): Food Law in the European Union (CD-ROM)
Klein/Rabe/Weiss: Textsammlung Lebensmittelrecht; Behr's Verlag, Hamburg
Lebensmittelrecht, Textsammlung, 2 Bände; Verlag C.H.Beck, München
Lebensmittelrechts-Handbuch, Redaktor: Streinz; Verlag C.H.Beck, München, 1997
Sammlung lebensmittelrechtlicher Entscheidungen (LRE), Carl Heymanns Verlag KG, Köln – Berlin – Bonn – München
Täufel/Ternes/Tunger/Zobel: Lebensmittel-Lexikon; Behr's Verlag, Hamburg
Zipfel/Rathke: Lebensmittelrecht, Kommentar, 5 Bände; Verlag C.H.Beck, München
Zipfel/Rathke/Streinz/BLL (Hrsg.): Lebensmittelrecht CD-ROM, Verlag C.H.Beck, München

2. zum Lebensmittelrecht im besonderen

Deutsche Gesellschaft für Ernährung: Empfehlungen für die Nährstoffzufuhr, 1995
Deutsches Lebensmittelbuch: Leitsätze 1994; Bundesanzeiger
Drews/Coduro: Verkehrsauffassung im Lebensmittelrecht; Behr's Verlag, Hamburg
Erbersdobler/Hammes/Jany (Hrsg.): Gentechnik und Ernährung; Wissenschaftliche Verlagsgesellschaft, Stuttgart 1995
Eschricht, M./Leitzmann, C. (Hrsg.): Handbuch Bio-Lebensmittel; Behr's Verlag, Hamburg 1996
Gorny/Muskat: Kommentar Nährwertkennzeichnung; Behr's Verlag, Hamburg
Schmidt, Hanspeter/Haccius, Manon: EG-Verordnung „Ökologischer Landbau", 2. Auflage; Verlag C.F. Müller, Karlsruhe 1992/94

3. zum Gewerblichen Rechtsschutz

Baumbach/Hefermehl: UWG, Kommentar; Verlag C.H.Beck, München 1996
Fezer: Markenrecht, Kommenatar; Verlag C.H.Beck, München 1997
Köhler/Piper: UWG, Kommentar; Verlag C.H.Beck, München 1995

II. Abhandlungen

1. zum Lebensmittelrecht im allgemeinen

Bund für Lebensmittelrecht und Lebensmittelkunde (BLL): Leitfaden für die lebensmittelrechtliche Praxis, 2. Aufl., Wissenschaftliche Verlagsgesellschaft, Stuttgart 1984

Hohmann, Gert: Die Verkehrsauffassung im deutschen und europäischen Lebensmittelrecht; Schriftenreihe der Forschungsstelle für Lebensmittelrecht, Universität Bayreuth, 1994

Welsch, Michael: Die Grundzüge des Lebensmittelrechts in der Bundesrepublik Deutschland; Fachbuchverlag Leipzig 1991

2. zum Lebensmittelrecht im besonderen

Glandorf/Kuhnert/Lück: Handbuch Lebensmittelzusatzstoffe; Behr's Verlag Hamburg, 1991

Horst, Matthias: Verbraucherinformationen bei verpackten Lebensmitteln; Carl Heymanns Verlag, Köln 1988

Merkle, Rüdiger: Der Codex Alimentarius der FAO und WHO; Schriftenreihe der Forschungsstelle für Lebensmittelrecht, Universität Bayreuth, 1994

Meyer, Alfred Hagen: Kennzeichnung importierter Lebensmittel; Schriftenreihe der Forschungsstelle für Lebensmittelrecht, Universität Bayreuth, 1992

Pierson/Corlett (Hrsg.): HACCP – Grundlagen der produkt- und prozeßspezifischen Risikoanalyse; Behr's Verlag, Hamburg 1993

Sinell/Meyer: Lebensmittelsicherheit – HACCP in der Praxis; Behr's Verlag, Hamburg 1996

III. Zeitschriften

Deutsche Lebensmittel-Rundschau, Zeitschrift für Lebensmittelkunde und Lebensmittelrecht, Wissenschaftliche Verlagsgesellschaft, Stuttgart

EFLR, European Food Law Review, Deutscher Fachverlag, Frankfurt/M.

ZLR, Zeitschrift für das gesamte Lebensmittelrecht, Deutscher Fachverlag, Frankfurt/M.

Kapitel 1: Lebensmittel

1 Lebensmittel

§ 1 Abs. 1 LMBG enthält eine allgemeine Begriffsbestimmung für Lebensmittel. Danach sind Lebensmittel
- *Stoffe*, die nach
- ihrer *Zweckbestimmung* aus Gründen
- der *Ernährung* und/oder des *Genusses*
- verzehrt werden.

Im europäischen Gemeinschaftsrecht hingegen gibt es keine Bestimmung des Begriffs „Lebensmittel". Eine EG-Rahmenrichtlinie für Lebensmittel ist in Planung, aber in naher Zukunft nicht zu erwarten, da die Begriffsbestimmungen in den einzelnen Mitgliedstaaten der Europäischen Gemeinschaft zu weit voneinander abweichen.

1.1 Stoffe

Mit der Verwendung des Unterbegriffs „Stoff" macht der Gesetzgeber deutlich, daß für die Existenz eines Lebensmittels unerheblich ist, welche physikalischen Eigenschaften das Erzeugnis aufweist, ob *fest* (Kochsalz), *flüssig* (Wasser), *gasförmig* (Kohlensäure) oder ein *Stoffgemisch*.

1.2 Zweckbestimmung

Ausgehend von einer generellen Zweckbestimmung muß ein Stoff dazu bestimmt sein, als Lebensmittel verzehrt zu werden. Maßgeblich ist eine natürliche Betrachtungsweise.

Rohstoffe, Vorerzeugnisse (Braugerste für Bier; Tiere – i.d.R. nach der Schlachtung) und Halberzeugnisse (KG ZLR 1983, 266) sind Lebensmittel, wenn sie dazu bestimmt sind, in zubereitetem oder verarbeitetem Zustand (mit-)verzehrt zu werden. So sind Knochen generell Lebensmittel, weil sie zur Herstellung von Suppen oder Speisegelatine geeignet sind. Das zum Fritieren von panierten Schnitzel verwendete Öl ist ein Lebensmittel; zwar dient das Öl in erster Linie der Zubereitung der zum Verzehr panierten Schnitzel. Teile des Öls bleiben aber an den Schnitzeln beim Fritieren haften, so daß letztlich das Öl auch zum Verzehr durch Menschen bestimmt ist (OLG Düsseldorf ZLR 1991, 183, 185).

Ein Erzeugnis ist selbst dann noch ein Lebensmittel, wenn ein Verzehr wegen Verderbnis (verfaulter Apfel) oder gesundheitsschädlichen Eigenschaften nicht mehr in Frage kommt.

Eine Legaldefinition des „**Verzehrens**" enthält § 7 Abs. 1. Die Injektion von Stoffen wie Organ-Gewebe-Ultrafiltrate schließt die Eigenschaft, ein Lebensmittel zu sein, generell aus (VGH Mannheim ZLR 1995, 582, 588), da keine Zufuhr über Magen-Darm-Trakt erfolgt.

Die ausschließliche Verwendung eines Lebensmittels zur menschlichen Ernährung ist nicht vorausgesetzt. Unerheblich ist daher, ob in einem Einzelfall ein Lebensmittel zu einem anderen Zweck, etwa als Futtermittel eingesetzt wird. Umgekehrt kann ein Stoff, der üblicherweise nicht zum menschlichen Verzehr bestimmt ist, aufgrund einer konkreten Zweckbestimmung zum Lebensmittel werden; Bsp.: die Verarbeitung von Haifischknorpel.

1.3 Ernährungs- und Genußzweck

Der Begriff **Ernährung** umfaßt die Zufuhr von Nährstoffen wie Eiweiß, Kohlenhydraten und Fette sowie Mineralstoffen, Spurenelementen und Vitaminen zur Deckung der energetischen und stofflichen Bedürfnisse des menschlichen Organismus. Ernährungszwecken dienen daher nicht Tonika, weil sie überwiegend zur Kräftigung bestimmt sind. Auch Schlankheitsmittel, die ein Sättigungsgefühl und so über eine Reduzierung der Nahrungsaufnahme eine Gewichtsabnahme herbeiführen sollen, sind keine Lebensmittel, denn sie sollen ihrer Zweckbestimmung nach gerade eine Nahrungsaufnahme verhindern oder zumindest vermindern helfen (OLG Koblenz ZLR 1995, 541); Beispiel: ein Schlankheitsmittel, das seine Wirkung durch einen im Magen-Darm-Trakt aufquellenden Stoff (Glucomannan) erzielt (Kammergericht Berlin, 30.9.1993, Ls. in DLR 1994, 232; OVG NW DLR 1997, 295).

Genußmittel werden wegen ihrer anregenden Wirkung auf körperliche Funktionen verzehrt. Dies sind beispielhaft neben alkoholischen Getränken auch sog. Energy-Drinks, bestehend aus u.a. koffeinhaltigen Pflanzenauszügen wie Guarana, die zur Steigerung der Leistungsfähigkeit angeboten werden. Kaffee bleibt auch dann Lebensmittel, wenn dieser zur Kreislaufanregung getrunken wird. Auch Hustenbonbons werden wegen des Genußzwecks verzehrt; sie sind aber Arzneimittel, wenn sie aufgrund von Zutaten wie Expectorantia oder Antitussiva wegen der arzneilichen Wirkung gezielt gegen ein Krankheitsbild eingesetzt werden.

1.4 Zusatzstoffe

Zusatzstoffe, die Lebensmitteln zugesetzt werden, um deren Beschaffenheit zu beeinflussen oder Wirkungen im Lebensmittel hervorzurufen sind – unabhängig von ihrem Nähr-, Geruchs- oder Geschmackswert – grundsätzlich selbst Lebensmittel, da sie dazu bestimmt sind, zusammen mit dem Lebensmittel „zu Zwecken der Ernährung oder des Genusses verzehrt" zu werden (Amtl. Begründung zu § 1 LMBG). Das gilt auch dann, wenn sie ausschließlich zu technischen Zwecken Lebensmitteln zugesetzt werden; denn sie sind dann Bestandteil dieses Lebensmittels, das eben dazu bestimmt ist, aus ernährungsphysiologischen Gründen verzehrt zu werden.

Zusatzstoffe (bzw. ihnen gleichgestellte Stoffe) sind nur dann keine Lebensmittel, wenn sie nicht zum Verzehr bestimmt sind; so die zur Oberflächenbehandlung zugesetzten Stoffe (Abs. 2 Nr. 2b).

1.5 Diätetische Lebensmittel

Diätetische Lebensmittel sind Lebensmittel, die besonders verarbeitet oder zusammengesetzt sind, um besonderen Ernährungserfordernissen zu genügen, die sich aus besonderen körperlichen oder physiologischen Zuständen und/oder spezifischen Krankheiten und Störungen ergeben und die unter einer Bezeichnung, die auf die Diäteigenschaft hinweist (wie „diätetisches Lebensmittel"), in den Verkehr gebracht werden. Sie dienen nicht der Vorbeugung, Heilung oder Linderung einer Krankheit. Die Zusammensetzung dieser Lebensmittel muß sich signifikant von der Zusammensetzung gewöhnlicher Lebensmittel vergleichbarer Art unterscheiden (§ 1 Abs. 2 DiätVO), falls es solche gewöhnlichen Lebensmittel gibt. So kann beispielsweise sog. **Sportlernahrung** ein diätetisches Lebensmittel sein, wenn sie geeignet ist, dem Personenkreis, für den sie bestimmt ist (z.B. Bodybuilder), besonderen Nutzen zu bringen (BayObLG ZLR 1992, 623; s. hierzu auch OLG Koblenz ZLR 1991, 74).

2 Nahrungsergänzungsmittel

Literatur: *Deutsche Gesellschaft für Ernährung*, Empfehlungen für die Nährstoffzufuhr, 1995; *Kügel/Klein*, Neue Entwicklungen bei der Abgrenzung von Arzneimitteln und Nahrungsergänzungsmitteln, Pharma Recht 1996, 386

Der Begriff ist gesetzlich nicht definiert. **Nahrungsergänzungsmittel** sind Lebensmittel, die wegen ihres Nährwerts verzehrt werden, um die tägliche, gewöhnliche Nahrung gesunder Personen zu ergänzen, deren Zufuhr an einem oder mehreren Nährstoffen aus dieser gewöhnlichen Nahrung möglicherweise marginal, zweifelhaft oder (vorübergehend) unzureichend ist; im letzteren Falle wird von **suboptimaler Versorgung** gesprochen. Das angestrebte Ziel ist eine ausreichende Versorgung des Körpers mit diesen Nährstoffen; hierunter fallen nicht nur Vitamine und Mineralstoffe einschließlich Spurenelemente, sondern auch essentielle Fettsäuren, Aminosäuren, Eiweißstoffe oder Kohlenhydrate (vgl. Amtl. Begründung zu § 1 Abs. 3 NKV).

Beispiele: Vitamin B_{12} für Veganer; mit der Fettsäurekombination „Omega 3" oder „DHA" angereicherte Hühnereier (die mehrfach ungesättigten Fettsäuren gelten als herz- und kreislaufstabilisierende Nahrungsergänzung).

2.1 Bedarf an Nährstoffen

Empfehlungen
Der Bedarf an Nährstoffen wie Vitaminen sowie Mineralstoffen und Spurenelementen ist von vielen Faktoren abhängig. Hierbei werden in der Regel
- *endogene Faktoren* wie Geschlecht, Alter, physiologischer Zustand, genetische Disposition sowie
- *exogene Faktoren* wie Zigaretten-, Alkohol-, Medikamentenkonsum und auch die UV-Bestrahlung der Haut

genannt. Aus der Komplexität dieser einzelnen Faktoren ergibt sich, daß der individuelle Vitaminbedarf ohne umfangreiche Bilanzstudie niemals genau angegeben werden kann. Statt dessen werden von Expertenkomitees auf der Grundlage der vorliegenden wissenschaftlichen Erkenntnisse **Empfehlungen** für die durchschnittliche Nährstoffzufuhr ausgesprochen. Diese Empfehlungen orientieren sich meist an gesunden Personen (ohne übermäßigen Genußmittelkonsum; s. DGE, Seite 7 ff). So beträgt beispielsweise die von der DGE empfohlene Nährstoffzufuhr für Vitamin C 75 mg. Die Erfahrung zeigt, daß bei durchschnittlicher Aufnahme der empfohlenen Nährstoffmengen keine nachweisbaren, vitaminmangelbedingten Gesundheitsschäden auftreten. Aufgrund eines vielseitigen Angebots hochwertiger Lebensmittel, einer Loslösung saisonaler Bindung an den Erntezeitpunkt durch weltweiten Handel und aufgrund moderner Verfahren der Be- und Verarbeitung von Lebensmitteln, die eine weitgehende Erhaltung auch empfindlicher Nährstoffe gewährleisten, sind grundsätzlich alle Voraussetzungen für eine ausreichende Vitaminversorgung gegeben. Klinisch relevanter **Vitaminmangel** ist daher in Deutschland nicht mehr feststellbar.

Suboptimale Versorgung
Obwohl eine ausgewogene Nahrungsaufnahme durchaus möglich ist, ist eine optimale Vitaminversorgung offensichtlich doch schwerlich durchführbar. Bei verschiedenen Vitaminen und unterschiedlichen Bevölkerungsgruppen sind immer wieder (bzw. immer noch) **suboptimale Versorgungszustände**, d.h. keine ausreichende Versorgung mit Nährstoffen, feststellbar. Betroffen sind hierbei nicht nur einzelne Personen und spezielle Kollektive, vielmehr ist eine marginale (unzureichende) Aufnahme von Nährstoffen bei nahezu allen Gruppen – auch der gesunden Bevölkerung – zu beobachten, wenn auch bei letzterer in geringem Umfang. Suboptimale Versorgung wird häufig festgestellt bei den Vitaminen B_1, B_6, Folsäure und Vitamin A; des weiteren ist diese anzutreffen bei den Vitaminen B_2, B_{12}, C sowie Niacin (s. *Hötzel/Kling-Steines/Zittermann*, DAZ 1994, 2027, 2029).

Die Ursache hierfür liegt oftmals in speziellen Ernährungsgewohnheiten. So begründet beispielsweise der Verzicht auf Milch eine Unterversorgung an Vitamin B_2. Veganer müssen damit rechnen, daß bei ihnen langfristig die Versorgung mit Vitamin B_{12} gefährdet ist. Bei Verzicht auf Fleisch und anderen Lieferanten von tierischen Proteinen sowie bei insgesamt unzureichender Ernährung besteht das Risiko, daß eine Unterversorgung von Niacin auftreten kann.

Eine unzureichende Versorgung mit einigen Vitaminen – auch bei gesunden Menschen – kann auch andere Gründe haben; zu erwähnen sind vor allem eine **fehlerhafte Ernährungsweise** und eine **fehlerhafte Behandlung** der Lebensmittel (*Hötzel* u.a., a.a.O., S. 26; *Schriftenreihe der Bayerischen Landesapothekerkammer*, Heft 32, Vitamine, S. 48). Auf eine Unterversorgung mit Nährstoffen, die mit Fehlverhalten in der Ernährungsweise im Zusammenhang steht, werden zurückgeführt:
- zu hohem Zuckerkonsum in nahezu allen Bevölkerungsschichten
- immer stärkere Bevorzugung von Fast-Food-Restaurants, insbesondere bei Jugendlichen (hierüber berichteten jüngst die Medien)
- Gastronomie- und Kantinenverpflegung
- zu einseitige Ernährungsgewohnheiten
- zu hoher Anteil von Konserven bei Mahlzeiten sowie
- zu hoher Alkoholkonsum

In seriösen wissenschaftlichen Studien wird daher eine Ergänzung der normalen Ernährung mit Nährstoffen wie Mineralstoffen und Spurenelementen sowie Vitaminen empfohlen (*Schriftenreihe der Bayerischen Landesapothekerkammer*, a.a.O., S. 59; *Hötzel* u.a., DAZ 1994, 2027, 2034).

2.2 Arzneimittel

Nahrungsergänzungsmittel, die aus medizinischer Indikation bei manifesten **Mangelzuständen** oder wegen zu erwartenden pharmakologischen Wirkungen der Inhaltsstoffe gegeben werden, sind aufgrund dieser Zweckbestimmung **Arzneimittel**.

Dies ist bei **Vitaminpräparaten**, deren Dosierung das Dreifache der Tagesdosis gem. den DGE-Empfehlungen übertrifft, der Fall, denn hier steht eine beabsichtigte Manipulation körpereigener Funktionen im Vordergrund und nicht die Ergänzung des Tagesbedarfs an bestimmten Nährstoffen (OLG München ZLR 1996, 545; *Doepner* Pharma Recht 1996, 206, 209).

Arzneimittel sind ebenso Stoffe, die – wie Kalorien-Blocker – durch **Einwirkung auf Körperfunktionen** die Nährstoffaufnahme einschränken.

Da es bei der Einordnung als Arzneimittel nur um formale Kriterien geht, um den Verkehr mit Arzneimitteln zu regeln, ist es unerheblich, ob die Präparate trotz hoher Dosierung unschädlich für den menschlichen Organismus oder vielleicht sogar therapeutisch wirkungslos sind. Dies ist erst in einem Arzneimittelzulassungsverfahren festzustellen. Selbst ein wirkungsloses Arzneimittel wird wegen seiner Ineffektivität nicht zu einem Lebensmittel (OLG Koblenz ZLR 1995, 541).

3 Novel Food

Literatur: *BLL/BRAIN*, Gentechnik & Lebensmittel, 1995; *Bundesinstitut für gesundheitlichen Verbraucherschutz und Veterinärmedizin/Robert Koch-Institut*, Gentechnik, BGBl. Dezember 1996, Sonderheft; Antwort der Bundesregierung auf die Kleine Anfrage der Abgeordneten Marina Steindor und der Fraktion Bündnis 90/DIE GRÜNEN, Drs. 13/7877 v. 6.6.1997; *Ebersdobler, Hammes, Jany* (Hrsg.), Gentechnik und Ernährung, 1995; *Hammes/Bräutigam/Schmidt/Hertel* ZLR 1996, 525; *Jany*, Berichte der Bundesforschungsanstalt für Ernährung, Biotechnologie im Ernährungsbereich: Gen- und Biotechnik im Ernährungsbereich, 1992; *Meyer*, Novel Food: Information, Kennzeichnung, Produkthaftung, ZLR 1996, 403; Novel Food, *Streinz* (Hrsg.), Schriften zum Lebensmittelrecht, Bd. 2., 2. Aufl.

3.1 Anwendungsbereich

Ziel der Novel Food-VO (Verordnung (EG) Nr. 258/97 des Europäischen Parlaments und des Rates v. 27.1.1997 über neuartige Lebensmittel und neuartige Lebensmittelzutaten; ABl. L 43, 14.2.1997, S. 1) ist es, neuartige Lebensmittel oder Lebensmittelzutaten, die aus der Anwendung chemischer, biochemischer, biotechnischer oder insbesondere gentechnischer Verfahren resultieren, eigenen Regelungen für das Inverkehrbringen zu unterwerfen.

Lebensmittel oder Lebensmittelzutaten unterliegen dem **Anwendungsbereich**, wenn sie „bisher noch nicht in nennenswertem Umfang für den menschlichen Verzehr" in der Europäischen Gemeinschaft verwendet werden und einer der im einzelnen in der Verordnung in Art. 1 Abs. 2 Buchst. a) – f) aufgeführten Gruppen von Erzeugnissen zuzuordnen sind. Neben gentechnisch veränderten Organismen (i.S.d. Richtlinie 90/220/EWG) und daraus gewonnenen Produkten sind Produkte mit neuartiger Molekülstruktur, Produkte aus Mikroorganismen, Pilzen und Algen sowie aus Pflanzen und Tieren isolierte Erzeugnisse, die bisher nicht für den menschlichen Verzehr bestimmt waren und neuartige Verarbeitungsverfahren, die bisher nicht eingesetzt wurden und zu bedeutenden Veränderungen der Zusammensetzung oder der Struktur des Lebensmittels oder der Lebensmittelzutat führen, erfaßt.

Nicht neuartig, da nach Auffassung der EG-Kommission schon „in nennenswertem Umfang" verzehrt, sind die bereits in der Europäischen Gemeinschaft vertriebenen **herbizidtoleranten Sojabohnen** sowie **insektizidresistenter Mais**; genehmigt aufgrund der Kommissionsentscheidung 96/281/EG vom 03.04.1996 über das Inverkehrbringen von gentechnisch veränderten Sojabohnen - Glycine max. L. - mit erhöhter Verträglichkeit des Herbizids Glyphosat (ABl. 1996 L 107, S. 10) sowie aufgrund der Entscheidung 97/98/EG vom 23.01.1997 über das Inverkehrbringen von gentechnisch verändertem Mais - Zea Mays L. - mit der kombinierten Veränderung der Insektizidwirkung des BT-Endotoxin-Gens und erhöhter Toleranz gegenüber dem Herbizid Glufosinatammonium (ABl. 1997 L 31, S. 69). Durch die Ergänzungsverordnung Nr. 1813/97 v. 19. 9. 1997 (ABL L 257/7 v. 20. 9. 97) zur EG-Etikettierungs-Richtlinie 79/112/EWG ist die Kennzeichnung dieser Erzeugnisse gemeinschaftsweit geregelt, um befürchtete Wettbewerbsverzerrungen zu vermeiden.

Ein Beispiel für ein Gen-Produkt ist die **FlavrSavr-Tomate**® (Food Chemical News 36, No. 14, May 10, 1994; Summary of Consultation with Calgene, FDA, May 17, 1994), bei der mit Hilfe der Gentechnik die Erbinformation des Enzyms Polygalacturonase ausgeschaltet wird (deshalb auch „Anti-Matsch-Tomate" genannt), um den Reifungsprozeß dieser Tomate zu hemmen. Dieses Enzym ist für den Abbau der Zellwand erforderlich und löst damit den Alterungsprozeß aus.

Novel Food sind auch nicht gentechnisch veränderte Erzeugnisse wie der Fettersatz **„Olestra"**. Als Ausgangssubstanzen für Olestra dienen Saccharose und Fettsäuregemische, die aus Soja-, Mais- und Baumwollsaatöl isoliert werden. Dieser Zucker und die Fettsäuregemische werden in einem chemischen Prozeß über eine Esterbindung miteinander verknüpft. Hierdurch entstehen Saccharosepolyester, wie sie im Bauplan der Natur nicht vorgesehen sind. Für den Organismus ist diese Kreation nur unverdaulicher Ballast. Der Fettersatzstoff verläßt daher den Darm, ohne eine einzige Kalorie freigesetzt zu haben. Dadurch, daß der Verzehr natürlicher Fette vermieden werden soll, wird aber auch die Aufnahme lebenswichtiger fettlöslicher Nährstoffe wie essentielle Fettsäuren oder Vitamine (A, D und E) ver- bzw. behindert, die Bestandteile der natürlichen Fette sind. Mangelzustände werden demnach befürchtet. Aus Gründen der Produkthaftung dürfte es hier angeraten sein, Olestra zum Ausgleich solcher Verluste entweder mit entsprechenden Nährstoffen anzureichern oder die Verbraucher durch Informationen zur Verwendung entsprechend nährstoffreicher Nahrung anzuhalten. Die amerikanische Food and Drug Administration (FDA) verfügte zudem, daß der Hersteller des Olestra auf mögliche Nebenwirkungen wie Magenkrämpfe oder Durchfall hinweise (*Süddeutsche Zeitung*, Nr. 26 v. 1.2.1996, S. 30; ein weiterer Fett-Ersatzstoff ist „Z-trim", s. hierzu *Süddeutsche Zeitung*, Nr. 211 v. 12.9.1996, S. 55).

Lebensmittelzusatzstoffe (wie Sojalecithin; gem. Rtl. 89/107/EWG), **Aromen** (gem. Rtl. 88/388/EWG) und **Extraktionslösungsmittel** (gem. Rtl. 88/344/EWG) sind vom Anwendungsbereich der Verordnung gem. Art. 2 Abs. 1 ausgenommen [s. hierzu Kapitel 3, 4.2.2]; dies gilt allerdings nur, solange das in der Novel Food-VO festgelegte Sicherheitsniveau dem in den vorgenannten Richtlinien festgelegten Sicherheitsniveau entspricht (Art. 2 Abs. 2). Hiervon geht die EG-Kommission aus (str.; s. KOM (96) 229endg.). Nach Auffassung der Bundesregierung folgt aus Art. 2 Abs. 2 Novel Food-VO, daß z.B. im Rahmen der Richtlinie 89/107/EWG zugelassene Zusatzstoffe, die in Verfahren oder mit Ausgangsstoffen hergestellt werden, die nicht Grundlage der Beurteilung des Wissenschaftlichen Lebensmittelausschusses waren, einer erneuten wissenschaftlichen Prüfung zu unterziehen sind (Antwort Nr. 33 der Bundesregierung auf die Kleine Anfrage der Abgeordneten Marina Steindor und der Fraktion Bündnis 90/DIE GRÜNEN, Drs. 13/7877 v. 6.6.1997; s. hierzu auch [Kapitel 3, 4.]).

3.2 Notifizierung, Prüfverfahren

Literatur: *D.A. Jonas u.a.*, The Safety Assessment of Novel Foods, Food and Chemical Toxicology 34 (1996) 931-940; *Schauzu*, Sicherheitsbewertung von Lebensmitteln, die mit Hilfe genetisch veränderter Organismen hergestellt werden, BgVV/*RKI*, a.a.O., BGBl. 12/1996, S. 21-26; *Wissenschaftlicher Lebensmittelausschuß*, Stellungnahme zur Bewertung neuartiger Lebensmittel, EG-Kommission GD III, III/5915/97, Januar 1997.

Nach Art. 3 Abs. 4 und Art. 5 müssen Novel Foods i.S.d. Art. 1 Abs. 2 Buchst. b), d) und e), die „nach verfügbaren und allgemein anerkannten wissenschaftlichen Befunden oder aufgrund einer Stellungnahme der jeweils zuständigen nationalen Prüfbehörde hinsichtlich Zusammensetzung, Nährwert, Stoffwechsel, Verwendungszweck und Gehalt an unerwünschten Stoffen zu herkömmlichen Lebensmitteln und Lebensmittelzutaten im *wesentlichen gleichwertig"* sind, durch den Inverkehrbringer bei der EG-Kommission notifiziert werden. Die **Notifizierung** verhindert nicht das sofortige Inverkehrbringen des Produktes. Eine Zusammenfassung der Notifizierung wird jährlich im Amtsblatt (Teil C) veröffentlicht (Art. 5 Satz 4). Notifizierte Produkte müssen den Kennzeichnungsbestimmungen des Art. 8 entsprechen (Art. 5 Satz 5; [s. Kapitel 3, 4.]). Bei allen anderen Produkten muß ein **zweistufiges Prüfverfahren** nach Art. 3 Abs. 2 i.V.m. Art. 4, 6 und 7 durchlaufen werden, das auf Antrag des Inverkehrbringers (Art. 4 Abs. 1, Art. 6 Abs. 1) mit einer nationalen Prüfung durch eine sog. Erstprüfungsbehörde beginnt (Art. 6 Abs. 2).

„**Erstprüfungsbehörde**" i.S.d Art. 4 Abs. 3 ist in Deutschland für die Erstprüfung von Erzeugnissen nach Art. 1 Abs. 2 Buchst. a, also Lebensmittel die GVO enthalten oder solche sind, das Robert Koch-Institut (RKI), für alle anderen Novel Food das Bundesinstitut für gesundheitlichen Verbraucherschutz und Veterinärmedizin (BgVV); s. § 44 Abs. 2 LMBG.

Bei „einfachen Fällen" ohne Einwände durch die EG-Kommission oder der Mitgliedstaaten erfolgt eine nachgeschaltete Anerkennung durch die übrigen Mitgliedstaaten. Bei Einwänden oder der Notwendigkeit einer ergänzenden Prüfung wird das Produkt in ein Gemeinschaftsverfahren nach Art. 7 und 13 unter Einbeziehung des Ständigen Lebensmittelausschusses (Art. 13 Abs. 1) und ggf. des Wissenschaftlichen Lebensmittelausschusses SCF (Art. 11) überführt.

Im Rahmen dieses Procederes soll vor dem ersten Inverkehrbringen geprüft werden, ob neuartige Lebensmittel und Lebensmittelzutaten allgemeine Kriterien – wie z.B. **gesundheitliche Unbedenklichkeit** (s. Art. 3 Abs. 1) – erfüllen. Der Schwerpunkt der Bewertung liegt dabei bei den gentechnisch übertragenen Eigenschaften. Zu den für die menschliche Gesundheit zu berücksichtigenden Kriterien gehören u.a. die mögliche Toxizität und eine erhöhte Allergenität, mögliche Beeinträchtigungen von Therapiemaßnahmen durch Antibiotikaresistenzgene, Veränderungen in der Zusammensetzung relevanter Inhaltsstoffe sowie neue Stoffwechselprodukte (s. ausführlich *Schauzu* ZLR 1996, 655 ff; *Schauzu*, a.a.O. S. 22 ff). Konzepte für die Prüfung der gesundheitlichen Unbedenklichkeit („**substantielle Äquivalenz**") wurden von verschiedenen Organisationen und Gremien erarbeitet (Strategies for Assessing the Safety of Foods Produced by Biotechnology, Report of a Joint FAO/WHO Consultaion, WHO, Geneva 1991; Safety Evaluation of Foods Derived by Modern Biotechnology. Concepts and Principles (1993), OECD). Unter Berücksichtigung des beabsichtigten und anzunehmenden Konsums ist im wesentlichen ein Vergleich der Morphologie, des Protein-, Fett- und Kohlenhydratzusammenhangs, des biologischen Verhaltens (wie Metabolismus), der Inhaltsstoffe (Toxine etc.) und die Auswirkungen des neu eingebrachten Gens vorzunehmen. Bei der Feststellung der substantiellen Äquivalenz ist dabei zu berücksichtigen, daß Lebensmittel hinsichtlich ihrer Inhaltsstoffe bzw. Eigenschaften infolge verschiedener Faktoren wie Lagerung und Transport variieren können (*Hammes* u.a. ZLR 1996, 525).

Das Genehmigungsverfahren hat keinen Einfluß auf die **Verkehrssicherungspflichten** des Lebensmittelproduzenten, denn das Prüfungsverfahren soll nicht die gefahrlose Verwendung des Lebensmittels nach dem aktuellen Stand von Wissenschaft und Technik gewährleisten, so daß es durch eine Genehmigung nicht zu einer staatlichen Verantwortungsübernahme durch die EG-Kommission kommen kann (*Michalski*, in: Novel Food, a.a.O., S. 171, 176 ff).

4 Arzneimittel

Literatur: *Forstmann*, Lebensmittel und kosmetische Mittel mit Zweitnutzen, ZLR 1992, 587.

4.1 Zweckbestimmung

Die Verwendung des Begriffspaares „Ernährungs- und Genußzweck" in § 1 Abs. 1 LMBG hat vornehmlich eine sachliche Abgrenzung zwischen Lebensmitteln und Arzneimitteln zum Ziel (vgl. § 2 Abs. 1 und 3 Nr. 1 AMG). Arzneimittel sind Stoffe, die nach ihrer Art und allgemeinen Bestimmung ausschließlich oder überwiegend zur Beseitigung, Linderung oder Verhütung von Krankheiten dienen. Die Bestimmung, ob es sich bei einem Produkt um ein Lebensmittel handelt, orientiert sich dabei an einem **Regel-Ausnahmeverhältnis**, als Stoffe, die zum menschlichen Verzehr bestimmt sind, grundsätzlich als Lebensmittel angesehen werden. Um ein Produkt aus dem Regelungszusammenhang des LMBG herauszulösen, muß daher positiv festgestellt werden, daß es überwiegend zu anderen als Ernährungs- und Genußzwecken eingenommen wird (BayVGH DAZ 1997, 2460 - „HAIfit").

Läßt sich nicht feststellen, welcher Verwendungszweck überwiegt, wird das Erzeugnis regelmäßig als Lebensmittel eingestuft (*Kloesel/Cyran*, Arzneimittelrecht, Bd. 1, § 2 AMG, Rn. 30; BayVGH ZLR 1985, 175, 181 – „Großer Schwedenbitter"; BayVGH DAZ 1997, 2460, 2461 - „HAIfit"); nach der gesetzlichen Ausnahmeregelung des § 1 LMBG für ernährungs- und genußfremde Zwecke ist im Zweifel von einem Lebensmittel auszugehen (BGH NJW 1976, 1154 – „Fencheltee"; *Kloesel/Cy-*

ran, a.a.O., Rn. 31 f). Ein Stoff, der in einzelnen Krankheitsfällen und nur mittelbar eine heilende oder lindernde Wirkung hat und in diesem eingeschränktem Sinne auch als gelegentliches Heilmittel angesehen werden kann, bleibt ein Lebensmittel (Bsp.: Grog als Vorbeugungsmittel gegen Erkältungen; KG LRE 1, 354, 360).

Die Frage, welchem Zweck ein Erzeugnis dient, ob einem ernährungsphysiologischen oder einem arzneilichen, ist nach einer an objektiven Merkmalen anknüpfenden **überwiegenden Zweckbestimmung** zu beurteilen. Die hierfür maßgebliche Verkehrsanschauung wird regelmäßig durch die allgemeine Verwendung seitens der Verbraucher bestimmt, die wiederum davon abhängt, welche Verwendungsmöglichkeiten der Stoff seiner Art nach hat. Dabei kann die Vorstellung der Verbraucher auch durch die Auffassungen der pharmazeutischen oder medizinischen Wissenschaft beeinflußt sein, ebenso auch durch die dem Mittel beigefügten oder in Werbeprospekten enthaltenen Indikationshinweise und Gebrauchsanweisungen sowie die Aufmachung, in der das Mittel dem Verbraucher allgemein entgegentritt (BGH ZLR 1995, 425 = GRUR 1995, 419 = Pharma Recht 1996, 26 – „Knoblauchpräparate"; BVerwGE 97, 132, 135 f = NVwZ 1995, 625; OVG Berlin ZLR 1995, 703, 708 ff; s. auch EuGH Slg. 1983, 3883, Erg. 18 ff).

Die Einordnung eines Erzeugnisses als Lebensmittel oder Arzneimittel ist **multifaktorell** geprägt; folgende Gesichtspunkte können, müssen aber nicht ausschlaggebend sein:

- Die Nennung eines Stoffes im *Deutschen Arzneimittelbuch* ist grundsätzlich kein Kriterium für die Zuordnung als Arzneimittel. Im DAB werden auch Stoffe aufgelistet, die Lebensmittel oder Arzneimittel sein können; etwa Vitamine (bei denen die Zuordnung von ihrer Dosierung abhängig ist);
- ebensowenig spricht der *Vertriebsweg über Apotheken* für die Arzneimitteleigenschaft eines Produkts (so aber unzutreffend OLG Koblenz ZLR 1995, 541, 543); anderenfalls würde übersehen, daß Apotheken im Nebensortiment gleichwohl bestimmte Lebensmittel anbieten können (§ 25 ApoBetrO; OVG Berlin Pharma Recht 1995, 263, 270; OLG Stuttgart wrp 1996, 941);
- der *Anschein eines Arzneimittels* (i.S.v. § 17 Abs. 1 Nr. 5 c LMBG) allein reicht nicht aus, ein Erzeugnis als Arzneimittel zu qualifizieren; es müssen vielmehr weitere Umstände hinzukommen, die eine gesicherte Aussage über die überwiegende Zweckbestimmung des Produkts zulassen (BayVGH DAZ 1997, 2460, 2462 - „HAIfit");
- die Darreichung eines Nahrungsergänzungsmittels in *Tabletten- oder Kapselform* spricht nicht für ein Arzneimittel (s. aber BGH ZLR 1995, 425; OLG Koblenz ZLR 1995, 541; LG Hamburg LRE 29, 137 – „Knoblauch Kwai"); hier wird verkannt, daß diese Erzeugnisse üblicherweise dergestalt vertrieben werden (s. Amtliche Begründung zu § 1 Abs. 3 NKV; *Kügel/Klein* Pharma Recht 1996, 386, 391 [hierzu näher Kapitel 3, 3.1.]);
- der *Firmenname* eines Herstellers läßt noch nicht eindeutig auf den Charakter eines Produktes schließen, auch wenn dieser einen doppelten Hinweis auf Medizin und Gesundheit enthält. In der Vorstellung des durchschnittlich informierten Ver-

brauchers kann ein Firmenname, soweit dieser nicht in der Öffentlichkeit für das Produkt schlechthin steht, allenfalls weitere, das Erscheinungsbild maßgeblich prägende Tatsachen unterstützen (BayVGH DAZ 1997, 2460ff – „HAI*fit*");
- temporäre, auch bereits abgeschlossene, oder nur punktuell eingesetzte *Werbemaßnahmen* können den Produktcharakter nicht prägen; für krankheitsbezogene Lebensmittelwerbung sieht der Gesetzgeber i.ü. spezifische Korrekturmöglichkeiten im Bereich der Publikumswerbung in § 18 Abs. 1 Nr. 1 LMBG vor (*Doepner* Pharma Recht 1996, 206, 208).

Fall: OVG Berlin ZLR 1995, 703 - „Omega-3-Kapseln"

Sachverhalt: Die Klägerin vertreibt ein Fischölpräparat „S. Omega-3-Kapseln". Die Weichgelatinekapseln werden in Durchdrückstreifen (Blister) zu je 20 Stück in einer weißgrundigen Faltschachtel zu einem Preis von ca. 14,- DM angeboten. Die Kapseln sind mit rd. 500 ml Öl gefüllt, das aus dem Fleisch von Lachsen gewonnen wird. Das Öl besteht aus einem Gemisch gesättigter und ungesättigter Fettsäuren, wobei der Anteil der mehrfach ungesättigten Fettsäuren der Omega-3-Reihe dem Präparat seinen Namen geben,.... bei rd. 30 % des Gesamtfettsäuregehalts liegt. Auf der Packung finden sich u.a. folgende Angaben: „Lachsöl-Konzentrat [...] für die zusätzliche Ernährung mit hochgesunden ungesättigten Fettsäuren [...] Ungesunde Lebensgewohnheiten, falsche Ernährung, zu wenig Bewegung [...] beeinträchtigen die Leistungsfähigkeit. S. Omega-3-Kapseln ergänzen die Nahrung [...]". In der der Packung beiliegenden Gebrauchsinformation wird u.a. ausgeführt, daß „um den Körper eine ausreichende Menge der Omega-3-Fettsäuren zuzuführen, mindestens dreimal wöchentlich eine große Portion Fisch gegessen werden" müsse.

Entscheidungsgründe: Das OVG stuft das Erzeugnis als Lebensmittel ein. „Ausgangspunkt für die Feststellung der überwiegenden Zweckbestimmung ist der Inhaltsstoff der Kapseln, das Fischöl. [...] Das Fischöl verliert seine Nährstoffeigenschaft nicht etwa durch seinen hohen Anteil an mehrfach ungesättigten Fettsäuren [...], denn zum einen ist, [...] der Anteil an Omega-3-Fettsäuren gegenüber dem natürlichen Anteil dieser Stoffe mit Lachsfleisch nicht erhöht, so daß das Gemisch dem natürlichen im Lachsfleisch vorhandenen Fettgemisch entspricht. Zum zweiten entspricht, [...] die Zufuhr an Omega-3-Fettsäuren bei Beachtung der empfohlenen Dosierungshinweise lediglich der Menge dieser Stoffe, die bei drei Fischmahlzeiten in der Woche aufgenommen wird." (S. 710). Eine arzneiliche Wirkung der Fettsäuren in der empfohlenen Dosierung ist nach Auffassung des OVG nicht dargetan. „Insoweit drängt sich der Vergleich mit Vitaminpräparaten auf, bei denen ebenfalls nach der Dosierung des Vitamins unterschieden wird: Hält sich die Einnahme nach der Empfehlung auf der Verpackung im Bereich bis zum doppelten Tagesbedarf, so ist das Präparat als Lebensmittel anzusehen; liegt die Dosierung dabei jedoch im Vierfachen des Tagesbedarfs, so ist das Präparat als Arzneimittel einzustufen, weil es dann nicht mehr den sonst durch Ernährung zu deckenden Bedarf – bei besonderen Bedarfslagen ggf. auch etwas mehr – ersetzt oder ergänzt, sondern unabhängig von der Ernährung therapeutisch wirksam werden soll" (S. 712 unter Hinweis auf EuGH Slg. 1983, 3883 – „van Bennecom"). „Die Bezeichnung des Präparats [...] folgt [...] dem Ernährungszweck der Fettsäuren: Auf der Packung und dem Beipackzettel finden sich deutliche Hinweise auf den Ernährungscharakter des Präparats. Im Text wird die Wirkungsweise ungesättigter Fettsäuren als Nahrungsbestandteil erläutert; es wird auf den eigentlichen Nährmittelträger Kaltwasserfisch hingewiesen sowie auf die Ersatzfunktion der Kapseln (anstelle von drei Fischportionen pro Woche). Die gesundheitliche Wirkung der Kapseln wird auf die allgemeine Wirkung der ungesättigten Fettsäuren reduziert, so wie sie bei einer ausgeglichenen Ernährung und bei einem gesunden Lebenswandel auch ohne die Kapseln zu erzielen wäre. Der Gesundheitsbezug des Verzehrs der Lachsöl-Kapseln ist beschränkt auf die gesundheitlichen Auswirkungen des Verzehrs eines für gesund gehaltenen Nahrungsmittel" (S. 713). „Andererseits ist nicht zu bestreiten, daß die Darreichungsform (Kapsel), die Verpackung (Blister in Faltschachtel), die Angabe der Inhaltsstoffe, die Dosierungsempfehlung und der Vertriebsort (Apotheke und Drogerie) auf den ersten Blick für sich genommen für die Annahme sprechen könnten, es handele sich bei dem fraglichen Produkt um ein Arzneimittel. [...] Diese Sichtweise [...] läßt aber außer Acht, daß – abgesehen davon, daß es wegen des schlechten Geschmacks notwendig ist, das Fischöl in eingekapselter Form anzubieten – es einem großen und in sich ständig vergrößernden Markt für sog. Nahrungsergänzungsmittel gibt, die im wesentlichen nicht anders aussehen als die hier fraglichen Fischöl-Kapseln bzw. anderen typischen Arznei-Darreichungsformen ähneln, wie z.b. Vitaminkapseln oder -pulver, Knoblauchdragees, Bierhefetabletten, Knoblauchpillen etc., so daß der durchschnittlich informierte Verbraucher nicht in jedem Fall allein von der Aufmachung auf den Arzneimittelcharakter des Präparats schließen wird" (S. 714).

4.2 Objektive Zweckbestimmung

Der **Wille des Herstellers**, ein Produkt als Lebensmittel einzuordnen, ist für die Zuordnung dieses Produktes als Arznei- oder Lebensmittel unmaßgeblich, da es auf die objektive Zweckbestimmung ankommt. Liegt die bestimmungsgemäße Verwendung eines Produkts in der Nikotinentwöhnung, so ist der Hinweis auf der Verpackung, daß es sich um ein Nahrungsergänzungsmittel handele, unerheblich (OLG Naumburg ZLR 1997, 68). Es gilt hier nicht die Regel des umgekehrten Falles, daß die Bestimmung des Herstellers oder Vertreibers als Arzneimittel ein Produkt auf jeden Fall zum Arzneimittel macht (BGH ZLR 1995, 425; EuGH Pharma Recht 1993, 130; vgl. Art. 1 Nr. 2 der Richtlinie 65/65/EWG des Rates v. 26.01.1965 zur Angleichung der Rechts- und Verwaltungsvorschriften über Arzneimittel). Die **Objektivierung des Arzneimittelbegriffs** verdeutlichte der Gesetzgeber bei der Novellierung des AMG im Jahre 1976, indem er in der Legaldefinition die Worte „vom Hersteller oder demjenigen, der sie sonst in den Verkehr bringt" strich. Diese Formulierung bezeichnete die Urheber der Zweckbestimmung (Amtl. Begr. zum Regierungsentwurf, BT-Drs. 7/3060, Besonderer Teil, S. 44 zu § 2 AMG; BVerwGE 97, 132, 135; *Kloesel/Cyran*, § 2 Anm. 4, 30 m.w.Rspr.).

Der Verwendungszweck eines Erzeugnisses erschließt sich aus der stofflichen Zusammensetzung des Präparats, seiner Aufmachung und der Art seines Vertriebs. Mit seinem Erscheinungsbild begründet das Produkt Erwartungen und Vorstellungen über seine Zweckbestimmung, oder es knüpft an eine schon bestehende Auffassung der Verbraucherkreise über den Zweck vergleichbarer Mittel und ihrer Anwendung an. Dabei hängt das Erscheinungsbild entscheidend von der Konzeption ab, mit der der Verantwortliche es dem Markt präsentiert (BVerwG, Pharma Recht 1995, 256, 259 zu einer Eutersalbe; OVG Berlin, Pharma Recht 1995, 263, 267 = ZLR 1995, 703 zu einem Fischöl-Präparat).

Die Verwendung bestimmter **Werbeangaben und -darstellungen** kann demnach ausreichen, ein Erzeugnis als Arzneimittel einzustufen (Bezeichnungsarzneimittel). Wird ein Erzeugnis mit einer deutlichen Warnung vor bestimmten Krankheiten angeboten, dann wird aus der Sicht der Verbraucher der rein gesundheitsbezogene Bereich verlassen (KG Berlin MD 1993, 283, 285 – „Coenzym Q 10").

Beispiel: die Angabe in der Aufmachung, das die „Anwendung orthomolekularer Ernährungshinweise zu therapeutischen Zwecken ohne ärztliche Konsultation eine legitime Selbstbehandlung" sei; „Regulierung des Fettstoffwechsels"; „Senkung der Herzbelastung".

Solange nach der Verbrauchererwartung mit dem Produkt nur solche normal verlaufende Erscheinungen oder Schwankungen der Funktionen ausgeglichen werden sollen, denen jeder Körper ausgesetzt ist, dessen Natur oder dem natürlichen Auf und Ab seiner Leistungsfähigkeit entsprechen, kann nur von einem Lebensmittel ausgegangen werden (*Kloesel/Cyran*, Arzneimittelrecht, Bd. 1, § 2 AMG Rn. 31 c). Je mehr daher nur eine gesundheitserhaltende oder -fördernde Wirkung betont wird, um so eher geht die Verbrauchererwartung in Richtung eines Lebensmittels, je stärker Bezug auf als Krankheit empfundene Ausfallerscheinungen genommen wird, um so eher sei Arzneimittel anzunehmen.

§ 18 LMBG – das Verbot krankheitsbezogener Aussagen – darf aber nicht unberücksichtigt bleiben; anderenfalls würde der Anwendungsbereich des § 18 leerlaufen. Hier kommt es maßgeblich auf die Umstände des Einzelfalles an. Häufig übersehen Überwachungsbehörden und Gerichte, daß der Gesetzgeber mit § 18 LMBG für eine krankheitsbezogene Lebensmittelwerbung spezifische Korrekturmöglichkeiten vorsieht (*Doepner* Pharma Recht 1996, 206, 208).

Die Auffassung über die Zweckbestimmung eines Erzeugnisses kann sich wandeln. Kamillentee, früher wegen seiner beruhigenden Wirkung als Arzneimittel angesehen, wird weitgehend ohne arzneiliche Zweckbestimmung in Aufgußbeuteln in den Verkehr gebracht und ist in dieser Vertriebsform als Lebensmittel einzustufen.

Wenn der Rat der Europäischen Gemeinschaft in Art. 1 Nr. 2 seiner **Richtlinie 65/65** zur Angleichung der Rechts- und Verwaltungsvorschriften für Arzneimittel vom 26.01.1965 nach dem Wortlaut von einem sehr weiten Arzneimittelbegriff ausgegangen ist (ein Arzneimittel liegt danach u.a. schon dann vor, wenn es als solches bezeichnet wird), dann ist dies letztlich ohne Bedeutung, weil nach der Rechtsprechung des EuGH nationale Besonderheiten bei der Abgrenzung von Arzneimitteln hingenommen werden müssen (EuGH Slg. 1991, I, S. 1547, 1561 Egr. 28 – „Monteil und Samanni"; BVerwG, Pharma Recht 1995, 256, 262).

4.3 Beispiele

Melatoninhaltige Produkte sind Arzneimittel. Melatonin ist ein körpereigenes Hormon, das in der Zirbeldrüse von Menschen gebildet wird und u.a. das Schlaf-/Wachverhalten beeinflußt (ausführlich *Steinhilber* DAZ 1996, 1647). Die Substanz kommt in sehr geringen Mengen auch in pflanzlichen Lebensmitteln vor. Um dem Körper nur 0,1 mg des Hormons zuzuführen, müßten z.B. eine Tonne Gurken verzehrt werden. Kann ein Stoff im Rahmen der Ernährung nicht annähernd in dem Umfang aufgenommen werden, wie es durch eine hochdosierte Zubereitung an Melatonin in Kapselform oder als Sublingualtablette erreicht werden kann, dient dieses nicht der Ernährung und ist demzufolge kein Lebensmittel (BgVV, Pressedienst 22/95; OVG Hamburg ZLR 1995, 595, 600; ZLR 1997, 72).

Propoliskapseln und -tinkturen sind Arzneimittel (OVG Hamburg, Urteil vom 04.02.92, OVG Bf VI 99/90, zitiert in *Kloesel/Cyran*, Arzneimittelrecht, § 2 AMG Rn. 32 i). Propolis, auch Vorwachs, Stoffwachs oder Bienenharz genannt, ist eine aromatisch riechende, harzartige, braungelbe Masse. Propolis wird von Bienen zur Einengung des Flugloches, zur Desinfektion des gesamten Stockes, zur Entkeimung von Wachs und Wabenrähmchen verwendet und ist aus den Harzen von Baumknospen und -rinden gewonnen. In der Literatur heißt es, daß die in Propolis enthaltenen Stoffe für den menschlichen Körper nicht essentiell sind. Bei einem Mangel dieser Stoffe trete daher kein Schaden am menschlichen Organismus ein. Propolis besitzt des weiteren keinen speziellen Nährwert (s. *Kloesel/Cyran*, a.a.O.). Solche Propolis-Kapseln, -tinkturen und -salben werden mit einer Vielzahl von Indikationen beworben; oftmals wird es als „Universalheilmittel" bezeichnet, das sich durch eine Vielzahl von Anwendungsgebieten auszeichne, wobei v.a. die antibiotische, bakterizide, fungizide, entzündungshemmende und antirheumatische Wirkung hervorgehoben wird. Auch ein Verzicht auf Werbung mit Indikationen würde demzufolge den Arzneimittelcharakter des Erzeugnisses nicht in Frage stellen. Propolis wird als mögliches homöopathisches Arzneimittel angesehen (vgl. Aufbereitungsmonographie, DAZ Nr. 26 vom 08.09.94, S. 3474), es könnte demzufolge entweder als Arzneimittel zugelassen oder als homöopathisches Arzneimittel registriert werden.

4.4 Importerzeugnisse

Auch für nach Deutschland **eingeführte Erzeugnisse** beurteilt sich die Frage, ob Arznei- oder Lebensmittel vorliegt, nach deutschem Recht. Hierzu entschied der EuGH mehrfach, daß es Sache eines jeden Mitgliedslandes (Einfuhr- wie Ausfuhrstaat) ist, in den durch den EU-Vertrag gesetzten Grenzen zu bestimmen, in welchem Umfang er Schutz gewährleisten will. Die Qualifikation eines Produkts als Lebensmittel oder Arzneimittel obliegt demzufolge den Überwachungsbehörden des jeweiligen Staates, in welchem das Erzeugnis hergestellt oder vertrieben wird (EuGH Pharma Recht 1992, 260 – „Prevor" NJW 1993, 2365).

Kapitel 2: Verkehr mit Lebensmitteln

1 Verbote zum Schutz der Gesundheit, § 8 LMBG

Ziel und Zweck des § 8 LMBG ist der Schutz der Gesundheit. Aus Gründen effektiver Prävention setzt das Verbot nur die Eignung zur Gesundheitsschädigung voraus; tatsächlich muß sie noch nicht eingetreten sein.

1.1 § 8 Nr. 1 LMBG

Eine **Gesundheitsschädigung** liegt bei einer vorübergehenden, aber nicht nur geringfügigen Beeinträchtigung des körperlichen Wohlbefindens vor (starker Durchfall oder länger andauernder Brechreiz). Eine Gesundheitsschädigung kann z.B. auch bei einer Störung des Nervensystems vorliegen. Widerwillen und Ekel stellen meist noch keine Schädigung der Gesundheit dar, solange dieses Gefühl sich noch nicht in einem lästigen Brechreiz manifestiert.

Die **Eignung** zur Gesundheitsschädigung ist zwar ausreichend, muß aber irgendwie objektiv feststellbar sein, denn die allein abstrakte Möglichkeit einer Gesundheitsschädigung genügt noch nicht. Der bloße unspezifische Verdacht eines salmonellenverseuchten Lebensmittels ermächtigt die Überwachungsbehörden demzufolge (noch) nicht zur Sicherstellung, wohl aber zur Probenziehung oder weiterer Ermittlungen.

Die Eignung zur Gesundheitsschädigung muß im Augenblick des Herstellens, des Behandelns oder des Inverkehrbringens vorliegen, so daß bei späterem Verzehr eine Gesundheitsschädigung eintreten kann. Daher liegt eine Gesundheitsgefährdung auch dann vor, wenn ein Erzeugnis zwar nicht zum Zeitpunkt des unmittelbaren Inverkehrbringens gesundheitsschädlich ist, dies aber durch fortschreitende Zersetzung wird. Durch den Begriff „**derart**" wird deutlich, daß die Gesundheitsschädigung gerade in der **Herstellung oder Behandlung** des Lebensmittels seine Ursache haben muß.

Zur Frage der Eignung zur Gesundheitsschädigung ist auf einen gesunden und nicht überempfindlichen **Verbraucher** abzustellen. Im Einzelfall ist der Personenkreis einzuschränken, wenn nur eine bestimmte Personengruppe angesprochen wird; hier darf aber nicht unberücksichtigt bleiben, daß beispielsweise an sich nur für Kinder bestimmte Lebensmittel auch von Erwachsenen gegessen werden (können), wie Babykost. Auf die **Kenntnis** des Verbrauchers oder mögliche Wahrnehmbarkeit der

Gesundheitsschädigung kommt es nicht an. Auch ein **Warnhinweis** ist demzufolge nicht genügend, den Tatbestand des § 8 auszuschließen; etwa „Vor dem Gebrauch gut kochen" (um Krankheitserreger abzutöten).

Das Verbot des § 8 Nr. 1 erfaßt nur die Herstellung und Behandlung von Lebensmitteln, die zum **Verzehr „für andere"** bestimmt sind; hierauf muß die Handlung des Täters – mindestens bedingt – ausgerichtet sein.

Fall: OVG Nordrhein-Westfalen ZLR 1993, 647 – „Zauberzucker"

Sachverhalt: Der Kläger stellte einen „Zauberzucker" her und brachte diesen in Verkehr. Bei dem „Zauberzucker" handelte es sich um Würfelzuckerstückchen handelsüblicher Größe, in die jeweils – von außen nicht sichtbar – eine figürliche Einlage aus Polyäthylen eingebracht ist. Die Einlagen haben verschiedene Formen, z. B. die einer Fliege, eines Elefanten, eines Kinderwagens und sind zwischen 8 und 11 mm lang, etwa 10 mm breit und 1-2 mm dick. Aufgrund seines geringen spezifischen Gewichts steigt das Plastikfigürchen nach Auflösung des Zuckers in einem Getränk an die Oberfläche. Auf der Verpackung ist der Zusatz „Kinder fernhalten" aufgebracht. Im Berufungsverfahren wandte der Kläger ein, daß der Zucker nur als Verpackung, als „Medium", nötig sei und sein Verzehr für den Eintritt der Scherzwirkung gerade keine Voraussetzung bilde. Deshalb komme es auch auf den Verzehr des Zuckers, der allenfalls nach dem gewünschten psychologischen Effekt eintrete, nicht an.

Entscheidungsgründe: Der Senat sah in dem Erzeugnis ein Lebensmittel nach § 1 Abs. 1 LMBG, weil „der Volumen- und wertmäßige Zuckeranteil eine süßende Funktion erfüllt und mit dem jeweiligen Getränk verzehrt werden soll. Auch der Hersteller geht davon aus und erwartet, daß das Getränk mit dem Zauberzucker auch nach dem etwaigen Entdecken der Einlage noch getrunken, der Zucker also verzehrt wird [...] Die Ausnahme des § 1 Abs. 1 Satz 2 LMBG [greife] [...] nicht ein. Der Scherzzweck ist zwar vorhanden, sein Überwiegen läßt sich aber nicht feststellen [...] Auch wenn der Berufung einzuräumen ist, daß das Entdecken der Einlagefiguren und der Überraschungseffekt vor dem Verzehr liegen, so kommt es anschließend gleichwohl zur Aufnahme des Zuckers durch das Getränk. Der Umstand, daß die psychologische Wirkung im Zeitpunkt des erwarteten Verzehrs bereits verpufft ist, spricht gerade für eine Gewichtung der Zweckbestimmung eines Lebensmittels" (S. 649). „Die Eignung, die Gesundheit zu schädigen, ist durch die besonders leichte Ausgestaltung der Einlagefiguren, deren Ober- und Unterfläche zudem als glatt bezeichnet werden können, wenn sie auch in ihren Außenumrissen zum Teil Spitzen und Ecken aufweisen, gegeben; sie können nämlich – insbesondere von Kindern – aspiriert werden [...] [dabei handele es sich] auch nicht nur um eine völlig entfernte und deshalb zu vernachlässigende Möglichkeit. [...] Hinzu kommt, daß als Gesundheitsschädigung auch die Fälle anzusehen sind, in denen die Einlagen nur in die oberen Luftwege geraten und durch massives Husten wieder herausbefördert werden, jedenfalls wenn dieses Husten als qualvoll bezeichnet werden muß. [...] Der Hinweis „Kinder fernhalten" auf der Verpackung [ist] zur wirksamen Gefahrenabwehr nicht geeignet" (S. 650).

1.2 § 8 Nr. 2 LMBG

Das Verbot nach § 8 Nr. 2 bezieht sich auf das Inverkehrbringen von **Stoffen** als Lebensmittel mit der Bestimmung, daß diese Stoffe dem menschlichen Verzehr dienen sollen oder können. Für die „Bestimmung" kommt es allein auf die Auffassung der angesprochenen Verkehrskreise und nicht auf die des Täters an.

Bloße (Warn-)**Hinweise** auf die Gesundheitsschädlichkeit können die generelle Zweckbestimmung als Lebensmittel kaum ausschließen; hierfür sind meist noch weitere besondere Maßnahmen erforderlich wie Unbrauchbarmachen des Erzeugnisses zum menschlichen Genuß oder das Umfüllen in besondere Gefäße wie Futtereimer (*Zipfel/Rathke* C 100 § 8 Rn. 24).

1.3 § 8 Nr. 3 LMBG

§ 8 Nr. 3 erfaßt **Nicht-Lebensmittel** („keine Lebensmittel"), die aufgrund ihres äußeren Erscheinungsbildes mit Lebensmitteln verwechselbar sind und daher wie diese „zum Munde geführt, gelutscht oder geschluckt werden können". Die bloße Gefährdung genügt. Die äußere Erscheinung kann sich aus verschiedenen, Lebensmitteln innewohnenden Umständen ergeben wie „Form, Geruch, Farbe, Aussehen, Aufmachung, Etikett, Volumen oder Größe" des Erzeugnisses.

Die Verwechslung muß nach dem äußeren Erscheinungsbild „**vorhersehbar**" sein, so daß bei dem vorauszusehenden Gebrauch das Erzeugnis, insbesondere von Kindern, wie ein Lebensmittel verwendet wird. Vorauszusehen ist jeder Gebrauch, der so häufig vorkommt, daß mit ihm gerechnet werden muß (BayObLG LRE 4, 309). Das Verschlucken von Spielzeug durch Kinder ist ein vorauszusehender Gebrauch (OLG Koblenz LRE 12, 116, 117).

In der Amtlichen Begründung zu § 8 LMBG werden folgende Beispiele hierzu aufgeführt:
- Spielzeug oder Radiergummis aus Kunststoff mit hohem Weichmacheranteil, die wie Süßigkeiten aussehen oder riechen (vgl. BayObLG ZLR 1985, 425).
- Haarschampoo in Bierflaschen sowie Motorenöl oder andere technische Produkte in Dosen, die auf Grund ihrer Aufmachung mit Erfrischungsgetränken verwechselt werden könnten.

2 Ermächtigungen zum Schutz der Gesundheit, § 9 LMBG

Die Vorschrift enthält eine Ermächtigung zum Schutze der Gesundheit Rechtsverordnungen zu erlassen. § 9 ermöglicht es, Herstellungs-, Behandlungs- und Verkehrsverbote sowie Verkehrsbeschränkungen (etwa Warnhinweise; s. § 9 Abs. 1 Nr. 5) für Lebensmittel zu erlassen, soweit dies erforderlich ist, um eine Gefährdung der Gesundheit durch den Umgang mit Lebensmittel zu verhüten.

§ 9 ist keine Durchführungsbestimmung zu § 8 LMBG; die §§ 8 und 9 sind vielmehr selbständige, durch besondere Straftatbestände ergänzte Vorschriften.

Auf § 9 Abs. 1 **Nr. 1** beruht beispielsweise § 3 Abs. 1 EiprodukteVO.

Auf **Nr. 3** beruhen u.a. §§ 12, 14 Abs. 1, 14 a Abs. 1 der DiätVO oder die §§ 3, 4 und 5 HackfleischVO.

3 Hygiene

3.1 Verbraucherschutz

Literatur: *Eisgruber/Stolle*, Hygienische Risiken und Kontrollen in der Gemeinschaftsverpflegung, DLR 1995, 282

Hygiene beim Umgang mit Lebensmitteln, ob bei der Herstellung, Verarbeitung, Verpackung, Verkauf oder in Verzehrstätten, ist eine wichtige Voraussetzung für eine gesunde Ernährung.

Dies trifft in besonderem Maße auf **Lebensmittel tierischen Ursprungs** zu. Der Grund hierfür liegt in den **Mikroorganismen**, die auf tierischem Ausgangsmaterial besonders gut gedeihen, wenn keine besonderen Maßnahmen der Hygiene bzw. der Haltbarmachung getroffen werden. Dazu zählen lebensmittelverderbende Mikroorganismen, die Lebensmittel für den Verzehr ungeeignet machen können, ohne Krankheiten hervorzurufen, und krankheitserregende Mikroorganismen wie Salmonellen und Staphylokokken, die Durchfälle oder Kreislaufbeschwerden hervorrufen können. Bei der Herstellung, Behandlung und Verarbeitung, genauso wie bei Transport, Lagerung und Verkauf von Lebensmitteln sind daher die Einflüsse auszuschalten, die ein Lebensmittel zum Verzehr ungeeignet machen, insbesondere zu Erkrankungen des Menschen führen können.

Aus zahlreichen Veröffentlichungen sind beispielsweise die **Hygienerisiken** beim Zerlegen von Fleisch mit den Händen (Zerlegehandschuhe), Geräten (Messern) und Maschinen (Entschwarter) hinreichend bekannt. Jede Art von Zerkleinerung steigert vor allem die mikrobiologischen Risiken, denn die natürlichen Barrieren (Faszien) werden durch das Zerlegen zerstört und hierdurch kommen die tieferen Gewebspartien erstmalig mit Sauerstoff und Mikroorganismen aus der Umgebung, insbesondere eben durch Geräte, Maschinen und Hände in Berührung. Bei jeder weiteren Zerkleinerung nimmt die Gesamtkeimzahl zu.

3.2 Sonderregelungen

Um solchen Gefahren entgegenzuwirken, sehen eine Reihe von Gesetzen und Verordnungen Hygienestandards bei der Lebensmittelherstellung und -behandlung vor, beispielsweise über die Temperaturanforderungen an Lebensmittel und Räume, in denen Lebensmittel behandelt und gelagert werden (s. Überblick bei *Kuntzer* DLR 1994, 78); neben der **LebensmittelhygieneVO** sind dies beispielhaft:

- Fleischhygienegesetz (FlHG)
- FleischhygieneVO (FlHV)
- HackfleischVO
- Geflügelfleischhygienegesetz (GFlHG)
- GeflügelfleischmindestanforderungenVO
- MilchVO
- EiprodukteVO
- HühnereierVO
- FischhygieneVO

Milch gehört zu den am leichtesten verderblichen Lebensmitteln. Deshalb müssen bei ihrer Gewinnung sowie der Bearbeitung und Verarbeitung umfangreiche Hygienemaßnahmen eingehalten werden. Nach der **Milchverordnung** darf nur Milch von gesunden Kühen angeboten oder zur Herstellung von Lebensmitteln verwendet werden (Anlage 1 – Anforderungen an den Tierbestand). Unmittelbar nach dem Melken muß die Milch aus dem Stall gebracht, gefiltert und gekühlt werden (Anlage 3, Ziff. 5 MilchVO); dadurch wird die Vermehrung von Mikroorganismen weitgehend gehemmt. Konsummilch ist einer Wärmebehandlung, z.B. der Pasteurisierung, zu unterziehen (§ 5). Besondere hygienische Anforderungen werden an die Erzeugerbetriebe gestellt, die nicht wärmebehandelte Rohmilch ab Hof oder als Vorzugsmilch abgeben (§§ 7, 8). Beim Rohmilchverkauf ab Hof muß der Landwirt mit einem Schild darauf hinweisen, daß die Milch vor dem Verzehr abgekocht werden muß (§ 8 Abs. 1 Nr. 4).

Besondere Vorschriften zum Verbraucherschutz gelten auch für Eier, die bei unsachgemäßer Lagerung oder Transport leicht verderben können. Nach der **Hühnereierverordnung** müssen Eier bis zur Abgabe an den Verbraucher vor nachteiligen Beeinflussungen wie Verunreinigungen, Feuchtigkeit und Witterungseinflüssen, insbesondere Sonneneinstrahlung, geschützt werden (§ 1 Abs. 2 Nr. 1 lit.a). Weiterhin sind sie bei konstanter Temperatur aufzubewahren und zu befördern, wobei vom 18. Tag nach dem Legen an eine Temperatur von +5° C bis +8° C einzuhalten ist (§ 1 Abs. 2 Nr. 1 lit.b). Eier dürfen zu dem nur innerhalb von höchstens 21 Tagen nach dem Legen an den Verbraucher abgegeben werden und sind auf der Verpackung mit Mindesthaltbarkeitsdatum und der Angabe „Verbraucherhinweis: bei Kühlschranktemperatur aufbewahren – nach Ablauf des Mindesthaltbarkeitsdatums durch erhitzen" zu kennzeichnen, wobei das äußerste Mindesthaltbarkeitsdatum die Frist von 28 Tagen nach dem Legen nicht überschreiten darf (§ 1 Abs. 2 Nr. 2 und 3).

3.3 LebensmittelhygieneVO

Die bundesweite „Verordnung über Lebensmittelhygiene" (LMHV) setzt die **Richtlinie 93/43/EWG** über Lebensmittelhygiene vom 14.7.1993 in deutsches Recht um.

Die bislang geltenden Hygieneregelungen der einzelnen Bundesländer sind hierdurch abgelöst worden (Art. 3).

Die LMHV erfaßt alle Unternehmen, die Lebensmittel herstellen, behandeln oder in Verkehr bringen (i.S.d. § 7 LMBG), demnach sämtliche Lebensmittel jeglicher Stufe nach ihrer Gewinnung (§ 1 Abs. 1 LMHV); Sonderregelungen wie die FleischhygieneVO bleiben bestehen (§ 1 Abs. 3 LMHV).

Die LMHV enthält in § 3 ein **generelles Hygienegebot**, das unter Beachtung der Anlage zur LMHV mit „Allgemeinen Hygienevorschriften" einzuhalten ist [s. 3.3.1].

Im Rahmen ihrer **betriebseigenen Maßnahmen und Kontrollen** sind Lebensmittelunternehmen nach § 4 LMHV des weiteren verpflichtet, zur Gewährleistung der Lebensmittelsicherheit angemessene Sicherheitsmaßnahmen auf Basis von Gefahrenanalysen durchzuführen und ein System zur Beherrschung und Überwachung risikoträchtiger Stellen konsequent einzuführen und aufrechtzuerhalten (**HACCP-Konzept** = **H**azard **A**nalysis **C**ritical **C**ontrol **P**oint; lediglich aus formalen Gründen übernahm der Verordnungsgeber nicht diese Abkürzung) [s. 3.3.2].

Die LMHV dokumentiert damit die neue (politische) Ausrichtung der **obligatorischen Präventivstrategie**. Dies führt zu einer Stärkung der Eigenverantwortung der Lebensmittelunternehmen; damit einher geht aber auch eine Neuorientierung der Tätigkeit der amtlichen Lebensmittelüberwachung hin zu einer „Kontrolle der Kontrolle" (in Art. 6 der Richtlinie 89/397/EWG zur amtlichen Lebensmittelüberwachung beschrieben als „Kontrolle der Ergebnisse der betrieblichen Eigenkontrolle").

3.3.1 Hygieneanforderungen

Lebensmittel dürfen nur unter Einhaltung der Anforderungen der Anlage zu § 3 LMHV hergestellt, behandelt und in den Verkehr gebracht werden. Die danach aufgestellten Anforderungen sind „angemessen" umzusetzen entsprechend den Erfordernissen in den einzelnen Betrieben zur Gewährleistung genußtauglicher und sicherer Produkte; der Verordnungsgeber trägt dabei der notwendigen Flexibilität Rechnung. Die allgemeinen und besonderen Anforderungen sind hierbei folgende:

Allgemeine Anforderungen an die bauliche Ausstattung von Betriebsstätten (Kapitel 1)
- Reinigung und Desinfektion möglich
- geeignete Temperaturbedingungen
- sanitäre Einrichtungen
- ausreichende Beleuchtung

Besondere Anforderungen an Räume, Vorrichtungen und Geräte in Betriebsstätten (Kapitel 2 und 3)
- Zustand von Böden, Wänden, Decken, Fenstern, Türen, Oberflächen (die mit Lebensmitteln in Berührung kommen)
- geeignete Vorrichtungen zum Reinigen und Desinfizieren

> **Anforderungen an Gegenstände und Ausrüstungen (Kapitel 4)**
> - keine nachteilige Beeinflussung der Lebensmittel
> - Einhaltung erforderlicher Temperaturen
>
> **Anforderungen beim Umgang mit Lebensmitteln (Kapitel 5)**
> - Prüfung auf Verzehrsfähigkeit vor Warenannahme
> - Einhaltung erforderlicher Temperaturen
> - geeignete Schädlingsbekämpfung
> - Umgang mit Abfällen
> - Lagerung und Beförderung von Lebensmitteln
> - Personalhygiene
>   – persönliche Sauberkeit
>   – angemessene Kleidung, erforderlichenfalls Schutzkleidung
>   – Vorkehrungen bei Wunden, Infektionen

Nach § 4 Abs. 2 LMHV müssen Lebensmittelbetriebe „Personen, die mit Lebensmitteln umgehen, entsprechend ihrer Tätigkeit ... in Fragen der Lebensmittelhygiene" unterrichten und schulen. Zielgruppe für **Hygieneschulungen** kann das Personal auf allen hierarchischen Ebenen sein; nicht nur das Personal in den Herstellungslinien und im Lager sowie das Reinigungspersonal, sondern auch Führungskräfte und Mitarbeiter der Verwaltung, welche Zugang zur Produktion haben. Themen dieser Schulungen sollten vor allem folgende sein:
- Betriebshygiene (Reinigung und Desinfektion)
- Personalhygiene
- Hygiene beim Umgang mit Lebensmitteln und Rohstoffen
- Hygieneanforderungen an Lebensmittel und ihre Produktion (Bsp: Temperatur)

Eine Schulung des Personals sollte bei jeder Neueinstellung eines Mitarbeiters erfolgen, sich aber auch regelmäßig wiederholen oder in besonderen Fällen angesetzt werden, etwa wenn ad hoc eine Korrekturmaßnahme erforderlich ist (Betriebsunfall).

Eine **Dokumentation** ist nach der LMHV nicht vorgeschrieben, so daß diese auch von der Lebensmittelüberwachung nicht eingefordert werden kann. Die Lebensmittelwirtschaft kommt jedoch nicht umhin, zum Nachweis der Erfüllung der jeweiligen Hygieneanforderungen vor allem durch Protokolle und Checklisten zu dokumentieren, (insbesondere) wie, wann und wo der einzelne seinen Verpflichtungen im Rahmen der allgemeinen Sorgfaltspflicht nachkam; die Dokumentation hilft, Abläufe und Entwicklungen nachzuvollziehen und Verantwortlichkeiten zu klären. Im Fall einer behördlichen Beanstandung wegen Inverkehrbringens nicht genußtauglicher Ware kann dann eine Dokumentation der Hygienemaßnahmen und Gefährdungsvermeidungsstrategien entscheidend dazu beitragen, einen (Fahrlässigkeits-) Vorwurf zu entkräften.

Nachfolgend Beispiel für eine Arbeitsanweisung eines QMS-Handbuchs über die betriebliche Hygiene:

Arbeitsanweisung QM (Nr., Datum)
Betriebshygiene

BETRIEBSRÄUME

Entsprechend ihrer Funktion unterliegen die Betriebsräume unterschiedlichen Anforderungen in bezug auf die Hygiene. Die einzelnen Betriebsräume werden zwei Zonen zugeteilt, die in der Anlage zu dieser Arbeitsanweisung durch die Farben weiß und gelb gekennzeichnet sind. Die Zuordnung erfolgt wie folgt:

gelbe Zonen: Betriebsräume, in denen die Be- und Verarbeitung der Lebensmittel erfolgt oder Räume, in denen Kontakt mit Lebensmitteln besteht, diese aber nicht be- und verarbeitet werden (Anlieferung, Lagerung)

weiße Zonen: Räume, in denen kein Kontakt mit Lebensmitteln besteht (Büro, Pausenraum)

Folgende

allgemeine Hygienemaßnahmen

sind in allen Betriebsräumen einzuhalten:

- **Essen und Trinken ist nur in der weißen Zone gestattet.**
- **In allen Betriebsräumen – mit Ausnahme des Pausenraumes – besteht Rauchverbot.**

Neben diesen allgemeinen Hygienemaßnahmen bestehen in der *gelben Zone* folgende

besondere Hygienemaßnahmen

❏ Bei Eintritt in oder Austritt aus der gelben Zone sind die Hände zu waschen, abzutrocknen und anschließend zu desinfizieren.

❏ Die *Arbeitskleidung* in der gelben Zone besteht aus:
  - **Haarschutz (Mütze, Haarnetz oder -haube)**
  - **weißer Kittel**
  - **weiße Schürze (bei blutigen Arbeiten)**
  - **hartsohlige Schuhe oder Gummistiefel**
  - **gegebenenfalls Handschuhe.**

Hierzu erfolgen weitere Aushänge im Arbeitsbereich des 1. und 2. OG [QM 3.02 bis 3.04]. Arbeitskleidung darf nur ihrem Zweck entsprechend im Betrieb verwendet werden. Den Mitarbeitern wird diese Schutzkleidung zweifach zugeteilt. Die Reinigung der Kleidung erfolgt jeweils im Wechsel. Auf den Boden gefallene Haarschutz, Kittel oder Hose dürfen nicht mehr verwendet werden und sind zu reinigen. Die Reinigungswirkung wird durch mikrobiologische Verfahren kontrolliert [QM 6.00, internes Qualitätsaudit, Betriebsbegehung]

❏ Vor jedem *Toilettenbesuch* ist die Schutzbekleidung abzulegen und nach Toilettengang die Hände gründlich zu waschen, abzutrocknen und anschließend zu desinfizieren. Die *Hände* sind auch zu *reinigen* nach Betreten der Arbeitsräume <u>vor</u> Aufnahme der Arbeit, nach Arbeitspausen sowie nach jedem Naseputzen, Niesen und Husten.

❏ *Uhren und Schmuck* an den Händen dürfen im gelben Bereich nicht getragen werden.

❏ *Werksfremde Personen* dürfen den gelben Bereich nur mit Zustimmung des Betriebsleiters betreten. Sie müssen sich grundsätzlich den gleichen Hygienemaßnahmen unterwerfen wie eigene Mitarbeiter. Diese Personen haben dann, wenn sie sich nur kurzfristig in der gelben Zone aufhalten, folgende Schutzkleidung anzulegen:
  - **Haarschutz (Mütze, Haarnetz oder -haube)**
  - **weißer Kittel.**

Zur Erstellung eines allgemeinen Hygienekonzeptes sind nach der Amtl. Erläuterung zur LMHV **branchenspezifische Hygienecodizies** zu berücksichtigen; des weiteren wird empfohlen, solche auf freiwilliger Basis innerhalb der Branche der Lebensmittelwirtschaft zu erstellen („Leitlinien für die Gute Hygienepraxis"; dies auch eine der Forderungen der Richtlinie 93/43/EWG, dort Art. 5). Vorgaben für „Leitlinien für Gute Hygienepraxis" existieren bereits:

- „Hygieneleitlinien für reisende Zeltgaststätten, Imbiß und Verkauf nach Schaustellerart" des Deutschen Schaustellerbundes e.V.,
- „Leitlinien für eine gute Hygienepraxis im Früchte-Import und -Großhandel" des Zentralverbandes des Deutschen Früchte-Import und Großhandels
  (diese Leitlinien umfassen die Bereiche Warenanlieferung, Vermarktung, Verarbeitung von Obst und Gemüse, Lager, die Nutzung von Kühlzellen, Bananenreifereien und Transport),
- DIN-Norm: „Transport von flüssigen Lebensmitteln; Reinigung von Transportbehältern, Nachschau- und Prüfverfahren",
- DIN-Norm 10514 (Entwurf): „Lebensmittelhygiene – Personalschulung",
- DIN-Norm (Entwurf): „Außer-Haus-Verpflegung; Betriebsstätten",
- DIN-Norm (Entwurf): „Reinigung und Desinfektion",
- „Codes of Good Hygienepractice for the Fruit Juice Industry" der AIJN.

3.3.2 HACCP

Literatur: *BgVV*, Information „Fragen und Antworten zum HACCP-Konzept"; *BLL*, Leitfaden HACCP-Konzept; *Nöhle*, Risikoanalysen nach HACCP, DLR 1994, 350.

Nach § 4 Abs. 1 LMHV hat derjenige, „wer Lebensmittel herstellt, behandelt oder in Verkehr bringt, ...kritische Punkte im Prozeßablauf festzustellen und zu gewährleisten, daß angemessene Sicherheitsmaßnahmen festgelegt, durchgeführt und überprüft werden". Dies soll nach bestimmten, in § 4 näher beschriebenen Grundsätzen geschehen und kann sich darüber hinaus am international anerkannten, von der Codex-Alimentarius-Kommission ausgearbeiteten **„HACCP-Konzept"** orientieren („Guidelines for the Application of the HACCP-System", ALINORM 97/13 III Appendix 1995).

HACCP-Konzept
nach § 4 LMHV

„Konzept, das der Gefahrenidentifizierung und -bewertung dient, zu deren Beherrschung beiträgt und folgenden Grundsätzen genügt:

- Analyse der Gefahren (für die Lebensmittelsicherheit) in den Produktions- und Arbeitsabläufen beim Herstellen, Behandeln und Inverkehrbringen von Lebensmitteln,
- Identifizierung der Punkte in diesen Prozessen, an denen diese Gefahren auftreten können,
- Entscheidung, welche dieser Punkte die für die Lebensmittelsicherheit kritischen Punkte sind,
- Festlegung und Durchführung wirksamer Sicherungsmaßnahmen und deren Überwachung für diese kritischen Punkte und
- Überprüfung der Gefahrenanalyse, der kritischen Punkte und der Sicherungsmaßnahmen und deren Überwachung in regelmäßigen Abständen sowie bei jeder Änderung der Produktions- und Arbeitsabläufe.

Die Erarbeitung von HACCP-Konzepten sehen auch folgende **Sonderregelungen** vor:
- FleischhygieneVO, § 11 c Abs. 2
- FischhygieneVO, § 10
- MilchVO, § 16

Die Grundsätze des HACCP-Konzeptes stellen ein Werkzeug dar, das dem vorbeugenden Gesundheitsschutz dienen kann. **Chemische, physikalische** und **mikrobiologische Gesundheitsgefahren** für den Verbraucher durch den Verzehr eines Lebensmittels (Bsp.: Salmonellen in roheierhaltigen Speisen) sollen identifiziert (Hazard Analysis) und die Wahrscheinlichkeit und die Bedeutung ihres Auftretens bewertet werden. Aufgrund dieser Analyse sind die notwendigen vorbeugenden Maßnahmen festzulegen, mit denen sich die dergestalt ermittelten Gefährdungen für das menschliche Wohlbefinden bereits während der Herstellung des Lebensmittels vermeiden, ausschließen oder zumindest auf ein akzeptables Maß vermindern lassen (Critical Control Point).

Falsch ist demnach die oftmals unzutreffende Deutung der CCPs als „Kontrollpunkte im Rahmen allgemeiner Hygiene", denn das HACCP-Konzept ist kein Werkzeug zur Umsetzung allgemeiner Hygienemaßnahmen. Betriebswirtschaftliche Risiken, Umweltrisiken, personenbezogene Risiken oder auch mögliche Verletzung von Rechtsvorschriften (soweit sie nicht Hygienevorschriften betreffen) sind nicht Gegenstand des HACCP-Konzepts (*Nöhle* DLR 1994, 350, 351).

Das HACCP-Konzept kann nach folgendem Plan umgesetzt werden:

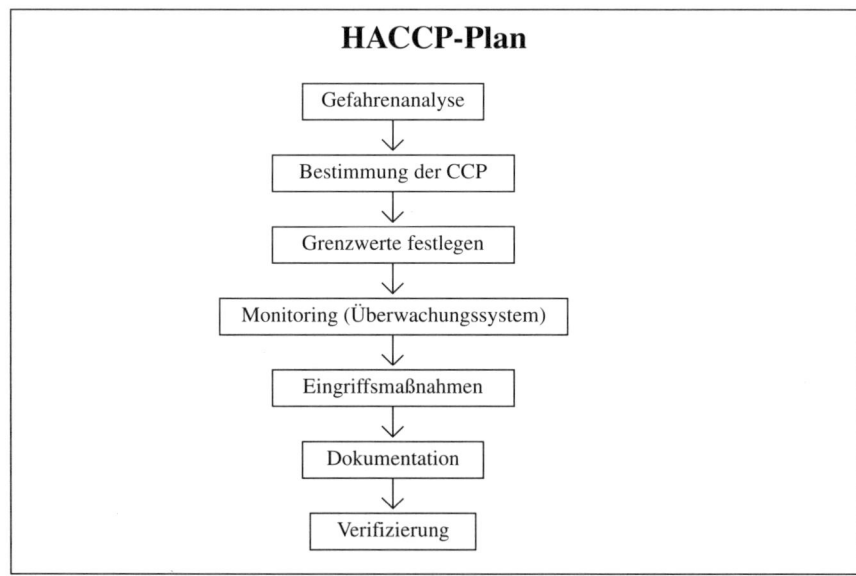

Im einzelnen wie folgt:

Die Basis einer Gefahrenermittlung sollte die bildliche Darstellung des betriebstypischen Ablaufs der Herstellung eines Lebensmittels sein (**Fließdiagramm**); hierbei sind alle Rohstoffe und Zwischenprodukte, Herstellungsschritte als auch Verpackungsmaterialien sowie Lagerungsbedingungen miteinzubeziehen (Bsp. s. nachfolgende Seite). Sodann erfolgt bezogen auf die einzelnen Schritte einer Herstellungslinie die **Gefahrenermittlung und -bewertung**. Diese erfaßt die auf jeder Stufe der Herstellung denkbaren Gefahren, die Feststellung der Wahrscheinlichkeit ihres Auftretens und die Abschätzung ihrer Bedeutung für die Gesundheit des Verbrauchers, käme er mit solch einem gesundheitsschädigenden Lebensmittel in Berührung. Bei den Gesundheitsgefahren ist nach mikrobiologischen, physikalischen und chemischen zu unterscheiden. Die in Frage kommenden Kontaminanten, etwa die pathogenen Erreger Salmonellen oder Lysterien, sind einzeln zu erörtern.

Gesundheitsgefahren

(mikro-)biologische	physikalische	chemische
Salmonellen	Metalle	Toxine
E-coli/EHEc	Glas	Hormone
Lysterien	Plastik	Antibiotika
Staphylokkoken	Holz	Bestrahlung
Clostriden Botulinum	Stein	Schädlingsbekämpfungsmittel
	Knochen(splitter)	Reinigungsmittel

Eine Analyse des dergestalt ermittelten Ergebnisses ergibt dann, ob ein „CCP" vorliegt, also ein Umstand, der ohne Gegenmaßnahmen
- zu einer *Gefährdung* der menschlichen Gesundheit führen würde,
- der durch entsprechende *Maßnahmen* ausgeschaltet, vermieden oder auf ein akzeptables Maß reduziert und
- durch geeignete *Überwachungsmethoden* unter Zuhilfenahme bestimmter *Grenzwerte* überprüft werden kann.

Liegen diese Voraussetzungen nicht vor, weil zwar ein Hygieneproblem erkannt, eine Gefährdung aber ausgeschlossen ist, ist das Problem ggf. (lediglich) durch eine entsprechende Hygienemaßnahme zu bewältigen. Entsprechende Kontrollmechanismen sind dann aber nicht Bestandteil eines HACCP-Konzepts, sondern eines Qualitätsmanagementsystems [s. unten 3.3.3].

Auf der Basis dieser Bestandsaufnahme und Bewertung sind die **Maßnahmen** zur Lenkung und Kontrolle der Herstellungsschritte an den definierten CCPs – am besten anhand eines sog. Entscheidungsbaumes (s. hierzu *BLL*, Qualitätshandbuch Teil F; *Rudat* DLR 1996, 10) – festzulegen; Beispiele: erhitzen, kühlen, pasteurisieren, sieben, filtrieren, Einsatz von Metalldetektoren.

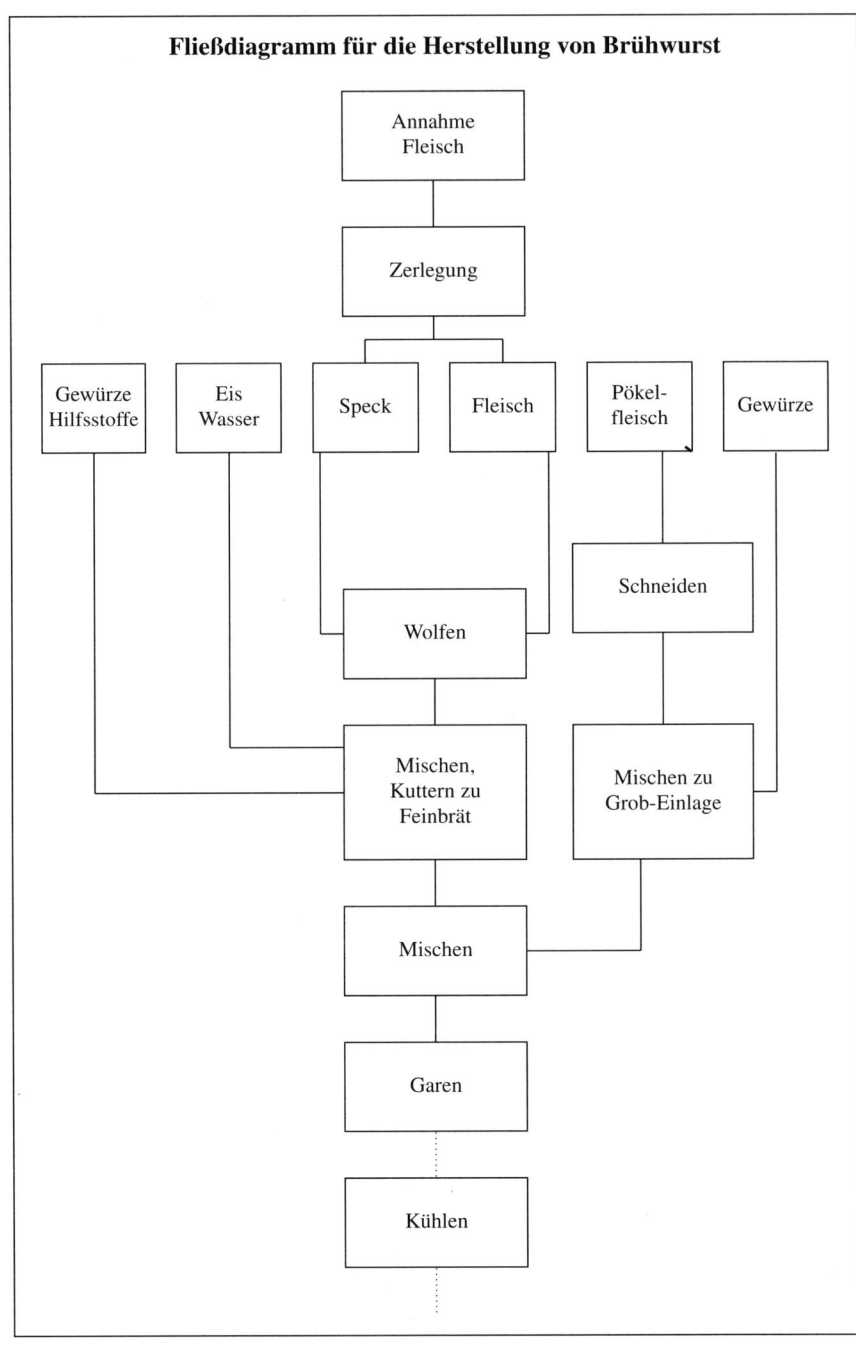

Beispielsweise können vegetative Krankheitserreger durch Garen des Fleisches beseitigt werden; maßgebliche Parameter für den Garvorgang sind die Festlegung der Kerntemperatur (Bsp.: 72 °C) und der Dauer dieser Maßnahme. Für jedes CCP sind dabei produkt- oder prozeßspezifische **Grenzwerte** (Maximal- oder Minimalwerte) aufzustellen (möglich ist auch die Festlegung von Toleranzen durch Ober- und Untergrenzen), bei deren Einhaltung eine Gesundheitsgefährdung nicht eintreten kann. Beispiele: Kühl- oder Erhitzungstemperaturen, Gefrier- oder Kühlgeschwindigkeiten, pH-Wert, Dosier- oder Durchflußmengen, Konzentrationen, Maschenweite bei Sieben, Zeitvorgaben.

Durch regelmäßige Beobachtungen und Messungen der CCP nach Planvorgaben (**Überwachungsmethoden**) ist sicherzustellen, daß die Herstellung eines Lebensmittels beherrschbar von statten geht (wäre das jeweilige Risiko nicht beherrschbar, so ist zwingend das Herstellungsverfahren zu ändern). Dabei sind auch durch konkrete Anweisungen **Eingriffsmaßnahmen** festzulegen, wann, wie und durch wen bei Überschreitung der festgelegten Grenzwerte in den Herstellungsprozeß einzugreifen ist. Beispiele: Sperrung oder Nacharbeiten, Verlesen oder Sieben von Lebensmitteln; Personal unterweisen.

Dokumentation der HACCP-Studie

Herstellungs- linie, Prozeßschritt	Gefährdung	CCP	Lenkungs- bedingungen, Grenzwerte	Überwachung	Eingriffs- maßnahmen	Verifzierung	wer ist verantwortlich ?
Wareneingang		nein					
Zerlegen		nein					
Garen	vegetative Krankheits- erreger	ja	Erhitzen: • 72°C (Kerntemp.) • x min.	• messen • Aufzeichnung der Meßergeb- nisse in Formblatt	• sperren, nacharbeiten oder • vernichten	• Mikrobiologie • Sensorik • Auswertung der Meßprotokolle • Rückstellmuster überprüfen	
....							

Alle im Rahmen des HACCP-Konzepts festgelegten oder ermittelten Daten und Meßparameter sollten dokumentiert werden; so z.B. die Erfassung der Meßtemperaturen in Formblättern. Zwar erfordern die gesetzlichen Vorgaben dies nicht; eine **Dokumentation** ist aber einem HACCP systemimmanent (über Umfang und Art einer Dokumentation s. beispielhaft Entscheidung der Kommission KOM 94/356/EG v. 20.05.1994 zur Herstellung von Fischereierzeugnissen). Denn nur auf dieser Basis kann ein bestehendes Konzept **verifiziert**, überarbeitet und damit den Produktions- und Prozeßgegebenheiten angepaßt werden. Zudem kann meist nur eine Dokumentation den notwendigen Entlastungsbeweis im Falle einer behördlichen Beanstandung erbringen. Beispiele für die Dokumentation: Anweisungen über Spezifikationen, Prüfungen oder Reinigungen; Checklisten; Prüfprotokolle (Formblätter); Berichtsprotokolle. Beispiele der Verifizierung: Auswertung der Überwachungsprotokolle, mikrobiologische Untersuchung der Endprodukte.

Empfehlenswert ist es, zur Erarbeitung eines HACCP-Konzepts ein Team von Mitarbeitern zusammenzustellen (**HACCP-Team**), das Erfahrungen und Kenntnisse aus den Bereichen Mikrobiologie und Hygiene, Produktentwicklung, Produktions- und Prozeßsteuerung, Qualitätsprüfung, Einkauf und (Lebensmittel-)Recht mitbringt; in den seltenen Fällen werden sich diese Kenntnisse in einer Person vereinigen lassen.

Da das HACCP-Konzept Bestandteil des Eigenkontrollsystems ist, fällt die Umsetzung desselben in die **Verantwortung** des Betriebsinhabers; die Aufgabe kann an Mitarbeiter oder externe Berater delegiert werden.

Dieses Eigenkontrollsystem sollte sinnvollerweise auf einem **Betriebshygienekonzept**, das die Personal-, Produkt-, Prozeß- und Umfeldhygiene umfaßt [3.3.1], aufbauen und in ein **Qualitätsmanagementsystem** [s. nachfolgend 3.3.3] eingebaut werden.

3.3.3 Qualitätsmanagementsystem (QMS)

Literatur: *BLL*, Qualitätssicherungs-Handbuch; *Nöhle*, Präventives Qualitätsmanagement in der Lebensmittelindustrie, DLR 1994, 307-318 (I), 379-384 (III), DLR 1995, 4-8 (IV).

Die „Qualität" eines Lebensmittels ist der Erfüllungsgrad der Bedürfnisse der Kunden nach einwandfreien, genußtauglichen Lebensmitteln. Zu den Zielen eines **Qualitätsmanagementsystems** (QMS) zählt daher nicht nur die Vermeidung nicht akzeptabler Gesundheitsrisiken, sondern darüber hinaus die Ermittlung und Festlegung notwendiger Vorkehrungen und (Eingriffs-)Maßnahmen auf die der Urproduktion folgenden Stufen der Zubereitung, Verarbeitung, Herstellung, Behandlung, Verpackung, Lagerung, Beförderung, Verteilung und des Anbietens von Lebensmitteln, um vorgegebene Qualitätsforderungen erfüllen zu können und hierdurch alle Abweichungen von der Qualität unter bestmögliche Kontrolle zu bringen.

Dies erfordert ein **Vorsorgeverfahren** mit frühestmöglicher Kontrolle von Rohware, Herstellung bzw. Be- und Verarbeitung von Waren, Produktionsumgebung,

Personal u.a.m., also eine **Prozeßlenkung durch ein QMS**. Vom Wareneingang bis zum Warenausgang muß die Be- und Verarbeitung der Erzeugnisse unter beherrschten Bedingungen nach entsprechenden Vorgaben ablaufen. Drei Konzepte sind hierfür unabdingbar:

- Ein Konzept zur Sicherstellung der Verarbeitung einwandfreier Lebensmittel – **Qualitätskonzept**.
- Ein Konzept zur Sicherstellung eines einwandfreien hygienischen Betriebes – **Hygienekonzept**.
- Ein Konzept zur Sicherstellung eines reibungslosen Betriebsablaufs – **Havariekonzept**.

Dies erfordert u.a. Vorgaben über:

- **Warenbeschaffung, -verarbeitung und -verwendung**
  - Arbeiten nach Vorgaben:
    Spezifikationen für Rohware, Hilfsstoffe, Verpackungsmaterialien, Zwischen- und Fertigprodukte; Arbeitsabläufe in den Herstellungslinien;
    Lagerung und Transport;
    Prüfmittel und Meßtechnik
  - Wareneingangs-, Zwischen- und Ausgangsprüfungen,
  - Warenidentifikation,
  - Lieferantenauswahl und -bewertung:
    Produktaudit (Vergleich eines Warenmusters mit der Spezifikation),
    Verfahrensaudit (Bewertung u.a. des Herstellungsverfahrens und der Risikoanalyse) sowie Systemaudit (Bewertung der Funktionsfähigkeit des QMS-Systems des Lieferanten)
- **Lenkung fehlerhafter Erzeugnisse**
  - Fehlerursachenermittlung,
  - Festlegung von Eingriffs- und Vorbeugemaßnahmen
- **Personal- und Betriebshygiene**
- **Prüfmittelüberwachung**
- Verfügbarkeit und Pflege von Regelungen über
  - interne und externe Abläufe bei Notfällen,
  - Sperrungen,
  - Kommunikations- und Informationssysteme,
  - Rückrufaktionen
- **Schulung** der Mitarbeiter, Förderung ihrer Motivation und (Mit-)Verantwortung
- **Dokumentation** (der zuvor aufgeführten Daten: Messungen, Eingriffsmaßnahmen etc.)
- internes Qualitätsaudit (**Verifizierung**)
  - Strategische Risikobewertung und -minimierung

Zur Bewältigung dieser umfangreichen und dauerhaften Aufgabe bieten sich verschiedene „**Qualitätswerkzeuge**" an. Hierzu gehört u.a. auch das „HACCP-Konzept" [s. oben 3.3.2]. Nachfolgend Beispiele für Arbeitsanweisungen im Rahmen eines QMS.

Arbeitsanweisung QM (Nr., Datum)

LAUFZETTEL

Datum: _____   Uhrzeit: _____

Fahrer: _____   LKW-Kennzeichen: _____   Lieferant: _____

Begleitdokumente:	Genußtauglichkeitsbescheinigung	❏
	Zertifikat	❏
	Lieferschein	❏
	Gesundheitszeugnis	❏

Hygiene des Fahrers: **Hygiene des LKWs:**

kein sauberer Mantel	❏	unsauberer LKW (Boden, Decke, Wände)	❏
keine Kopfbedeckung	❏	unsaubere Behältnisse/Haken	❏
unhygienische Handschuhe	❏	Holzpaletten geladen	❏
unhygienische Schuhe	❏		

Beschaffenheitsvorgaben Abweichungen:
_____

Temperatur: _____ °C

Fleischqualität:

	gut	ausreichend noch akzeptabel, aber	schlecht
Aussehen	❏ artspezifisch	❏ Verfärbung/blaß/dunkel	❏ deutliche Verfärbung/ abstoßend/schmierig
Geruch	❏ artspezifisch	❏ unausgeglichen/abgeflacht	❏ muffig/faulig/ranzig
Beschaffenheit	❏ artspezifisch	❏ zäh/trocken/hart/weich	❏ deutlich zäh/kurz/ trocken

Maßnahmen:
Mikrobiologische Untersuchung: ❏ ja   ❏ nein
bei ausreichender Qualität:

Eingangskontrolle durch (Kurzzeichen):

Arbeitsanweisung QM (Nr., Datum)

LIEFERANTENBEWERTUNG UND -AUSWAHL

Lieferant:
Beurteilungszeitraum:

	Lieferung am	Qualität	Beschaffungs-vorgaben	Hygiene	Verschiedenes	Punkte
1.						
2.						
3.						
4.						
5.						
6.						
7.						
8.						
9.						
10.						
11.						
12.						
13.						
14.						
15.						
16.						
17.						
18.						
19.						
20.						

Punkte insgesamt:
Bewertung; Lieferant klassifiziert als Typ: I   II   III   IV

Maßnahmen:

Datum, Unterschrift/Kurzzeichen

Lieferantentyp:
Lieferant I: 0 bis 10 Punkte.   Konstante Lieferungen. Wenn, dann nur einzelne Mängel, die in der Regel nach Information des Lieferanten umgehend abgestellt werden.
Lieferant II: 11 bis 20 Punkte. Erkannte Mängel werden z.T. nach Information abgestellt; teilweise treten Mängel allerdings wieder auf.
Lieferant III: 21 bis 30 Punkte. Trotz Information und Mängelrügen gleichbleibende Mängel.
Lieferant IV: über 31 Punkte.   Gleichbleibende Mängel trotz wiederholter Mängelrügen und Retouren der Waren; Lieferant wird ausgelistet.
Bewertungsgrundlage: 20 Liefertermine.

Ist ein solches QMS umfassend, geht es also über die Mindestanforderungen eines funktionsfähigen QMS hinaus, wird häufig anstelle von QMS von einem **Total-Quality-Management** (TQM) gesprochen. In Erweiterung traditioneller Vorstellungen von Qualität betont das TQM, daß Qualität sich am Kunden bzw. am Markt orientieren muß und daß die Aufgabe eines QMS nur unter der Einbeziehung der Mitarbeiter in Entscheidungsprozesse durchgeführt werden kann.

Qualitätsmanagementsysteme der Lebensmittelwirtschaft orientieren sich häufig an den internationalen, branchenübergreifenden Regelwerken **DIN EN ISO 9000 ff**. In der EG-Hygienerichtlinie wird zur Ergänzung eines Hygienekonzepts empfohlen sich an diesen Vorgaben zu orientieren. Diese Normen sind anerkannter Standard und die Bezugsgrundlage zur Anleitung und konkreten Übernahme von Forderungen, die an betriebliche Qualitätsmanagementsysteme zu richten sind (s. hierzu ausführlich *Nöhle* DLR 1994, 379 ff). Qualitätsmanagement-Elemente nach DIN EN ISO 9001 sind

- Verantwortung (Element 4.1)
- Qualitätsplanung (4.2)
- Designlenkung (4.4)
- Beschaffung (4.6)
- Prozeßlenkung (4.9)
- Lenkung fehlerhafter Produkte (4.13)
- Korrektur- und Vorbeugemaßnahmen (4.14)
- Internes Qualitätsaudit sowie (4.17)
- Schulung (4.18).

4 Zusatzstoffe

4.1 Zweckbestimmung

Zusatzstoffe sind Stoffe, „die dazu bestimmt sind, Lebensmitteln zur Beeinflussung ihrer Beschaffenheit oder zur Erzielung bestimmter Eigenschaften oder Wirkungen zugesetzt zu werden" (§ 2 Abs. 1 Halbsatz 1 LMBG). Maßgebend hierfür ist – wie auch für die Einstufung eines Stoffes als Lebensmittel [s.o. Kap. 1, 1.2] – die **objektiven Zweckbestimmung**; auf die subjektive Vorstellung des Verwenders (etwa des Herstellers) kommt es nicht an. Entscheidend hierfür ist die Auffassung aller an dem Verkehr mit dem betreffenden Zusatzstoff beteiligten Kreise (VGH BaWü ZLR 1995, 694, 699).

Ein Stoff, der unbeabsichtigt – etwa infolge Umweltkontamination – auf ein Lebensmittel übergeht, ist demzufolge kein Zusatzstoff („**dazu bestimmt**"). Es ist ohne Bedeutung, ob ein Stoff allgemein oder lediglich in einem konkreten Fall dazu bestimmt ist, einem Lebensmittel zugesetzt zu werden. Verwendet ein Hersteller bei der Lebensmittelherstellung einen Stoff mit pharmakologischer Wirkung wie Coffein, so wird dieser Stoff dadurch zum Zusatzstoff.

4.2 Zusetzen

Der Stoff muß „zugesetzt" werden. „**Zusetzen**" ist jedes Beimischen eines Stoffes zu einem Lebensmittel. Unerheblich ist hierbei die **Menge** des zugesetzten Stoffes und das Mengenverhältnis dieses Stoffes zu den anderen Bestandteilen des Lebensmittels (BGH LRE 5, 257, 265). Wird ein Stoff mit einem anderen vermischt und diese Mischung einem Lebensmittel zugesetzt, so wird allein die Mischung i.S.d § 2 zugesetzt (§ 11 Abs. 1 Nr. 1a enthält insoweit eine Klarstellung).

Ohne Bedeutung ist auch der **Zeitpunkt** des Zusetzens; Voraussetzung ist nur, daß sich der Stoff im Erzeugnis auswirkt („dazu bestimmt"); etwa Enzyme, die beim lebenden Tier angewendet werden und nach der Schlachtung wirken. Auch nach Abschluß einer Herstellung können daher noch Stoffe zugesetzt werden (z.B. Konservierungsstoffe).

Natürliche Bestandteile eines zugesetzten Stoffes sind für sich gesehen keine Zusatzstoffe, da selbst nicht „zugesetzt"; wie selenhaltige Hefe, es sei denn, das Spurenelement – Zusatzstoff infolge gesetzlicher Bestimmung nach § 2 Abs. 2 Nr. 1 lit.a LMBG – wird der Hefe zugesetzt.

4.3 Wirkung

Der Stoff muß zur „Beeinflussung der Beschaffenheit oder zur Erzielung bestimmter Eigenschaften oder Wirkungen" einem Lebensmittel zugesetzt werden.

Unter „**Beschaffenheit**" eines Lebensmittels ist die stoffliche Zusammensetzung zu verstehen: die chemische Zusammensetzung und auch sensorische Merkmale wie Konsistenz, Geruch, Geschmack und Aussehen. Zur Beschaffenheit gehört auch das mengenmäßige Verhältnis der einzelnen Bestandteile zueinander, die Art der Vermischung oder Verbindung und das chemische und physikalische Verhalten der Bestandteile im Lebensmittel.

Die Beschaffenheit eines Lebensmittels wird „**beeinflußt**" bei jeder Änderung in der stofflichen Zusammensetzung und der sensorischen Merkmale aber auch bei einer Änderung des Verhaltens der Zutaten des Lebensmittels zueinander.

Zu den „**Eigenschaften**" eines Lebensmittels gehören u. a.
- die ernährungsphysiologischen (Nährstoffgehalt),
- die physikalischen und physikalisch-technischen (Backfähigkeit, Käsereitauglichkeit, Streichfähigkeit),
- chemischen und chemisch-technischen (Oxydationsempfindlichkeit) sowie
- Eigenschaften, die den Genußwert eines Lebensmittels ausmachen (Aussehen, Geschmack)

„**Wirkungen**" in Lebensmitteln können ernährungsphysiologischer und technischer Art sein.

4.4 Keine Zusatzstoffe, § 2 Abs. 1 Halbsatz 2

Die Stoffe „natürlicher Herkunft oder den natürlichen chemisch gleiche" Stoffe, die überwiegend „wegen ihres Nähr-, Geruchs- oder Geschmackswertes oder als Genußmittel verwendet werden" sind **keine Zusatzstoffe**.

4.4.1 natürlicher Herkunft

Der Begriff **Stoffe „natürlicher Herkunft"** erfaßt nicht nur Stoffe (und -gemische), die in der belebten (Pflanzen, Pflanzenteile wie Gewürze, Gemüse, Früchte) und in der unbelebten Natur (Kochsalz) vorkommen, sondern auch Stoffe, die aus natürlichen Stoffen durch physikalische Verfahren gewonnen werden wie durch Extrahieren, Mahlen, Pressen, Filtrieren, Ausfällen, Destillieren oder Mazeration, sofern damit keine Veränderungen im Molekülaufbau und in der Zusammensetzung der Stoffe einhergehen.

Beispiele: ätherische Öle, Eiklar, Weizenkleber.

Von natürlicher Herkunft wird auch dann gesprochen werden können, wenn Stoffe durch solche Verfahren gewonnen werden, die sich auch in der Natur abspielen wie enzymatische Verfahren. Nicht natürlicher Herkunft sind dagegen Stoffe, die durch künstliche Eingriffe gewonnen werden, etwa durch gentechnische Veränderungen.

4.4.2 „den natürlichen chemisch gleiche" Stoffe

Nur die den natürlichen, also den in der Natur selbst vorkommenden Stoffen chemisch gleiche Stoffe können vom Zusatzstoffbegriff ausgenommen sein. „**Chemisch gleich**" ist ein Stoff mit einem anderen dann, wenn beide in ihrem Molekülaufbau und ihrer Zusammensetzung übereinstimmen. Dem Natürlichen chemisch gleich sind die meisten in der Lebensmittelherstellung verwendeten Vitamine und Provitamine.

4.4.3 Ernährungsphysiologischer Verwendungszweck

Als weitere Voraussetzung muß ein ernährungsphysiologischer **Verwendungszweck** vorliegen. Maßgebend ist dabei eine abstrakte Betrachtungsweise; es kommt daher nicht darauf an, wie ein Stoff im konkreten Einzelfall verwendet wird.

Die Verwendung eines Stoffes wegen seines ernährungsphysiologischen Zwecks muß nach allgemeiner Verkehrsauffassung „**überwiegen**", darf also nicht nur Nebenzweck sein (VGH BaWü ZLR 1995, 694, 701 – „fermentierter Reis"). Stehen beide Zwecke, der ernährungsphysiologische wie der technologische, gleichwertig nebeneinander, so überwiegt keine Zweckbestimmung und der Stoff ist deshalb mangels eines überwiegenden Ernährungszweckes Zusatzstoff.

Die **allgemeine Verkehrsauffassung** wird wie in § 17 LMBG bestimmt, also nach der Auffassung der am Verkehr mit Lebensmitteln beteiligten Kreise, der Hersteller,

Groß- und Einzelhändler sowie der Verbraucher. Ein bloß geduldeter Handelsbrauch ist dabei nicht geeignet, eine allgemeine Verkehrsauffassung zu begründen.

Keine Zusatzstoffe sind Vitamin C, alpha- und beta-Tocopherol, Beta-Carotin, Mehl, Stärke, aufgeschlossenes Milcheiweiß, Ei und Blutplasma, weil sie alle nach allgemeiner Verkehrsauffassung überwiegend wegen ihres ernährungsphysiologischen Wertes Lebensmitteln zugesetzt werden; dies gilt auch dann, wenn sie im Einzelfall ausschließlich zu technischen Zwecken verwendet werden. **Vitamin C** wird beispielsweise vielfach aus ernährungsphysiologischen Gründen zur Vitaminisierung eingesetzt, in den anderen Fällen als Antioxidationsmittel; im letzteren Fall ist dies aber in der Zutatenliste als „Antioxidationsmittel Ascorbinsäure" – und nicht als „Vitamin C" – zu kennzeichnen (§ 6 Abs. 4 Nr. 2, Anlage 2 LMKV).

Der **Nährwert** eines Stoffes bestimmt sich nach seiner Bedeutung für die menschliche Ernährung, für die energetische und stoffliche Basis des Stoffwechsels. Zu den Nährwerten gehören Eiweiß, Kohlenhydrate und Fett; des weiteren Vitamine und Mineralstoffe einschließlich der Spurenelemente (s. § 4 Nährwertkennzeichnungs-VO; wobei jedoch die Mineralstoffe und Spurenelemente gem. Abs. 2 Nr. 1 lit.a den Zusatzstoffen gleichgestellt sind).

Geruchs- und Geschmackswert eines Stoffes setzen einen Eigengeschmack des jeweiligen Stoffes voraus. Erforderlich ist, daß der Stoff „**wegen**" seines eigenen Geruchs- oder Geschmackswerts verwendet wird. Auf eine Veränderung des Geschmackswerts des Lebensmittels, dem er zugesetzt wird, kommt es nicht an (VGH BaWü ZLR 1995, 694, 701 – „fermentierter Reis").

Wegen ihres **Geschmackswerts** werden beispielsweise Safran und Curcuma überwiegend als Gewürz eingesetzt, auch wenn diesen auch eine färbende Wirkung zukommt (im Unterschied zu dem aus Curcuma gewonnenen Farbstoff Kurkumin (E 100), der als Zusatzstoff zugelassen ist (Anlage 1 Teil B ZZulV).

Genußmittel werden wegen bestimmter Wirkungen auf die Geruchs- und Geschmacksnerven verzehrt; unerheblich ist daher, daß diese Stoffe keinen oder keinen ins Gewicht fallenden kalorischen Nährwert haben. Auch hier bestimmt sich der Genußwert nach der allgemeinen Verkehrsauffassung. Genußmittel sind alkoholische Getränke, weinähnliche, weinhaltige Getränke und Spirituosen; des weiteren die sog. alkaloidhaltigen Stoffe wie Kaffee, Tee sowie einige verwandte Pflanzenstoffe, z.B. Mate.

4.5 Gleichgestellte Stoffe

4.5.1 § 2 Abs. 2 LMBG

Die in Abs. 2 enumerativ aufgelisteten Stoffe werden den Zusatzstoffen gleichgestellt und sind daher wie Zusatzstoffe zu beurteilen. Hierunter fallen

- Mineralstoffe und Spurenelemente (außer Kochsalz),
- Aminosäuren und deren Derivate,
- Vitamin A und D sowie deren Derivate,
- Zuckeraustauschstoffe (ausgenommen Fruktose) und
- Süßstoffe.

Zu den **Spurenelementen** gehören u.a. die (physiologisch für den Menschen wichtigen) Elemente Jod, Kupfer, Mangan, Cobalt, Eisen, Fluor und Zink.

Aminosäuren sind Grundbausteine der Eiweiße. Die chemische Klassifizierung erfolgt u.a. nach essentiellen und nicht essentiellen Aminosäuren, wobei erstere vom Organismus nicht oder nur ungenügend durch Biosynthese bereitgestellt werde können und daher mit der Nahrung zugeführt werden müssen. Zu den **essentiellen Aminosäuren** zählen – unter Angabe des Minimalbedarfs für den Menschen: Isoleuzin (0,7 g/d), Leuzin (1,1 g/d), Lysin (0,8 g/d), Methionin (1,1 g/d), Phenylalanin (1,1 g/d), Threonin (0,5 g/d), Tryptophan (0,25 g/d), Valin (0,8 g/d), Histidin, Arginin und Thyrosin (letztere drei sind im Säuglingsalter essentiell, abhängig von der jeweiligen Phenylalanin-Zufuhr). Die Gleichstellung wird begründet mit der Vermeidung von Aminosäure-Imbalanzen, insbesondere bei Säuglingen und Kleinkindern (*Drews* ZLR 1977, 13).

Nach der Amtl. Begründung zu § 2 LMBG bestehen gegen die Verwendung der **Vitamine A und D** pharmakologisch-toxische Vorbehalte. Dies gilt nicht für ihre Vorstufen, die Provitamine.

Zuckeraustauschstoffe sind Sorbit, Mannit, Isomalt, Maltit, Lactit und Xylit (Anl. 2 ZZulV). Mit Ausnahme der Fruktose werden sie den Zusatzstoffen gleichgestellt. Die Unbedenklichkeit eines uneingeschränkten Verzehrs gilt bei diesen Stoffen als nicht sicher erwiesen. In § 9 Abs. 5 ZZulV ist für Lebensmittel mit einem Gehalt an Sorbit (E 420) und Mannit (E 421) von mehr als 100 g/kg oder einem Liter der Warnhinweis „kann bei übermäßigem Verzehr abführend wirken" vorgeschrieben.

Süßstoffe sind (u.a. die in § 4 i.V.m. Anlage 2, Teil B der ZZulV aufgelisteten) Acesulfam-K, Aspartam, Cyclohexansulfamidsäure, Saccharin, Thaumatin und Neohesperidin DC. Saccharin wäre schon – unabhängig von den Vorgaben der europäischen Richtlinie über Süßungsmittel 94/35/EG (30.6.1994; ABl. L 237, S.3) – gem. Abs. 1 Zusatzstoff; Abs. 2 Nr. 1 Buchst. e bezieht sich daher auf die natürlich vorkommenden Süßstoffe wie das Thaumatin (zur Zulässigkeit der Verwendung von Süßstoffen s. ZZulV).

4.5.2 § 2 Abs. 3 LMBG

Nach § 2 Abs. 3 Nr. 1 können „gesundheitlich nicht unbedenkliche" Stoffe, nach der Nr. 2 zur Umsetzung von EG-Vorschriften weitere Stoffe dem Zusatzstoffverbot unterstellt werden. Die Gleichstellung betrifft Stoffe, die nicht unter den „Zusatzstoff"-Begriff des § 2 Abs. 1 fallen und daher nicht dem Verbot des § 11 LMBG unterliegen würden. Die **gleichgestellten Stoffe** sind in der **Anlage 1 zu § 2 ZVerkV** aufgelistet. Mit § 2 ZVerkV wurden hauptsächlich zur Angleichung an europäisches Gemeinschaftsrecht eine Reihe von wie Zusatzstoffe verwendeten Stoffen den Zusatzstoffen gleichgestellt; die Gleichstellung von Nitritpökelsalz erfolgte nach nationalen Gesichtspunkten.

4.6 Zusatzstoffverbote, § 11 LMBG

Nicht ausdrücklich zugelassene Zusatzstoffe dürfen nach § 11 Abs. 1 Nr. 1 lit. a nicht verwendet werden. Nr. 2 enthält das diesem Verwendungsverbot entsprechende Verkehrsverbot für in unzulässiger Weise hergestellte oder behandelte Lebensmittel, das sich auch auf Rechtsverordnungen bezieht, die nach § 12 LMBG erlassen werden. Nr. 3 betrifft das Inverkehrbringen nicht zugelassener Zusatzstoffe und von Ionenaustauschern. In Abs. 2 sind generelle **Ausnahmen** von den Verboten des Abs. 1 enthalten. Ausgenommen ist beispielsweise die Verwendung sog. technischer Hilfsstoffe nach Nr. 1.

4.6.1 Verwendungsverbot, § 11 Abs. 1 Nr. 1a

Der Begriff „**Verwenden**" umfaßt die Anwendung eines Stoffes in jeder Form bei der Herstellung oder Behandlung eines Lebensmittels. Darunter fällt jedes Zusammenbringen eines Stoffes mit einem Lebensmittel; auf die Menge des Lebensmittels oder des Zusatzstoffes oder deren Verhältnis zueinander kommt es nicht an. Unter „Verwenden" fällt nicht das Erzeugen eines Stoffes im jeweiligen Lebensmittel; hier greift aber das Verbot des Abs. 1 Nr. 1 Buchst.c.

Auch jeder **mittelbare Zusatz** eines nicht zugelassenen Stoffes ist verboten; dies stellen die Worte „unvermischt oder in Vermischung mit anderen Stoffen" klar. Ein mittelbarer Zusatz liegt nicht vor, wenn ein Lebensmittel, dem ein zugelassener Zusatzstoff zugesetzt ist, zu einem anderen Lebensmittel weiterverarbeitet wird; vorausgesetzt, der Zusatz des Stoffes ist für das Weiterverarbeitungsprodukt nicht ausdrücklich verboten oder eingeschränkt.

4.6.2 Zusatzstoffe erzeugen, § 11 Abs. 1 Nr. 1c

Nach Nr. 1 c) ist es verboten, „Verfahren zu dem Zweck anzuwenden, nicht zugelassene Zusatzstoffe in den Lebensmitteln zu erzeugen". Das Verbot will einer Umgehung des Zusatzstoffverbotes vorbeugen. Es erstreckt sich auf das **gezielte** – nicht auf ein zufälliges – **Erzeugen** von Zusatzstoffen im Lebensmittel durch Anwendung bestimmter Verfahren (*Zipfel/Rathke*, C 100 § 11 Rdnr. 26).

Das LMBG enthält **keine Legaldefinition** des Begriffs „erzeugen". Auch andere Vorschriften verwenden diesen Begriff, ohne ihn näher zu definieren, wie die Los-KennzeichnungsVO, die Verordnung über vitaminisierte Lebensmittel oder die HonigVO. Lediglich die Verordnung (EG) Nr. 2092/91 des Rates über den ökologischen Landbau über die entsprechende Kennzeichnung der landwirtschaftlichen Erzeugnisse und Lebensmittel enthält in Art. 4 Nr. 2 (vermeintlich) eine Definition des Begriffs „Erzeugung". Der Begriff wird hier allerdings definiert als „im landwirtschaftlichen Betrieb durchgeführte Arbeitsgänge zur Erzeugung, Verpackung und Kennzeichnung landwirtschaftlicher Erzeugnisse dieses Betriebs als Erzeugnisse des ökologischen Landbaus/der biologischen Landwirtschaft". Der Begriff „erzeugen" wird demnach mit eben dem Begriff „Erzeugung" definiert, ohne dies zu erläutern.

„**Erzeugen**" i.S.v. § 11 LMBG ist so zu verstehen, daß Zusatzstoffe geschaffen werden, die zuvor nicht in dem Erzeugnis existent waren. Anderenfalls hätte der Gesetzgeber von „anreichern" oder „Anreicherung" sprechen müssen.

Beispiele: *Zipfel/Rathke* (C 100 § 11 Rn. 26) nennen beispielhaft als „Erzeugen" die Gewinnung von Emulgatoren durch Umesterung von Fettsäuren aus natürlichen Fetten mit bestimmten Säuren. Hier wird tatsächlich ein neuer Stoff aus einem vorhandenen gewonnen; nicht aber die Quantität/Qualität eines bereits vorhandenen erhöht.

Kein „Erzeugen" liegt vor, wenn keimfähige Samen in eine Lösung, bestehend u.a. aus Mineralstoffen und Spurenelementen eingebracht werden und die Keimlinge in dieser Elektrolytlösung bei einer geeigneten Temperatur während einer Zeitdauer, die ausreicht, um in den Keimlingen eine Elektrolytanreicherung zu erzielen, inkubiert werden. Hier wird der Gehalt an Mineralstoffen und Spurenelementen lediglich durch Anreicherung erhöht, nicht aber i.S. einer Erzeugung, denn diese Stoffe waren bereits zuvor, wenn auch in anderer Qualität, vorhanden.

4.6.3 Verkehrsverbote

Nr. 2 ist die das Verwendungsverbot des Nr. 1 ergänzende Verkehrsverbotsnorm. Nr. 3 erfaßt den Verkehr mit Zusatzstoffen oder Ionenaustauschern, die nicht verwendet werden dürfen. Die Vorschrift will sowohl den gewerblichen Hersteller als auch die Verbraucher vor der Belieferung mit unzulässigen Stoffen schützen (s. Nr. 1 Buchst. a und b). Von dem Verbot können Ausnahmen bewilligt werden (vgl. § 12 Abs. 1 Nr. 2 LMBG).

4.6.4 Ausnahmen

4.6.4.1 Technische Hilfsstoffe

Nach § 11 Abs. 2 Nr. 1 LMBG sind solche Zusatzstoffe, die aus dem Lebensmittel vollständig oder so weit entfernt werden, daß sie oder ihre Umwandlungsprodukte in dem zur Abgabe den Letztverbraucher bestimmten Erzeugnis nur als technisch unvermeidbare und technologisch unwirksame Reste in gesundheitlich, geruchlich und geschmacklich unbedenklichen Anteilen enthalten sind (sog. technische Hilfsstoffe), vom generellen Verwendungsverbot ausgenommen.

Fall: VGH Kassel ZLR 1991, 195 – „Sprüh + Back"
Sachverhalt: Die Klägerin ist Herstellerin des Erzeugnisses „Sprüh + Back", eines Backformtrennmittels, das zum Einfetten von Backblechen dient, um ein Anbacken und Anhaften des Kuchenteigs auf dem Backblech zu verhindern. Das Erzeugnis besteht aus rein pflanzlichem Öl und wird in Sprühdosen mit 125 ml Inhalt vertrieben, in denen als Treibgas die fluorkohlenwasserstoffhaltigen Verbindungen Difluordichlormethan und Trichlorfluormethan enthalten sind. Die Verwendung von fluorkohlenwasserstoffhaltigen Treibgasen als Zusatzstoff ist verboten; für Lebensmittel allgemein sind als Treibgase nur Kohlendioxid, Luft und Stickstoff erlaubt. Der wesentliche Teil des aufgesprühten Pflanzenöls geht vom Backblech in den Kuchen über und entweicht nicht in der Backhitze als Gas. Untersuchungen ergaben, daß die nach dem Backvorgang letztlich noch im Kuchenteig verbliebenen Restanteile des im Erzeugnis verwandten Treibgases als gesundheitlich, geruchlich und geschmacklich einwandfrei zu bezeichnen sind, ihr Gehalt im Spurenbereich liege und nach dem derzeitigen wissenschaftlichen Erkenntnisstand toxikologisch unbedenklich sind. Die Beklagte wandte im Verfahren allerdings ein, daß das verwendete Treibgas seiner Art nach technisch vermeidbar, da durch ein anderes Treibgas, nämlich Kohlendioxid, ersetzbar sei.

Entscheidungsgründe: Der VGH qualifizierte das Backformtrennmittel als Lebensmittel und nicht als Bedarfsgegenstand i. S. v. § 5 LMBG. Daran ändere nichts, daß der vordergründige Zweck die Beeinflussung des Backvorgangs sei, denn das Mittel ist Stoff und dient dem Verbrauch, aber nicht wie ein Gegenstand dem Gebrauch (S. 198). „Das von der Klägerin verwandte fluorkohlenwasserstoffhaltige Treibgas ist demnach grundsätzlich ausgeschlossen. Dennoch gilt das grundsätzliche Verbot vorliegend nach § 11 Abs. 2 Nr. 1 LMBG nicht" (S. 198). „Die Voraussetzungen dieser Ausnahmevorschrift liegen vor [...] Zu Unrecht stellt der Beklagte die Anwendung der Ausnahmevorschrift [...] damit in Frage, daß er vorträgt, die in „ 11 Abs. 2 Nr. 1 LMBG geforderte technische Unvermeidbarkeit des Restes dürfe sich nicht allein auf den verwandten Stoff selbst beziehen, sondern er müsse auch seiner Art nach unvermeidbar sein [...]. Der Wortlaut der Vorschrift, der die Begriffe 'technisch unvermeidbar' dem Begriff 'Rest' zuordnet, spricht nämlich dafür, das Erfordernis der technischen Unvermeidbarkeit allein auf den verwandten Stoff selbst zu beziehen und nicht nach dessen Erforderlichkeit zu fragen. [...] Denn angesichts des heutigen Stands der Technik dürfte es kaum einen Zusatzstoff geben, der letztlich nicht durch irgendeinen anderen ersetzbar wäre. Die Ausnahmevorschrift des § 11 Abs. 2 Nr. 1 LMBG hätte deshalb praktisch keinen Anwendungsbereich mehr, wenn ernsthaft gefordert würde, die technische Unvermeidbarkeit des Restanteils auf die Art des verwandten Stoffes selbst zu beziehen" (S. 199/200).

4.6.4.2 Andere Stoffe (Abs. 2 Nr. 2)

Die in Abs. 2 Nr. 2 genannten Stoffe sind ohne Mengenbegrenzung vom Verwendungsverbot ausgenommen; die Verwendung dieser Stoffe ist jedoch teilweise beschränkt. Luft, Stickstoff und Kohlendioxid dürfen nicht als Treibgase, die mit dem Lebensmittel in Berührung kommen, wie beispielsweise in Spraydosen für Schlagsahne (§ 2 Abs. 2 Nr. 3 LMBG), verwendet werden. Wasserstoff ist von dem Verwendungsverbot nur ausgenommen, soweit er zur Fetthärtung oder zur Herstellung von Zuckeralkoholen verwendet wird.

4.6.5 Ausnahmen (Abs. 3)

Enzyme (Fermente) werden zu technologischen Zwecken eingesetzt, sie sind daher begrifflich Zusatzstoffe. Gleiches gilt für die Kulturen von Mikroorganismen wie die bei sog. probiotischen Joghurts anzutreffenden Bakterienstämme Lactobazillus acidophilus und bifidus.

Enzyme werden bei der Lebensmittelherstellung in großem Umfang eingesetzt, z.b. Amylasen in der Bäckerei oder pektinabbauende Enzyme in der Fruchtsaftindustrie. Labfermente werden zur Käseherstellung, Bakterienkulturen zur Butterherstellung verwendet (§ 1 ButterVO). Milchsäurebakterien (Säurewecker) sind Reinkulturen von Mikroorganismen.

Das Verbot des Abs. 1 Nr. 1 Buchst. c gilt nicht, wenn bei einer allgemein üblichen **küchenmäßigen Zubereitung** von Lebensmitteln Zusatzstoffe erzeugt werden, denn das Entstehen von Zusatzstoffen im Lebensmittel durch küchenmäßige Zubereitung ist nicht Zweck, sondern eine Nebenwirkung des Verfahrens. Zu den allgemein üblichen küchenmäßigen Zubereitungen gehören: Kochen, Braten, Grillen; die Amtliche Begründung rechnet auch das Räuchern dazu (Rauch bedarf aber ggfs. der Zulassung; s. Anlage 2 der ZZulVO).

4.6.6 Straf- und Bußgeldvorschriften

Bei vorsätzlichen Zuwiderhandlungen gegen § 11 Abs. 1 LMBG ist der Straftatbestand des § 52 Abs. 1 Nr. 3 verwirklicht; fahrlässiges Zuwiderhandeln ist bußgeldbewehrt gem. § 53 Abs. 1 LMBG.

4.7 Zulassung von Zusatzstoffen, § 12 LMBG

Nach § 12 Abs. 1 können Zusatzstoffe allgemein oder für bestimmte Lebensmittel oder für bestimmte Verwendungszwecke zugelassen werden; außerdem können Ausnahmen von dem Verbot des § 11 Abs. 1 Nr. 3 zugelassen werden. Die Vorschrift beinhaltet nur eine Ermächtigung. Es besteht **kein Rechtsanspruch** eines einzelnen Herstellers oder eines Verbandes auf Zulassung eines bestimmten Stoffes.

Die Verwendung von Zusatzstoffen ist u.a. in folgenden Verordnungen geregelt:
- Zusatzstoff-Zulassungsverodnung (ZZulV)
- Zusatzstoff-Verkehrsverordnung (ZVerkV)

4.7.1 Zusatzstoff-Zulassungsverordnung

4.7.1.1 Technologischer Zweck

Die in den Anlagen 1 bis 6 zur ZZulV aufgeführten Zusatzstoffe werden zur Herstellung und Behandlung von Lebensmitteln aus technologischen Zwecken zugelassen.

Die ZZulV gilt auch für **Diätetika**; für Säuglings- und Kleinkindernahrung enthält § 6 ZZulV Sonderregelungen.

Mit Ausnahme bestimmter Gase erfolgt die Zulassung für bestimmte Lebensmittel und Lebensmittelgruppen. Die hierbei in der ZZulV genannten Bezeichnungen sind keine gesetzlich vorgebenen „Verkehrsbezeichnungen" (Amtl. Begründung, Allgemeiner Teil).

Mehrfach verwendet der Verordnungsgeber die Bezeichnung „**Nahrungsergänzungsmittel**". Hierunter versteht der Verordnungsgeber „Erzeugnisse, die durch gezielte Zufuhr als Ergänzung der Nahrung bestimmt sind, wie z.b. Vitamine, Mineralstoffe, essentielle Fettsäuren, bestimmte Eiweiße oder Kohlenhydrate" (Amtl. Begründung, Besonderer Teil Artikel 1 zu § 3; s. auch Amtl. Begründung zur NKV) und geht damit zutreffend über die vielfach in Literatur und Rechtsprechung anzutreffende engere Begriffsbestimmung, daß unter dieser Bezeichnung nur Vitamin- und Mineralstoffpräparate zu verstehen seien, hinaus.

Die „**technologischen Zwecke**" sind in Anlage 7 zur ZZulV abschließend aufgeführt: Konservierungsstoffe, Antioxidationsmittel, Trägerstoffe einschließlich Trägerlösungsmittel, Säuerungsmittel, Säureregulatoren, Trennmittel, Schaumverhüter, Füllstoffe, Emulgatoren, Schmelzsalze, Festigungsmittel, Geschmacksverstärker, Schaummittel, Geliermittel, Überzugsmittel (einschließlich Gleitmittel), Feuchthaltemittel, modifizierte Stärken, Packgase, Treibgase, Backtriebmittel, Komplexbildner, Stabilisatoren, Verdickungsmittel, Kaumasse und Mehlbehandlungsmittel.

Anlage 7 enthält **Legaldefinitionen** der Zweckbestimmungen für Zusatzstoffe; dies sind beispielhaft folgende (s. des weiteren [4.7.1.3]):

Säuerungsmittel und Säureregulatoren

„Säuerungsmittel" sind Stoffe, die den Säuregrad eines Lebensmittels erhöhen (der pH-Wert sinkt) und/oder diesem ein sauren Geschmack verleihen (Anlage 7 Nr. 4). „Säureregulatoren" sind dagegen Stoffe, die den Säuregrad oder die Alkalität eines Lebensmittels verändern oder steuern (Anlage 7 Nr. 5).

Folgende Stoffe gehören u.a. zu den Säuerungsmitteln und Säureregulatoren: (die nach Anlage 4 begrenzt zugelassenen Stoffe) Milchsäure (E 270), Apfelsäure (E 296), Salze der Milchsäure (Natrium-, Kalium- und Calciumlactat, E 325 bis E 327), Citronensäure und ihre Salze (E 330 bis E 333), L(+)-Weinsäure und ihre Salze (E 334 bis E 337), Phosphorsäure (E 338), Salze der Apfelsäure (E 350 bis E 352) sowie Calciumtartrat (E 354).

Stabilisatoren

Stabilisatoren sind sowohl eine eigene Stoffgruppe wie auch eine Sammelbezeichnung für **Emulgatoren, Gelier-** und **Verdickungsmittel**. Die Art der Bezeichnung richtet sich nach der Zweckbestimmung des jeweiligen Zusatzstoffes. Entsprechend ihrer chemisch-physikalischen Eigenschaften wirken diese Zusatzstoffe durch Bildung von Dispersionen (Emulgatoren), Gelbildung (Geliermittel) oder durch die Erhöhung der Viskosität (Verdickungsmittel).

„**Stabilisatoren**" sind Stoffe, die es ermöglichen, den physikalisch-chemischen Zustand eines Lebensmittels aufrechtzuerhalten (Anlage 7 Nr. 22).

Gelier- und **Verdickungsmittel** (Legaldefinition s. Anlage 7 Nr. 14 und 23) sind durch ihren chemisch-physikalischen Aufbau in der Lage, Wassermoleküle zu binden; hierdurch quellen die damit behandelten Produkte auf und werden gelatinös. Wichtige Anwendungsgebiete der Gelier- und Verdickungsmittel sind daher Cremespeisen, Desserts, Puddings, Milchprodukte, Joghurt und Suppenerzeugnisse. Verdickungsmittel werden des weiteren bei der Produktion kalorienreduzierter Lebensmittel eingesetzt, weil sie – bedingt durch die Wasseraufnahme – die Energiedichte verringern. Zu den Gelier- und Verdickungsmitteln zählen u.a. (die nach Anlage 4 Teil A begrenzt zugelassenen Stoffe) Alginsäure (E 400), Natriumalginat (E 401), Kaliumalginat (E 402), Ammoniumalginat (E 403), Calciumalginat (E 404), Propylenglycolalginat (E 405) sowie Agar-Agar (E 406).

Die Legaldefinition für **Emulgatoren** kann der Anlage 7 Nr. 9 entnommen werden. Nach ihrer chemischen Zusammensetzung handelt es sich dabei u.a. um Lecithine (E 322) oder um Mono- oder Diglyceride von Speise-Fettsäuren (E 471). Anwendungsgebiete für Emulgatoren sind beispielsweise Backwaren (das Fett wird im Teig gehalten und somit ein vorzeitiges Weichwerden der Kruste verhindert) oder Wurstwaren (um Fettabscheidungen während der Lagerung zu verhindern). In der Schokoladenindustrie werden Emulgatoren eingesetzt, um die Verteilung des Fettes in der Masse zu verbessern und ein Ausreifen zu verhindern.

Trennmittel

Trennmittel bestehen aus Ölen und Fetten oder aus geriebenen Mandel- und Nußschalen und werden eingesetzt, daß Backwaren oder Knabbererzeugnisse nicht aneinander kleben (**Trennmittel**; Legaldefintion s. Anlage 7 Nr. 6) oder das Ablösen von Lebensmitteln aus Formen zu erleichtern (**Formtrennmittel**).

Zu diesen Stoffen zählen Fettsäuren (E 570) sowie Bienenwachs (E 901), Candillawachs (E 902) und Carnaubawachs (E 903; letztere s. Anlage 4 Teil B Liste 2).

Schmelzsalze

„Schmelzsalze" sind Stoffe, die in Käse enthaltene Proteine in eine dispergierte Form überführen und hierdurch eine homogene Verteilung von Fett und anderen Bestandteilen herbeiführen (Legaldefinition in Anlage 7 Nr. 10); hierdurch wird verhindert, daß sich während des Schmelzens die Käsebestandteile voneinander trennen.

Zu den Schmelzsalzen gehören die (nach Anlage 4 Teil B Liste 2 nur für bestimmte Lebensmittel zugelassenen Zusatzstoffe) Di-, Tri- und Polyphosphate (E 450 bis 452).

Geschmacksverstärker

Geschmacksverstärker sind Substanzen, die bestimmte Geschmacks- oder Geruchsrichtungen hervorheben bzw. intensivieren (Legaldefinition s. Anlage 7 Nr. 12). Sie werden vor allem bei Produkten eingesetzt, die durch ihre Zubereitung (einen Teil

ihrer) eigenen geschmacksgebenden Komponenten verloren haben wie Lebensmittel, denen Wasser entzogen wurde (Tütensuppen) oder die durch Hitze und Tiefgefrieren konserviert wurden (Fertiggerichte).
Geschmacksverstärker sind u.a.
- die nach Anlage 4 Teil B Liste 2 für Würzmittel und (ausgenommen die in Anlage 4 Teil A unter Nr. 1 bis 13 aufgelisteten) Lebensmittel zugelassen Stoffe Glutaminsäure (E 620), Mononatriumglutamat (E 621), Monokaliumglutamat (E 622), Magnesiumdigluatamat (E 625) und Dinatriumguanylat (E 627) sowie
- die für „Kaugummi mit Zuckerersatz" zugelassenen Stoffe Acesulfam-K (E 950), Aspartam (E 951), Thaumatin (E 957) und Neohesperidin DC (E 959).

Überzugsmittel
Überzugsmittel werden eingesetzt, um „der Außenoberfläche eines Lebensmittels ein glänzendes Aussehen (zu) verleihen" oder um „einen Schutzüberzug" zu bilden (Legaldefinition Anlage 7 Nr. 15), damit ein Austrocknen oder eine Geschmacksveränderung (Aromaverlust) verhindert werden kann. Hierbei handelt es sich um Verbindungen, die zum Teil verzehrbare, zum Teil aber auch nicht verzehrbare Überzüge auf den Lebensmitteln bilden. Zu den Überzugsmitteln zählen u.a. für
- Süßwaren (Anlage 4 Teil B Liste 2): Bienenwachs (E 901), Candelillawachs (E 902), Carnaubawachs (E 903) sowie Schellack (E 904)
- Kakao- und Schokoladenerzeugnisse (Anlage 4 Teil C): Gummi arabicum (E 414) und Pektine (E 440).

Feuchthaltemittel
„Feuchthaltemittel" sind Stoffe, die das Austrocknen von Lebensmitteln verhindern, indem sie die Auswirkungen einer Atmosphäre mit geringem Feuchtigkeitsgehalt ausgleichen, oder Stoffe, die die Auflösung eines Pulvers in einem wäßrigen Medium fördern (Legaldefinition in Anlage 7 Nr. 16). Sie finden vor allem Anwendung bei Back- und Süßwaren; zu ihnen gehören (die nach Anlage 4 Teil B Liste 2 begrenzt zugelassenen Stoffe) Sorbit (E 420) und Mannit (E 421).

Modifizierte Stärken
„Modifizierte Stärken" sind durch ein- oder mehrmalige chemische Behandlung aus eßbaren Stärken gewonnene Stoffe (Legaldefinition s. Anlage 7 Nr. 17). Gegenüber natürlichen Stärken weisen modifizierte Stärken je nach Art der Modifikation eine höhere Wärme- oder Gefrierstabilität auf. Sie werden hauptsächlich zum Binden und Andicken verwendet.
Zugelassen sind (s. Anlage 4 Teil A) acetyliertes Distärkephosphat (E 1414), acetylierte Stärke (E 1420), acetyliertes Distärkeadipat (E 1422), Hydroxypropylstärke (E 1440), Hydroxypropyldistärkephosphat (E 1442) und Stärkenatriumoctenylsuccinat (E 1450).

Backtriebmittel
Zu den Backtriebmitteln (Legaldefintion s. Anlage 7 Nr. 20) gehören die (nach Anlage 4 Teil A begrenzt zugelassenen) Natrium-, Kalium-, Ammonium- und Magnesiumcarbonate (E 500 bis E 504).

4.7.1.2 Einzelne Bestimmungen

Nach § 1 Abs. 3 sind **Trinkwasser**, **Aromen** und Erzeugnisse, die dem **Weingesetz** unterliegen, aus dem Geltungsbereich der ZZulV grundsätzlich ausgenommen, da Aromen und Trinkwasser nicht den gemeinschaftsrechtlichen Zusatzstoff-Richtlinien unterliegen; die §§ 8 und 9 gelten aber auch für Zusatzstoffe, die für Aromen oder die Aufbereitung von Trinkwasser bestimmt sind. Zusatzstoffe für dem Weingesetz unterliegende Erzeugnisse sind weitgehend in Verordnungen der Europäischen Union geregelt.

Für **Biere** gelten eine Reihe von Ausnahmen. Bieren, die nach dem sog. (deutschen) „Reinheitsgebot" herstellt werden, dürfen keine Farbstoffe, insbesondere die in Anlage 1 Teil C genannten Zuckerkulöre, sowie keine Süßungsmittel, wie die in Anlage 2 Teil B aufgeführten Süßstoffe, zugesetzt werden (§ 3 Abs. 2 und § 4 Abs. 2 ZZulV). Des weiteren darf abweichend von § 5 Abs. 1 bei der Herstellung von Bier nach dem Reinheitsgebot nur das bei der Bierbereitung abgefangene Kohlendioxid verwendet werden; darüber hinaus „Kohlendioxid und Stickstoff, wenn sie bis auf technisch unvermeidbare Mengen nicht in das Bier übergehen" (hierbei darf eine Erhöhung des Kohlensäuregehalts des Bieres nicht eintreten; § 5 Abs. 3 ZZulV).

Für die Verwendung der Zusatzstoffe sind in den Anlagen zur ZZulV jeweils **Höchstmengen** angegeben (Legaldefinition der „Höchstmenge" s. § 2 Nr. 2 ZZulV). Soweit kein genauer Gehalt genannt ist, werden die Zusatzstoffe für Lebensmittel **quantum satis** (qs) zugelassen, wonach sie „gemäß der guten Herstellungspraxis nur in einer Menge zugesetzt werden (dürfen), die erforderlich ist, um die gewünschte Wirkung zu erzielen, und unter der Voraussetzung, daß der Verbraucher nicht irregeführt wird" (§ 7 Abs. 2 ZZulV).

Sofern in den Anlagen zur ZZulV für einzelne Lebensmittel mehrere Zusatzstoffe mit einer gemeinsamen Höchstmenge zugelassen sind, dürfen diese Stoffe (vorbehaltlich besonderer Regelungen) einzeln oder insgesamt bis zur Höchstmenge verwendet werden (§ 7 Abs. 3).

Die Zulassung von Zusatzstoffen für bestimmte Lebensmittel bedeutet an sich noch keine allgemeine Zulassung, auch nicht die Zulassung der unbegrenzten Weiterverarbeitung des erlaubterweise mit einem Zusatzstoff versetzten Lebensmittels zur Herstellung anderer Lebensmittel. In § 8 Abs. 4 ZZulV ist jedoch ausdrücklich klargestellt, daß Lebensmittel mit einem zulässigen Gehalt an Zusatzstoffen nach Anlage 4 auch als Zutat für andere Lebensmittel (mit Ausnahme der in Anlage 4 Teil A Nr. 1 bis 13 aufgeführten, wie Eier und Brot) verwendet werden dürfen, für die diese Zusatzstoffe nicht zugelassen sind (**carry over-Prinzip**). Des weiteren dürfen Lebensmittel, die für die Herstellung anderer Lebensmittel bestimmt sind, diejenigen Zusatzstoffe enthalten, die für das andere Lebensmittel zugelassen sind (**umgekehrte carry over-Regelung**; § 8 Abs. 1).

4.7.1.3 Anlagen zur ZZulV

Farbstoffe

Zum Färben und Erzielen von Farbeffekten bei Lebensmitteln werden die in **Anlage 1 Teil A bis C** zur ZZulV aufgelisteten Zusatzstoffe und Aluminiumlacke bestimmter Lebensmittelfarbstoffe zugelassen.

Teil A nennt die Farbstoffe, die ohne numerisch festgesetzte Höchstmengen, allerdings unter Beachtung der Verwendung gemäß quantum satis, in bestimmten Lebensmitteln allgemein zugelassen sind. Es sind dies neben Riboflavin und Chlorophylle (das aus grünen Pflanzen stammt wie z.b. Spinat) u.a. auch verschiedene Zuckerkulöre. Ausgenommen hiervon sind unbehandelte Lebensmittel und verschiedene Grundnahrungsmittel, die vorbehaltlich besonderer Regelungen grundsätzlich nicht mit Zusatzstoffen gefärbt werden dürfen; so darf beispielsweise Beetenrot (E 162) Buttermilch nicht zugesetzt werden.

Teil B listet diejenigen Farbstoffe auf, die nur für bestimmte Lebensmittel einzeln oder in Kombination oder nur einzeln (i.d.R.) mit jeweils numerisch festgesetzten Höchstmengen zugelassen sind. Beispiel: Kurkumin (E 100) für „nichtalkoholische, aromatische (also mit geschmacksgebenden Stoffen wie Fruchtkonzentrate versehene) Getränke".

Teil C führt letztlich die Lebensmittel auf, für die nur bestimmte Farbstoffe zugelassen sind; so etwa für Essig die Zuckerkulöre E 150 a bis d.

Süßungsmittel

Zum Süßen für bestimmte Lebensmittel und für Tafelsüßen werden die in **Anlage 2** genannten Zuckeraustauschstoffe und Süßstoffe zugelassen. Die Zulassung von Süßungsmittel ist vornehmlich für brennwertverminderte und ohne Zuckerzusatz hergestellte Lebensmittel sowie für Lebensmittel vorgesehen, die traditionell mit Süßungsmitteln hergestellt werden, wie Senf oder süßsaure Obst- und Gemüsekonserven.

Zu den **Zuckeraustauschstoffen** zählen die Stoffe Sorbit, Mannit, Isomalt, Maltit, Lactit und Xylit.

Zuckeraustauschstoffe vermitteln den damit versetzten Speisen einen süßen Geschmackseindruck, ohne daß der Körper zur Verarbeitung Insulin benötigt. Sie sind daher zum Süßen von Diabetikerspeisen geeignet und kommen dem natürlichen Geschmack der Saccharose (Haushaltszucker) am nächsten. Zuckeraustauschstoffe werden im Dünndarm nur langsam aufgenommen bzw. abgebaut; sie gelangen deshalb teilweise unverändert in andere Darmabschnitte, wo sie Wasser aus dem Darmlumen ziehen und damit zu Durchfällen führen können. § 9 Abs. 5 ZZulV schreibt deshalb vor, daß Tafelsüßen mit einem Gehalt an Zuckeraustauschstoffen sowie Lebensmittel mit einem Gehalt an diesen Stoffen von mehr als 100 g in einem Kilogramm oder einem Liter mit dem Warnhinweis „kann bei übermäßigem Verzehr abführend wirken" zu versehen sind.

Zu den **Süßstoffen** zählen Acesulfam-K, Aspartam, Cyclohexansulfamidsäure, Saccharin, Thaumatin und Neohesperidin DC. Im Vergleich zu Haushaltszucker weisen sie eine wesentlich höhere Süßkraft auf; sie besitzen aber keinen oder im Verhältnis zu ihrer Süßkraft nur einen geringen Energiegehalt. **Saccharin** ist hierbei der älteste, seit mehr als 100 Jahren im Gebrauch befindliche Süßstoff; der Stoff wurde erstmals 1879 durch Fahlberg und Remsen dargestellt. Seine Süßkraft beträgt das 550fache des Rohrzuckers.

Allgemein zugelassene Zusatzstoffe
Nach **Anlage 3** werden die Stoffe Argon, Helium, Distickstoffmonoxid sowie Sauerstoff für Lebensmittel allgemein zugelassen.

Kohlendioxid, Stickstoff und Luft sind für Lebensmittel als Treibgas zugelassen; diese Regelung ist aufgrund § 11 Abs. 2 Nr. 2 LMBG erforderlich. Bei Bieren, die nicht nach dem „Reinheitsgebot" gebraut werden, können diese drei Stoffe ohne sachliche Einschränkung verwendet werden (s. § 5 Abs. 3).

Begrenzt zugelassene Zusatzstoffe
In **Anlage 4** Teil A bis C sind die „begrenzt zugelassenen Zusatzstoffe" aufgelistet.

Teil A nennt die Zusatzstoffe, die für Lebensmittel allgemein unter Berücksichtigung der Verwendung gemäß quantum satis zugelassen sind. Beispiele: Calciumcarbonate, Essigsäure, Kaliumacetat. Für bestimmte Lebensmittel dürfen diese Stoffe allerdings nicht verwendet werden; so dürfen beispielsweise Lecithine (E 322; wird gewonnen aus Hühnereigelb oder Sojabohnen) Butter nicht zugesetzt werden.

Teil B listet diejenigen Stoffe auf, die nur für bestimmte Lebensmittel und (i.d.R.) mit Festlegung einer numerischen Höchstmenge zugelassen sind. Beispiel: Fumarsäure (E 297) für u.a. Zuckerwaren und Kaugummi.

Der Einsatz von (Kalium- und Natrium-) **Nitrit** (E 249 und E 250; Salz der salpetrigen Säure) ist gem. Anlage 4 Teil B Liste 1 u.a. zulässig bei gepökelten Fleischerzeugnissen. Nitrit ist im Rahmen der Pökelung von Fleischwaren ein wirksames (Konservierungs-)Verfahren zur Vermeidung von Lebensmittelvergiftungen, die durch das Bakterium Clostridium botulinum hervorgerufen werden können. Das Botulinustoxin ist das stärkste bekannte biologische Gift; durch Hitzebehandlung allein kann es nicht abgetötet werden.

Teil C führt letztlich die Lebensmittel auf, für die nur bestimmte Stoffe zugelassen sind; so etwa für Mozzarella Milchsäure, Citronensäure und Glucono-delta-lacton.

(Weitere) Konservierungsstoffe
Die zur Konservierung von Lebensmitteln zugelassenen Stoffe nennt (auch die) **Anlage 5** Teil A bis C zur ZZulV.

„Konservierungsstoffe sind Stoffe, die die Haltbarkeit von Lebensmitteln verlängern, indem sie sie vor schädlichen Auswirkungen von Mikroorganismen (Anm.: Bakterien, Pilze oder Hefen) schützen" (Legaldefinition in Anlage 7 Nr. 1 zur

ZZulV). Schimmelpilze, die auf Lebensmitteln wachsen, können beispielsweise giftige Stoffwechselprodukte bilden; die bekanntesten sind die Aflatoxine des Schimmelpilzes Aspergillus falvus. Diese Aflatoxine können Leber und Nervensystem schädigen.

In **Teil A** Liste 1 sind die für die in Liste 2 genannten Lebensmittel zugelassenen Konservierungsstoffe Sorbate, Benzoate und Parabene (p-Hydroxybenzoate) angeführt. „Flüssigen Nahrungsergänzungsmitteln" dürfen demnach bis zur Höchstmenge von 2000 mg/kg diese Stoffe, und zwar einzeln oder in Kombination, zugesetzt werden.

In vielfältiger Weise wird auch schwefelige Säure vor allem in Form ihrer Natrium-, Kalium- und Calciumsalze (Sulfite) als Konservierungsstoff eingesetzt. **Teil B** listet neben Schwefeldioxid (E 220) die für bestimmte Lebensmittel zugelassenen Sulfite auf (E 221 bis 228); sie dürfen beispielsweise Dijon-Senf bis zu einer Höchstmenge von 500 mg/kg zugesetzt werden.

Teil C erlaubt die Verwendung weiterer dort aufgeführter Konservierungsstoffe wie Nisin und Biphenyl. Lediglich zur **Oberflächenbehandlung** eingesetzt werden die Stoffe Biphenyl (E 230), Orthophenylphenol (E 231) und Natriumorthophenylphenol (E 232) bei Zitrusfrüchten sowie Natamycin (E 235) bei u.a. Hartkäse.

Antioxidationsmittel
Antioxidationsmittel sind eine besondere Gruppe der Konservierungsstoffe. Ähnlich wie diese schützen die Antioxidationsmittel vor Verderb durch Anlagerung von Luftsauerstoff und üben so eine stabilisierende Wirkung auf die inhaltliche Zusammensetzung der Lebensmittel aus. Ohne Antioxidationsmittel können Lebensmittel an Vitaminen verlieren, wird Fett ranzig oder können vor allem bei Obst und Gemüse Verfärbungen auftreten. Antioxidationsmittel verzögern über einen gewissen Zeitraum den Verderb des in vielen Lebensmitteln enthaltenen Fetts; sie fangen den Sauerstoff der Luft quasi ab und binden diesen chemisch, bevor er die Inhaltsstoffe des betreffenden Lebensmittels erreichen kann (Legaldefinition s. Anlage 7 Nr. 2 zur ZZulV).

Antioxidationsmittel werden u.a. Speisefetten und -ölen, Suppen und Würzmitteln, Kartoffelerzeugnissen, Knabberartikeln und Kaugummis zugesetzt (s. Anlage 5 Teil D).

Antioxidationsmittel können natürlichen Ursprungs sein oder auf synthetischem Wege hergestellt werden. Zu den **natürlichen** zählen u.a. (die begrenzt zugelassen Zusatzstoffe) Milchsäure (E 270), Kaliumlactat (E 326) und Calciumlactat (E 327); zu den **synthetischen Antioxidationsmitteln** gehören die nach **Anlage 5 Teil D** zugelassenen Stoffe Propylgallat (E 310), Octylgallat (E 311), Dodecylgallat (E 312), Butylhydroxyanisol (BHA; E 320) sowie Butylhydroxytoluol (BHT; E 321). Teil D nennt des weiteren die nur für bestimmte Lebensmittel zugelassenen Antioxidationsmittel Isoascorbinsäure sowie Natriumisoascorbat.

Säuglings- und Kleinkindernahrung
Für Säuglings- und Kleinkindernahrung werden nur die in **Anlage 6** aufgeführten Zusatzstoffe für die dort genannten Lebensmittel zugelassen.

4.7.2 Zusatzstoff-Verkehrsverordnung

Die ZVerkV korrespondiert mit der ZZulV. Die nach der ZZulV in den Anlagen 1 bis 6 aufgelisteten und damit zur Herstellung und Behandlung von Lebensmitteln aus technologischen Zwecken zugelassenen Zusatzstoffe müssen die **Reinheitsanforderungen** der Anlage 2 der ZVerkV erfüllen, anderenfalls dürfen sie nicht verwendet werden (Verwendungs- und Verkehrsverbote des § 5 ZVerkV).

Anlage 2 Liste A enthält allgemeine Reinheitsanforderungen, die Gehalte an bestimmten Schwermetallen betreffen.

Liste B Teil I enthält **Reinheitsanforderungen für Zusatzstoffe mit E-Nummern**, ausgenommen Aluminiumlacke. Soweit EG-weite Spezifikationen vorliegen, wird auf diese verwiesen; die ZVerkV ist nicht gerade benutzerfreundlich konzipiert, denn der Rechtsunterworfene muß sich die entsprechenden Richtlinien erst beschaffen.

Liste C enthält die Stoffe, für die bisher in der Europäischen Union noch keine E-Nummern und Reinheitsanforderungen festgelegt worden sind.

Die ZVerkV erfaßt des weiteren **Trägerstoffe und Lösungsmittel für Zusatzstoffe**, die in Anlage 4 aufgeführt sind. Sie werden unter den in der Anlage 4 festgelegten Bedingungen für die in Anlage 2 aufgeführten Zusatzstoffe zugelassen (§ 4 ZVerkV). In dieser Liste sind Stoffe, die vorwiegend als Säuerungsmittel oder Säureregulatoren fungieren, wie Citronensäure oder Ammoniumhydroxid, nicht aufgeführt.

Die in Anlage 1 aufgelisteten Stoffe werden den **Zusatzstoffen gleichgestellt**. Dies sind die sog. Sternchenstoffe sowie verschiedene Fettsäuren, Adipinsäure und Nitritpökelsalz.

4.7.3 Übergangsvorschriften

Bis zum 28. Oktober 1998 dürfen Lebensmittel sowie Erzeugnisse, die dem Weingesetz unterliegen, nach der Zusatzstoff-Zulassungsverordnung vom 22.12.1981 (**ZZulV 1981**) sowie der Zusatzstoff-Verkehrsverordnung vom 10.07.1984 (**ZVerkV 1984**) hergestellt, behandelt, gekennzeichnet und bis zum Abbau der Vorräte in den Verkehr gebracht werden (Art. 25 der VO zur Neuordnung lebensmittelrechtlicher Vorschriften über Zusatzstoffe). Dies gilt für die ZVerkV 1984 nur insoweit, als in der neuen Zusatzstoff-Verkehrsverordnung keine Reinheitsanforderungen für die Zusatzstoffe geregelt sind (Art. 25 Satz 2). Zu Text und Kommentierung der ZZulV 1981 sowie der ZVerkV 1984 kann auf *Zipfel/Rathke*, A und C unter 120 und 122 verwiesen werden.

4.7.4 Verordnung über die Zulassung von Zusatzstoffen für Lebensmittel zu anderen als technologischen Zwecken

Zulassungsvorschriften über Zusatzstoffe für Lebensmittel „zu anderen als technologischen Zwecken" sollen in einer eigenständigen Verordnung geregelt werden, die bis Ende 1998 erlassen werden soll. Zusatzstoffe können auch **diätetischen** und weiteren **ernährungsphysiologischen** Zwecken dienen (s. NKV und DiätVO), etwa als
- *Vitaminstofflieferant*; Bsp.: synthetisches gamma-Tocopherol oder delta-Tocopherol;
- *Mineralstofflieferant*, Bsp.: Natrium-, Kalium- und Calciumphophat;
- *Lieferant essentieller Fettsäuren*, Bsp: Lecithine in Tagesrationen für Übergewichtige;
- *löslicher Ballaststoffe*, Bsp.: Agar, Guarkernmehl, Johannisbrotkernmehl, Pektin.

So dient Natrium-L-Ascorbat oder Calcium-L-Ascorbat als Vitamin C-Lieferant in Fällen, in denen Ascorbinsäure geschmacklich oder technologisch ungeeignet ist.

5 Ausnahmegenehmigungen nach § 37 LMBG

5.1 Ausnahmefälle

„Von den Vorschriften des LMBG und der auf Grund dieses Gesetzes erlassenen Rechtsverordnungen können im Einzelfall" **Ausnahmen** nach Maßgabe des § 37 Abs. 2 und 3 zugelassen werden. Die Auflistung der Ausnahmefälle ist abschließend. Ausnahmen von anderen lebensmittelrechtlichen Vorschriften können nicht erteilt werden.

Dem Anwendungsbereich des § 37 LMBG unterfallen nicht „Erzeugnisse aus anderen Mitgliedstaaten" i.S.d. **§ 47 a LMBG**.

Ausnahmen nach § 37 Abs. 2 Nr. 1 LMBG für das „Herstellen, Behandeln und Inverkehrbringen" (i.S.d. § 7 LMBG) bestimmter Erzeugnisse können nur mit dem Ziel einer **künftigen Änderung oder Ergänzung lebensmittelrechtlicher Vorschriften** unter Berücksichtigung u.a. der allgemeinen Wettbewerbslage des betreffenden Industriezweigs erteilt werden. Der damit zum Ausdruck gebrachte Grundsatz des Vorrangs des Allgemeininteresses vor dem Einzelinteresse des Antragstellers bindet das Ermessen der zuständigen Behörde.

Gem. § 37 Abs. 3 LMBG ist die Zulassung davon abhängig, daß bestimmte Tatsachen die Annahme rechtfertigen, daß eine **Gesundheitsgefährdung nicht zu erwarten** ist. Dies kann nur durch entsprechende Gutachten belegt werden. Eine lediglich nicht widerlegbare Vermutung der Nichtgefährdung genügt nicht.

Die Ausnahmegenehmigung nach Abs.2 Nr. 1 ist **zeitlich befristet**, kann nur zweimal verlängert und damit längstens für sechs Jahre erteilt werden (§ 37 Abs. 5 Satz 2 LMBG). Eine dritte Verlängerung kann auch nicht durch eine Neuzulassung ersetzt werden. Vorhaben, bei denen die begründete Vermutung besteht, daß sie innerhalb dieses Zeitraums nicht reif für gesetzliche Regelungen werden, sind daher nicht genehmigungsfähig.

Ausnahmen können auch erteilt werden für die Herstellung und das Inverkehrbringen von Sonderverpflegung für bestimmte Bereiche (Abs. 2 Nr. 2), in besonderen Not- und Härtefällen (Abs 2 Nr. 3 und 4) sowie für das Zusetzen von Fluoriden zu Trinkwasser (Abs. 2 Nr. 5).

5.2 Ermessensentscheidung

Die Zulassung ist ein gestaltender Verwaltungsakt i.S.d § 35 Satz 1 VwVfG. Der Erlaß des Verwaltungsaktes ist in das Ermessen des Bundesministers bzw. der zuständigen Landesbehörde (s. § 37 Abs. 4 LMBG) gestellt („können", § 37 Abs. 1 LMBG); auf seine Erteilung besteht daher **kein Rechtsanspruch**.

5.3 Nebenbestimmungen

Die Zulassung kann unter **Bedingungen** und **Auflagen** gestellt werden (§ 36 Abs. 2 Nr. 2 und 4 VwVfG).

Die Auflage ist eine zusätzlich mit der Zulassung verbundene, selbständig erzwingbare hoheitliche Anordnung. Erfüllt der Antragsteller die Auflage nicht oder handelt er ihr zuwider, so hat die Behörde die Möglichkeit, die Erfüllung bzw. Beachtung der Auflage nach den für Verwaltungsakte geltenden Vorschriften zu erzwingen. Außerdem hat sie gem. § 37 Abs. 6 LMBG und (da die sondergesetzliche Regelung des § 37 Abs. 6 LMBG nicht abschließend ist) gem. § 49 Abs. 2 Nr. 2 VwVfG die Befugnis, die Zulassung , mit der die Auflage verbunden ist, ganz oder teilweise zu widerrufen.

Beispiel für eine Bedingung wäre die Verwendung eines bestimmten Etiketts, Beispiele für eine Auflage wären die räumliche Begrenzung des zulässigen Vertriebs, die Zuführung des Lebensmittels lediglich für eine bestimmten Abnehmerkreis oder die gesetzlich normierte amtliche Beobachtung in § 37 Abs. 2 Ziff. 1 LMBG (weitere Beispiele s. *Zipfel/Rathke* C 100 § 37 Rn. 15 und 16).

Die Zulassung einer Ausnahme nach § 37 Abs. 2 Nr. 1 bis 4 LMBG ist auf längstens zwei Jahre zu **befristen** (Abs. 5). In den Fällen des Abs. 2 Nr. 2 und 3 kann die Zulassung wiederholt um jeweils längstens zwei Jahre verlängert werden. Eine Befristung der Zulassung im Falle des Abs. 2 Nr. 5 kann von den Landesregierungen im Rahmen ihrer Befugnis nach § 37 Abs. 8 LMBG festgesetzt werden.

5.4 Widerruf und Rücknahme

Die Zulassung kann jederzeit gem. § 37 Abs. 6 LMBG aus **wichtigem Grund** widerrufen werden, worauf der Antragsteller hinzuweisen ist. Widerruf ist die Aufhebung (oder Änderung) eines rechtmäßigen Verwaltungsakts. In der Beschränkung des Widerrufs „aus wichtigem Grund" kommt der allgemeine Rechtsgedanke zum Ausdruck, daß eine Beseitigung oder Änderung eines rechtmäßigen begünstigenden Verwaltungsaktes nur dann in Betracht kommt, wenn das öffentliche Interesse hieran schwerer wiegt als das Interesse des Betroffenen am Bestand des Verwaltungsakts und das entsprechende Vertrauensinteresse (vgl. § 49 Abs. 2 VwVfG). Ein wichtiger Grund läge vor, wenn infolge neuer Gesichtspunkte gesundheitliche Bedenken gegen einen zugelassenen Stoff bestünden. Neben § 37 Abs.6 LMBG findet **§ 49 VwVfG** subsidiär Anwendung. Die Entscheidung über den Widerruf ist in das **Ermessen** der Behörde gestellt („kann"). Sie hat hierbei auch das Vertrauensschutzinteresse des Betroffenen zu berücksichtigen. Ein Widerruf wäre ermessensfehlerhaft, wenn die Behörde keine Erwägungen darüber anstellt, ob dem Betroffenen eine Übergangsregelung eingeräumt werden muß (vgl. BVwG DVBl. 1985, 1070). Dies gilt insbesondere dann, wenn der Antragsteller nicht auf die Widerrufsmöglichkeit hingewiesen wurde. Der Widerruf ist nur für die Zukunft zulässig; dies gilt auch dann, wenn der Widerrufsgrund schon in der Vergangenheit bestanden hat. Der Widerruf ist als Verwaltungsakt anfechtbar. Die **Rücknahme der rechtswidrigen Zulassung** richtet sich nach § 48 VwVfG; in begrenztem Umfang auch nach § 49 Abs. 2 VwVfG in entsprechender Anwendung (s. BVwG NJW 1987, 1964)

Kapitel 3: Kennzeichnung von Lebensmitteln

1 Essentielle Kennzeichnungselemente

Fertigpackungen von Lebensmitteln sind grundsätzlich mit folgenden Angaben zu versehen (essentielle Kennzeichnungselemente nach § 3 Abs. 1 Nr. 1-5 und Abs. 2 LMKV; Ausnahmen s. Abs. 2 und 5):

- Verkehrsbezeichnung,
- Name oder Firma und Anschrift des Herstellers oder eines anderen Inverkehrbringers,
- Zutatenverzeichnis,
- Mindesthaltbarkeitsdatum oder bei sehr leicht verderblichen Lebensmitteln das Verbrauchsdatum,
- bei Getränken mit einem Alkoholgehalt über 1,2 Volumenprozent der Alkoholgehalt sowie
- die enthaltene Menge (§ 3 Abs. 3 LMKV, § 6 FPackV)

Weitere Angaben werden in vertikalen Rezepturvorschriften vorgeschrieben; so die Angabe der Fettgehaltsstufe in § 15 KäseVO oder die Angabe „aus....-konzentrat" bei ganz oder teilweise aus konzentriertem Fruchtsaft hergestellten Fruchtnektar (§ 4 Abs. 4 Nr. 1 VO über Fruchtnektar).

Früchte Vollkorn Müsli — Verkehrsbezeichnung

ZUTATEN:
Kernige Vollkorn-Haferflocken, knuspriges Hafer-Erzeugnis (Hafer-Vollkornmehl, Reisvollkornmehl, Haferkleie, Gerstenmalzmehl, Malzextrakt), Rosinen, Honig, getr. Äpfel, Bananenflocken, Sauerkirschzubereitung (Verdickungsmittel Natriumalginat, modifizierte Stärke), Vanillepulver. — Zutatenverzeichnis

Nährwertangaben
100 g enthalten (Durchschnittswerte) — Nährwertangaben

Brennwert	1.506 kJ/361 kcal
Eiweiß	11,9 g
Kohlenhydrate	61,0 g
Fett	7,2 g

„Big Four"

Vitamine und Mineralstoffe	*Gehalt*	*% der empfohlenen Tageszufuhr (RDA)*
Vitamin B$_1$	0,7 mg	52 %
Phosphor	320,0 mg	40 %
Eisen	3,3 mg	24 %
Magnesium	109,0 mg	36 %
Zink	2,4 mg	16 %

Bitte kühl lagern und Innenbeutel nach dem Öffnen gut verschließen.
Mindestens haltbar bis Ende — Mindesthaltbarkeitsdatum
Menge 375 g — Menge
Meyer Feinkost 80802 München — Anschrift

1.1 Ort der Kennzeichnung

- auf der Fertigpackung oder
- einem mit der Fertigpackung verbundenem Etikett und
- an gut sichtbarer Stelle

Die Kennzeichnung ist nach § 3 Abs. 3 LMKV auf der Fertigpackung anzubringen (Ausnahme nach Abs. 4 für die dort aufgeführten Fertigpackungen).

Bei **Sammelpackungen** (i.S.v. § 6 Abs. 4 FPackV) ist in der Regel eine doppelte Kennzeichnung sowohl auf der Sammelpackung wie auf den in ihr enthaltenen einzelnen Fertigpackungen erforderlich; nur auf einer Transport- oder Umverpackung, aus der die Einzelpackungen entnommen und dem Käufer ausgehändigt werden, ist eine Kennzeichnung entbehrlich (s. Legaldefinition der „Fertigpackung" in § 6 Eichgesetz; keine Fertigpackung ist der in einer Banderole verbundene Spargel).

Ort der Kennzeichnung kann auch ein mit der Fertigpackung „**verbundenes Etikett**" sein. Hierunter ist ein auf Flaschen oder Dosen aufgeklebtes oder ein durch eine Kette oder einer Schnur mit der Fertigpackung verbundenes Etikett zu verstehen; vorausgesetzt, es kann nicht abreißen.

Die Kennzeichnung muß „an **gut sichtbarer** Stelle" angebracht werden. „Gut sichtbar" ist eine Stelle, die der Verbraucher ohne weiteres finden kann, auch wenn er die Packung hierbei drehen muß; dies kann auch die Verpackungsunterseite sein (OLG Karlsruhe ZLR 1994, 397). Die Angabe des Mindesthaltbarkeitsdatum durch Einkerbungen auf Randleisten und Kalendern ist oftmals nicht gut sichtbar bzw. „deutlich lesbar" i.S.v. § 3 Abs. 3.

Die Verkehrsbezeichnung, das Mindesthaltbarkeitsdatum, die Mengenkennzeichnung sowie ggf. der Alkoholgehalt müssen nach § 3 Abs. 3 Satz 2 Halbsatz 2 LMKV „im **gleichen Sichtfeld**" angegeben werden. Hierunter ist eine Stelle zu verstehen, die mit einem Blick erfaßt werden kann. Dies ist grundsätzlich nicht der Fall, wenn zum vollständigen Lesen der Angaben die Packung gedreht werden muß. Die Angaben müssen nicht in Zusammenhang stehen; zwischen diesen können sich auch andere Werbeangaben und Darstellungen befinden. Da die Anbringung des MHD im gleichen Sichtfeld wie die Verkehrsbezeichnung und die Mengenkennzeichnung aus technischen Gründen schwierig sein kann, läßt § 7 Abs. 2 Satz 2 LMKV es zu, das MHD an anderer Stelle anzugeben, sofern im gleichen Sichtfeld mit Angabe der Verkehrsbezeichnung und Mengenkennzeichnung ein entsprechender Hinweis enthalten ist. Beispiel: "mindestens haltbar bis Ende: siehe innere Falz" (bei einem Müsliriegel).

1.2 Art der Kennzeichnung

Nach § 3 Abs. 3 LMKV sind die Kennzeichnungselemente

- in deutscher oder einer leicht verständlichen Sprache
- deutlich lesbar und
- unverwischbar

anzubringen. Die gleichen Vorgaben gelten auch nach speziellen Kennzeichnungsvorschriften; so § 9 Abs. 6 Zusatzstoff-ZulassungsVO, § 3 Los-KennzeichnungsVO, § 5 Abs. 7 Nährwert-KennzeichnungsVO oder § 18 Abs. 1 FertigpackungsVO.

Die Kennzeichnung ist in deutsch oder einer „leicht verständlichen **Sprache**" abzufassen. Der Gesetzgeber setzte hiermit eine Prämisse aus einer Grundsatzentscheidung des EuGH in deutsches Recht um. Unter ausdrücklichem Hinweis auf Art. 14 der Etikettierungs-Richtlinie 79/112/EWG stellte der EuGH in der Entscheidung „Piageme/Peeters" (Slg. 1990 I 2971) fest, daß eine niederländische Etikettierungsregelung gegen Gemeinschaftsrecht verstoße, wenn sie die ausschließliche Verwendung in einer bestimmten Sprache bei der Etikettierung von Lebensmitteln vorschreibe, ohne die Möglichkeit bestehen zu lassen, eine andere für den Käufer leicht verständliche Sprache zu verwenden oder den Käufer auf andere Weise zu informieren.

Was unter „leicht verständlich" zu verstehen ist, ist offen. Die Ausnahmeregelung könnte eingreifen, wenn die Verkehrsbezeichnung in einer anderen Sprache mit der deutschen nahezu identisch ist; *Zipfel/Rathke* (C 4 § 3 Rdnr. 45) führen als Beispiel das französische Wort „Praliné" an. Fremdsprachige Angaben neben deutschsprachigen sind grundsätzlich möglich, sofern eine Irreführung ausgeschlossen ist.

Die Angaben müssen zudem „**deutlich lesbar**" sein. Konkrete gesetzliche Vorgaben hierzu gibt es nicht. Dies hängt von dem Umständen des Einzelfalls ab wie Schriftgröße und -typ oder der farblichen Gestaltung von Schrift und Hintergrund. Eine 6-Punkte-Schrift kann ausreichen, muß aber nicht (BGH ZLR 1989, 161). Die Angaben müssen jedenfalls von einem Menschen mit voller Sehkraft ohne Hilfsmittel und ohne Anstrengung gelesen werden können. Das trifft für eine Schrift von 0,9 mm Größe nicht unbedingt zu (BayObLG LRE 1, 8, 11).

Dem Erfordernis, auf einer Fertigpackung oder Etikett die notwendigen Angaben „**unverwischbar**" anzubringen, wird grundsätzlich nur dann Genüge getan, wenn die jeweilige Angabe auch dem vorsätzlichen Versuch ihrer Beseitigung durch mechanische Einwirkungen wie Reiben oder Abwischen widersteht (Kammergericht Berlin, 24.5.1993, Ls. in DLR 1994, 125).

1.3 Verkehrsbezeichnung

Nach § 4 LMKV ist vorrangig „die in Rechtsvorschriften festgelegte Bezeichnung" anzugeben. Fehlt diese kann alternativ entweder die „nach allgemeiner Verkehrsauffassung übliche Bezeichnung" (§ 4 Nr. 1 LMKV) oder eine „Beschreibung des Lebensmittels und erforderlichenfalls seiner Verwendung" angegeben werden (§ 4 Nr. 2 LMKV).

1.3.1 Rechtsvorschriften

„In Rechtsvorschriften festgelegt" sind Verkehrsbezeichnungen, wenn ihre Verwendung bindend vorgeschrieben ist; so die in der Anlage 1 zur KonfitürenVO aufgeführten Bezeichnungen wie „Konfitüre extra". Imitate dürfen die verbindlich vorgeschriebenen Bezeichnungen nicht tragen (§ 17 Abs. 1 Nr. 5 LMBG).

Die KonfitürenVO ist ein (un)schönes Beispiel wie unflexibel Regelungen sein können; ein höherwertiges als in der VO vorgesehenes Erzeugnis - und deshalb von der KonfitürenVO nicht erfaßtes - muß sich mit der bei Verbrauchern wenig werbeträchtigen beschreibenden Bezeichnung „Fruchtaufstrich" begnügen. Den umgekehrten Fall zeigt die VO über Fruchtnektar; die scheinbar vielversprechende Bezeichnung „Fruchtnektar" ist die verbindlich vorgeschriebene Verkehrsbezeichnung für einen gegenüber dem Fruchtsaft minderwertigeren Saft (§ 1 VO über Fruchtnektar und Fruchtsirup).

Zulässig dürfte es sein, neben der verbindlichen Verkehrsbezeichnung eine frühere, nun nicht mehr vorgeschriebene Verkehrsbezeichnung anzugeben. So ist nach dem 31.12.1995 eine frühere „Flugente" nunmehr als Barbarieente zu kennzeichnen (Art. 1 Nr. 1 c sowie Anhang I zu Art. 1 Nr. 1 VO (EWG) Nr. 1538/91 v. 5.6.1991); dies schließt aber nicht aus, neben der Verkehrsbezeichnung „Barbarieente" die Bezeichnung „Flugente" anzuführen. Hierzu bestimmt Art. 3 Abs. 2 der VO (EWG) Nr. 1538/91, daß die Artenbezeichnungen gem. Art. 1 Nr. 1 und 2 (hier: Barbarieente) durch Zusätze ergänzt werden dürfen, sofern diese den Verbraucher nicht derart irreführen, daß es insbesondere zu Verwechslungen mit anderen Erzeugnissen der VO kommt.

1.3.2 Übliche Bezeichnungen

Ob eine Bezeichnung „üblich" ist, richtet sich nach der „allgemeinen Verkehrsauffassung"; zur Ermittlung der Verkehrsauffassung s. ausführlich [Kapitel 4, 1.2.2.2].

1.3.3 Beschreibung eines Lebensmittels

Für die **Beschreibung** eines Lebensmittels sind neben den Merkmalen, durch die sich das Lebensmittel „von verwechselbaren Erzeugnissen unterscheidet" (s. § 4 Satz 1 a.E.), die wertbestimmenden oder geschmackgebenden Bestandteile anzugeben (Amtliche Begründung zu § 4 LMKV; vgl. OLG Hamburg, ZLR 88, 402, 404). Soweit erforderlich ist auf die „Verwendung" des Lebensmittels hinzuweisen. Eine vollständige Beschreibung der Bestandteile des Lebensmittels wird nicht verlangt (vgl. OVG-NRW LRE 24, 377, 380), denn die Bestandteile des Lebensmittels können dem Zutatenverzeichnis entnommen werden.

1.3.4. Verbindliche ergänzende Angaben

In einigen Fällen muß die Verkehrsbezeichnung durch weitere (beschreibende) Angaben ergänzt werden.

So ist der Gehalt an Zuckeraustauschstoffen und Süßstoffen in Lebensmitteln, ausgenommen Tafelsüßen (hier gilt § 9 Abs. 3 ZZulV), „in Verbindung mit der Verkehrsbezeichnung durch die Angabe mit **Süßungsmittel**", bei mehr als einem Süßungsmittel durch die Angabe „mit Süßungsmitteln" kenntlich zu machen (§ 9 Abs. 2 ZZulV); zusätzlich kann (auf freiwilliger Basis) die jeweilige Verkehrsbezeichnung des Süßungsmittels (etwa „Aspartam") angegeben werden.

Bei Fruchtnektar muß in „unmittelbarer Nähe" der Verkehrsbezeichnung die Angabe „mit Fruchtmark" oder eine gleichwertige Angabe angebracht werden, sofern dieser aus Fruchtmark oder konzentriertem Fruchtmarkt hergestellt worden ist (§ 4 Abs. 4 Nr. 2 VO über Fruchtnektar und Fruchtsirup).

1.3.5 Handelsmarken

Hersteller- oder **Handelsmarken** oder Phantasienamen können die Verkehrsbezeichnung nicht ersetzen (so zur Klarstellung in § 4 Satz 2 LMKV). Die Formulierung „nicht ersetzen" schließt nicht aus, daß Hersteller- oder Handelsmarken sowie Phantasienamen neben der verbindlich vorgeschriebenen oder üblichen Bezeichnung oder der Beschreibung des Lebensmittels angegeben werden; etwa „Negerküsse" ergänzt „Schokoladen-Schaumküsse" oder „Hohes C" ergänzt „Orangensaft".

1.3.6 Importerzeugnisse

Auch nach Deutschland **eingeführte Lebensmittel** sind mit einer Verkehrsbezeichnung nach Maßgabe des § 4 LMKV zu versehen. Importeure haben (derzeit) kein Wahlrecht dahingehend, die im Herstellungsmitglied- bzw. Ausfuhrstaat angewendete Verkehrsbezeichnung beizubehalten [s. 1.3.7].

Weicht ein eingeführtes Erzeugnis von der Verkehrsauffassung in Deutschland ab, muß dies nicht im Zusammenhang mit der Verkehrsbezeichnung kenntlich gemacht werden. Eine Angabe im Zutatenverzeichnis ist ausreichend (EuGH ZLR 1995, 667 Egr. 34 - „Sauce Hollandaise" m. Anm. *Meyer*; *ders.* ZLR 1992, S. 176 ff, 183 f)[s. Kapitel 6, 5.2.6].

1.3.7 Richtlinie 97/4/EG

Die Richtlinie 97/4/EG des Europäischen Parlaments und des Rates vom 27.1.1997 zur Änderung der Richtlinie 79/112/EWG (ABl. Nr. L 43 vom 14.2.1997, S. 21; zur Rtl. 79/112/EWG s. [Kap. 6, 4.3.5]) sieht eine Neufassung der Regelung über die Verkehrsbezeichnung vor (die Umsetzung in deutsches Recht wird über die siebte VO zur Änderung der LMKV erfolgen). Dem Kennzeichnungspflichtigen wird nunmehr die **Wahlmöglichkeit** eröffnet, entweder wie bisher die „übliche Verkehrsbezeichnung" des Einfuhrstaates oder als Alternative hierzu die „übliche Verkehrsbezeichnung" des Herstellungslandes anzugeben. Im letztgenannten Falle ist die Verkehrsbezeichnung von weiteren Informationen zu begleiten, die in der Nähe der Verkehrsbezeichnung anzubringen sind, soweit dies erforderlich ist, damit die angesprochenen Verkehrskreise im Einfuhrstaat die tatsächliche Art des Lebensmittels erkennen und es von Lebensmitteln unterscheiden können, mit denen es verwechselt werde könnte. Reichen wegen des Grades der Abweichung auch ergänzende beschreibende Informationen nicht aus, um im Einfuhrstaat eine konkrete Unterrichtung der Verbraucher zu gewährleisten, kann die Verkehrsbezeichnung des Herstellungslandes im Einfuhrstaat nicht verwendet werden.

Auf den ersten Blick erscheint dies eine Änderung infolge der Rechtsprechung des EuGH nach dem **Urteil „Sauce Hollandaise"** (EuGH ZLR 1995, 667) zu sein; dies täuscht allerdings. Die Entscheidung „Sauce Hollandaise" erfaßte nur Fälle, in denen dem Einführenden die Verwendung einer im Einfuhrstaat üblichen Verkehrsbezeichnung verwehrt bzw. lediglich dann gestattet wurde, wenn sie mit erläuternden (diskriminierenden) Angaben versehen wurde. Die Richtlinie gestattet dagegen in Abkehr vom bislang geltenden Bestimmungslandprinzip nunmehr auch die Verwendung der Verkehrsbezeichnung des Herstellungslandes.

1.4 Zutatenverzeichnis

1.4.1 Zutaten

Die Begriffsbestimmung der „**Zutaten**" enthält § 5 Abs. 1 LMKV. Maßgebend ist die Verwendung eines Stoffes bei der Herstellung eines Lebensmittels. Der Begriff „verwenden" ist dabei umfassend zu verstehen; er umfaßt jeden Ge- und Verbrauch, sowie Be-, Ver- und Weiterverarbeitung eines Stoffes bei der Herstellung von Lebensmitteln. Auch Zusatzstoffe sind demnach Zutaten, wie § 5 Abs. 1 Satz 1 klarstellt. Stoffe, die als Zutat einer „**zusammengesetzten Zutat**" in das Lebensmittel gelangen, sind selbst Zutaten (§ 5 Abs. 1 Satz 2 LMKV).

Keine Zutaten sind dagegen natürliche Bestandteile (von Zutaten) eines Lebensmittels sowie Stoffe, die bei der Herstellung in dem Lebensmittel erzeugt werden, denn der Begriff „verwenden" setzt den Stoff voraus.

Um Zutat zu sein, müssen die verwendeten Stoffe aber „**im Enderzeugnis** unverändert oder verändert vorhanden" sein. Das ist nicht der Fall bei Stoffen, die während des Herstellungsvorgangs wieder entfernt werden wie Reinigungsstoffe, die vorübergehend dem in der Herstellung befindlichen Lebensmittel zugegeben und dann wieder entfernt werden. Enderzeugnis ist dabei das zur Abgabe an die Endverbraucher bestimmte Erzeugnis nach Abschluß des Herstellungsvorganges. Stoffe, die danach entweichen, sind demnach gleichwohl Zutaten.

1.4.2 Zutatenverzeichnis

Das Zutatenverzeichnis besteht aus einer „Aufzählung der Zutaten in absteigender Reihenfolge ihres Gewichtsanteiles zum Zeitpunkt ihrer Verwendung bei der Herstellung des Lebensmittels" (§ 6 Abs. 1; Ausnahmen Abs. 2).

Der Aufzählung ist ein geeigneter Hinweis voranzustellen, in dem das Wort „**Zutaten**" erscheint (§ 6 Abs. 1 Satz 2 LMKV), z. B. „Verzeichnis der Zutaten", „Zutatenverzeichnis", „Zutatenliste", „Liste der Zutaten" oder einfach „Zutaten".

1.4.2.1 Bezeichnung der Zutaten

Die Zutaten sind im Zutatenverzeichnis mit ihrer **Verkehrsbezeichnung** nach § 4 LMKV [s.o. 1.3] anzugeben (Abs. 3), da sie selbst Lebensmittel sind. Für Aromen sieht Abs. 5 eine Sonderregelung für die Angabe der Verkehrsbezeichnung vor; Abs. 6 enthält Ausnahmen von der Verpflichtung zur Angabe des Zutatenverzeichnisses.

Bei **Vitaminen** besteht die Wahlmöglichkeit, anstelle der Verkehrsbezeichnung die „übliche Bezeichnung" anzugeben (anstatt Calcium-L-ascorbat „Vitamin C"). Werden Vitamine allerdings aus technologischen Zwecken als Zusatzstoff eingesetzt, ist die in der ZVerkV verbindlich vorgeschriebene Verkehrsbezeichnung anzugeben (Spalte 2, Liste B), anderenfalls würde eine nicht vorhandene Vitaminisierung des Erzeugnisses vorgetäuscht (vgl. § 4 Abs. 7 VO über Fruchtnektar; s. OVG Nordrhein-Westfalen LRE 28, 109; BayObLG ZLR 1991, 631 m. abw. Stn. *Welsch*). Wird ein Vitamin in einer Dosis beigegeben, die neben dem technologischen Zweck auch eine Vitaminisierung ermöglicht, kann die Verkehrsbezeichnung durch die Angabe der üblichen Bezeichnung für ein Vitamin ergänzt, aber nicht ersetzt werden („Farbstoff beta-Carotin = Provitamin A"). Bei den Vitaminen A und D ist die zusätzliche Angabe der Menge vorgeschrieben (§ 1 b Abs. 2 VitaminVO; Beispiel: „Vitamine, pro 100 g: 900 g Vitamin A, 2,5 g Vitamin D"). Bei Nahrungsergänzungen sind generell die durch chemische, physikalische oder biologische Verfahren erzeugten Vitamine nach ihrer Art, die den Lebensmitteln zugesetzten Vitamine nach ihrer Menge, bezogen auf 100 g oder ml auf der Fertigpackung anzugeben, und zwar in unmittelbarer Nähe der Verkehrsbezeichnung oder im Zutatenverzeichnis (§ 2 Abs. 2 VitaminVO).

Eine Ausnahmeregelung zu Abs. 3 sieht Abs. 4 für die dort genannten Zutaten vor. „Zutaten, die zu einer in Anlage 1 aufgeführten Klasse gehören", können nach **Abs. 4 Nr. 1** mit einem **Klassennamen** in der Zutatenliste angegeben werden. Beispiel: Bei der Verwendung von Öl reicht die Angabe „pflanzliches Öl" oder „tierisches Öl".

Abs. 4 Nr. 2 regelt die in das Zutatenverzeichnis aufzunehmenden Angaben hinsichtlich der Stoffe, die in Anlage 2 der ZVerkV aufgeführt sind; soweit diese Stoffe einer der in Anlage 2 der LMKV genannten Klasse angehören, sind im Zutatenverzeichnis der Klassenname und die Verkehrsbezeichnung nach der ZVerkV oder die EWG-Nummer anzugeben. Bei der chemisch modifizierten Stärke genügt die Angabe des Klassennamens „modifizierte Stärke" (§ 6 Abs. 4 Halbsatz 3 LMKV). Für die Zuordnung zu einer Klasse nach Anlage 2 der LMKV ist die konkrete Zweckbestimmung des zugesetzten Stoffes in dem jeweiligen Lebensmittel maßgebend. Kann ein Stoff keiner Klasse zugeordnet werden, ist die Verkehrsbezeichnung nach Maßgabe des § 4 LMKV anzugeben. Zusatzstoffe und ihnen gleichgestellte Stoffe können mehreren technologischen Zwecken dienen; sie gehören dann auch zu mehreren Klassen.

1.4.2.2 Das „Wie" des Zutatenverzeichnisses

In „**absteigender Reihenfolge**" sind die Zutaten aufgelistet, wenn an der Spitze des Verzeichnisses die Zutat mit dem höchsten Gewichtsanteil steht und am Ende des Verzeichnisses die Zutat mit dem geringsten Gewichtsanteil.

Für das Zutatenverzeichnis wird auf den Gewichtsanteil im **Zeitpunkt der Verwendung** der Zutat, also dem Zeitpunkt der Verarbeitung, abgestellt; nachträgliche Änderungen des Anteils des Stoffes am Gesamtgewicht des Enderzeugnisses sind unerheblich.

§ 6 Abs. 2 enthält Ausnahmen und Sonderregelungen für die Reihenfolge nach dem Gewichtsanteil der Zutaten.

Der Gewichtsanteil zugefügten **Wassers** ist nach Abs. 2 Nr. 1 eine rechnerisch ermittelte Größe. Zunächst ist das Gesamtgewicht der verwendeten Zutaten mit Ausnahme von zugefügtem Wasser im Zeitpunkt ihrer Verwendung zu ermitteln. Aus der Differenz zwischen diesem Wert und dem Gewicht des Enderzeugnisses ergibt sich dann der Gewichtsanteil des zugefügten Wassers, wie er bei der Reihenfolge für die Zutaten zu berücksichtigen ist.

Zusammengesetzte Zutaten können im Zutatenverzeichnis angegeben werden, wenn für sie eine durch Rechtsvorschriften festgelegte oder eine übliche Verkehrsbezeichnung besteht; dann sind die Zutaten dieser zusammengesetzten Zutat unmittelbar bei der Angabe der zusammengesetzten Zutat anzuführen (Beispiel: „Backtriebmittel - Phosphat, Natriumcarbonat"). Die Reihenfolge der einzelnen Zutaten der zusammengesetzten Zutat richtet sich wie bei anderen Zutaten nach dem Gewichtsanteil zum Zeitpunkt ihrer Verwendung (§ 6 Abs. 1 LMKV).

1.4.3 Quid

Mit der Richtlinie 97/4/EG des Europäischen Parlaments und des Rates vom 27.1.1997 zur Änderung der Richtlinie 79/112/EWG (ABl. Nr. L 43 vom 14.2.1997, S. 21) wird die sog. **quantitative Zutatenkennzeichnung** (Quid = Quantitive Ingredient Declaration) eingeführt (siehe zuvor 1.3.7). Danach müssen bestimmte Zutaten nicht nur im Zutatenverzeichnis in absteigender Reihenfolge ihres Gewichtsanteils angeführt werden, sondern darüber hinaus auch mit ihrer Menge angegeben werden; vorgesehen ist dies, wenn
- eine Zutat in der Verkehrsbezeichnung genannt ist oder üblicherweise vom Verbraucher mit dieser Verkehrsbezeichnung in Verbindung gebracht wird;
- eine Zutat besonders hervorgehoben wird (bereits geltende Rechtslage; s. § 8 LMKV);
- eine Zutat als wesentliches Merkmal eines Lebensmittels angesehen wird (welche Lebensmittel hierunter fallen, wird noch gemeinschaftsweit festgelegt).

Nach der Richtlinie muß das Inverkehrbringen von Erzeugnissen, die der Richtlinie entsprechen, ab spätestens 14.8.1998 zugelassen und das Inverkehrbringen von Erzeugnissen, die der Richtlinie nicht entsprechen ab spätestens 14.2.2000 untersagt werden. Lebensmittel, die vor Ablauf dieses Termins noch nach den bisherigen Vorschriften etikettiert wurden, dürfen bis zum Aufgebrauch der Bestände in den Verkehr gebracht werden.

1.5 Mindesthaltbarkeitsdatum

§ 3 LMKV bestimmt, daß auf allen Fertigpackungen mit Lebensmitteln das Mindesthaltbarkeitsdatum (MHD) nach Maßgabe des § 7 LMKV anzugeben ist. Ausgenommen sind Fertigpackungen mit den in § 1 Abs. 3 und § 7 Abs. 6 aufgeführten Lebensmitteln. Bei bestimmten Lebensmitteln ist anstelle des MHD nach § 7a LMKV das Verbrauchsdatum anzugeben.

Das „**Mindesthaltbarkeitsdatum**" ist das Datum, bis zu dem das Lebensmittel „unter angemessenen Aufbewahrungsbedingungen seine spezifischen Eigenschaften behält"; es ist demnach weder ein Verfallsdatum (nach dessen Ablauf wäre das jeweilige Erzeugnis ungenießbar) noch ein Verzehrsdatum.

1.5.1 Information des Herstellers

Die Angabe des MHD ist keine **Garantie**, sondern nur eine Information des Herstellers (Amtl. Begründung, abg. in: *Zipfel/Rathke* C 4 § 7 Rdnr. 2). Demnach stellen Einzelfälle, bei denen die spezifischen Eigenschaften eines Lebensmittels vor Ablauf des Haltbarkeitsdatums bereits beeinträchtigt sind, noch keine unrichtigen Angaben des MHD dar; die Wertminderung eines Erzeugnisses vor Ablauf des MHD kann verschiedene Ursachen haben, etwa die unsachgemäßer Behandlung des Lebensmittels außerhalb des Verantwortungsbereichs des Herstellers, indem der Einzelhändler beispielsweise Fisch überhöhten Temperaturen aussetzte.

Ein vor Ablauf des MHD in seinem Wert gemindertes Lebensmittel begründet daher noch nicht die Vermutung für eine **irreführende Angabe** des Herstellers über das MHD i.S.v. § 17 Abs. 1 Nr. 5 LMBG (s. auch *Leible*, in: Handbuch Lebensmittelrecht, III. F Rdnr. 470). Häufen sich allerdings solche Fälle und bleiben sie kein Einzelfall, so ist der Kennzeichnungspflichtige im Rahmen seiner Sorgfaltspflichten angehalten, die von ihm angegebene Haltbarkeit sorgfältig zu verifizieren.

Das MHD zu **ändern** ist nur derjenige berechtigt, der das ursprüngliche Datum auf der Fertigpackung anbrachte oder von diesem hierzu ermächtigt wurde. Der unbefugt Handelnde erfüllt ggf. den Tatbestand der Urkundenfälschung (§ 267 StGB).

1.5.2 Faktoren zur Bestimmung des MHD

Die Haltbarkeit eines Lebensmittels ist abhängig von „angemessenen **Aufbewahrungsbedingungen**" (§ 7 Abs. 1 LMKV); dies sind z. B. die Aufbewahrung im Kühlschrank, im Tiefkühlfach oder in einem lichtgeschützten Raum. Keine „angemessene Aufbewahrungsbedingung", weil für die Verbraucher nicht zumutbar, wäre die Lagerung eines Lebensmittels bei ungewöhnlichen Temperaturen; *Zipfel/Rathke* nennen als Beispiel eine Temperatur von minus 25° Celsius (C 4 § 7 Rdnr. 11).

Die **spezifischen Eigenschaften** eines Lebensmittels sind beeinträchtigt, wenn seine Zusammensetzung sich soweit geändert hat, daß verkehrswesentliche Eigenschaften des Erzeugnisses wie die ernährungsphysiologische Wirkung, sein Genußwert oder seine Brauchbarkeit nicht nur unerheblich gemindert sind; dies ist sicher der Fall, wenn das Lebensmittel wertgemindert ist i.S.v. § 17 Abs. 1 Nr. 2b LMBG. Maßgebend ist die berechtigte Erwartung eines Durchschnittsverbrauchers; auf besondere sensorische Fähigkeiten ist nicht abzustellen. Der Verbraucher kann nicht erwarten, daß ein Lebensmittel kurz vor Ablauf des MHD noch den selben Nährwert aufweist wie zum Zeitpunkt der Herstellung; ein gewisser Verlust der spezifischen Eigenschaften eines Lebensmittels muß während der anzugebenden Mindesthaltbarkeit hingenommen werden.

Soll nach **Ablauf des MHD** das Lebensmittel noch in den Verkehr gebracht werden, so muß der Inverkehrbringer - um seiner Sorgfaltspflicht genüge zu tun [s. hierzu Kapitel 7, 5.3] - umfangreiche Kontrollen durchführen, um sicherzustellen, daß das Erzeugnis noch seine spezifischen Eigenschaften aufweist; neben einer sensorischen Prüfung kommen eine mikrobiologische und auch eine chemische Prüfung in Betracht. In Tüten verpackter Mozzarella muß z. B. äußerlich daraufhin untersucht werden, ob einzelne Tüten bereits bombiert sind; des weiteren müssen einzelne Proben zumindest auf ihren Geruch, Geschmack und ihre Konsistenz hin untersucht werden.

1.5.3 Art der Angabe des MHD

Die **Art** der Angabe des MHD ist in § 7 Abs. 2 und 3 LMKV zwingend vorgeschrieben; und zwar die Worte „mindestens haltbar bis ..." unter Angabe von Tag, Monat und Jahr. Ist ein Lebensmittel nicht mehr als drei Monate haltbar, so erübrigt sich die Angabe des Jahres (Abs. 3 Nr.1; „mindestens haltbar bis Tag/Monat"). Ist ein Erzeugnis länger haltbar, so erübrigt sich umgekehrt die Angabe des Tages, ggf. auch des Monats (§ 7 Abs. 3 LMKV); in diesen Fällen lautet das MHD: „mindestens haltbar bis Ende...". § 7 Abs. 3 LMKV ist eine „kann"-Vorschrift, demnach nicht bindend; eine gegenüber Abs. 2 abweichende Deklarierung ist freiwillig (über das „Ob"), dann aber obligatorisch (über das „Wie").

Die Angaben über Tag, Monat und Jahr können **abgekürzt** werden; sie müssen aber „leicht verständlich" sein i.S.v. § 3 Abs. 3 LMKV. Für die Jahreszahl genügt die Angabe des Jahrzehnts und des jeweiligen Jahres („97" statt 1997); dies gilt auch für Jahre des nächsten Jahrhunderts („01" anstelle von 2001; auch Auffassung des Ständigen Lebensmittelausschusses). Dies gilt auch für die Deklarierung „an anderer Stelle" i.S.v. § 7 Abs. 2 Satz 2 LMKV. „Okt" für Oktober ist für Verbraucher sicherlich nachvollziehbar; auch dann, wenn in englisch abgekürzt wird („Oct"; *Horst* ZLR 1982, 193, 208). Fremdsprachige Abkürzungen bzw. Angaben müssen aber „leicht verständlich" i.S.v. § 3 Abs. 3 Satz 2 LMKV sein.

Das MHD kann in deutsch oder in einer „**leicht verständlichen Sprache**" angegeben werden (§ 3 Abs. 3 LMKV). „Mindestens haltbar bis..." kann aber nicht durch „best before end" ersetzt werden. Mit den Worten „mindestens haltbar bis..." in Verbindung mit dem angegebenem Datum wird der Verbraucher davor gewarnt, daß nach Ablauf dieses Datums möglicherweise keine Haltbarkeit mehr gewährleistet ist. Eine vergleichbare Warnfunktion kann der Formulierung „best before end" nicht entnommen werden, denn hiermit wird lediglich zum Ausdruck gebracht, daß es am besten sei, das jeweilige Produkt vor Ablauf dieses Datums zu konsumieren (OLG Hamburg ZLR 1997, 57, 58).

Soweit erforderlich ist auf die „Einhaltung **bestimmter Temperaturen** oder sonstige Bedingungen" hinzuweisen (§ 7 Abs. 5 LMKV). Ein solcher Hinweis ist aber nur erforderlich, wenn nicht übliche Temperaturen und sonstige Bedingungen ausreichen („bei minus 18 C mindestens haltbar bis Ende:...", „unter 7 C mindestens haltbar bis:...", „nach Anbruch kühl lagern und bald aufbrauchen" oder „nach dem Öffnen bitte kühl aufbewahren"). Zu den „sonstigen Bedingungen" gehört beispielsweise das Trockenlagern oder die lichtgeschützte Aufbewahrung; hierzu gehört auch die Angabe, daß ein Lebensmittel „sofort nach dem Öffnen der Packung zu entnehmen" sei „oder verzehrt werden müsse". Wird auf solche Umstände nicht hingewiesen, liegt eine Irreführung nach § 17 Abs. 1 Nr. 5 LMBG vor, denn die angesprochenen Verbraucher werden dann annehmen, daß das Lebensmittel ohne Einhaltung dieser bestimmter Bedingungen aufbewahrt werden könne (OLG Koblenz LRE 13, 366).

Haben **unterschiedliche Aufbewahrungsbedingungen** Einfluß auf die Haltbarkeit eines Lebensmittels, können auch zwei verschiedene MHD angegeben werden (*Horst* ZLR 1984, 365, 375); Beispiel: „mindestens haltbar bis Ende Mai 1997, tiefgekühlt drei Monate länger".

1.5.4 Sondervorschriften

Das Erfordernis der Angabe der Haltbarkeit ist teilweise in **Sondervorschriften** geregelt: § 7 Abs. 3 HFIV, 5 Abs. 5 EiprodukteVO, § 7 Abs. 2 Nr. 4 ButterVO, § 14 Abs. 2 Nr. 4 KäseVO, § 3 Abs. 2 Nr. 4 VO über Milcherzeugnisse, § 2 Abs. 2 Nr. 2 Konsummilch-KennzeichnungsVO oder § 4a Abs. 1 Nr. 4 AromenVO.

1.6 Zusatzstoffe

Bei Abgabe loser Ware und Lebensmitteln in Verpackungen i.S.d. § 1 Abs. 2 LMKV ist der Gehalt an bestimmten Zusatzstoffen entsprechend ihrem technologischen Zweck mit **erläuternden Angaben** wie „mit Farbstoff", „mit Konservierungsstoff" (oder „konserviert"), „mit Antioxidationsmittel", „mit Geschmacksverstärker", „geschwefelt", „geschwärzt", „gewachst" oder „mit Phosphat" zu versehen (§ 9 Abs. 1 ZZulV). Der Verordnungsgeber möchte hier dem Interesse von Personen Rechnung tragen, die bestimmte Zusatzstoffe aus Gründen individueller Empfindlichkeiten meiden möchten (Amtl. Begründung, Besonderer Teil zu § 9).

Wenn die Zusatzstoffe allerdings nur den Zutaten eines Lebensmittels zugesetzt werden und die Zusatzstoffe in dem Lebensmittel **keine technologische Wirkung** mehr ausüben, können die Angaben konsequenterweise entfallen (§ 9 Abs. 8 Nr. 1 ZZulV).

§ 9 Abs. 6 ZZulV regelt die Art und Weise der **Kenntlichmachung**. Die erläuternden Angaben sind beispielsweise auf einem Schild (§ 9 Abs. 6 Nr. 1 ZZulV) oder auf Speise- und Getränkekarten (§ 9 Abs. 6 Nr. 5 ZZulV) anzugeben. Erleichterungen gibt es für Gaststätten und Einrichtungen für Gemeinschaftsverpflegung, wonach die vorgeschriebenen Angaben in Fußnoten untergebracht werden können, sofern in der Verkehrsbezeichnung auf diese hingewiesen wird (Abs. 6 Satz 2).

Bei **Lebensmitteln in Fertigpackungen**, bei denen ein **Zutatenverzeichnis** aufgeführt ist, reicht die Angabe der Zusatzstoffe dort aus, so daß die (weiteren) Angaben nach § 9 ZZulV entbehrlich sind (§ 9 Abs. 8 Nr. 2 ZZulV); denn in diesem Fall sind die Zusatzstoffe beispielsweise bereits nach § 6 Abs. 4 Nr. 2 LMKV mit Klassennamen wie „Farbstoff" zu kennzeichnen [s. oben 1.4.2.2].

Der Gehalt an **Süßungsmitteln** (Zuckeraustauschstoffe und Süßstoffe nach Anlage 2 zur ZZulV) in Lebensmitteln ist grundsätzlich in Verbindung mit der Verkehrsbezeichnung anzugeben (§ 9 Abs. 2) [s. oben 1.3.4].

2 Los-Kennzeichnung

Die Los-KennzeichnungsVO (vom 23.6.1993; BGBl. I S. 1022) verpflichtet die in Abs. 2 aufgelisteten Inverkehrbringer zur Angabe einer Buchstaben-, Ziffern- oder Buchstaben-/Ziffern-Kombination, aus der später entnommen werden kann, daß alle Erzeugnisse mit gleichlautender „Los"-Angabe unter praktisch gleichen Bedingungen erzeugt, hergestellt oder verpackt wurden. Der Los-Angabe ist ggfs. der Buchstabe „L" voranzustellen (§ 1 Abs. 1 Satz 2 LKV). Relevant ist eine solche Angabe bei einer Rückrufaktion einer Charge eines bestimmten Lebensmittels.

Die Los-Angabe ist **entbehrlich** bei Lebensmitteln, bei denen das MHD oder Verbrauchsdatum unverschlüsselt unter Angabe des Tages und des Monats in dieser Reihenfolge angegeben ist (§ 2 Nr. 5 LKV).

Die Verpflichtung zur Angabe der Buchstaben-Kombination (etc.) geht auf eine Initiative des Bundesrates zurück. Diese einschränkende Konkretisierung der Richtlinie in diesem Punkt dürfte mit Art. 4 der Rtl. nicht in Einklang stehen, weil danach lediglich vorgeschrieben ist, daß die Los-Angabe „gut sichtbar, deutlich lesbar und unverwischbar" angebracht werden muß.

3 Nährwertkennzeichnung

Literatur: *BLL*, Leitfaden zur Nährwert-Kennzeichnungsverordnung.

3.1 Anwendung

Werden im Verkehr mit Lebensmitteln oder in der Werbung für Lebensmittel nährwertbezogene Angaben gemacht, muß eine Nährwertkennzeichnung nach der Nährtwert-KennzeichnungsVO erfolgen (NKV; **optionell-obligatorisches** Regelungssytem).

Mit Ausnahme des § 6 ist die NKV nicht anwendbar auf **Nahrungsergänzungsmittel**, die der Ergänzung der Nahrung durch die gezielte Zufuhr von Nährstoffen wie Vitaminen, Mineralstoffen, essentiellen Fettsäuren oder bestimmten Eiweißstoffen oder Kohlenhydraten dienen und die vorwiegend in Tabletten-, Kapseln- oder Pulverform angeboten werden (§ 1 Abs. 3 NKV; s. Amtliche Begründung hierzu).

Eine Legaldefinition der „**nährwertbezogenen Angaben**" enthält § 2 Nr. 1 NKV. Der Begriff beinhaltet jegliche Aussage im Verkehr mit Lebensmitteln oder in der Werbung hierfür hinsichtlich besonderer Nährwerteigenschaften, sei es, daß ein Lebensmittel Energie oder Nährstoffe, auch in verminderten oder erhöhten Mengen liefert oder enthält oder auch nicht liefert bzw. nicht enthält. Ob eine Angabe „besondere Nährwerteigenschaften" zum Ausdruck bringt, bestimmt sich nach der Verbrauchererwartung. Bloße Rezeptur-, Qualitäts- oder Geschmackshinweise sind grds. keine nährwertbezogenen Angaben; etwa der Hinweis „mit Butter". Auch die Nennung eines bestimmten Nährstoffes löst keine Nährwertkennzeichnung nach der NKV aus, denn den angesprochenen Verbrauchern muß der Eindruck einer besonderen Nährwerteigenschaft vermittelt werden (Beispiel: „weniger Fett" oder „nur 30 % Fett").

Keine nährwertbezogenen Angaben sind verbindlich vorgeschriebene **Verkehrsbezeichnungen** oder die nach § 4 Abs. 1 Nr. 2 LMKV „nach allgemeinen Verkehrsauffassung üblichen Bezeichnungen".

Begriffsdefinitionen einzelner Nährwerte enthält § 2 Nr. 2 NKV.

3.2 Nährwertkennzeichnung

Wer nährwertbezogene Angaben verwendet, muß eine bestimmte Nährwertkennzeichnung angeben. Dabei besteht die Wahlmöglichkeit zwischen zwei Gruppen mit unterschiedlichen Kennzeichnungselementen:
- die erste Gruppe umfaßt die Angabe des *Brennwertes* und des Gehalts an *Eiweiß*, *Kohlenhydraten* und *Fett* (§ 4 Abs. 1 Nr. 1 NKV - „**Big Four**"),
- die zweite Gruppe sieht zusätzlich zu diesen die Angaben von vier weiteren Nährstoffen vor (§ 4 Abs. 1 Nr. 2 NKV - „**Big Eight**").

Die Wahlmöglichkeit ist allerdings eingeschränkt, wenn sich eine nährwertbezogene Angabe auf die Nährstoffe Zucker, gesättigte Fettsäuren, Ballaststoffe, Natrium oder Kochsalz bezieht; in diesen Fällen ist ebenso die Angabe der „Big Eight" nach § 4 Abs. 1 Nr. 2 NKV erforderlich.

Es ist ausgeschlossen, die durch eine nährwertbezogene Angabe ausgelösten „Big Four" um einen weiteren Nährstoff aus der Gruppe der „Big Eight" zu ergänzen; auch eine partielle Nährwertkennzeichnung von lediglich einzelnen der Nährwerte der „Big Four" oder „Big Eight" ist nicht möglich. Der Wortlaut des § 4 Abs. 1 ist eindeutig und läßt ein Wahlrecht nur zwischen den kompletten „Big Four" oder „Big Eight" zu. Dies kann dazu führen, daß in Folge einer nährwertbezogenen Angabe über den Brennwert der Gehalt dieses Nährstoffes anzugeben ist und daneben eine „Null"-Deklaration des Gehalts an Eiweiß, Kohlenhydraten und Fett erfolgt. Wäre dies gesetzlich nicht vorgeschrieben, könnte hierin sogar hinsichtlich der Null-Deklaration eine unzulässige Werbung mit Selbstverständlichkeiten gesehen werden. So wäre die Angabe „cholesterinfrei" bei Erdnüssen eine unzulässige Werbung mit einer Selbstverständlichkeit, da nur in tierischen Produkten Cholesterin vorkommt, die Null-Deklaration „Cholesterin 0 mg" im Rahmen einer Nährwertkennzeichnung dagegen nach der NKV legitimiert.

In § 4 Abs. 2 werden **weitere Kennzeichnungselemente** aufgeführt, die in der Nährwertkennzeichnung freiwillig über die verpflichtende Kennzeichnung nach § 4 Abs. 1 hinaus angegeben werden können, wie der Gehalt an Stärke oder mehrfach ungesättigten Fettsäuren.

§ 4 Abs. 3 sieht im Fall einer nährwertbezogenen Angabe, die sich auf Stoffe bezieht, die einer **Nährstoffgruppe** wie Vitamine angehören, die Mengenkennzeichnung dieser Stoffe vor. Für den Fall der Angabe des Gehalts an ungesättigten Fettsäuren oder von Cholesterin ist zusätzlich der Gehalt an gesättigten Fettsäuren anzugeben.

3.3 Art und Weise der Nährwertkennzeichnung

§ 5 NKV regelt die Art und Weise der Nährwertkennzeichnung. Um für den Verbraucher eine übersichtliche und einheitliche Art der Präsentation der Nährwertkennzeichnung zu gewährleisten, sind Nährwertangaben in einer **Tabelle** grundsätzlich untereinander, lediglich bei Platzmangel auch hintereinander aufzuführen. Hierbei sind die Nährwerte in der Reihenfolge nach § 4 Abs. 1 NKV anzugeben (§ 5 Abs. 1).

Die Ausnahme bei „**Platzmangel**" bezieht sich nur auf kleine Behältnisse oder Flaschen. Nicht verbindlich vorgeschriebene Werbeangaben und -darstellungen dürfen nicht dazu führen, daß für eine tabellarische Darstellung der Nährwertangaben kein oder zu wenig Platz vorhanden ist. Marketinginteressen müssen hier hinter den Verbraucherinteressen zurückstehen.

Die Angabe des Brennwertes und des Gehaltes an Nährstoffen oder Nährstoffbestandteilen hat je 100 g oder 100 ml des Lebensmittels zu erfolgen; dies gilt selbst dann - um einheitliche **Bezugsgrößen** zu haben - wenn das Lebensmittel selbst weniger als 100 g/ml wiegt. Zusätzlich zu dieser Bezugsgröße können **portionsbezogene** Angaben gemacht werden (§ 5 Abs. 2 Satz 3). Für Erzeugnisse, die erst nach Zugabe von anderen Lebensmitteln verzehrfertig sind, können anstelle der Regelbezugsgrößen (Abs. 2 Satz 1) die Nährwertangaben auf der Grundlage der Zubereitung gemacht werden, „sofern ausreichend genaue Angaben über die Zubereitungsweise gemacht werden und die Angaben sich auf das verbrauchsfertige Lebensmittel beziehen" (Abs. 2 Satz 2).

Beispiel: Schokoladenpulver, aus dem durch Zusatz von Milch ein Getränk hergestellt wird.

Die Art und Weise des zuzusetzenden Lebensmittels ist „ausreichend genau" anzugeben; etwa die Fettgehaltsstufe der Milch.

Die Angabe des Brennwertes und des Gehalts an Nährstoffen hat nach § 5 Abs. 3 in festgesetzten **Einheiten** zu erfolgen, so daß die Nährwertkennzeichnung verschiedener Lebensmittel von den angesprochenen Verbrauchern leicht verglichen werden kann. Die Amtliche Begründung führt zu Abs. 3 aus, daß anstelle der in Anlage 1 zur NKV für **Vitamine** aufgeführten Bezeichnungen auch andere verkehrsübliche Bezeichnungen verwendet werden können. Hierbei umfasse die Nährstoffgruppe „Vitamin A" auch Beta-Carotin und andere Provitamin-A-Carotinoide. Diese Vorgabe spricht dafür, daß wohl auch für die anderen Nährwertangaben wie Brennwert **synonyme Bezeichnungen** gewählt werden dürfen. In der Praxis ist es üblich, anstelle von „Brennwert" die Angabe „Energiewert" oder „Energie" zu wählen, anstelle von „Eiweiß" auch „Protein".

In Abs. 4 und 5 wird die Art und Weise der Nährwertangaben in den Fällen bestimmt, in denen neben Kohlenhydraten bzw. Fett weitere ergänzende Angaben zu beispielsweise Zucker (bei Kohlenhydraten) erfolgen. Der Gehalt an **Zucker** kann hierbei durch weitere Angaben näher aufgeschlüsselt werden; aus der Systematik der Abs. 4 und 5 folgt dabei, daß der Nährstoffbestandteil mit einer „davon-Anbindung" an die zugehörige Nährstoffbezeichnung angehängt werden muß. Im Falle von Zucker etwa

Kohlenhydrate	g
davon	
– Zucker	g
davon Fructose	g

Um den Verbraucher über den Umfang seiner Versorgung an Vitaminen und Mineralstoffen (einschl. Spurenelementen) in Bezug auf die **empfohlene Tagesdosis** zu informieren, wird in Abs. 6 die Angabe des Prozentsatzes der empfohlenen Tagesdosis zusätzlich vorgeschrieben. In Ergänzung hierzu wird in einer Anlage 1 zu § 5 Abs. 6 ausgeführt, daß eine Nährwertkennzeichnung der dort genannten Stoffe nur dann erfolgen soll, „wenn mindestens 15 % der angegebenen empfohlenen Tagesdosis in 100 g oder 100 ml enthalten" sind.

Nährwert-Tabelle
Big Eight + Zusatzangaben

Nährwerte	auf 100 g/ml	je Portion
Brennwert	... kJ, ... kcal	
Eiweiß	.... g	
Kohlenhydrate	.... g	
davon		
- Zucker	.... g	
- mehrwertige Alkohole	.... g	
- Stärke	.... g	
Fett:	.... g	
davon		
- gesättigte Fettsäuren	.... g	
- einfach ungesättigte Fettsäuren	.... g	
- mehrfach ungesättigte Fettsäuren	.... g	
- Cholesterin	... mg	
Ballaststoffe	.... g	
Natrium	.... g	
Vitamine	Einheiten nach	% der
(unter Angabe der Verkehrsbe-	Anlage 1 der	empfohlenen
zeichnungen)	NKV	Tagesdosis
Mineralstoffe		

4 Novel Food

Literatur: Antwort der *Bundesregierung* auf die Kleine Anfrage der Abgeordneten Marina Steindor und der Fraktion Bündnis 90/DIE GRÜNEN, Drs. 13/7877 v. 6.6.1997.

4.1 Gleichwertigkeit

Für neuartige Lebensmittel und neuartige Lebensmittelzutaten (sog. Novel Food) sind besondere Kennzeichnungsverpflichtungen nach Art. 8 der Novel Food-VO [s. Kapitel 1, 3.] vorgeschrieben. Bei solchen Erzeugnissen, die hinsichtlich ihrer Zusammensetzung, ihrer Ernährungseigenschaften oder ihres Verwendungszweckes oder hinsichtlich anderer Merkmale (die in Art. 8 aufgelisteten Beispiele für Merk-

male sind nicht abschließend - „...‚wie...") mit herkömmlichen („bestehenden") Produkten **nicht gleichwertig** sind, muß neben
- den veränderten *Merkmalen* oder *Eigenschaften* auch
- das *Verfahren*, mit dem diese erzielt wurden,

angegeben werden.

Die „**Nicht-Gleichwertigkeit**" muß sich aus einer „wissenschaftlichen Beurteilung auf der Grundlage einer angemessenen Analyse der vorhandenen Daten" ergeben, wobei Änderungen, die sich im Rahmen „anerkannter Grenzwerte für natürliche Schwankungen" bewegen, unberücksichtigt bleiben (Art. 8 Abs. 1 Buchst. a, 2. UAbs.). Diese Kriterien sind mehr als vage, denn Begriffe wie „angemessen" und „vorhanden" lassen einen weiten Interpretationsspielraum zu, so daß Streitfragen zur Kennzeichnung systemimmanent sind. Zur Auslegung dieser unbestimmten Begriffe gelten zu dem nicht nur nationale Gesichtspunkte; maßgeblich ist vielmehr eine gemeinschaftsweite Bewertung der Nichtgleichwertigkeit.

„Nicht gleichwertig" hat einen anderen Aussagegehalt als „nicht identisch"; bei nicht identischer Zusammensetzung muß gegebenenfalls dann keine Kennzeichnung erfolgen, wenn die Spuren oder Rückstände gentechnischer Veränderungen so gering sind, daß von einer Gleichwertigkeit ausgegangen werden kann.

Bei der **Ermittlung** der wesentlichen Gleichwertigkeit kann zum Vergleich ein bereits verändertes Produkt der gleichen Art herangezogen werden, wenn die veränderte Eigenschaft identisch ist (vgl. Antwort der *Bundesregierung*, a.a.O. zu Frage 9; *Wissenschaftlicher Lebensmittelausschuß*, Stellungnahme zur Bewertung neuartiger Lebensmittel, Ziff. 3.3, EG-Kommission GD III, III/5915/97, Januar 1997).

Die Feststellung der „Gleichwertigkeit" setzt **Referenzmethoden** voraus. In diesen Referenzmethoden müssen gemeinschaftsweit die *Kriterien für die Analytik* sowie die *Bewertungsmaßstäbe* für die wissenschaftliche Beurteilung der analytischen Ergebnisse festgeschrieben werden, um nicht nur eine handhabbare Grenzziehung der Kennzeichnung vornehmen zu können, sondern auch um die nötige Kohärenz der Gemeinschaftspolitik für biotechnologisch hergestellte Lebensmittel sicherzustellen.

Eine **Kennzeichnung** müßte beispielsweise erfolgen bei:
- pflanzlichem Öl, bei dem sich durch Anwendung der Gentechnik in einer Ölsaat die *Fettsäurestruktur geändert* hat,
- Sojaverarbeitungsprodukte wie Sojamehl, das aus der herbizidtoleranten Sojabohne gewonnen wird, welches ein *neues Protein* enthält
- allergenreduzierter Reis, aus welchem ein bestimmtes *allergieauslösendes Protein entfernt* wurde (Mitteilung der Kommission zum Gemeinsamen Standpunkt des Rates im Hinblick auf den Vorschlag für eine Novel Food-VO, 6.11.1995, SEK(95) 1802endg.COD 426, Bemerkungen Nr. 4).

Keine Kennzeichnung ist erforderlich bei dem aus einer **rizomania-resistenten Zuckerrübe** gewonnenen Zucker. Voraussetzung für die Resistenz ist die Integration des Hüllproteins BNYVV CP und eines selektiven Markers; hierzu wird meist das aus Bakterien stammende Gen für Kanamycin-Resistenz verwendet, das eine

Aminoglykosidphosphotransferase (AphA) codiert. Untersuchungen zeigten, das Zucker aus rizomania-resistenten, transgenen Derivaten der Zuckerrübe mit gewöhnlichem, technisch gereinigtem Zucker gleichwertig ist, da sich zeigte, daß die im technisch gewonnenen Zucker zu weniger als 0,1 % vorkommenden Nichtzuckerstoffe wie Mineralien, Kohlenhydrate, organische Säuren und Stickstoffverbindungen in ihrer Zusammensetzung durch die Verarbeitung gentechnisch erhaltener rizomania-resistenter Zuckerrüben unverändert bleiben. Zucker aus den gentechnisch veränderten Zuckerrüben könnte allenfalls einen Gehalt an den spezifischen Proteinen (BNYVV CP und AphA) von weniger als 10^{-10} g/kg aufweisen, also unterhalb der Nachweisgrenze (Vortrag *Mattes*, BLL-Symposium „Was ist Sache in Sachen Gentechnik", 17./18.4.1996, Bonn).

Die Novel Food-VO enthält keine Vorgaben über die **Art und Weise der Kennzeichnung**. Die Palette der denkbaren Angaben reichen von „gentechnisch verändert ..." bis hin zu „mit moderner Biotechnologie ernährungsphysiologisch optimiert", wie im englischsprachigen Bereich geworben wird. Das Wort bzw. die Silbe „Gen" muß dabei nicht angeführt werden, da auch der Oberbegriff „Biotechnologie" verwendet werden darf.

4.2 Kennzeichnung „vorhandener Stoffe"

4.2.1 GVO

Literatur: *Pietsch/Waiblinger/Brodmann/Wurz,* Screeningverfahren zur Identifizierung „gentechnisch veränderter" pflanzlicher Lebensmittel, DLR 1997, 35 ff; *Schulze/Hertel/Bögl/Schreiber,* Nachweis mit Hilfe gentechnischer Verfahren hergestellter Lebensmittel, BgVV, Gentechnik, BGBl. Sonderheft Dezember 1996, Seite 31.

Nach Art.8 Abs. 1 Buchst. d) ist ein Hinweis auf das Vorhandensein eines gentechnisch veränderten Organismus (**GVO**) im Sinne der Freisetzungs-Richtlinie 90/220/EWG vorgeschrieben.

„Organismus" i.S.d. Freisetzungs-Richtlinie ist „jede biologische Einheit, die fähig ist, sich zu vermehren oder genetisches Material zu übertragen" (Art. 2 Nr. 1). Ein „GVO" ist dabei „ein Organismus, dessen genetisches Material so verändert worden ist, wie es auf natürliche Weise durch Kreuzen und/oder natürliche Rekombination nicht möglich ist" (Art. 2 Nr. 2).

Die Kennzeichnung nach Art. 8 Abs. 1 Buchst. d erfordert demnach den **Nachweis** des Vorhandenseins von (lebenden) GVO. Für den Nachweis haben sich molekularbiologische Methoden, insbesondere die **Polymerasekettenreaktion** (PCR) und **Hybridisierungsmethoden** bewährt (*Schulze* Bioforum 9, 346-348 (1994); *Hammes/Hertel* Biologie in unserer Zeit, 25, 246-255 (1995). Voraussetzung für einen derartigen Nachweis einer rekombinanten DNS (Desoxyribonukleinsäure; intern. Abkürzung: DNA) in einem Produkt sind vor allem Kenntnisse über das bei der

Herstellung des transgenen Organismus verwendete genetische Konstrukt. Für einen spezifischen Nachweis eignen sich Gene, die für die gewünschte neue Produkteigenschaft verantwortlich sind, etwa das Virusresistenzgen, die natürlich in diesen Pflanzen nicht vorkommen. Der Nachweis kann jedoch auch so gestaltet werden, daß er auf Elemente anspricht, die unterschiedlichen gentechnisch veränderten Pflanzen gemeinsam sind. Als Basis für derartige Screening-Verfahren bei Pflanzen eignen sich Kontrollelemente wie Promotoren und Transkriptionsterminatoren und Marker-Gene wie das Kanamycinresistenz-Gen (solange diese „Hilfsmittel" noch benutzt werden).

Pietsch/Waiblinger/Brodmann/Wurz zeigen in DLR 1997, 35 ff. anschaulich und exemplarisch drei zum **Screening** geeignete Nachweisverfahren bei transgenen Pflanzen und entsprechenden konventionellen Kontrollpflanzen wie die reifungsverzögerte FlavrSavr-Tomate, den glufosinatresistenten („Basta"™-resistenten) Mais, die glufosinatresistente Zuckerrübe, die glyphosatresistente („Roundup ready"™) Soja-Pflanze, die PVY-virusresistente Kartoffel sowie die „B 33-Invertase"-Kartoffel (s. ferner *Schulze/Hertel/Bögl/Schreiber* a.a.O.).

Die weltweit erste validierte und offiziell (in Deutschland) anerkannte Methode zum Nachweis einer gentechnischen Veränderung in Lebensmitteln ist eine Methode bei **Kartoffeln** („Nachweis einer gentechnischen Veränderung von Kartoffeln durch PCR (Polymerase Chain Reaction)-Amplifizierung der veränderten DNA-Sequenz und deren Identifizierung durch Hybridisierung mit einer DNA-Sonde"; *BgVV* (Hrsg.), Amtl. Sammlung von Untersuchungsverfahren nach § 35 LMBG, Methode L 24.01-1, Februar 1996). Nachweismethoden existieren auch zur Identifizierung von Milchsäurebakterien in Rohwurst und Joghurt.

Nach Art. 8 muß die **FlavrSavr-Tomate** gekennzeichnet werden, bei der mit Hilfe der Gentechnik die Erbinformation des Enzyms Polygalacturonase ausgeschaltet wird, das für den Abbau der Zellwand erforderlich und damit den Reifungsprozeß auslöst. Bei einem aus dieser „Antimatsch-Tomate" gewonnenem **Püree** wäre allerdings schon fraglich, ob dies unter die Kennzeichnungsregelung fällt. Das das englische Gesundheitsministerium beratende Advisory Comittee on Novel Food and Processes (ACNFP) ist der Überzeugung, daß die durch das Pürieren einwirkenden Scherkräfte die Fremdgene der Tomaten zerstören würden und diese daher nicht mehr vorhanden seien (Entscheidung des ACNFP 4/96 vom 23.02.96). Hier wäre ggf. zu prüfen, ob das Tomatenpüree aus transgenen Tomaten mit konventionellem handelsüblichem Tomatenmark „gleichwertig" i.S.v. Art. 8 Abs. 1 Buchst. a ist und daher auch unter diesem Gesichtspunkt keiner entsprechenden Etikettierung bedarf (s. Antwort der Bundesregierung, a.a.O. auf Frage 10; s. auch unten [4.2.2]).

Mangels GVO müssen beispielsweise folgende Erzeugnisse nicht gekennzeichnet werden:
- das aus einer herbizidtoleranten Sojabohne gewonnenen Öl
- Zucker aus einer rizomania-resistenten Zuckerrübe
- raffiniertes Maiskeimöl aus insektenresistentem Mais (BT-Mais); eine Kennzeichnung ist aber erforderlich bei kaltgepreßtem Maiskeimöl, denn hier dürfte

neu eingeführte DNA nachweisbar sein (*BLL*, Auslegung der Kennzeichnungsvorschriften der Novel Food-VO, Thesenpapier v. 10.3.1997).

Ferner muß **keine Kennzeichnung** erfolgen bei Erzeugnissen, bei deren Herstellung zwar gentechnische Verfahren zum Einsatz kommen, die selbst aber keine GVO enthalten, wie bei dem bei der Käseherstellung verwendeten Chymosin, das nicht aus dem Lab der Kälbermägen, sondern aus gentechnisch veränderten Mikroorganismen gewonnen wird (*Teuber*, Production of Chymosin by Mikroorganisms and its Use for Cheesemaking, Bulletin of the Intern. Dairy Federation No. 251 (1990) 3-14; s. hierzu auch die Allgemeinverfügung über das Inverkehrbringen gentechnisch hergestellten Chymosins, BAnz. 11.3.1997, S. 2836).

4.2.2 Art. 8 Abs. 1 Buchst. b und c

Weiterhin sind Stoffe anzugeben, die in bestehenden gleichwertigen Lebensmitteln nicht vorkommen und die **Gesundheit** bestimmter Bevölkerungsgruppen beeinflussen können (Art. 8 Abs. 1 Buchst. b) oder Stoffe, gegen die **ethische Vorbehalte** bestimmter Bevölkerungsgruppen wie Anhänger bestimmter Religionen oder Vegetarier bestehen (Art. 8 Abs. 1 Buchst. c).

Ethische Bedenken könnten z.B. bestehen gegen Fische, die Wachstumsgene von Schweinen enthalten.

Die Kennzeichnungsbestimmungen nach **Art. 8 Abs. 1 Buchst. b** betreffen beispielsweise Lebensmittel, die Proteine enthalten, welche in Teilen der Bevölkerung bekanntermaßen Allergien auslösen, beispielsweise Bohnen mit Paranußprotein (Mitteilung der Kommission [s. 4.1], Bemerkungen Nr. 4). In der Ausgabe vom 14.3.1996 des New England Journal of Medicine berichtete *Nordlee* über die Identifizierung eines Paranuß-Allergens in transgenen Sojabohnen. In einer Untersuchung zeigte sich, daß mit dem Gentransfer auch der genetische Code für Allergene transferiert wurde (*A. Nordlee* u.a., N Engl J Med 1996, 334:688; s. ferner *Schauzu* ZLR 1996, 655, 662). *Streinz* ist der Auffassung, daß **Zusatzstoffe**, Aromen und Extraktionslösungsmittel, die zwar vom Anwendungsbereich der Novel Food-VO ausgenommen sind, gleichwohl aber dem Sicherheitsniveau der VO unterliegen (Art. 2 Abs. 2), jedenfalls dann der Kennzeichnungsvorschrift des Art. 8 Abs. 1 lit. b unterliegen, wenn gesundheitlich unmittelbar relevante gentechnische Veränderungen vorgenommen wurden (EuZW 1997, 487).

In Großbritannien stellte das ACNFP die gesundheitliche Unbedenklichkeit von vier aus gentechnischen Organismen hergestellten Produkten fest. Dabei handelt es sich um Tomatenpüree aus transgenen Tomaten, Öl aus transgenem Raps, Verarbeitungsprodukte aus transgenen Sojabohnen sowie Bier, das mit Hilfe transgener Hefe hergestellt wurde (ACNFP Annual Report 1993, ACNFP Reports 1995).

4.3 „Gentechnik-frei"

Grundsätzlich zulässig ist es, „gentechnikfreie" Lebensmittel auch als solche auszuloben und zu bewerben. Hier liegt keine unzulässige Werbung mit Selbstverständlichkeiten nach § 17 Abs. 1 Nr. 5 b LMBG vor; die Begründung zur Novel Food-VO enthält in Abs. 10 hierzu eine Klarstellung. Allerdings muß der so Kennzeichnende in eigener Verantwortung prüfen, ob er diese Zusicherung abgeben kann. Bei der fortschreitenden Entwicklung der Gentechnik ist es heute vielfach schwierig, präzise Angaben darüber abzugeben, ob die einzelnen Erzeugnisse „gentechnik-frei" sind (s. hierzu Bericht im *Spiegel* über die Verwendung angeblich gentechnik-freie Sojabohnen bei der Herstellung von Schokolade, Heft 15/1997, Seite 210). Beispielsweise im Bereich der Stärkeverflüssigung stammen die Enzyme heute schon fast ausschließlich aus GVO. Glukosesirup, Fructosesirup, Dextrose und Maltodextrine - Zutaten, die in Lebensmitteln vielfach verwendet werden - sind z. B. solche mit Hilfe von Enzymen hergestellten Verflüssigungsprodukte der Maisstärke. Maltodextrine werden z. B. auch als Trägerstoffe für Aromen und Vitamine genutzt. Auch für viele andere Verfahren werden zunehmend Enzyme, Aminosäuren und andere Zusatz- oder technische Hilfsmittel verwendet, die aus gentechnisch veränderten Mikroorganismen neu gewonnen werden. Das Vitamin B_{12} oder das in der Käseherstellung beispielsweise in den USA oder England eingesetzte Chymosin gehören dazu.

Die Auslobung der „Gentechnikfreiheit" erfordert eine Trennung gentechnischer bzw. konventioneller Warenströme. Von Verbänden des ökologischen Landbaus wird beispielsweise die Verwendung gentechnischer Erzeugnisse bei Lebensmittelgewinnung und -verarbeitung ausgeschlossen. Nachweismethoden sind daher sowohl für Verbraucher als auch Handel und Hersteller von großem Interesse (s. *Pietsch/Waiblinger/Bordmann/Wurz* DLR 1997, 35).

Besitzt der Inverkehrbringer des Lebensmittels keine präzise Informationen darüber, woher die einzelnen Erzeugnisse, die zur Herstellung des eingesetzten Produktes verwendet werden, stammen, würde er eine „Erklärung ins Blaue hinein" abgeben und könnte für den Fall, daß das Erzeugnis doch nicht gentechnikfrei ist, wegen Vorspiegelns einer nicht vorhandenen Eigenschaft auf Ersatz des adäquat kausal verursachten Schadens haften.

Die Auslobung der „Gentechnikfreiheit" setzt demnach voraus, daß der Inverkehrbringer nicht nur selbst zusichert, bei der Herstellung keine GVO-Erzeugnisse verwendet zu haben, sondern darüber hinaus in einer Art Schneeballsystem seine Vorlieferanten verpflichtet, ebenso Erklärungen über die Gentechnikfreiheit abzugeben; etwa wie folgt:

„Wir sichern zu, daß

❑ wir bei der Herstellung des nachfolgenden Produktes bzw. der nachfolgenden Produkte (ggf. in gesonderter Anlage aufführen)

....
(Bezeichnung, Spezifikation)

in unseren Produktionsstätten keine GVO-Erzeugnisse erzeugen, einsetzen oder anderweitig verwenden oder Dritte hierzu veranlassen.

❑ wir unsere Vorlieferanten verpflichten, gleichlautende Erklärungen abzugeben und diese wiederum zu verpflichten, von ihren Vorlieferanten die Abgabe einer gleichlautenden Erklärung zu verlangen.

Definitionen:
Gentechnisch veränderte Organismen (GVO) sind gentechnisch veränderte Tiere, Pflanzen und Mikroorganismen, deren genetisches Material in vitro so verändert worden ist, wie es unter natürlichen Bedingungen durch Kreuzen oder natürliche Rekombination nicht möglich ist.

GVO-Erzeugnisse sind Lebensmittel,

- die GVO sind oder solche enthalten (z. B. Produkte mit vermehrungsfähigen Starterkulturen oder Flavr Savr-Tomate)
- die aus oder mit GVO hergestellt oder direkt (1. Generation) gewonnen werden, auch wenn sie vom Organismus abgetrennt und vom Erbmaterial gereinigt sind (z. B. aus insektenresistentem (BT)-Mais gewonnene Maisstärke)
- die Zutaten enthalten, welche aus oder mit GVO hergestellt oder direkt gewonnen werden, auch wenn sie vom Organismus abgetrennt und vom Erbmaterial gereinigt sind (2. Generation; z. B. Erzeugnisse mit Zucker aus der Rizomania-resistenten Zuckerrübe; Tomatenketchup, hergestellt mit Tomatenmark der Flavr Savr-Tomate);
- die mit GVO oder GVO-Erzeugnissen vermischt sind (z. B. Mischungen von herkömmlichen und herbizidtoleranten Sojabohnen);
- die aus Kreuzungen gentechnisch veränderter Organismen oder gentechnisch veränderter mit unveränderten Organismen hervorgehen.

Lebensmittel sind solche des § 1 des Lebensmittel- und Bedarfsgegenständegesetzes (LMBG); demzufolge auch Vitamine, Aromen, Extraktionslösungsmittel, Enzyme und Zusatzstoffe (auch wenn sie im Endprodukt keine technologische Wirkung entfalten)."

Kapitel 4: Täuschungsschutz

1 Täuschungsschutz, § 17 Abs. 1 LMBG

1.1 Zum Verzehr ungeeignete Lebensmittel, Nr. 1

Objektiver Tatbestand:
- Lebensmittel [s. Kapitel 1, 1.]
- zum Verzehr nicht geeignet *oder*
- entgegen den Vorschriften des § 31 hergestellt oder behandelt
- gewerbsmäßig
- in den Verkehr gebracht (Legaldefinition: § 7 Abs. 1 LMBG)

Subjektiver Tatbestand [s. Kapitel 7]
- Vorsatz (dann Straftat, § 52 Abs. 1 Nr. 9 LMBG)
oder
- Fahrlässigkeit (dann Ordnungswidrigkeit, § 53 Abs. 1 i.V.m. 52 Abs. 1 Nr. 9 LMBG)

1.1.1 Zum Verzehr ungeeignet

„**Zum Verzehr nicht geeignet**" sind Lebensmittel, die bei ihrer Gewinnung, Herstellung oder späteren Behandlung durch natürliche oder willkürliche Einflüsse derart nachteiligen Veränderungen ihrer äußeren oder inneren Beschaffenheit, ihres Aussehens, ihres Geruchs oder Geschmacks ausgesetzt sind, daß ihr Verzehr nach allgemeiner Verkehrsauffassung ausgeschlossen ist.

Der Tatbestand ist nicht nur dann erfüllt, wenn das Lebensmittel völlig **ungenießbar** oder gar i.S.d. § 8 LMBG geeignet ist, die menschliche Gesundheit zu schädigen. Eine Veränderung der stofflichen Beschaffenheit, insbesondere ein Übergehen von Schmutz oder pathogenen Keimen ist nicht erforderlich, vielmehr reicht die **Gefahr** einer Verunreinigung aus (OLG Stuttgart ZLR 1994, 324, 325).

Maßstab zur Beurteilung der fehlenden Eignung zum Verzehr ist die allgemeine **Verkehrsauffassung**. Deren Feststellung ist grundsätzlich Sache des Tatrichters (BayObLG DLR 1994, 156, 157). Leitbild ist hierbei ein durchschnittlich empfindsamer, eben nicht übermäßig empfindlicher, aber auch nicht ganz unempfindlicher oder nachlässiger Verbraucher. Betrifft der Sachverhalt ein dem Verbraucher nahegelegenes Sachgebiet, für dessen Verständnis kein über die allgemeine Lebenserfahrung und ein natürliches Sachverständnis hinausreichendes Spezialwissen erforderlich ist (Beispiel: in einem mit Mäusekot verschmutztem Lagerraum werden Lebensmittel offen aufbewahrt), bedarf es keiner Zuziehung eines Sachverständigen und keiner näheren Darlegung der eigenen Sachkunde des Gerichts in den Urteilsgründen (BayObLG DLR 1994, 156, 157).

Erfaßt werden auch Fälle, in denen ein Lebensmittel ohne äußerlich erkennbare Veränderung **Ekel** oder Widerwillen bei einem Verbraucher auslösen könnte, würde er von bestimmten Herstellungs- oder Behandlungsverfahren oder der betrieblichen Hygiene Kenntnis erlangen (BGHSt 29, 220; OLG Koblenz ZLR 1985, 393). Es muß allerdings ein objektiver Anknüpfungspunkt für Ekelempfindungen vorhanden sein, etwa Auftreten von Schädlingen wie Mäuse. Ekelerregend kann ein Lebensmittel auch dann sein, wenn zwar der Herstellungsvorgang selbst innerhalb eines geschlossenen Systems erfolgt, die in Behältnisse gefüllten Lebensmittel aber in unmittelbarer Nähe von durch Mäusekot verdreckten Fußböden zum Verkauf vorrätig gehalten werden (BayObLG DLR 1994, 156).

Auf eine tatsächliche **Kenntnis** des Verbrauchers kommt es dabei nicht an, denn er soll gerade davor geschützt werden, nichtsahnend verdorbene Lebensmittel zu erwerben (abstrakte Täuschungsgefahr; OLG Karlsruhe ZLR 1977, 498, 499; BVerwG ZLR 1980, 367). Die Feststellung einer Täuschung in einem konkreten Einzelfall ist daher nicht erforderlich.

§ 17 gilt nur für das **gewerbsmäßige** Inverkehrbringen und daher nicht im privaten Bereich (instruktiv OLG Düsseldorf DLR 1996, 23).

Beispiele (nach *Zipfel/Rathke* C 100 § 17 Rdnr. 27 ff):
- Kartoffeln, die vom Hochwasser mit einer erheblichen Fäkalienkonzentration überflutet gewesen waren (BayObLG LRE 8, 110);
- kratzende, beißende Sahne (OLG Hamm LRE 6, 123);
- stechend-ranziger Geschmack bei Speck (OLG Koblenz ZLR 1976, 223);
- unappetitlicher und ekelerregender Anblick der Lake in der Dose (OLG Schleswig LRE 9, 217);
- Speiseeis mit mehr als 100 000 Keimen pro ml (KG LRE 3, 287);
- Schimmelbefall (KG LRE 10, 375; OLG Karlsruhe LRE 13, 123);
- Hähnchen mit einem Belag von Fliegenlarven (LG Frankfurt LRE 6, 213);
- Schokolade, die von lebenden Käfern und Maden befallen ist (OLG Düsseldorf ZLR 1976, 448);
- Spirituosen in Flaschen mit toten Fliegen und Schmutzpartikelchen (KG LRE 11, 48).

1.1.2 Salmonellen

Im Fleischgewinnungsbereich können Salmonellen von der Urproduktion (Tier) bis zum verzehrfertigen Lebensmittel in der Nahrungskette angetroffen werden. Die Salmonellose ist in der Biozoenose weitgehend verankert. Die weitreichende Widerstandsfähigkeit erlaubt es Salmonellen, in einzigartiger Weise an verschiedenen Standorten zu siedeln. In unserer Umwelt bestehende Ketten und Kreisläufe, die zu einer laufenden Erneuerung der Kontamination der Einzelbereiche führen können. Ein Reservoir sind nicht nur Gewässer, die durch den Zufluß aus unterschiedlichen

Quellen mit Salmonellen belastet werden können. Ein Infektionskreis für Salmonellen ist bekanntlich insbesondere der landwirtschaftliche Nutztierbestand. Die Eigenschaften der Salmonellen sind Grundvoraussetzung dafür, daß sich diese Bakterien in verschiedenen Ökosystemen fest verankert haben und sich ein Vielfaktorensystem ausbildete. Aus diesen Gründen ist es (leider) offensichtlich, daß es kaum gelingen dürfte, eine salmonellenfreie Umwelt zu schaffen und auf diesem Wege das Risiko von Salmonelleninfektionen zu minimieren (*Gareis,* Fleischwirtschaft 75 (8) 1995, S. 954).

Die Taxonomie der Salmonellen umfaßt mehr als **2300 Serotypen**. Dabei gliedert sich die Gattung in zwei Arten, nämlich in S. entereca und bongori, sowie mehrere Subspezies oder Unterarten. Von diesen über 2300 verschiedenen Serotypen sind lediglich ca. 50 als Krankheitserreger von Bedeutung (*Bauer/Hörmannsdorfer,* Fleischwirtschaft 75 (8) 1995, S. 958).

Bei den zuvor als Krankheitserreger genannten 50 Salmonellosen kommt es wiederum entscheidend darauf an, in welcher Keimzahl sie vorkommen, um daraus rückschließen zu können, ob eine Gefährdung vorlag oder nicht.

Die Feststellung des Nachweises von Salmonellen, läßt demnach noch nicht den Schluß zu, daß beispielsweise kontaminiertes Fleisch ein gesundheitliches Risiko für den Konsumenten darstellt. Erforderlich für die **Feststellung einer Gefährdung** sind vielmehr Angaben über

- die *Keimzahlhöhe,*
- die *Zusammensetzung* und
- die *Virulenz* der nachgewiesenen Salmonellen.

1.1.3 Nachträgliche Beseitigung

Eine nachträgliche Beseitigung der Verzehrsuntauglichkeit ist nicht generell auszuschließen, wohl aber nur unter besonderen Umständen möglich. Ist eine nachträgliche Beseitigung der Verzehrsuntauglichkeit möglich, liegt nur eine Wertminderung i.S.d. § 17 Abs. 1 Nr. 2 b LMBG vor. Die Erkennbarkeit der Verzehrsuntauglichkeit schließt die Anwendbarkeit des § 17 Abs. 1 Nr. 1 LMBG nicht aus, ebenso wie ein Hinweis auf den die Ungeeignetheit begründenden Umstand (BGH ZLR 1980, 195; OLG Stuttgart ZLR 1994, 324).

Von **Schimmel** befallene Erzeugnisse sind grundsätzlich nicht mehr zum Verzehr geeignet. Die Entfernung (scheinbar nur) oberflächlichen Schimmelbefalls - etwa die obere Schicht einer Marmelade - genügt nicht, denn das Pilzmycel wächst für das menschliche Auge nicht sichtbar in tieferen Schichten; außerdem kann das Lebensmittel bereits durch Giftstoffe wie Aflatoxine, die durch Schimmelbefall entstehen, kontaminiert sein. Dies betrifft hauptsächlich Lebensmittel, z.B. Brot oder Getreideprodukte, die in feuchter Wärme oder an der Luft aufbewahrt werden. Aflatoxine können zu Leberschäden führen (*Wagner,* Pharmazeutische Biologie, 4. Aufl. S. 260).

Ekelerregende (erkennbare oder nicht erkennbare) Einflüsse können grundsätzlich nicht rückgängig gemacht werden; dies würde voraussetzen, daß der objektive Anknüpfungspunkt für den **Widerwillen** entfallen wäre. Wurden Lebensmittel in einem mit Mäusekot verschmutzten Raum aufbewahrt, so ruft dies selbst dann Ekelgefühle hervor, wenn der Raum gereinigt und die Lebensmittel nachweislich von den Mäusen nicht berührt wurden.

1.2 Wertgeminderte Lebensmittel, Nr. 2

Objektiver Tatbestand:
- Lebensmittel [s. Kapitel 1, 1.]
- a) nachgemacht [1.2.1]
  b) abweichende Beschaffenheit *und* Wertminderung [1.2.2]
  c) Anschein einer besseren Beschaffenheit [1.2.3]
- ohne ausreichende Kenntlichmachung
- gewerbsmäßig [s.o. 1.1]
- in den Verkehr gebracht (Legaldefinition: § 7 Abs. 1 LMBG)

Subjektiver Tatbestand [s. Kapitel 7]
- Vorsatz (dann Straftat, § 52 Abs. 1 Nr. 9 LMBG)
  oder
- Fahrlässigkeit (dann Ordnungswidrigkeit, § 53 Abs. 1 i.V.m. 52 Abs. 1 Nr. 9 LMBG)

1.2.1 Nachgemachte Lebensmittel, Nr. 2 Buchst. a

Nachmachen
Nachmachen ist jedes Nachbilden eines Lebensmittels in der Weise, daß es nach seinem Gesamteindruck nur den äußeren Schein, nicht aber den inneren Gehalt des nachgebildeten Lebensmittels aufweist, weil es völlig oder weitgehend aus anderen Stoffen besteht; völlige (äußere) Identität zwischen Nachbildung und Vorbild ist demnach nicht erforderlich. Das nachgemachte Erzeugnis muß dem Vorbild im Erscheinungsbild aber so ähnlich sein, daß es mit dem echten Lebensmittel verwechselt werden kann (KG LRE 10, 189). Die Verwechselbarkeit kann auf **sensorischen** Merkmalen wie Aussehen, Geruch, Geschmack und Konsistenz beruhen. „Nachmachen" setzt eine **Veränderung der Substanz** voraus; eine bloße Falschbezeichnung oder irreführende Angaben über das Erzeugnis genügen demzufolge nicht. Eine Wertminderung des nachgemachten gegenüber dem Vorbild ist nicht vorausgesetzt.

Maßstab zur Beurteilung der fehlenden Eignung zum Verzehr ist die allgemeine **Verkehrsauffassung** [s. unten 1.2.2.1].

Täuschungsabsicht des Täters und eine tatsächlich eingetretene Täuschung beim Verbraucher sind keine Tatbestandsvoraussetzungen.

Beispiele (nach *Leible*, in: Handbuch Lebensmittelrecht, III. F, 4.2; weitere Bsp. s. *Zipfel/Rathke* C 100 § 17 Rdnr. 54 ff.):
- aus Pflanzenfett hergestellte Schlagcreme weißlicher Färbung als Schlagsahne;
- mit Alkohol versetzten Fruchtsaft als nachgemachten Obstwein;
- mit Farb- und Geschmacksstoffen versetzten Trinkbranntwein als nachgemachten Branntwein;
- Verfälschung von schwarzem Pfeffer mit Samen der Papayafrucht (*Seidemann* DLR 1994, 150).

1.2.2 Wertgeminderte Lebensmittel, Nr. 2 Buchst. b

1.2.2.1 Verkehrsauffassung

Literatur: *Zipfel*, Verkehrsauffassung - Verbrauchererwartung im deutschen Recht, ZLR 1991, 300.

Der Tatbestand des § 17 Abs. 1 Nr. 2 b LMBG setzt voraus, daß ein Lebensmittel in seiner Beschaffenheit „von der **Verkehrsauffassung**" abweicht. Die „Verkehrsauffassung" ist die Auffassung der am Verkehr mit Lebensmitteln beteiligten Kreise, namentlich der Hersteller, Groß- und Einzelhändler sowie Verbraucher. Diese „Verkehrsauffassung" schließt demzufolge die (subjektiven) Vorstellungen über die Anforderungen an ein Lebensmittel, also die **Verbrauchererwartung** an die Beschaffenheit eines Erzeugnisses mit ein. Der oftmals verwendete Begriff „**berechtigte Verbrauchererwartung**" bringt dabei zum Ausdruck, was verständige Durchschnittsverbraucher unter Berücksichtigung redlicher Handelsbräuche erwarten (*tatsächliche Verbrauchererwartung*) bzw. erwarten dürfen (*hypothetische Verbrauchererwartung*; BayObLG LRE 5, 113, 114); hierzu gehört eben nicht die Meinung gut informierter Kreise wie sachkundige Lebensmittelchemiker oder von Verbrauchern, die aufgrund gesundheitlicher Umstände bestimmte konkrete Erwartungen an ein Lebensmittel haben, etwa Diabetiker.

Im allgemeinen haben Verbraucher allerdings keine konkreten oder oftmals nur diffuse Vorstellungen über die Beschaffenheit eines Lebensmittels (die oftmals über Zusatzstoffe geäußerten Bedenken sprechen Bände; vgl. *Zipfel* ZLR 1991, 300, 303). Verbraucher können sicherlich erwarten, daß ein Lebensmittel gesundheitlich unbedenklich und bekömmlich ist. Des weiteren dürfen Verbraucher darauf vertrauen, daß ein Lebensmittel den gesetzlichen Anforderungen oder den allgemein üblichen und in Fachkreisen anerkannten Anschauungen entspricht, auch wenn sie diese nicht in ihren Einzelheiten kennen (KG LRE 4, 311, 314) oder sich sogar dessen bewußt sind, keine gesicherten Kenntnisse von der Beschaffenheit eines Lebensmittels zu haben (BGH GRUR 1967, 30, 32 - „Rum-Verschnitt"; BGH GRUR 1969, 277, 279 - „Whisky").

1.2.2.2 Feststellung der Verkehrsauffassung

Die Verkehrsauffassung über die Beschaffenheit eines Lebensmittels kann auf vielfältige Weise festgestellt werden; hierzu gehören:

- Normative Bestimmung
- Leitsätze der Deutschen Lebensmittelbuch-Kommission
- Handelsbräuche
- Anerkannte Leitsätze und Richtlinien
- Lehrbücher, Rezept- und Kochbücher

Normative Bestimmung
Normen wie Gesetze und Verordnungen können allgemeinverbindlich eine Verkehrsauffassung determinieren und sich ggfs. auch über eine tatsächlich abweichende Verbrauchererwartung hinwegsetzen. Beweisanträge zur Feststellung solcher Erwartungen müssen vom Gericht daher abgelehnt werden (BGHSt 11, 365, 377; BGH LRE 5, 5), denn infolge der Allgemeinverbindlichkeit einer Norm können abweichende tatsächliche Feststellungen nicht zugelassen werden.
Beispiel: Bestimmung der Verkehrsbezeichnungen und der Beschaffenheit von Geflügelfleisch nach der „VO (EWG) Nr. 1538/91 über bestimmte Vermarktungsnormen für Geflügelfleisch", wonach sich eine Gans von einer Frühmastgans u.a. dadurch unterscheidet, daß erstere einen rigiden (verknöcherten) Brustbeinfortsatz aufweist.
Soweit gesetzliche Regelungen fehlen und auch (im Einzelfall) besondere konkrete Vereinbarungen zwischen Abnehmer und Lieferant nicht ausdrücklich getroffen worden sind, ist die tatsächliche Verkehrsauffassung (Verbrauchererwartung) zu ermitteln, also **faktisch** zu bestimmen. In der Regel fehlen konkrete Verbrauchervorstellungen bezüglich der Zusammensetzung eines Lebensmittels (s. oben [1.2.2.1]), so daß die tatsächliche Verbrauchererwartung unter Verwendung von Auslegungshilfen festgestellt werden muß, die nachfolgend vorgestellt werden:

Lebensmittelbuch-Kommission
„Das Deutsche Lebensmittelbuch ist eine **Sammlung** von Leitsätzen, in denen Herstellung, Beschaffenheit oder sonstige Merkmale von Lebensmitteln, die für die Verkehrsfähigkeit der Lebensmittel von Bedeutung sind, beschrieben werden" (§ 33 Abs. 1 LMBG). Nach der *Amtlichen Begründung* sollen Beurteilungsmerkmale aber nicht nur festgestellt werden, vielmehr können die Leitsätze des Lebensmittelbuches eine **gestaltende Funktion** haben und von der tatsächlichen Auffassung bestimmter Verkehrskreise auch abweichen (BT-Drucks. 7/255, S. 37).
Die Leitsätze sind keine allgemeinverbindlichen Rechtsnormen und können daher weder Ge- und Verbote enthalten noch bestehende Rechtsvorschriften aufheben oder ändern. Die Leitsätze sind (lediglich) **antizipierte Sachverständigengutachten** der beteiligten Kreise (§ 34 Abs. 2 LMBG; BVerwG ZLR 1988, 556). Die Leitsätze sind einer richterlichen Nachprüfung zugänglich, so daß im Einzelfall überprüft werden kann (und sollte), ob die einzelnen Leitsätze die tatsächliche Verbrauchererwartung vor allem hinsichtlich Beschaffenheit und Verkehrsbezeichnung eines Lebensmittels zutreffend wiedergeben. Infolge des in § 34 Abs. 3 geregelten Mehrheitsprinzips bei

der Abstimmung sind einzelne Leitsätze nicht selten Kompromißlösungen. Von Ihnen kann daher im Einzelfall abgewichen werden, insbesondere dann, wenn die im Leitsatz getroffenen Feststellungen nicht mit einer tatsächlich bestehenden Verkehrsauffassung übereinstimmen (Nieders. OVG, ZLR 1994, 49, 56 ff.: bei den Leitsätzen für Fleisch und Fleischerzeugnisse blieben Besonderheiten des Herstellungsprozesses für Tiefkühlerzeugnisse unberücksichtigt). Stimmen Erzeugnisse mit den Feststellungen in den Leitsätzen nicht überein, ist dies ein (widerlegbares) Indiz dafür, daß ein Etikett, das auf diesen Umstand nicht hinweist, zur Täuschung geeignet ist (i.S.v. § 17 Abs. 1 Ziff. 5 lit. b LMBG; BVerwG ZLR 1988, 556, 562). Insoweit kommt den Leitsätzen eine Bedeutung zu, die praktisch nicht weit hinter Rechtsnormen zurückbleibt (zur Notifizierung der Leitsätze s. [Kapitel 6, 2.2]).

Handelsbräuche
Handelsbräuche können eine Verbrauchererwartung determinieren, wenn sich die Verkehrsauffassung zu einem Lebensmittel beispielsweise nach den von einem Herstellerverband erstellten Kriterien richtet (BGH GRUR 1967, 30). Nach weitgehender Auffassung stellen solche Richtlinien aber nur ein **Mindestmaß** dessen dar, was die Verbraucher von einem Lebensmittel erwarten dürfen (BayObLG LRE 4, 144). Sie sind vom Tatrichter auf ihre Richtigkeit hin zu überprüfen. Eine von Herstellerrichtlinien abweichende Verbrauchererwartung geht vor (OLG Hamm LRE 4, 185; BayObLGSt LRE 5, 113). Richtlinien von Herstellerverbänden sind nicht selten Kompromißlösungen zwischen Vorstellungen und Wünschen der Beteiligten.

Anerkannte Leitsätze und Richtlinien
Der **ALS** [s. Kapitel 5, 1.2.2] nimmt zu Fragen der Verkehrsauffassung zu einzelnen Lebensmitteln Stellung, die im BGBl. (oftmals ohne nähere Begründung) veröffentlicht werden. Diese Stellungnahmen sind nicht rechtsverbindlich und richterlich voll überprüfbar.

Der **BLL** beteiligt sich an der Aufstellung von Leitsätzen und Richtlinien mit Kriterien über die Zusammensetzung von Lebensmitteln (Bsp.: „Richtlinie für Zuckerwaren" - BLL Heft 123 - oder „Richtlinien für Sauerkraut, verarbeiteten Rotkohl und Schneidebohnen, milchsäurevergoren" - Heft 124 -). Diese Leitsätze sind antizipierte gutachtliche Äußerungen, die - da nicht rechtsverbindlich - richterlich zu überprüfen sind.

Beispiele von Richtlinien der **Wirtschaftsverbände** sind bei *Zipfel/Rathke* aufgelistet (C 100 § 17 Rdnr. 95 ff).

Auch Richtlinien, die ein **Ministerium** herausgibt, sind keine allgemeinverbindlichen Rechtsnormen; auch diese sind (lediglich) antizipierte Sachverständigengutachten zur Frage der bestehenden Verkehrsauffassung (KG LRE 1, 51, 56; 8, 40, 43). Sie unterliegen daher ebenso der gerichtlichen Nachprüfung (OLG Oldenburg LRE 2, 357).

Lehrbücher, Rezept- und Kochbücher
Kochbücher bieten oftmals Anhaltspunkte für die verkehrsübliche Beschaffenheit eines Lebensmittels.

„Schnepfendreck" beispielsweise ist der wenig einladende Name einer besonders begehrten Delikatesse, die aus Leber, Herz und dem gereinigten Gedärm der Schnepfe zubereitet wird. Weil die Schnepfen, wie alles Federwild, immer seltener werden, wird die Spezialität heute oft mit fein gehackten Gänseleber gestreckt. Das Rezept findet sich nach wie vor in Kochbüchern der gehobenen Feinschmeckerei.

Allgemein gilt, daß Rezepturen in Lehrbüchern, Rezept- oder Kochbüchern dann verwertbar sind, wenn aus ihnen deutlich wird, wie der jeweilige Autor sich seine Meinung gebildet hat. Renommee und Bekanntheit des Verfassers können dabei eine wichtige Rolle spielen.

1.2.2.3 Ort und Zeit

Absatzort
Verbrauchererwartung und Handelsbrauch können örtlich verschieden sein. Maßgeblich ist stets die Auffassung der angesprochenen Verkehrskreise am Absatzort (BGHSt LRE 2, 10, 17; OLG Karlsruhe LRE 11, 202, 203).

Zeitlicher Wandel
In einer sich wandelnden Gesellschaft unterliegen natürlich auch Verkehrsauffassungen einem zeitlichen Wandel (etwa die sich ändernden Auffassungen über den Fettgehalt von Lebensmitteln), weshalb stets geprüft werden muß bzw. sollte, ob Richtlinien und Leitsätze über die Anforderungen einzelner Lebensmittel noch zeitgemäß sind, sprich der Verbrauchererwartung tatsächlich entsprechen.

1.2.2.4 Nachweis

Sachverständigenbeweis
Zur Feststellung von Tatsachen (nicht aber zur Klärung von Rechtsfragen!) über die Beschaffenheit eines Lebensmittels oder der Übereinstimmung der Beschaffenheit eines Lebensmittels mit der bestehenden Verkehrsauffassung kann sich ein Gericht der Fachkenntnis von **Sachverständigen** bedienen.

Als Sachverständige kommen amtliche und freie Lebensmittelchemiker, amtliche Veterinäre, Ärzte der Gesundheitsämter und Gewerbesachverständige in Betracht.

Bei erfahrenen Lebensmittelchemikern oder Veterinären eines (staatlichen oder kommunalen) Untersuchungsamtes ist grundsätzlich davon auszugehen, daß sie über fundierte Kenntnisse zu Handelsbräuchen und anderen Verkehrsauffassungen verfügen und hierbei Auskunft erteilen können. Ihre (Sachverständigen-)Aussage ist aber nur dann gerichtlich verwertbar, wenn die Gutachter darlegen (können), wie sie sich ihre Meinung gebildet haben. Es genügt daher nicht, nur die eigene Ansicht mitzuteilen, vielmehr muß der Gutachter darlegen, auf welcher Datenbasis die jeweilige Verbrauchererwartung ermittelt wurde, ob der jeweilige Handelsbrauch etwa bei dem Untersuchungsamt durch Reihenuntersuchungen statistisch erfaßt und aktenmäßig festgehalten wurde und wird (*Zipfel* ZLR 1991, 300, 310). Werden Sachverständige zu dem Prüfergebnis ihres Berichts über die Untersuchung einer Lebensmittelprobe befragt, ist zu verifizieren, auf welcher Kenntnisbasis das Gutachten beruht. Es ist ein Phänomen, daß Sachverständige i.d.R. die einmal vorgegebene Zielrichtung der Behörde vertreten; sie sind daher keine „neutrale" Instanz (*Gaedertz*, Festschrift für Vieregge, 1995, S. 253, 257).

Die Schlußfolgerungen eines Sachverständigen darf ein Gericht nicht nur übernehmen, vielmehr muß es die Anknüpfungstatsachen im Urteil darlegen und entsprechend rechtlich würdigen. Amtsrichter in Bußgeldsachen neigen dazu, den Ausführungen eines Sachverständigen zu folgen, indem sie oftmals unterstellen, daß dieser über besondere Erkenntnisquellen verfüge. Die rechtliche Würdigung eines Sachverhalts obliegt stets allein dem Gericht (§ 261 StPO); dies wird oftmals (leider) verkannt.

Richterliche Sachkunde
In einfach gelagerten Fällen kann ein Gericht sicherlich die Verbrauchererwartung aufgrund eigener Lebenserfahrung und Sachkunde ohne Beweiserhebung (insbesondere der fachkundigen Unterstützung eines Sachverständigen) feststellen (BayObLG DLR 1990, 357, 358); beispielsweise zur Frage, ob ein vermadetes Lebensmittel ekelerregend ist, vorausgesetzt, es liegen keine besonderen Umstände vor, die Zweifel an der Sachkunde des oder der Richter begründen.

1.2.2.5 Abweichende Beschaffenheit

Der Begriff „**Beschaffenheit**" erstreckt sich neben der stofflichen Zusammensetzung eines Lebensmittels auch auf die Herstellungsweise und andere für die Bewertung der Beschaffenheit eines Lebensmittels maßgebenden Umstände.
Beispiele für eine „**abweichende** Beschaffenheit" (nach *Zipfel/Rathke* C 100 § 17 Rdnr. 119):
- Zusatz wertmindernder Bestandteile
- Ersetzen wertbildender oder werterhöhender Bestandteile durch andere weniger wertvolle (Streckungsmittel)
- Nichtbeachten von Mindest- oder Höchstwerten (überhöhter Fremdwasser- oder Fettgehalt)
- Verwendung von Innereien bei Wurstwaren.

1.2.2.6 Wertminderung

Der Tatbestand des § 17 Abs. 1 Nr. 2 a setzt eine „nicht unerhebliche Wertminderung" voraus. Die Minderung soll sich u.a. auf den „Nähr- oder Genußwert oder die Brauchbarkeit" beziehen; diese Aufzählung **wertbestimmender Faktoren** ist lediglich beispielhaft („insbesondere").

Die Minderung muß mehr als „nicht (nur) unerheblich" sein. Unerheblich ist eine

Wertminderung, wenn sie dergestalt geringfügig ist, daß sie die Interessen der angesprochenen Verbraucher nach allgemeiner Verkehrsauffassung nicht berührt.

Nährwert
Der Nährwert eines Lebensmittels beruht auf dem Gehalt an Nährstoffen wie Vitaminen, Mineralstoffen einschließlich Spurenelementen, Fetten und essentiellen Fettsäuren, Kohlenhydraten und Eiweißstoffen.
Beispiele für die Minderung des Nährwerts (nach *Zipfel/Rathke* C 100 § 17 Rdnr. 129):
- Zusatz von Streckungsmitteln: Zusetzen von Wasser zu Milch oder Bier (BGH LRE 1, 82)
- zu geringer Eiweißgehalt
- zu hoher Wassergehalt: bei Wurstwaren (OLG Köln LRE 14, 309); bei Suppenhühner mit einem Fremdwassergehalt von mehr als 10 % (OLG Koblenz ZLR 1980, 57).

Genußwert
Der Begriff „Genußwert" umfaßt den Geruchs- und Geschmackswert eines Lebensmittels, im wesentlichen beeinflußt durch Aussehen (Farbe und Form) und Beschaffenheit, Alkoholgehalt bei alkoholischen Getränken oder dem Stammwürzegehalt eines Bieres (BayObLG ZLR 1978, 47).

Der Genußwert eines Lebensmittels ist **gemindert**, wenn ein Bestandteil eines Lebensmittels durch einen anderen, nicht üblichen ersetzt wird, der nach der Verkehrsauffassung weniger wertvoll ist oder als weniger wertvoll erscheint.
Beispiele (nach *Zipfel/Rathke* C 100 § 17 Rdnr. 132):
- Verwendung von Pflanzen- oder Fischfett anstelle von Butterfett bei bestimmten Feinen Backwaren (Buttergebäck, Baumkuchen, Frankfurter Kranz)
- überlagerter Joghurt oder Backwaren
- leicht ranzige Butter
- angesäuerte Milch
- angebrannte Suppe
- schal gewordenes Bier
- in leichte Gärung übergegangene Konfitüre.

Brauchbarkeit
Eine Minderung der Brauchbarkeit liegt in der Beeinträchtigung der üblichen Verwendungsmöglichkeiten.
Beispiele: Ausschluß des Rohverzehrs bei unreifem Obst; vermadete Pilze oder Nüsse, die erst nach der Beseitigung der befallenen Teile verzehrfähig werden (*Zipfel/Rathke* C 100 § 17 Rdnr. 134).

1.2.3 Scheinbare Verbesserung, Nr. 2 Buchst. c

§ 17 Abs. 1 Nr. 2 Buchst. c erfaßt Lebensmittel, die weder nachgemacht (i.S.d. Nr. 2 a) noch in ihrem Wert (i.S.d. Nr. 2 b) gemindert sind, aber den „Anschein einer besseren als der tatsächlichen Beschaffenheit", also eine Wertsteigerung aufgrund **höherer Qualität durch Einwirkung auf die Substanz** vorgeben.

Beispiele:
- Vortäuschen eines höheren Eigehalts bei Eierteigwaren durch Gelbfärbung
- Vortäuschen der Verwendung von Eiern durch Gelbfärbung
- Färbung von Wurst- und Fleischprodukten mit Rote-Beete-Saft (BayObLG DLR 1995, 122 = ZLR 1995, 335 m. Anm. *Wellhäuser*).

Die Irreführung durch äußere Darbietungsformen bestimmt sich nach § 17 Abs. 1 Nr. 5 b LMBG.

1.2.4 Ausreichende Kenntlichmachung

Lebensmittel nach § 17 Abs. 1 Nr. 2 dürfen nur dann in Verkehr gebracht werden, wenn den angesprochenen Verkehrskreisen (Verbrauchern, Groß- oder Einzelhändlern) die Mängel des jeweiligen Lebensmittels so hinreichend deutlich gemacht werden, daß auch nur die Möglichkeit einer Täuschung ausgeschlossen ist. Hierbei kommt es auf die Umstände des Einzelfalles an. **Prämissen** für eine „ausreichende Kenntlichmachung":
- *Hinweis an gut sichtbarer Stelle* („Blickfang"):
  dies ist nicht der Fall, wenn der Hinweis von anderen Angaben umrahmt wird, etwa die unterschiedslose Aufführung eines wertgeminderten Zusatzes unter anderen verkehrsüblichen Zutaten im Rahmen der Zutatenliste;
- *deutlich lesbar:*
  dies ist nicht der Fall bei zu kleiner Schrift oder nicht ausreichend kontrastreicher Farbdruckanordnung (blaue Schrift auf schwarzem Grund);
- *nicht mehrdeutig* (BayObLG DLR 1995, 122, 123).

Keine ausreichende Kenntlichmachung - da nicht eindeutig - liegt vor bei (nach *Zipfel/Rathke* C 100 § 17 Rdnr. 167 ff):
- Angaben wie „II. Sorte", „2. Wahl", „einfach" oder „Konsumware".
- Phantasiebezeichnungen
- niedriger Preis, denn er kann in Verbindung mit einer unverändert beibehaltenen Bezeichnung gerade den falschen Anschein eines besonders günstigen Angebots hervorrufen
- „Nüsse vorjähriger Ernte - bitte probieren Sie selbst", wenn die Nüsse zum Teil verfault oder verwurmt sind

Fall: BayObLG DLR 1995, 122 - „Rote-Bete-Saft"

Sachverhalt: Der Beklagte bot auf einem Wochenmarkt u.a. „Edelsalami vom Rind" an. Das Erzeugnis war mit Rote-Bete-Saft gefärbt, um den natürlichen Grauton durch eine Rotfärbung zu überdecken und den Produkten eine ansprechendes Aussehen zu verleihen. Auf dem Erzeugnis war kein Schild aufgeklebt, doch hing über dem Stand ein Schild mit Angaben über den Inhalt der Wurstsorte; unter „Gewürze" war auch der Rote-Bete-Saft aufgeführt.

Entscheidungsgründe: Nach Auffassung des BayObLG war der Hinweis auf dem Schild unzureichend, den Zusatz von Rote-Bete-Saft kenntlich zu machen. „Die entscheidenden Umstände - nämlich die Beseitigung der natürlichen Graufärbung und der dadurch hervorgerufene Anschein größerer Frische und größerer Haltbarkeit durch Färbung - erschließen sich dem Verbraucher aus diesen Angaben nicht" (S. 123).

1.3 Täuschung über Wert, Nr. 3

Objektiver Tatbestand:
- Lebensmittel [s. Kapitel 1, 1.]
- Anwendung von Zusatzstoffen oder Bestrahlungen
- zur Täuschung geeignet über
  geminderten Wert *oder* geminderte Brauchbarkeit

Subjektiver Tatbestand [s. Kapitel 7]
- Vorsatz (dann Straftat, § 52 Abs. 1 Nr. 10 LMBG)
  oder
- Fahrlässigkeit (dann Ordnungswidrigkeit, § 53 Abs. 1 i.V.m. 52 Abs. 1 Nr. 10 LMBG)

Nr. 3 erstreckt sich auf die nach § 12 Abs. 1 LMBG i.V.m. der ZZulV „zugelassenen **Zusatzstoffe**", nicht jedoch auf die vom Zusatzstoffverbot und damit von dem Erfordernis der Zulassung nach § 11 Abs. 2 und 3 LMBG freigestellten Stoffe wie Enzyme und Mikroorganismenkulturen. Ebensowenig von Nr. 3 erfaßt werden natürliche Bestandteile von Lebensmitteln (Vitamin A in Leber), denn die Nr. 3 erstreckt sich lediglich auf *zugesetzte* Stoffe i.S.d. § 2 LMBG [s. Kapitel 2, 4.2].

Die Zulassungsermächtigung für **Bestrahlungen** ergibt sich aus § 13 Abs. 2 LMBG i.V.m. der LebensmittelbestrahlungsVO.

Die Eignung zur Täuschung über Wert oder Brauchbarkeit muß sich durch die Anwendung des „zugelassenen Zusatzstoffes oder der zugelassenen Bestrahlung" ergeben. „**Anwendung**" umfaßt dabei alle Akte des „Herstellens" und des „Behandelns" i.S.d. § 7 LMBG. Täuschen kann sowohl der Hersteller als auch jeder andere Inverkehrbringer (§ 7 LMBG), der ein Lebensmittel (nachträglich) behandelt.

Das Verbot der Nr. 3 greift „auch bei **Kenntlichmachung**" der Anwendung eines Zusatzstoffes oder einer Bestrahlung, denn eine Kenntlichmachung ist nicht geeignet, die Verbraucher über den Wert oder die Brauchbarkeit des dergestalt geminderten Lebensmittels zu informieren.

1.4 Reinheitsangaben, Nr. 4

Objektiver Tatbestand:
- Lebensmittel [s. Kapitel 1, 1.]
- zugelassener Zusatzstoff
  oder Rückstände eines Stoffes nach § 14/15 LMBG
  oder zugelassene Bestrahlung
- in den Verkehr gebracht (Legaldefinition: § 7 Abs. 1 LMBG)
  oder allgemeine Werbung
  oder Werbung für ein bestimmtes Lebensmittel
- Reinheitsangabe

Subjektiver Tatbestand [s. Kapitel 7]
Vorsatz oder Fahrlässigkeit (stets Ordnungswidrigkeit, § 53 Abs. 2 Nr. 1 b LMBG)

§ 17 Abs. 1 Nr. 4 verbietet die Verwendung von Angaben, „die darauf hindeuten, daß Lebensmittel natürlich, naturrein oder frei von Rückständen oder Schadstoffen" sind, also die Verwendung von Reinheitsangaben bei Erzeugnissen, die die Anforderungen hierfür nicht erfüllen.

1.4.1 Tatbestandsvoraussetzungen

Zu „**zugelassene Zusatzstoffen**" und „**zugelassene Bestrahlungen**" s. oben [1.3].

Rückstände
Das Bezeichnungsverbot der Nr. 4 erstreckt sich auf
- „**Pflanzenschutz- und sonstige Mittel**" i.S.d. Legaldefinition des § 14 LMBG: „Pflanzenschutzmittel (i.S.d. Pflanzenschutzgesetzes), Düngemittel (i.S.d. Düngemittelgesetzes), andere Pflanzen- oder Bodenbehandlungsmittel, Vorratsschutzmittel und Schädlingsbekämpfungsmittel" (wie DDT oder Pestizide) sowie
- **Stoffe mit pharmakologischer Wirkung** (§ 15 LMBG):
  insbesondere Tierarzneimittel (s. VO über Stoffe mit pharmakologischer Wirkung); unerheblich ist hierbei, ob die einzelnen Stoffe zugelassen sind.

Das Bezeichnungsverbot der Nr. 4 stellt nur darauf ab, „ob" Rückstände vorhanden sind; unerheblich ist daher die Menge der Rückstände (das „Wie"). Das Bezeichnungsverbot greift daher auch dann, wenn die Rückstände erheblich unter der Höchstgrenze der RückstandshöchstmengenVO liegen (BGH wrp 1997, 302, 304 - „Naturkind"; BVerwG ZLR 1987, 465). Unerheblich ist daher auch, wann und wie die Rückstände in oder auf das Lebensmittel gelangten, etwa durch die allgemeine Kontamination der Umwelt mit Schadstoffen („frei von..."; s. BGH wrp 1997, 302, 304; BVerwG ZLR 1987, 465). Der Inverkehrbringer hat dafür Sorge zu tragen, daß bei entsprechender Auslobung das jeweilige Erzeugnis völlig rückstandsfrei ist.

Bei dem Verbot handelt es sich um einen **abstrakten Gefährdungstatbestand** zum Schutz der Verbraucher vor Täuschung beim Erwerb eines Lebensmittels. Eine konkrete Täuschung ist daher nicht vorausgesetzt; die Eignung zur Täuschung im Einzelfall muß nicht nachgewiesen werden.

Die Beschränkung der Nr. 4 auf Rückstände i.S.d. §§ 14 und 15 schließt die Erfassung von **Umweltkontaminanten** aus (*Zipfel/Rathke* C 100 § 17 Rdnr. 198).

1.4.2 Verbotene Angaben

Literatur: *Leible*, in: Streinz (Hrsg.), Lebensmittelrechts-Handbuch, Abschnitt III F, Rdnr. 431 ff.

Unzutreffende Reinheitsangaben sind verboten „im Verkehr mit Lebensmitteln", „in der Werbung allgemein oder im Einzelfall für solche Lebensmittel". Demnach erstreckt sich das Bezeichnungsverbot auch auf Gruppen- und Gemeinschaftswerbung für Lebensmittel.

Das Bezeichnungsverbot bezieht sich auch auf Angaben, die auf die Gesetzesbegriffe natürlich oder naturrein „**hindeuten**". Die in Nr. 4 aufgeführten Gesetzesbegriffe sind einer Auslegung zugängliche normative Vorgaben. Bei der Beurteilung der Frage, ob eine Bezeichnung im gleichen Sinne verwandt wird, kommt es auf die Auffassung der angesprochenen Verkehrskreise an.

Zum **Verbraucherleitbild** s. [1.5.1.1].

Der verwandte Begriff muß aber nach der Verkehrsvorstellung darauf hindeuten, daß ein Lebensmittel natürlich, naturrein oder frei von Rückständen oder Schadstoffen ist, und zwar - bezogen auf alle drei Begriffe - im Sinne einer vom Gesetz geforderten völligen Rückstandsfreiheit. Auf die umgangssprachliche Verwendung der Begriffe kommt es nicht an. Eine Irreführungsgefahr kann angesichts der Vielfalt naturbezogener Werbeaussagen, insbesondere auch von Wortverbindungen mit „Natur-", nicht ohne weiteres angenommen werden, wenn die Gesetzesbegriffe nicht identisch oder jedenfalls weitgehend identisch, sondern nur ähnlich oder gleichsinnig verwendet werden (BGH wrp 1997, 302, 304 - „Naturkind").

Bei Angaben wie „naturfein, naturmild, naturnah, nur natur, Naturprodukt, Naturgenuß, Naturkost, Naturfleisch (BayObLG DLR 1997, 300)" muß daher im Einzelfall geprüft werden, ob sie unter das Bezeichnungsverbot fallen, sie sind nicht von vornherein den Gesetzesbegriffen gleichsinnig. Die zeitlich vor der BGH-Entscheidung „Naturkind" ergangene Rechtsprechung (vgl. OLG Karlsruhe LRE 10, 196 - „naturbelassene Rohmilch") hat daher nur noch bedingt Geltung.

Bezeichnungen wie „rein, rückstandskontrolliert, unbehandelt" werden von der Nr. 4 erfaßt, da sie eine (völlige) Rückstandsfreiheit ausloben.

Naturangaben als Bestandteil des **Firmennamens** oder einer **Marke** können dem Bezeichnungsverbot der Nr. 4 unterliegen, wenn die Angabe in unmittelbarem Zusammenhang mit einem bestimmten Erzeugnis gebracht wird, so daß hierin ein produktbezogener Hinweis auf die Natürlichkeit der Ware gesehen werden kann (BGH wrp 1997, 302, 305; BayObLG LRE 13, 201, 205; VG München ZLR 1996, 105, 111 ff - Marke „nur natur"; s. hierzu *Leible*, a.a.O., Rdnr. 434).

Fall: BGH wrp 1997, 302 - „Naturkind"
Sachverhalt: Die Beklagte bot Tee in Packungen an, die den Firmennamen „Naturkind L.-GmbH", einen Hinweis darauf, daß es sich um ein Produkt „aus kontrolliert ökologischem Anbau" handele und die für die Beklagte eingetragene Marke „Naturkind" aufwies. Die Tees enthielten meßbare Rückstände an Pflanzenschutzmitteln und Pflanzenbehandlungsmitteln i.S.d. § 14 LMBG, insbesondere von Organochlorpestiziden sowie von Schwermetallen wie Cadmium, Quecksilber und Blei. Die Rückstände beruhten auf der allgemeinen Belastung der Umwelt mit Schadstoffen. Die zulässigen Höchstmengen an Pflanzenschutzmitteln wurden nicht überschritten; sie lagen vielmehr weit unterhalb der zugelassenen Höchstmengen, konkret in der Größenordnung eines Millionstel Teils eines Gramms und damit einer Konstellation von nicht mehr als 1/100 zulässiger Grenzwerte.

Entscheidungsgründe: Der BGH sah in der Bezeichnung „Naturkind" keinen Verstoß gegen § 17 Abs. 1 Nr. 4 LMBG. Die Annahme eines auf die Natur bezogenen (auch) produktbeschreibenden Verständnisses schließe die Vorstellung einer völligen Rückstandsfreiheit nicht ein. Angesichts regelmäßiger Veröffentlichungen in den Medien zu Fragen der Belastung der Natur durch Schadstoffe, des Schutzes der Natur und der Einwirkung menschlichen Handelns auf die Umwelt sei es allgemeines Wissen, daß nahezu überall Schadstoffe anzutreffen sind, die auch zu Belastungen führen können. Dem Verkehr sei bekannt, daß trotz weitgehender Berücksichtigung von Umwelt- und Naturschutzgesichtspunkten Restbelastungen der Umwelt verbleiben. Eine differenzierte Betrachtung der „Umwelt" und „Natur" im Zusammenhang mit Aussagen über Erzeugnisse sei daher üblich geworden (S. 305; unter Hinweis auf BGH GRUR 1994, 828, 829 - „Unipor-Ziegel"; wrp 1996, 290 - „Umweltfreundliches Bauen").

Zutreffend wird in Konsequenz der Entscheidung „Naturkind" § 17 Abs. 1 Nr. 4 LMBG als nicht mehr **verfassungskonform** gesehen. *Leible* sieht die Vorschrift als nicht verhältnismäßig, da nicht erforderlich an, denn der angestrebte Zweck des Schutzes des Verbrauchers vor Täuschungen ließe sich, unter der Prämisse, daß eine typische Irreführungsgefahr von den Gesetzesbegriffen „natürlich" und „naturrein" nicht mehr ausgehe, genausogut mit Hilfe des allgemeinen lebensmittelrechtlichen Irreführungsverbotes des § 17 Abs. 1 Nr. 5 erreichen. Zur Gewährleistung eines wirksamen effektiven Verbraucherschutzes genüge es, wenn jeweils im konkreten Einzelfall geprüft werde, ob die Verwendung der Gesetzesbegriffe geeignet ist, beim Verbraucher die Vorstellung einer vollständigen Rückstands- und Schadstofffreiheit des Lebensmittels hervorzurufen. Einer abstrakten Gefährdungsgefahr bedürfe es daher nicht mehr (*Leible* in wrp 1997, 403, 406 f).

Bio
Mit Wirkung vom 23.7.1992 dürfen Angaben, „die den Eindruck vermitteln, daß das Erzeugnis oder seine Bestandteile nach Produktionsregeln" der VO über den ökologischen Landbau (**ÖkoVO**) gewonnen wurden, namentlich durch Bezeichnungen wie öko, ökologisch, bio, biologisch oder andere ähnliche gebräuchliche Angaben, nur verwendet werden, wenn sie den Anforderungen dieser VO erfüllen [s. hierzu näher Kapitel 6, 4.3.2]. Die ÖkoVO erfaßt (derzeit weitgehend) nur Erzeugnisse pflanzlichen Ursprungs. Ihr Anwendungsbereich schließt die Anwendung des § 17 Abs. 1 Nr. 4 aus (Art. 12 ÖkoVO); auf eine abweichende Verbrauchererwartung kommt es daher nicht an. Nr. 4 ist daher nicht anwendbar, wenn Äpfel als „Obst aus biologisch-dynamischen Anbau" ausgelobt werden, obwohl sie Rückstände von Pflanzenbehandlungsmitteln aufweisen (OLG Karlsruhe ZLR 1994, 391, 393 m. Anm. *Mrohs*).

Außerhalb des Anwendungsbereichs der ÖkoVO findet Nr. 4 dagegen Anwendung; vor allem bei **Erzeugnissen tierischen Ursprungs**, aber auch auf Erzeugnisse pflanzlichen Ursprungs, wenn sich die Werbung für das Lebensmittel nicht auf die landwirtschaftliche Erzeugung i.S.d. ÖkoVO bezieht (*Leible* wrp 1997, 403, 407f). Angaben wie „Bio, Bioland, Biodyn, Biogold, biologisch oder biologisch-dynamisch" können dann dem Anwendungsbereich der Nr. 4 unter der vorangestellten Prämisse unterfallen.

1.5 Irreführung, Nr. 5

Objektiver Tatbestand:
- Lebensmittel [s. Kapitel 1, 1.]
- in den Verkehr gebracht (Legaldefinition: § 7 Abs. 1 LMBG)
  oder allgemeine Werbung
  oder Werbung für ein bestimmtes Lebensmittel
- irreführende Angabe *oder* Aufmachung *oder* Darstellung, „insbesondere"
  a) Wirkaussagen
  b) Irreführung über Herkunft, Menge u.a. wertbestimmende Merkmale
  c) Anschein eines Arzneimittels

Subjektiver Tatbestand [s. Kapitel 7]
- Vorsatz (dann Straftat, § 52 Abs. 1 Nr. 10 LMBG)
  oder
- Fahrlässigkeit (dann Ordnungswidrigkeit, § 53 Abs. 1 i.V.m. 52 Abs. 1 Nr. 10 LMBG)

Während sich die Tathandlungen unter § 17 Abs. 1 Nr. 1 und 2 auf die stoffliche Zusammensetzung eines Lebensmittels beziehen, betrifft § 17 Abs. 1 Nr. 5 dagegen nur **äußere Darbietungsformen** eines Lebensmittels wie „Bezeichnungen, Angaben, Aufmachungen, Darstellungen und sonstige Aussagen". Die Nr. 5 setzt demnach keine Wertminderung des Lebensmittels voraus.

Nr. 5 a) bis c) listet beispielhaft einige Irreführungs-Fälle auf; die Aufzählung ist aber keinesfalls erschöpfend („**insbesondere**").

1.5.1 Irreführung

„Irreführend" ist gleichbedeutend mit dem Tatbestandsmerkmal „zur Täuschung geeignet" in § 17 Abs. 1 Nr. 3. Zur Irreführung genügt demnach die bloße Eignung zur Täuschung; auf eine tatsächliche Täuschung oder gar eine Schädigung der Verbraucher kommt es nicht an.

1.5.1.1 Verbraucherleitbild im Lebensmittelrecht

Maßstab dafür, ob eine irreführende Angabe vorliegt, ist die Auffassung der angesprochenen Verkehrskreise (Verbraucher, Groß- oder Einzelhändler).
§ 17 Abs. 1 Nr. 5 LMBG gehört zum durch EG-Recht **harmonisierten** Bereich; die Norm entspricht in seinem materiellen Inhalt dem Art. 2 Abs. 1 a der Etikettierungsrichtlinie und ist daher wie eine in deutsches Recht umgesetzte Richtlinie zu behandeln. Die Norm ist daher auch und vor allem im Lichte des Art. 30 EGV und der hierzu ergangenen Cassis-Rechtsprechung des EuGH anzuwenden und auszulegen.

In der Auslegung des Begriffes der Irreführung trat mit der Grundsatzentscheidung des Bundesverwaltungsgerichts in Sachen „becel" eine grundlegende Änderung ein. In seinem Urteil vom 23.1.1992 (BVerwGE 89, 320 = wrp 1993, 16 = ZLR 1992, 528) entschied das BVerwG unter Rückgriff auf die Rechtsprechung des Europäischen Gerichtshofs, daß die nationalen

„Vorschriften über das Verbot der Irreführung im Lichte des Gemeinschaftsrechts auszulegen (sind); ihre Handhabung (dürfe) nicht den Mitgliedstaaten nach ihren unterschiedlichen Vorstellungen überlassen bleiben.... Ziel der Etikettierungsrichtlinie (79/112/EWG) ist es gerade, die Unterschiede, die gegenwärtig zwischen den Rechts- und Verwaltungsvorschriften der Mitgliedstaaten (der Europäischen Gemeinschaften) über die Etikettierung von Lebensmitteln bestehen und zu einer Behinderung des freien Warenverkehrs führen und eine ungleiche Wettbewerbslage hervorrufen können, zu beseitigen" (ZLR 1992, 535, 536).

In ständiger Rechtsprechung gibt der EuGH den nationalen Gerichten zur Bestimmung der Irreführungsgefahr einen Rahmen vor. Einer normativen Stabilisierung überkommener Verbrauchervorstellungen über geringe Irreführungsquoten, wie sie das deutsche Recht in der Vergangenheit kennzeichnete, erteilt er dabei eine deutliche Absage. Für den EuGH ist Leitbild ein Verbraucher, der nicht nur ein *Recht auf Information* hat (EuGH, Slg. 1990 I, 667 = GRUR Int. 1990, 955 - „GB-INNO-BM"), sondern dem auch eine *Informationsbeschaffungslast* aufgebürdet wird (EuGH Slg. 1990 I, 4828, 4849 = GRUR Int. 1991, 215 - „Pall/Dahlhausen"). Hierzu heißt es in Entscheidungsgrund 24 in der Rechtssache „Mars" (GRUR Int. 1995, 804):

„Von **verständigen Verbrauchern** kann erwartet werden, daß sie wissen, daß zwischen der Größe von Werbeaufdrucken, die auf eine Erhöhung der Menge des Erzeugnisses hinweisen und dem Ausmaß dieser Erhöhung nicht notwendig ein Zusammenhang besteht."

Zur Bejahung einer Irreführung verlangt der EuGH die „*Feststellung eindeutig nachgewiesener Vorgänge*" (Egr. 19 der Entscheidung „Mars", a.a.O.; s. hierzu *Meyer* wrp 1993, 215; *ders.* GRUR Int. 1996, 98 ff.). Nach Auffassung des EuGH sind die tatbestandsimmanenten Schranken des Art. 30 EGV überschritten, wenn „die bloße *Möglichkeit*, daß Importeure und Einzelhändler den Preis der Ware erhöhen und daß demzufolge die Verbraucher irregeführt werden können", ein Werbeverbot zu Lasten des Einführenden rechtfertigen könnte.

Eine retrospektive Betrachtung der Entscheidungen des EuGH zeigte schon seit langem, daß sich der Gerichtshof an dem **Verbraucherleitbild** des „**verständigen**

Verbrauchers" orientiert (*Meyer* ZLR 1992, 547, 555; *ders.* wrp 1993, 215 ff.; *Leible* EuZW 1992, 599, 601).

Das BVerwG übernahm diese Rechtsprechung ausdrücklich und vollzog damit eine Abkehr von der bisherigen nationalen Rechtsprechung zum Begriff der lebensmittelrechtlichen Irreführung (BVerwG, 89, 320, 323 f; s. allerdings auch BVerwG ZLR 1996, 577, 581: Vorlagebeschluß an den EuGH mit der Frage, ob der „Käufer"-Begriff in der VO (EWG) Nr. 1907/90 - sprich: Verbraucher - ein objektivierter, allein juristisch zu interpretierender Begriff sei oder ob die tatsächliche Verbrauchererwartung maßgeblich sei, und wenn ja, ob der Anteil der Verbraucher prozentual festzulegen sei, ab dem eine maßgebliche Verbrauchererwartung angenommen werden könne).

Die Instanzgerichte schließen sich der Rspr. des BVerwG (weitgehend) an; so etwa der BayVGH in einem Urteil vom 20.4.1995 (ZLR 1996, 95, 100 - „Bauernrotwurst"). Dort heißt es:

„nicht auf den oberflächlichen, ... Käufer, sondern auf den **vernünftigen und informationsfähigen Verbraucher** ... Das Gemeinschaftsrecht hat insoweit eine einschneidende Änderung des bisherigen Rechtszustandes und der Auslegung des lebensmittelrechtlichen Begriffs der Irreführung bewirkt".

1.5.1.2 Verbraucherleitbild im Wettbewerbsrecht

Literatur: *Fezer*, Europäisierung des Wettbewerbsrechts, JZ 1994, 317; *Hohmann*, Einwirkungen des Gemeinschaftrechts auf die Auslegung von § 3 UWG unter besonderer Berücksichtigung des „becel"-Urteils des BVerwG, wrp 1993, 225; *Meyer*, Verbraucherleitbild des Europäischen Gerichtshofs, wrp 1993, 215; *Leible*, Abschied vom „flüchtigen Verbraucher"?, DZWir 1994, 177.

Anders als im Lebensmittelrecht wird im Wettbewerbsrecht bei der Prüfung des Aussagegehalts einer Werbung regelmäßig von der Auffassung eines **flüchtigen Verbrauchers** ausgegangen, der eine Ankündigung weder genau, vollständig und kritisch würdigt, noch grammatikalische oder philologische Überlegungen anstellt (*Baumbach/Hefermehl*, § 3 UWG Rdnr. 33; *Köhler/Piper*, § 3 UWG Rdnr. 80 jeweils mit Rspr.nachw.). Diese Unterschiede in der Auslegung zweier an sich gleicher Norminhalte hängt vor allem damit zusammen, daß § 3 UWG - anders als § 17 Abs. 1 Nr. 5 LMBG - nicht zum harmonisierten Recht gehört und damit eine andere Auslegung erfahren kann. Jüngste Entscheidungen des BGH lassen jedoch ein Abrücken vom „flüchtigen" hin zu einem „verständigen Verbraucher" erkennen. Beredtes Beispiel hierfür ist die Entscheidung „**Naturkind**" (BGH wrp 1997, 302; [s.o. 1.4.2]; s. auch BGH wrp 1994, 615 - „Unipor-Ziegel"; wrp 1996, 290 - „Umweltfreundliches Bauen"; wrp 1996, 729 - „Der meistverkaufte Europas"; wrp 1996, 1156 - „PVC-frei"). Der BGH traut hier dem Verbraucher eine „differenzierte Betrachtung der Umwelt und Natur im Zusammenhang mit Aussagen über Erzeugnisse" zu; dies ist alles andere als eine unreflektierte, flüchtige Betrachtung von Etikett und Werbeaussagen (s. hierzu *Leible* wrp 1997, 403, 405; *Ullmann* GRUR 1996, 948, 957).

Die **Irreführungsrichtlinie 84/450/EWG** vom 10.9.1984 (GRUR Int. 1984, 688), die Sachverhalte wie den des § 3 UWG erfaßt und dieser Norm übergeordnet ist (Vorrang des Gemeinschaftsrechts; EuGH GRUR Int. 1994, 231 = wrp 1994, 380 m. Anm. *Meyer* - „Clinique") enthält lediglich eine Teilharmonisierung des Wettbewerbsrechts durch Festsetzung objektiver Mindestkriterien und Mindestanforderungen an den Schutz vor irreführender Werbung (EuGH wrp 1991, 562 - „Pall/Dahlhausen"; GRUR Int. 1994, 231 - „Clinique"). Die Richtlinie ist aber im Lichte des (höherrangigen) Art. 30 EGV auszulegen (EuGH wrp 1993, 233 - „Nissan"; *Köhler* GRUR Int. 1984, 396). Mit den Anforderungen der Richtlinie steht § 3 UWG in Einklang. Der über diese Anforderungen hinausgehende Schutzstandard des UWG ist durch Art. 7 der Richtlinie gedeckt (*Köhler/Piper*, § 3 UWG Rdnr. 30).

Angesichts des weitgehenden Fehlens einer Harmonisierung des Wettbewerbsrechts auf europäischer Ebene ist für die Auslegung des § 3 UWG die Regelung des Art. 30 EGV von besonderer Bedeutung. Bei der Anwendung des § 3 UWG auf Sachverhalte grenzüberschreitenden Warenverkehrs ist zu prüfen, ob die Anwendung und Auslegung der Norm im konkreten Einzelfall den Grundsätzen der **Cassis-Rechtsprechung** entspricht.

Die Vorgabe des „**verständigen Verbrauchers**" des EuGH [s.o. 1.5.1.1] ist dabei als **normatives Korrektiv** bei der Abwägung der divergierenden Interessen, bei dem Interessenausgleich zwischen (notwendigem) Verbraucherschutz einerseits und den Grundsätzen des freien Warenverkehrs andererseits, zu prüfen, wenn ein Gericht zu dem Ergebnis kommt, daß ein „flüchtiger Verbraucher" durch eine Werbeangabe des Einführenden getäuscht wird (beispielhaft: LG Frankfurt, wrp 1995, 879, 881 ff). Das nationale Wettbewerbsrecht wird insoweit vom supranationalen Recht überlagert und untersteht dem Korrektiv gemeinschaftsrechtskonformer Auslegung. Es handelt sich um einen am Einzelfall orientierten Kompromiß zwischen dem Herkunftsprinzip und dem Bestimmungslandprinzip (*Meyer* wrp 1993, 215, 220; *Steindorff* ZHR 150 (1989), 687, 691). Das Wettbewerbsrecht des Einfuhrstaates wird keinesfalls durch dasjenige des Ausfuhrstaates ersetzt. Dies zeigt Egr. 19 der „Mars"-Entscheidung (GRUR Int. 1995, 804), in dem der EuGH ausführt:

„....daß die Mitgliedstaaten gegebenenfalls durch geeignete Maßnahmen auf eindeutig nachgewiesene Vorgänge reagieren können, die eine Irreführung der Verbraucher zur Folge haben".

Wenn aber ein Erzeugnis mit einer bestimmten Etikettierung oder Aufmachung in einem anderen Mitgliedstaat in der EU rechtmäßig in Verkehr ist, müssen allerdings gewichtige Gründe angeführt werden, um die Einfuhr in die Bundesrepublik mit dieser Aufmachung zu verbieten oder einzuschränken; der bloße Hinweis auf die mögliche Täuschung einer zwar nicht unbeachtlichen, aber doch geringen Anzahl der angesprochenen Verbraucher genügt hierfür nicht. Hier gilt der Grundsatz, daß das „einzelstaatliche Recht eines Mitgliedsstaates nicht dazu dienen darf, die Verbrauchergewohnheiten zu zementieren" (EuGH Rs. 170/78, Slg. 1980, 417, 434 (14.); Rs. 178/84, Slg. 1987, 1227, 1270/71 (32.) - „Bier").

Fall: EuGH wrp 1994, 380 - „Clinique"

Sachverhalt: Unter der Bezeichnung „clinique" führte das amerik. Unternehmen Estée Lauder Anfang der 70er Jahre eine Kosmetikserie ein. Diese Produkte werden nach identischen Rezepturen in England, Belgien und in der Schweiz hergestellt und über Tochtergesellschaften im Binnenmarkt vertrieben. Ihr Vertrieb erfolgt in Deutschland unter der Produktbezeichnung „linique" über Kaufhäuser. Ein Vertrieb der Kosmetikserie unter der Produktbezeichnung „clinique" wäre in Deutschland in der Vergangenheit unzulässig gewesen. Die hinsichtlich Klangbild, Wortbild und Begriffsinhalt mit dem Begriff „klinisch" ähnliche Bezeichnung „clinique" wird, insbesondere wenn sie zur Bezeichnung von pflegenden Produkten dient, bei einem nicht unerheblichen Teil der angesprochenen Verkehrskreise gewöhnlich eine Assoziation mit den Gebieten der Gesundheitspflege und der Heilkunde auslösen. Es war demnach nicht auszuschließen, daß das Publikum einem Kosmetikartikel namens „clinique" eine Heilwirkung beimißt, das diesem nicht zukommt, so daß ein Verstoß gegen § 3 UWG als auch § 27 I S. 2 Nr.1 LMBG vorgelegen hätte. Sicherlich ermutigt durch die Rechtsprechung des EuGH sah sich die deutsche Tochtergesellschaft von Estée Lauder veranlaßt, durch einen Testverkauf ihrer Produkte unter der Bezeichnung „clinique" eine Grundsatzentscheidung herbeizuführen. Das Landgericht Berlin legte in einem Vorlagebeschluß die Rechtssache dem EuGH vor.

Entscheidungsgründe: Der EuGH erklärte das auf §§ 3 UWG und 27 LMBG gestützte Verbot, die kosmetischen Produkte unter der Bezeichnung „clinique" zu vertreiben, mit Art. 30 EGV sowie mit Art. 6 Abs. 3 der Kosmetik-Richtlinie für unvereinbar. Nach Auffassung des EuGH werden die Verbraucher durch die Verwendung der Bezeichnung trotz der klinischen und/oder medizinischen Konnotation nicht irregeführt. Die Produkte würden auch in anderen Mitgliedstaaten vertrieben, ohne die Verbraucher zu täuschen. Der EuGH geht vom Leitbild eines informierten und informationsfähigen Verbrauchers aus.

1.5.1.3 Verhältnis § 3 UWG zu § 17 LMBG

Für ein Verbot aus § 3 UWG können keine weiterreichenden Rechtsfolgen als aus § 17 Abs.1 Nr.5 LMBG hergeleitet werden, sofern es um die Beurteilung eines vom LMBG erfaßten Sachverhalts geht. Zwischen beiden Normen besteht dann **Gesetzeskonkurrenz**, so daß § 17 Abs. 1 Nr. 5 LMBG vor geht, anderenfalls würde die spezialgesetzliche Regelung obsolet (*Köhler/Piper*, § 3 UWG Rdnr. 29 a.E.)

1.5.1.4 Begriffe in Nr. 5

Aussage

„Aussage" ist der Oberbegriff für alle Arten von Werbung in Wort, Bild oder Ton; hierunter fallen auch Aussagearten, die nicht bereits unter die ausdrücklich in Nr. 5 genannten äußeren Darbietungsformen fallen. Die einzelnen Begriffe gehen ineinander über und ergänzen sich; sie bedürfen keiner begrifflichen Abgrenzung.

Bezeichnung

Die „Bezeichnung" ist der Name einer Ware, der kurz - mit einem oder mehreren Stichworten - die wertbestimmenden Faktoren des jeweiligen Erzeugnisses nennt; dies ist in erster Linie die **Verkehrsbezeichnung** [s. Kapitel 3, 1.3]. Hierunter fallen auch Hinweise auf die Gattung, Gruppe oder Sorte eines Lebensmittels.

Angabe
„Angaben" sind tatsächliche Erklärungen jeder Art über wertbestimmende Faktoren eines Lebensmittels wie Herkunft, Zeit der Herstellung, Menge, Gewicht oder Haltbarkeit.

Aufmachung
Der Begriff umfaßt alle Umstände, die die äußere Erscheinung der Ware im Verkehr ausmachen, z. B. Verpackungsart, Form der Gefäße, Farbkombinationen oder bildliche Darstellungen auf der Verpackung.

Darstellungen
Hierunter sind insbesondere bildliche Darstellungen in der Werbung zu verstehen; Nr. 5 erfaßt Werbung in allen Medien wie Presse, Rundfunk und Fernsehen, aber auch auf Plakaten.

1.5.1.5 Formen der Irreführung

Mehrdeutige Angaben
Werbeaussagen, die verschiedenen Verständnismöglichkeiten der Verbraucher offenstehen, sind irreführend, wenn auch nur einer der in Betracht kommenden Begriffsinhalte von den angesprochenen Verkehrskreisen in einem unzutreffenden Sinne verstanden wird. Der Werbende muß dabei - auch bei unbewußter Mehrdeutigkeit - die ungünstigste Auslegung gegen sich gelten lassen (BGH GRUR 60, 567, 569 - „Kunstglas"). „Der Kaffee, den die Welt trinkt" ist mehrdeutig als Hinweis, daß viele diesen Kaffee trinken und als Angabe, daß in nahezu allen Ländern der Erde dieser Kaffee in nicht völlig unbedeutendem Umfange getrunken wird (OLG Hamburg LRE 11, 99, 106; *Zipfel/Rathke* C 100 § 17 Rdnr. 212 h).

Fortwirkung
Bei der Prüfung der Irreführung einer konkreten Werbeaussage kann auch die **Fortwirkung** einer früheren Werbung desselben Unternehmens berücksichtigt werden.
   Beispiel: Irreführende Werbung für Margarine ohne wesentlichen Eigehalt mit der Angabe „Ei fein", fortgesetzt mit der Angabe „Ei wie fein" (BGH GRUR 1958, 86, 89; BGH GRUR 1964, 686 - „Glockenpackung II"; GRUR 1982, 685, 686 - „Ungarische Salami II").

Beseitigung der Irreführungsgefahr
Aufklärende Hinweise im Werbetext können die durch den Blickfang oder sonstige Werbeaussagen einmal eingetretene Irreführung nicht ohne weiteres beseitigen (BGH GRUR 1991, 554, 555 - „Bilanzbuchhalter"). Entscheidend ist, ob durch eine Richtig- oder Klarstellung ein falscher Eindruck ausgeschlossen werden kann. Auch einer mehrdeutigen Bezeichnung kann durch unmißverständliche Zusätze entgegengewirkt werden (BGH GRUR 1963, 539, 541).

In aller Regel können nur solche Hinweise, die wie nicht zu übersehende blickfangartige Hervorhebungen den Verkehr vor Täuschung bewahren, der Anwendung des § 3 UWG entgegenstehen (BGH GRUR 1983, 658, 661). Eine blickfangmäßig herausgestellte unrichtige Angabe kann demnach durch weitere, aber nicht blickfangmäßig herausgestellte Angaben nicht klargestellt werden (BGH GRUR 1988, 700, 702).

Beispiel (nach *Zipfel/Rathke* C 100 § 17 Rdnr. 272 ff.): die Bezeichnung „Virginia-Steak" mit dem Zusatz „Schweinekamm ohne Knochen" ist in sich widersprüchlich, da unter Steak ein fettarmes Fleisch verstanden wird, und daher zur Irreführung geeignet ist. Sie kann auch nicht als beschreibende Verkehrsbezeichnung i. S. d. § 4 Satz 1 Nr. 2 LMKV angesehen werden, da ihr die erforderliche Unterscheidungskraft fehlt.

1.5.2 Wirkaussagen, Nr. 5 Buchst. a

Nr. 5 Buchst. a verbietet in zwei Alternativen generell folgende Wirkaussagen:
- objektiv falsche Behauptungen *und*
- pseudowissenschaftliche oder wissenschaftlich umstrittene Behauptungen.

Erkenntnisse der Wissenschaft
Wirkaussagen müssen „wissenschaftlich", insbesondere mit medizinischen oder ernährungsphysiologischen Erkenntnissen belegt werden können. Maßgebend ist stets die als herrschend anzusehende, gefestigte Auffassung der Fachwelt in dem jeweiligen Bereich. Erkenntnisse einzelner Wissenschaftler können ausreichen, wenn sie breite Anerkennung gefunden haben, anderenfalls wären sie noch „nicht hinreichend wissenschaftlich gesichert" (i.S.d. zweiten Alternative); Beispiel: der Einfluß „levitierten" Wassers auf den menschlichen Stoffwechsel (OLG Hamburg ZLR 1991, 214 mit Anm. *Coduro*).

Wissenschaftlich nicht hinreichend gesichert
„Nicht hinreichend gesichert" sind fachlich umstrittene Meinungen (BGH GRUR 1965, 368, 373); dies selbst dann, wenn Meinung wie Gegenmeinung fundiert sind (BVerwG ZLR 1984, 318). Erkenntnisse, die von namhaften Wissenschaftlern aufgrund allgemein anerkannter und nachprüfbarer Methoden in Zweifel gezogen werden, sind im allgemeinen nicht als wissenschaftlich hinreichend gesichert anzusehen (BGH GRUR 1965, 368).

Das Tatbestandsmerkmal „wissenschaftlich nicht hinreichend gesichert" muß nachgewiesen werden; es liegt keine Umkehrung der **Beweislast** vor. Es gilt allerdings nicht die Vermutung, daß Behauptungen solange als wissenschaftlich gesichert gelten, solange sie sich nicht als falsch herausgestellt hätten; dies wäre mit dem Gesetzeszweck nicht vereinbar (Amtl. Begründung, BT-Drucks. 7/255, S. 23). Vielmehr müssen dort, „wo die Gesundheit ins Spiel gebracht wird, besonders strenge Anforderungen an die Richtigkeit, Eindeutigkeit und Klarheit der Aussagen gestellt werden" (BGH ZLR 1980, 492). Die Beweislast für die Richtigkeit wissenschaftlich umstrittener Behauptungen trägt demnach der Werbende.

Fall: VGH München ZLR 1995, 87 – „Kosmetik von innen"
Sachverhalt: Die Klägerin warb 1986 für die von ihr hergestellten und bundesweit vertriebenen Produkte „Reine Buttermilch" und „Multivitaminbuttermilch" in mehreren Frauenzeitschriften mit ganzseitigen Anzeigen, in denen drucktechnisch der Slogan „Kosmetik von innen" hervorgehoben war.

Entscheidungsgründe: Der BayVGH sah hierin eine unzulässige Wirkaussage. „Die Werbeaussage erweckt in dem Verbraucher die Vorstellung, daß die betreffenden Buttermilchprodukte kosmetische Wirkung hätten und daß er durch ihren Verzehr etwas für die Erhaltung oder Verbesserung seines äußeren Erscheinungsbildes tun könne. Kosmetik ist 'die Kunsterhaltung, Verbesserung und Wiederherstellung der Schönheit des menschlichen Körpers, insbesondere des Gesichts' und entspricht in dieser Begriffsbedeutung dem allgemeinen Sprachgebrauch [...] Sie bedient sich kosmetischer Mittel (Kosmetika)" (S. 91). Der BayVGH sieht in dem Werbeslogan keine als offensichtlich und erkennbar übertriebene Aussage: „Gerade vor dem Hintergrund der allgemein im Verbraucherbewußtsein verankerten Vorstellung von der äußerlichen Anwendung eines Kosmetikums gewinnt die Anpreisung, kosmetische Wirkung sei auch durch innerliche Anwendung, nämlich den Verzehr eines Lebensmittels, zu erzielen, einen besonderen Aussagegehalt, der nicht ohne weiteres als offensichtlich abwegig zu erkennen ist. Dem durchschnittlichen Verbraucher wird damit suggeriert, daß er abweichend vom überkommenen Kosmetikbegriff die erwünschte kosmetische Wirkung ohne die in der Regel kosten- und zeitaufwendige Prozedur der äußeren Anwendung eines Kosmetikums ganz einfach durch den Genuß eines Milchproduktes erreichen kann" (S. 92).

1.5.3 Irreführung, Nr. 5 Buchst. b

1.5.3.1 Herkunftsangaben

Literatur: *Hohmann/Leible*, Probleme der Verwendung geographischer und betrieblicher Herkunftsangaben bei Lebensmitteln, ZLR 1995, 265; *Leible*, in: Handbuch Lebensmittelrecht, III. F Rdnr. 495 ff; *Loschelder/Schnepp*, Deutsche geographische Herkunftsangaben, 1992; *Tilmann*, Die geographische Herkunftsangabe, 1976

„Herkunft" ist sowohl die betriebliche wie örtliche (Ort, Gebiet oder Land) Ursprungsstätte eines Erzeugnisses, an dem es hergestellt, verarbeitet oder anderweitig gestaltet wurde.

Geographische Herkunftsangaben
Geographische Herkunftsangaben weisen auf die Herkunft eines Lebensmittels aus einem bestimmten Land, Gebiet oder Ort hin. Solche Bezeichnungen sind irreführend, wenn die angesprochenen Verkehrskreise mit ihnen irgendwelche, wenn auch nicht immer klare, vielleicht sogar objektiv unzutreffende **Wertvorstellungen** verbinden und das dergestalt gekennzeichnete Erzeugnis diese Erwartungen nicht erfüllt.

Die Wertvorstellungen können auf den besonderen klimatischen oder geographischen Einflüssen des Produktionsortes, auf die außergewöhnliche Erfahrung oder Geschicklichkeit des oder der Hersteller am Ort oder auf einer in jahrhundertealter

Tradition gepflegten Herstellungsmethode beruhen. Verbindet der Verkehr mit einer Herkunftsangabe besondere Preis- und Gütevorstellungen handelt es sich um **qualifizierte Herkunftsangaben (Ursprungsbezeichnungen)**; erschöpft sich dagegen die Bezeichnung in einem Hinweis auf einen Ort, handelt es sich um eine **einfache Herkunftsangabe**.

Beispiele: Die Verwendung „Scotch Whisky" für ein in Schottland hergestelltes Erzeugnis ist irreführend, wenn der Whisky die vom Verkehr erwarteten Qualitätsanforderungen des Herstellungsortes (dreijährige Mindestlagerzeit) nicht erfüllt (BGH GRUR 1969, 280, 282).

„Grafschafter" stellt keine Herkunftsbezeichnung dar. Mit dieser Bezeichnung wird insbesondere nicht die sonst nicht weiter bekannte Ortschaft und die sie umgebende Region im nördlichen Rheinland-Pfalz, sondern der abstrakte Begriff einer Herrschaftseinheit, nämlich das unter der Verwaltung eines Grafen stehende Territorium, verbunden. Da weder in der Region Grafschaft oder auch in einer der sonstigen Ortschaften gleichen Namens im Bundesgebiet Brot oder Gebäck hergestellt wird, mit welchem die Verbraucher die Vorstellung einer besonders hochwertigen Qualität oder sonstiger spezifischer Eigenarten verbinden könnten, liegt keine Herkunftsbezeichnung, sondern lediglich eine wertneutrale Angabe vor (VG Stuttgart Az. 4 K 4341/95, 9.8.1996).

Bei **unmittelbaren** geographischen Angaben wird unter adjektivischer oder substantivischer Verwendung eines geographischen Begriffs direkt auf einen bestimmten Ort hingewiesen, etwa durch Angabe des Namens eines Landes oder einer Stadt, eines Flusses oder eines Sees („Kölsch-Bier" für Bier eben aus Köln, BGH GRUR 1970, 517, 518 f). **Mittelbare Angaben** über die örtliche Herkunft eines Erzeugnisses geben dagegen nicht schon als solche Auskunft über deren Provienz, können aber den Verkehr durch Wort, Bild oder in anderer Weise darauf schließen lassen, beispielsweise durch Verwendung von Landesfarben oder -flaggen (BGH GRUR 1982, 685, 686 - „Ungarische Salami II") oder einer charakteristischen Warenaufmachung („Bocksbeutelflasche", BGH GRUR 1971, 313; allerdings findet der Bocksbeutel auch Anwendung in Südtirol - EuGH Slg. 1984, 1299 „Prantl" - und Portugal - BGH GRUR 1979, 415 „Cantil-Flasche").

Auch ausschließlich oder überwiegend **fremdsprachige Angaben** auf der Verpackung eines Lebensmittels können beim Verbraucher den Eindruck erwecken, daß es sich um ein ausländisches Erzeugnis handelt; umgekehrt läßt eine deutsche Beschriftung nicht unbedingt auf eine deutsche Herkunft schließen (OVG Nordrhein-Westfalen ZLR 1992, 545; unzutreffend OLG Köln LRE 23, 18 = ZLR 1988, 667 - „Pingo"; s. hierzu auch *Köhler/Piper*, § 3 UWG Rdnr. 191). Der Zwang zur Angabe der Herkunft ist im innergemeinschaftlichen Warenverkehr unzulässig (EuGH Slg. 1981, 1625 - „Irische Souvenirs"; 1985, 1201 - „Textilien").

Fall: OVG Nordrhein-Westfalen ZLR 1992, 545 - „Friki frisch"
Sachverhalt: Im Herbst 1989 untersuchte das zuständige Überwachungsamt das von einem Importeur vertriebene Frischgeflügel aus den Niederlanden. Sämtliche Textteile des Etiketts waren in deutsch gehalten. Der deutsche Firmensitz war angegeben. Als Herkunftsangabe konnte allenfalls

der Aufdruck „NE 081 EEG" auf der Verpackungsfolie dienen. Das Amt wies die Einzelhandelsgeschäfte an, die Produkte umzudeklarieren mit einem deutlichen Hinweis auf die ausländische Herkunft der Ware.

Entscheidungsgründe: Die Aufmachung der Produkte entsprach den lebensmittelrechtlichen Kennzeichnungsvorschriften für Frischgeflügel nach § 3 LMKV und den §§ 2 ff GeflHandelsKlV. Nach Auffassung des OVG mußten die „von der Klägerin in Verkehr gebrachten, aus Holland importierten Geflügelprodukte keinen Hinweis auf ihre ausländische Herkunft auf der Produktkennzeichnung tragen". „In einem solchen Fall liegt eine Irreführung ...nicht vor, auch wenn ein Informationsbedürfnis des Verbrauchers unbefriedigt bleiben könnte". „Der fehlende Hinweis auf die ausländische Herkunft ist...zur Täuschung des Verbrauchers nicht geeignet, sondern führt nur zu der Feststellung, nicht erkennen zu können, ob es sich um ein deutsches oder ausländisches Geflügel handelt. Aus der Beschriftung in deutscher Sprache kann der Schluß auf deutsche Herkunft jedenfalls nicht gezogen werden".

Gattungsbezeichnungen

Keine geographische Bezeichnungen sind Angaben, die ihre ursprüngliche geographische Bedeutung verloren und von den angesprochenen Verkehrskreisen nur als **Gattungsbezeichnungen** oder Beschaffenheitsangaben angesehen werden („Harzer Käse"). So ist Steinhäger beispielsweise ein Gattungsbegriff für einen unter Verwendung von Wacholderlutter aus vergorener Wacholdermaische hergestellten Trinkbranntwein; in Steinhagen muß er nicht hergestellt werden (BGH GRUR 1957, 128, 129). „Pilsener Bier" ist eine Gattungsbezeichnung für ein helles, bitteres Bier mit hohem Hopfenanteil (BGH GRUR 1974, 220, 221).

Die Art. 30 und 36 EGV stehen der Anwendung eines zweiseitigen Abkommens zwischen Mitgliedstaaten der Europäischen Gemeinschaften über den Schutz von Herkunftsangaben und Ursprungsbezeichnungen (wie das französisch-spanische Abkommen) nicht entgegen, soweit die geschützten Bezeichnungen im Ursprungsland nicht im Zeitpunkt des Inkrafttretens des Abkommens oder später Gattungsbezeichnungen waren bzw. geworden sind (EuGH GRUR Int. 1993, 76 - „Exportur SA/LOR SA und Confiserie du Tech"; BGH GRUR 1994, 307, 309 - „Mozzarella I").

Der **Umwandlungsprozeß** zur Gattungsbezeichnung ist aber erst dann abgeschlossen, wenn nur noch ein ganz unbeachtlicher Teil der Verkehrskreise mit der Angabe einen Hinweis auf die Herkunft verbindet. Herkunftshinweise sind allerdings solange als geographische Herkunftsbezeichnungen anzusehen, als nicht zweifelsfrei ihre Bestimmung lediglich als Gattungsbezeichnung oder Beschaffenheitsangabe feststeht (BGH GRUR 1963, 482, 484 - „Hollywood Duftschaumbad").

Ein Wandel der Verkehrsauffassung kann zu einer **Rückbildung einer Gattungsbezeichnung** zur Herkunftsbezeichnung führen (BGH GRUR 1990, 461 - verneint für Dresdner Stollen); abgeschlossen ist der Bedeutungswandel, wenn eine solche Vorstellung bei dem überwiegenden Teil des Verkehrs besteht (mehr als 50 %).

Personengebundene Herkunftsangabe

Eine Verlagerung der Betriebsstätte an einen anderen Ort steht grundsätzlich einer weiteren Verwendung der bisherigen Ortsbezeichnung entgegen. Anders ist dies aber bei personengebundenen Herkunftsangaben; ihre Bedeutung liegt nicht in einem Hinweis auf eine bestimmten Herstellungsort, sondern auf eine Gruppe von

Herstellern, die wegen ihrer Fertigkeit und der Güte ihrer Ware einen besonderen Ruf für sich in Anspruch nehmen können. Die aus den deutschen Ostgebieten vertriebenen Hersteller können nach ihrer Betriebsverlagerung in die Bundesrepublik weiterhin die alte Ortsbezeichnung verwenden und es Dritten, die dem Kreis der vertriebenen Hersteller nicht angehören, verwehren, die Bezeichnung zu verwenden (BGH GRUR 1956, 270 - „Rügenwalder Teewurst I"; BGH wrp 1995, 398 = ZLR 1995, 313 m. Anm. *Sosnitza* - „Rügenwalder Teewurst II")

Relokalisierende Zusätze
Werden Ortsbezeichnungen, die im Verkehr ihre geographische Bedeutung verloren haben, Zusätze wie „echt", „original", „Ur" oder „Alt-" beigefügt, sind sie als Herkunftsangaben anzusehen (BGH GRUR 1986, 316 - „Urselters I"). „Original Pilsener" oder „Pilsener Urquell" muß in Pilsen hergestellt worden sein, anderenfalls läge eine Irreführung vor. Eine Relokalisierung kann auch durch mittelbare Herkunftsangaben eintreten wie bei der Verwendung einer Landesflagge [s.o.], wenn der Verkehr hiermit einen Herkunftshinweis verbindet.

Entlokalisierende Zusätze
Ein entlokalisierender Zusatz wie „hergestellt in" kann eine vorherige Irreführung über die geographische Herkunft neutralisieren oder verhindern (OLG München ZLR 1997, 453 - „Mozzarella"). Dieser Zusatz muß aber inhaltlich und optisch so gestaltet sein, daß eine Irreführung auch tatsächlich vermieden wird. Besteht bei inländischen Lizenzprodukten ein für die Wertschätzung erheblicher ausländischer Einfluß, so ist ein entlokalisierender Zusatz nur dann ausreichend, wenn dadurch der irreführende Eindruck ausgeschlossen wird, es handele sich um eine im Ausland gefertigte und importierte Originalware (BGH GRUR 1971, 255, 258 – „Plym-Gin"). Ein lediglich auf der Dachseite einer Sechser-Packung enthaltene Angabe „gebraut und abgefüllt für Tuborg Vertriebsgesellschaft mbH Mönchengladbach" genügt diesen Anforderungen nicht, weil nicht ausgeschlossen werden kann, daß ein nicht unerheblicher Teil der Verbraucher davon ausgeht, das Bier sei zwar in Deutschland abgefüllt, aber immerhin in Dänemark gebraut worden (LG Hamburg ZLR 1996, 85 mit Anmerkung *Leible*).

Die entlokalisierende Angabe muß zudem in ähnlich exponierter Weise auf dem Etikett angebracht werden wie die ohne diesen Zusatz irreführende geographische Angabe. Es reicht nicht aus, wenn der aufklärende Hinweis in kleiner, schwer lesbarer Schrift auf dem Vorder- oder gar Rücketikett des Produkts angebracht ist (OLG Hamburg, wrp 1979, 45, 48 – „Norderstedter Pilsener"; OLG Naumburg ZLR 1996, 78, 84 – „Original Oettinger").

1.5.3.2 Haltbarkeitsdauer

Unzutreffende Angaben über die Haltbarkeitsdauer stellen eine Zuwiderhandlung gegen § 7 LMKV dar [s. Kapitel 3, 1.5]; ggfs. auch irreführende Angaben i.S.d. § 17 Abs. 1 Nr. 5 LMBG.

1.5.3.3 Weitere für die Bewertung mitbestimmende Umstände

Beschaffenheitsangabe
Der Begriff Beschaffenheit ist weit zu fassen. Er umfaßt nicht nur solche Eigenschaften der Ware, die mit ihrer stofflichen Beschaffenheit zusammenhängen. Hierzu gehören auch Umstände, die nach der Verkehrsauffassung für die Wertschätzung des Lebensmittels von Bedeutung sein können: die Verwendung eines Erzeugnisses, sein Geschmack, die Zusammensetzung oder Frische der Ware.
Beispiele für irreführende Angaben (*Zipfel/Rathke*, C 100 § 17 Rdnr. 221):
- „Vollzucker" für einen normalen Zucker (BGH GRUR 55, 254);
- „Buttergebäck" für ein mit Margarine hergestelltes Gebäck (RG HRR 29, Nr. 787).
- „Steakletts Western Art" aus zerkleinertem Fleisch (OLG Koblenz ZLR 1984, 177)

Qualitätsangabe
Qualitätsauslobungen müssen wahrheitsgemäß und unmißverständlich sein. Als Spitzenerzeugnis ausgezeichnete Produkte („I a, prima, Delikateß, einmalig, edel, Auslese, feine, feinste, Meisterklasse, Super, Excellenz, extra") müssen zur **Spitzengruppe** gehören. Bloßer Durchschnitt reicht nicht aus, vielmehr muß das Lebensmittel gegenüber konkurrierenden Waren vergleichbarer Art ernährungsphysiologisch eine nicht unerhebliche Erhöhung des Nähr- oder Genußwertes aufweisen.
Beispiele: Unter der Bezeichnung „Wildschwein-Edelgulasch" wird ein besonders wertvolles Fleisch erwartet, dessen Fettanteil unter 10 % liegt. Die Bezeichnung ist irreführend, wenn der Fettanteil erheblich höher ist (OLG Koblenz LRE 17, 187). Ein als „molkereifrisch" ausgezeichnetes Milcherzeugnis muß frisch aus der Molkerei kommen und darf nicht bereits einige Tage gelagert worden sein (VG Braunschweig LRE 11, 150). „Auslese" in der Kaffeewerbung bedeutet gehobene, erlesene Qualität (OLG Hamburg GRUR 1977, 113 - „Mocca-Auslese").

Leicht, light
Die Angaben „leicht" oder „light" sind **Nährwertangaben** i.S.d. NKV. Sie sind mehrdeutig und daher erläuterungsbedürftig; durch zusätzliche Angaben muß klargestellt werden, ob es sich hierbei um eine brennwertbezogene und/oder um nährstoffbezogene Angaben handelt. In beiden Fällen muß der Brennwert oder der Nährstoffgehalt grundsätzlich um mindestens 40 % gegenüber den durchschnittlichen Werten vergleichbarer herkömmlicher Lebensmittel vermindert sein (§ 6 Abs. 2 Nr. 2 und 3 NKV).

Werbung mit einer Selbstverständlichkeit
Irreführend kann das Hervorheben von Eigenschaften sein - trotz ihrer objektiven Richtigkeit -, die dem Lebensmittel ohnehin eigen oder gesetzlich vorgeschrieben sind, wenn der Verkehr das Selbstverständliche der Eigenschaft nicht kennt bzw. erkennt und deshalb zu Unrecht von einem Vorzug des beworbenen Lebensmittels gegenüber vergleichbaren anderen Erzeugnissen ausgeht.

Beispiele:
- die Angabe „amtlich tierärztlich kontrolliert" auf der Verpackung einer Grillente (BayObLG ZLR 1985, 145)
- Betonung der Nichtverwendung chemisch behandelter Mehle, wenn die Nichtverwendung selbstverständlich und kein Mitbewerber solche Mehle verwendet (BGH GRUR 1956, 550, 553 - „Tiefenfurter Bauernbrot")
- die Werbung „nichts als Kaffee" für ein Kaffee-Extrakt-Erzeugnis betont eine Selbstverständlichkeit, da nach der KaffeeVO (§ 1 Anlage Nr. 2) jedes dieser Produkte aus gerösteten Kaffeebohnen gewonnen wird (*Köhler/Piper* § 3 Rdnr. 122)

Freiheit von Zusatzstoffen
Die Angabe der Freiheit von Zusatzstoffen ist eine unzulässige Werbung mit einer **Selbstverständlichkeit**, wenn der Zusatz von Zusatzstoffen bei dem jeweiligen Lebensmittel ohne Ausnahme nicht erlaubt ist. „Ohne Konservierungsstoffe" auf Ganzbroten täuscht eine besondere Eigenart des Brotes gegenüber Broten der Mitbewerber vor (OLG Hamburg wrp 1982, 424).

Der aufklärende Hinweis „**laut Gesetz**" relativiert allerdings den ohne diesen Hinweis irreführenden Eindruck, da der Verkehr das Selbstverständliche erkennen kann, so daß dann der Hinweis auf die tatsächliche Nichtverwendung bestimmter Stoffe zulässig ist.

Gesundheitsbezogene Aussagen
Gesundheitsbezogene Aussagen, die keinen Krankheitsbezug assoziieren, werden vom Verbotstatbestand des § 18 LMBG nicht erfaßt, können aber im Einzelfall irreführende Werbung sein.

Beispiel: *Zipfel/Rathke* (C 100 § 17 Rdnr. 289) nennen als Beispiel irreführender gesundheitlicher Wirkaussagen die Bezeichnung „**Spezialsalz**", da durch sie irrige Vorstellungen über bestimmte gesundheitsfördernde Eigenschaften der Ware hervorgerufen werden können; hier kommt es auf die Umstände des Einzelfalles an.

Angaben wie „**vitaminreich**" oder „vitaminhaltig" setzen einen Vitamingehalt voraus, der zum empfohlenen oder geschätzten Tagesbedarf eines Verbrauchers in einem angemessenen Verhältnis steht; der Gehalt sollte mindestens die Hälfte des Tagesbedarfs abdecken. Deshalb ist die Hervorhebung des Vitamin C-Gehalts in einem Lebensmittel dann irreführend, wenn der Gehalt weniger als die Hälfte des täglichen Vitamin C-Bedarfs eines Menschen, der nach wissenschaftlichen Erkenntnissen bei 75 mg liegt, beträgt (BayObLG LRE 8, 286). Mit Vitaminen angereicherte Margarine darf dann als „vitaminreich" in Verkehr gebracht werden, wenn ihre zum täglichen Verzehr empfohlene Menge mindestens die Hälfte des durchschnittlichen Tagesbedarfs an diesen Vitaminen deckt (OVG Berlin LRE 17, 297).

1.5.4   Anschein eines Arzneimittels, Nr. 5 Buchst. c

Der Anschein eines Arzneimittels muß sich aus der **äußeren Darbietungsform** ergeben.

Beispiele:
- *Art der Verpackung*, wie sie *ausschließlich* bei Arzneimitteln üblich ist: Trockenhaltegranulate im Deckel.
  Bei Lebensmitteln inzwischen (auch) gewöhnlich, zumindest bei Nahrungsergänzungsmitteln, ist die Abgabe in abgeteilten Dosierungen wie Tabletten, Dragee- oder Kapselform im Blister (vgl. Amtl. Begründung zur NKV).
- *Darreichungsform*: Retardtablette (Wirkstoffreigabe über einen bestimmten Zeitraum, z.B. durch Ionenaustauscher oder mit verschiedenen Überzügen versehenen Pellets), wodurch beispielsweise eine Wirkstoffreisetzung in den verschiedenen Verdauungssegmenten wie Magen oder Darm erreicht wird.
- *Angabe von Rezepturen* oder Zutaten in Latein (die Zutatenkennzeichung muß grundsätzlich in deutsch oder in „einer leicht verständlichen Sprache" gehalten sein).
- *Dosierungsanweisungen* wie „zweimal täglich eine Kapsel" sind auch bei Lebensmitteln anzutreffen und oftmals auch aus haftungsrechtlichen Gründen geboten, um eine Überdosierung etwa an Vitaminen zu vermeiden.
- *Angabe von Heil-, Linderungs- oder Verhütungswirkungen* (i.S.v. § 18 LMBG).

Es kommt entscheidend auf die **Gesamtaufmachung** des Erzeugnisses an. Einzelne krankheitsbezogene Aussagen können i.d.R (noch) nicht geeignet sein, den Eindruck zu erwecken, daß ein Erzeugnis ein Arzneimittel ist. Sind auf dem Etikett auch Hinweise auf das Vorhandensein eines Lebensmittel zu entnehmen (Bsp.: die Angabe „Nahrungsergänzungsmittel"), so kann nur dann der „Anschein eines Arzneimittels" gegeben werden, wenn die richtigen Angaben über die Eigenschaft als Lebensmittel völlig in den Hintergrund gedrängt werden.

2 Krankheitsbezogene Werbung, § 18 LMBG

Nach § 18 LMBG sind die dort in Abs. 1 Nr. 1 - 7 erschöpfend aufgelisteten Fälle krankheitsbezogener Aussagen verboten; auf die objektive Richtigkeit der Aussagen kommt es nicht an. Zweck der Vorschrift ist die Verhütung einer Selbstmedikation.

Die gesetzliche Überschrift ist mißverständlich. „**Gesundheitsbezogene Werbung**" (sog. Health-Claims) wie sie bei sog. probiotischen Joghurts anzutreffen ist („beeinflußt bei täglichem Verzehr die Darmflora"; „stimuliert die natürliche Aktivität körpereigener Zellen") erfaßt die Vorschrift nicht; diese unterliegt dem allgemeinen Irreführungsverbot des § 17 Abs. 1 Nr. 5 LMBG („unbeschadet"). Aus dem Gesichtspunkt des § 18 LMBG ist „gesundheitsbezogene Werbung" daher erlaubt; etwa der Hinweis auf die notwendige Zuführung von Nährstoffen bei einer suboptimalen Versorgung (kein Mangel!) an solchen Stoffen infolge einseitiger Ernährung bei einer Diät oder Fast Food-Konsum. Hinweise wie „gesundheitsfördernd", „ist gesund" oder „wirkt anregend..." können grundsätzlich aus dem Gesichtspunkt des § 18 nicht beanstandet werden. Der Hinweis auf Mangelerscheinungen ist jedoch stets eine Krankheitsangabe.

> **Objektiver Tatbestand:**
> - Lebensmittel [s. Kapitel 1, 1.]
> - in den Verkehr gebracht (Legaldefinition: § 7 Abs. 1 LMBG)
>   *oder* Werbung allgemein
>   *oder* Werbung für ein bestimmtes Lebensmittel
> - Krankheitsbezogene Aussage
>
> **Subjektiver Tatbestand** [s. Kapitel 7]
> Vorsatz oder Fahrlässigkeit (stets Ordnungswidrigkeit, § 53 Abs. 2 Nr. 1 c LMBG)

2.1 Krankheitsbezogene Aussagen, Nr. 1

2.1.1 Krankheit

Der Begriff „Krankheit" wird weit ausgelegt; hierunter fällt jede (auch nur geringfügige oder vorübergehende) **Störung** des gesundheitlichen Wohlbefindens und der normalen Funktion des Körpers. Störungen in diesem Sinne sind daher nicht der Natur nach gewöhnliche Änderungen oder Schwankungen der Leistungsfähigkeit eines Menschen wie die bei Menstruation oder einer Schwangerschaft (BGH NJW 1958, 916 = LRE 2, 161). Unter dem Begriff Krankheit fallen auch **Mangelerscheinungen** wie Vitamin- oder Jodmangel, Funktionsanomalien wie die alimentäre Fettsucht oder Überempfindlichkeiten wie Allergien gegen bestimmte Stoffe. Des gleichen gilt für **Krankheitssymptome** wie Husten und Kopfschmerzen, denn zwischen Krankheiten und bloßen Symptomen kann schwerlich unterschieden werden, weil die Beseitigung oder Linderung von Krankheitssymptomen mit der Beseitigung gerade einer Krankheit einhergehen kann.

2.1.2 Krankheitsbezug

Eine Aussage „bezieht" sich auf die Beseitigung, Linderung oder Verhütung von Krankheiten, wenn eine bestimmte Krankheit oder ein bestimmtes Krankheitsbild direkt, aber auch indirekt durch Hinweise auf Wirkungen des Lebensmittels angesprochen wird, die entsprechende **Assoziationen** mit bestimmten Krankheiten erweckt. Ein Krankheitsbezug liegt insbesondere dann oftmals vor, wenn die Werbung für ein Lebensmittel die Wirkung auf bestimmte Körperorgane in den Vordergrund stellt. Maßgeblich ist die Wirkung bei den angesprochenen Verbrauchern.

Beispiele (nach *Zipfel/Rathke*, C 100 § 18 Rdnr. 19 ff):
- „senkt den Cholesterinspiegel und schont damit das Herz" (s. auch LG Oldenburg ZLR 1996, 694);
- „Honig ist Herznahrung";
- „bestens, zuverlässig und generell wirkt die Naturkraft des Blütenpollen-Diätetikums bei Prostata-Beschwerden, Beschwerden beim Harnlassen, Potenzmangel bei IHM, Vitalitätsmängel bei IHR, Verdauungs- und Schlafstörungen" (OLG Köln LRE 15, 50 = ZLR 1983, 184);
- „kreislauffördernd";
- „Malzbier empfehlenswert für Kranke und Blutarme";
- „geeignet bei Dickleibigkeit";
- „geeignet bei Bluthochdruck".
- „Wer Milch trinkt, vermindert die Gefahr von Infektionskrankheiten".

In der Aussage „**Oxydationsschutz** für die Zelle" liegt keine krankheitsbezogene Aussage, denn hier fehlt der Hinweis auf eine „bestimmte" Krankheit oder ein „bestimmtes" Krankheitsbild. Unzutreffend die gegenteilige Entscheidung des KG Berlin (ZLR 1993, 482), daß mit dieser Aussage Zellschäden assoziiert und deshalb einen Krankheitscharakter bejahte; das Gericht verkannte den Unterschied zwischen einem Mangel und einer bloßen suboptimalen Versorgung an Vitaminen, die noch nicht zu Mangelerscheinungen führt ([s. Kapitel 1, 2.1]; s. auch *Forstmann* ZLR 1992, 587, 596).

Liberalisierung
Vielerorts wird eine (partielle) Liberalisierung der Regelungen über krankheitsbezogene Aussagen gefordert. In einem Positionspapier (MIN/149/96E Rev. 2) vertritt die CIAA die Auffassung, daß Angaben, die sich auf die **Reduktion eines Krankheitsrisikos** beziehen, zulässig sein müßten; als Beispiel wird folgender Hinweis angeführt: „Adäquate Calciumaufnahme hilft, das Risiko von Osteoporose im späteren Leben zu verringern". In solchen Werbeaussagen ist der Krankheitsbezug aber evident. Eine restriktive Auslegung des Begriffs „Verhütung von Krankheiten" in § 18 Abs. 1 Nr. 1 böte allerdings Gelegenheit, nicht jede gesundheitsfördernde Wirkaussage einer Vorbeugemaßnahme gleichzusetzen; die Tendenz der Rechtsprechung steht dem jedoch (bislang) entgegen.

2.2 Hinweise auf ärztliche Empfehlungen und Gutachten, Nr. 2

§ 18 Abs. 1 Nr. 2 verbietet „Hinweise auf ärztliche Empfehlungen und Gutachten". Im Zitieren oder in der Bezugnahme auf ein ärztliches Gutachten liegt ein solcher Hinweis. Der Name des Arztes muß nicht genannt worden sein, um den Tatbestand zu erfüllen; es genügt daher, wenn sich aus dem Hinweis ergibt, daß es sich um ein ärztliches Gutachten oder Empfehlung handelt. Auch allgemeine Hinweise wie „ärztlich empfohlen" sind demnach verboten. Angaben mit akademischen Graden „Dr." oder „Professor" können, müssen aber nicht auf einen Arzt schließen lassen; hier kommt es auf die Umstände des Einzelfalles an. Auch Hinweise auf Empfehlungen einer Person, die von rechtlich relevanten Teilen der Verbraucher als Arzt angesehen wird, fallen unter das Verbot der Nr. 2 (OLG München, LRE 16, 296 zu „Mineralien-Vitamin-Fruchtnektar Köhnlechners nimm's täglich für Frauen" mit Handzeichen und Name Manfred Köhnlechner).

Der Hinweis muß eine **Empfehlung** enthalten. Dies setzt voraus, daß die angesprochenen Verkehrskreise einen irgendwie gearteten Eindruck vermittelt bekommen, daß der Verzehr des Erzeugnisses - aus welchen Gründen auch immer - nahegelegt, sprich „empfohlen" wird. Der Stempelaufdruck „Dr. L., Qualitätskontrolle durch öffentlich bestellten und vereidigten Sachverständigengutachter" besagt nicht mehr aus als der Nachweis der Vereinbarkeit (sprich: Qualität) des Erzeugnisses bzw. seiner Bestandteile mit den gesetzlichen Vorschriften. Die Werbeaussage „medizinisch kontrolliert" für ein Diätetikum für Übergewichtige ist kein Hinweis auf eine ärztliche Empfehlung, da sich der Aussageinhalt darin erschöpft, daß ein Mittel tatsächlich alle Nähr- und Aufbaustoffe enthält, die der menschliche Körper braucht, damit eine Schlankheitsdiät nicht zu Mangelerscheinungen kommt (KG Berlin ZLR 1992, 58, 60 m. Anm. *Zipfel*).

Andere **wissenschaftliche Gutachten** sind nicht erfaßt; dies zeigt ein Vergleich des Tatbestandes des § 18 mit demjenigen des § 11 Nr. 2 HWG; wissenschaftliche Gutachten können aber unter die Tatbestände der Nr. 1, 4 und 7 fallen.

2.3 Krankengeschichten, Nr. 3

Intention des Gesetzgebers mit Erlaß des § 18 war insbesondere, Verbraucher von einer (gefährlichen) Selbstbehandlung bei Krankheiten abzuhalten. In Konsequenz dessen werden Krankengeschichten, also die Aufzeichnung über den Verlauf einer Krankheit bei bestimmten Patienten unter Angabe der Behandlungsmaßnahmen, in der Werbung untersagt, um Verbraucher vor dem Irrtum zu bewahren, das erwähnte Lebensmittel werde bei ihm zu einem Heilerfolg führen.

2.4 Äußerungen Dritter, Nr. 4

In Nr. 4 wird die Wiedergabe, das Zitieren wie auch andere Hinweise auf Äußerungen dritter Personen wie Ernährungsberater, Lebensmittelchemiker oder -technologen oder auch Nichtfachleute verboten. Erfaßt sind Äußerungen wie „Dank-, Anerkennungs- und Empfehlungsschreiben"; diese sind hier nur beispielhaft aufgeführt („insbesondere").

In Nr. 4 sind nur Hinweise, die sich auf die Beseitigung oder Linderung von Krankheiten beziehen, genannt, nicht aber auf das Verhüten.

2.5 Bildliche Darstellungen, Nr. 5

„Bildliche Darstellungen" i.S.d. § 18 Abs. 1 Nr. 5 umfassen u.a. Zeichnungen, Karikaturen, Stilisierungen, Photographien in allen Medien. Nr. 5 nimmt ausdrücklich Bezug auf die Darstellung der **„Berufskleidung"**; hierunter fallen weiße Kittel und Frauen mit Schwesternhaube. Angehörige der Heilberufe sind Ärzte, Zahnärzte und Apotheker; hierzu zählen auch Krankenschwestern, Krankenpfleger, medizinisch-technische oder pharmazeutisch-technische Assistenten und Assistentinnen (MTA und PTA), Krankengymnastinnen und Masseure.

2.6 Angstgefühle, Nr. 6

Angstgefühle können hervorgerufen werden durch Hinweise auf lebensgefährdende oder sonst besorgniserregende Krankheiten. *Zipfel/Rathke* (C 100 § 18 Rdnr. 36) nennen hierzu beispielhaft die Aussagen:
- „Dicke Menschen sterben früher."
- „Krebs ist unheilbar, ernähre Dich natürlich!"

Unter **Angst** i.S.d. Nr. 6 können nicht die kleinen Ängstlichkeiten und Besorgnisse des täglichen Lebens, sondern nur erhebliche Angstgefühle verstanden werden, die durch drohende besondere Gefahren, namentlich durch die Gefahr einer besorgniserregenden Lebensbeeinträchtigung, erzeugt werden. Es kommt hierbei auf das Durchschnittsempfinden der angesprochenen breiten Allgemeinheit an und demzufolge nicht auf die Angstgefühle übersensibler Menschen (vgl. hierzu nur BGH GRUR 1986, 902 - „Angstwerbung").

Durch Hinweise wie „Die **freien Radikale** greifen stetig unsere Zellen an, können sie schädigen und zerstören" werden keine Angstgefühle hervorgerufen. Es dürfte Allgemeinwissen sein, daß bestimmte Vitamine wie das Vitamin C und E Radikalfänger sind (s. hierzu *Roth* DAZ 1991, 414, 419). In der Werbung für Multivitaminpräparate wird hierüber in großem Umfange hingewiesen, so daß die Verbraucher an solche Aussagen gewöhnt sind.

2.7 Anleitungsschriften, Nr. 7

Nr. 7 erfaßt Anleitungsschriften oder „andere schriftliche Angaben" wie Gebrauchsanweisungen, die den fachunkundigen Verbraucher dazu veranlassen können, bei sich selbst oder auch bei anderen Krankheiten mit Lebensmitteln ohne Hinzuziehung eines Arztes zu behandeln. Allgemeine Ausführungen über Entstehung, Wesen und Behandlung von Krankheiten und die Schilderung des Behandlungssystems mit einem Lebensmittel sind hier angesprochen.

2.8 Ausnahmen nach § 18 Abs. 2

Das Verbot krankheitsbezogener Werbung gilt nicht „für die Werbung gegenüber Angehörigen der Heilberufe, des Heilgewerbes oder der Heilhilfsberufe". Es ist allerdings nicht zu empfehlen, in Publikationen (ausschließlich) für Ärzte über die **Therapiemöglichkeiten** mit einem Lebensmittel zu schreiben. Die Erfahrung zeigt, daß von Überwachungsbehörden wie Gerichten aus solchen Veröffentlichungen - oft verfehlt - der Schluß gezogen wird, daß es sich bei dem jeweiligen Erzeugnis nicht um ein Lebensmittel, sondern um ein Arzneimittel handelt, mit der Konsequenz des Verbots des Inverkehrbringens mangels Zulassung und des generellen Werbeverbots gem. § 3 a HWG (Folge der Rechtsprechung des BVerwG und des BGH zur Abgrenzung von Arznei- und Lebensmitteln; s. hierzu ausführlich [Kapitel 1, 4].

Das Verbot krankheitsbezogener Werbung gilt auch für **Diätetika** (s. § 3 DiätVO i.V.m. § 18 Abs. 2 LMBG).

Kapitel 5: Überwachung

1 Zuständigkeit für die Überwachung, § 40 LMBG

1.1 Zuständigkeit der Länder, § 40 Abs. 1 LMBG

Die Lebensmittelüberwachung ist grundsätzlich eine Angelegenheit der Länder (§ 40 Abs. 1 Satz 1). Der Vollzug des Gesetzes obliegt demnach den **Landesbehörden**, wobei sich die Durchführung der Überwachung (und die zu treffenden Maßnahmen) allerdings nach Bundesrecht richtet (§§ 41 bis 45 LMBG).

Eine Ausnahme von der Zuständigkeit der Landesbehörden ist die Regelung über die Mitwirkung der **Zolldienststellen** nach § 48 LMBG (s. § 40 Abs. 1 Satz 2). Außerdem obliegt „im Bereich der **Bundeswehr**" der Vollzug den zuständigen Stellen der Bundeswehr (Abs. 2).

Zu den „**Überwachungsmaßnahmen**" (i.S.d. § 40 Abs. 1 S. 1) gehören
- die Einrichtung der zuständigen Behörden und
- das Verwaltungsverfahren.

Zur **Einrichtung** der zuständigen Behörden zählen die gesamte Organisation der Lebensmittelüberwachung in sachlicher und personeller Hinsicht, wie die Errichtung von Untersuchungsanstalten sowie die Ausbildung von Sachverständigen und Verwaltungsangehörigen.

Das **Verwaltungsverfahren** besteht aus innerdienstlichen und nach außen wirkenden Regelungen. Innerdienstliche Regelungen sind beispielsweise Anweisungen über die Häufigkeit der Probenahmen (etwa Planproben) oder Richtlinien über die Auslegung lebensmittelrechtlicher Bestimmungen, die in Form von Runderlassen oder Bekanntmachungen an untere Vollzugsbehörden gerichtet werden. Nach außen wirkende Regelungen treffen den rechtsunterworfenen Bürger beispielsweise in Form einer Probenahme.

1.2 Zuständige Behörden

1.2.1 Bundesländer

Die Zuständigkeit der Behörden ist von Land zu Land unterschiedlich geregelt. In der Regel folgt sie einem 3-stufigen **Verwaltungsaufbau,** bestehend aus Oberste

Landesbehörde, Mittelbehörden und unteren Verwaltungsbehörden (Abweichungen in den Stadtstaaten sowie im Saarland und in Schleswig-Holstein).
Die **Obersten Landesbehörde** eines jeden Bundeslandes (wie z.b. in Bayern das Staatsministerium für Arbeit und Sozialordnung, Familie, Frauen und Gesundheit) organisiert und koordiniert die Lebensmittelüberwachung und übt die Dienst- und Fachaufsicht über die nachgeordneten Behörden innerhalb des jeweiligen Landes aus. Soweit **Landesmittelbehörden** vorhanden sind, führen diese die Dienstaufsicht über die einzelnen Überwachungsbehörden aus; Landesmittelbehörden sind in der Regel die Regierungspräsidien bzw. Bezirksregierungen. **Untere Vollzugsbehörden** sind die Ordnungs- oder Polizeibehörden. In Bayern sind dies die Landratsämter und kreisfreien Städte; in Baden-Württemberg die örtlichen Polizeibehörden, die sich des Wirtschaftskontrolldienstes (WKD) bedienen.

Zur wissenschaftlichen wie technischen Unterstützung haben die Bundesländer auf kommunaler oder Landesebene lebensmittelchemische **Untersuchungsanstalten** sowie Veterinär- und Medizinal-Untersuchungsanstalten eingerichtet (zur „Stellung der Untersuchungsämter in der Amtlichen Lebensmittelüberwachung" s. *Preuß* DLR 1995, 317). In Bayern sind dies Landesuntersuchungsämter Nordbayern (in Erlangen) sowie Südbayern (München-Oberschleißheim).

Für die Verfolgung von **Ordnungswidrigkeiten** im Zusammenhang mit der Herstellung oder dem Inverkehrbringen von Lebensmitteln sind die Verwaltungsbehörden (i.d.R. die unteren) zuständig (§ 35 OWiG). Bei dem Verdacht einer Straftat ist aber für die Ermittlungen und Ahndung allein die Staatsanwaltschaft zuständig.

1.2.2 Gemeinschaftsgremien der Bundesländer

Gemeinschaftsgremien der Bundesländer sind der ALS, ALÜ, ARGEVET sowie der ALTS.

Der **ALS** ist der seit 1971 existierende „Arbeitskreis lebensmittelchemischer Sachverständiger der Länder und des Bundesgesundheitsamtes". Der ALS bearbeitet Fragen, die für die Untersuchung und Beurteilung von Lebensmitteln oder Bedarfsgegenständen von Bedeutung sind. Seine Stellungnahmen werden als gutachtliche Äußerungen im Bundesgesundheitsblatt veröffentlicht.

Der **ALÜ** ist der „Ausschuß für die Lebensmittelhygiene und -überwachung der Arbeitsgemeinschaft der Leitenden Ministerialbeamten der Länder". Dieser Ausschuß behandelt sowohl Fragen des Lebensmittelrechts als auch der Organisation der Lebensmittelüberwachung in den Ländern. Er wird gehört zu Entwürfen lebensmittelrechtlicher Verordnungen, denen die Länder im Bundesrat zustimmen müssen.

Die **ARGEVET** ist die „Arbeitsgemeinschaft der Leitenden Veterinärbeamten der Länder". Sie befaßt sich unter Beteiligung des BMinG, des BMinELF, des Verteidigungsministeriums, des Leiters des Institutes der Veterinärmedizin, des BgVV und des Vorsitzenden der Arbeitsgemeinschaft lebensmittelhygienischer tierärztlicher Sachverständiger (ALTS) mit Fragen der Überwachung, Untersuchung und Beurteilung von Lebensmitteln tierischer Herkunft.

112   Überwachung

Der **ALTS** („Arbeitskreis lebensmittelhygienischer tierärztlicher Sachverständiger") ist ein Sachverständigengremium der ARGEVET. Der ALTS erarbeitet vor allem Analysenverfahren und bemüht sich um Kriterien für eine möglichst einheitliche Auswertung von Analysenergebnissen.

1.3   Amtshilfe, § 40 Abs. 3 bis 7 LMBG

Neben der **Mitteilungspflicht** nach § 40 Abs. 3 Nr. 1 und Nr. 2 haben sich die Vollzugsbehörden bei der Durchführung von Ermittlungen und anderer Maßnahmen, z. B. der Beschlagnahme oder Sicherstellung „gegenseitig zu unterstützen". Diese Verpflichtung zur **Unterstützung** besteht vor allem bei Zuwiderhandlungen oder dem Verdacht auf Zuwiderhandlungen.

Aus der Mitteilungspflicht folgt nicht, daß die Behörden sich laufend gegenseitig die in ihrem Zuständigkeitsbereich festgestellten Zuwiderhandlungen mitteilen; eine Verpflichtung zur Mitteilung von Zuwiderhandlungen besteht vielmehr nur dann, wenn dies sachlich geboten ist, etwa bei länderübergreifendem Warenverkehr oder dann, wenn ein Täter den Sitz in ein anderes Bundesland verlegt, um sich dem Zugriff der bis dahin zuständigen Landesbehörde zu entziehen.

2   Durchführung der Überwachung, § 41 LMBG

Grundbestimmung der Überwachung ist § 41 Abs. 1 LMBG. Danach ist **Gegenstand** der Überwachung „die Beachtung der Vorschriften über den Verkehr mit Erzeugnissen im Sinne des Gesetzes"; hierzu gehört nicht nur das LMBG und seine Ausführungsverordnungen, sondern u.a. auch lebensmittelrechtliche Nebengesetze wie das MilchG und die lebensmittelrechtlichen Bestimmungen des Vorläufigen Biergesetzes.

Zur Durchführung der Überwachung haben sich die Behörden „durch regelmäßige **Überprüfungen** und Probenahmen davon zu überzeugen, daß die Vorschriften eingehalten werden". Durch die Verpflichtung, dies „regelmäßig" zu tun, wird klargestellt, daß die Behörden einzelne Betriebe von der Überwachung nicht ausnehmen dürfen; zu dem setzt „Regelmäßigkeit" einen bestimmten Turnus der Überprüfungen voraus, die sich in verschiedene Richtungen hin orientieren müssen und daher nicht nur einzelne (unliebsame) Betriebe herausgreifen dürfen.

Zu den für die Überwachung erforderlichen **Eingriffsbefugnissen** zählen
- das *Betreten* von Grundstücken, Betriebs- und Geschäftsräumen (Abs. 3 Nr. 1 und 2),
- die *Einsichtnahme* in Schrift- und Datenträger, insbesondere Aufzeichnungen,

Frachtbriefe und Unterlagen einschließlich der Herstellungsbeschreibungen (Abs. 3 Nr. 3) sowie
- die Einholung von *Auskünften* (Abs. 3 Nr. 4).

Nach § 41 Abs. 3 a werden Sachverständige der Mitgliedstaaten und der Kommission der **Europäischen Gemeinschaften** berechtigt, in Begleitung der mit der Überwachung beauftragten Personen Überwachungsmaßnahmen nach Abs. 3 Nr. 1 durchzuführen.

2.1 Kontrollorgane

Kontrollorgane sind nach § 41 Abs. 3 die „mit der Überwachung beauftragten Personen". Dies sind die Beamten der Überwachungsbehörden (Landratsämter, Wirtschaftskontrolldienste, Veterinärämter), denen vielfach Lebensmittelkontrolleure zur Seite stehen (s. hierzu die LebensmittelkontrolleurVO). Zu ihrer Unterstützung werden die (lebensmittel-)chemischen, tierärztlichen und medizinischen Sachverständigen der Untersuchungsanstalten (s.o.) herangezogen.

Bei Gefahr im Verzug haben auch alle **Polizeibeamten** die Kontrollbefugnisse nach §§ 41 Abs. 3 und 42 LMBG. Gefahr im Verzug liegt vor, wenn einem geschützten Rechtsgut wie der menschlichen Gesundheit eine unmittelbare, konkrete Gefahr in einem Maße droht, daß der Erfolg der zur Abwehr notwendigen Maßnahmen ohne sofortiges Eingreifen beeinträchtigt oder vereitelt werden würde. Ob diese Voraussetzungen vorliegen, hat der Beamte nach pflichtgemäßem Ermessen zu entscheiden.

Weitere Kontrollorgane sind u.a. Fleischbeschautierärzte und Fleischbeschauer sowie Geflügelfleischkontrolleure. Den amtlichen Tierärzten, denen die Durchführung der amtlichen Untersuchungen und die Überwachung der Einhaltung der Anforderungen des Geflügelfleischhygienegesetzes übertragen sind, können zu ihrer Unterstützung besonders ausgebildete Geflügelfleischkontrolleure hinzuziehen (§ 17 GeflügelfleischhygieneG).

2.2 Kontrollbefugnisse, § 41 Abs. 3

2.2.1 Eintrittsrecht nach Nr. 1

Betriebsräume
Das Eintrittsrecht bezieht sich nur auf die abschließend aufgezählten **Betriebsräume,** einschließlich der **Geschäftsräume**. Dieses Recht darf auch gegen den Willen des Eigentümers, Pächters, Mieters oder anderweitig Berechtigten und in seiner Abwesenheit ausgeübt werden. Die Prüfungen müssen daher auch nicht zuvor angekündigt werden; denn um eine wirksame Überwachung zu ermöglichen, müssen Kontrollen auch überraschend durchgeführt werden können (OLG Düsseldorf ZLR

1981, 161). Der Eintritt kann notfalls (unter Zuhilfenahme der Polizei) mit Gewalt erzwungen werden. Bei Routinekontrollen sind die Beamten jedoch verpflichtet, die (zuvor genannten) Betroffenen vor Betreten der dem Publikum nicht eröffneten Betriebs- und Geschäftsräume davon zu unterrichten, daß sie von ihrem Eintrittsrecht Gebrauch machen werden (BVerwG ZLR 1989, 213). Das Recht zum Betreten besteht jedoch nur, wenn dort „Lebensmittel, Tabakerzeugnisse, kosmetische Mittel oder Bedarfsgegenstände gewerbsmäßig hergestellt, behandelt oder in Verkehr gebracht werden".

Auf sein verfassungsrechtlich verbürgtes **Hausrecht** kann sich der Betroffene nur berufen, wenn ihm aus schwerwiegenden Gründen im Einzelfall die Duldung nicht zuzumuten ist (der in der Praxis sicherlich selten vorkommende feindlich gesinnte Beamte).

Zu den Betriebsräumen zählen auch bewegliche **Verkaufseinrichtungen** (fahrbare Küchen, Speisewagen der Bundesbahn, Verkaufsstände) und Transporteinrichtungen (Kühlwagen).

Geschäftsräume sind alle Räume, die sachlich mit dem Herstellen, Behandeln oder Inverkehrbringen von Lebensmitteln in Zusammenhang stehen („dazugehörigen"; OLG Düsseldorf ZLR 1991, 70); ein solcher Zusammenhang besteht, wenn in den Geschäftsräumen Tätigkeiten ausgeübt werden, die sich auf das Herstellen, Behandeln oder Inverkehrbringen der Waren beziehen oder wenn Unterlagen wie Frachtbriefe und Verkaufsbücher dort aufbewahrt werden. Ein örtlicher Zusammenhang ist nicht erforderlich.

Das Eintrittsrecht besteht nur während der „**üblichen Betriebs- oder Geschäftszeit**". Nur zur Verhütung dringender Gefahren sind die Eingriffsbefugnisse erweitert (Nr. 2). Unter „üblicher Betriebs- oder Geschäftszeit" sind die Geschäfts- und Arbeitszeiten des jeweiligen Betriebs zu verstehen; nicht die *ortsübliche* Geschäftszeit. Überstunden gehören nicht hierzu.

Besichtigungsrecht
Das Recht zum Betreten umfaßt auch das Recht, die Örtlichkeiten sowie die Waren und Gegenstände auf dem Grundstück oder in den Räumen zu besichtigen. Solche Besichtigungen können daher auch in Transportwagen oder in Behältnissen wie Milchkannen vorgenommen werden. Das **Besichtigungsrecht** erstreckt sich auf das Mustern der Räumlichkeiten und auch auf die Suche nach eventuell verborgenen Gegenständen; es dürfen daher auch Gegenstände oder Maschinen verschoben und beiseite gerückt werden. „Besichtigung" ist demnach mehr als eine bloße Inaugenscheinnahme der Räume und Waren; sie umfaßt beispielsweise auch die Aufnahme von Fotos. Zum Besichtigen gehört das Inbetriebsetzen oder Zerlegen von Maschinen und Gegenständen, solange damit keine ernsthafte Betriebsstörung einhergeht (Grundsatz der Verhältnismäßigkeit der Mittel). Die Beamten dürfen Aufzeichnungen an Ort und Stelle anfertigen. Des weiteren dürfen Waren angefaßt und organoleptisch geprüft werden. Daneben dürfen an Ort und Stelle weitere Prüfungen vorgenommen werden.

Beispiele (nach *Zipfel/Rathke* C 100 § 41 Rdnr. 38): Prüfung der Milch mit Laktometer, Spirituosen mit Alkoholmeter, Mehl mit der Lupe, Eier mit einer Durchleuchtungsvorrichtung; Verwiegen von Brötchen (OLG Frankfurt LRE 2, 119, 121).

2.2.2 Eintrittsrecht nach Nr. 2

Nr. 2 erweitert das Eintrittsrecht der Nr. 1 auf das Betreten von Grundstücken sowie Betriebs- und Geschäftsräumen außerhalb der Betriebs- und Geschäftszeit und auf das Betreten von Wohnräumen, wenn dies zur Verhütung **dringender Gefahren** für die öffentliche Sicherheit und Ordnung erforderlich ist.

Die Gefährdung muß „dringend", also konkret vorhanden sein; die Möglichkeit einer Gefährdung reicht demnach nicht aus. „Öffentliche Sicherheit und Ordnung" erfaßt sowohl geschützte Rechtsgüter wie die menschliche Gesundheit als auch die Gefährdung von Ordnungsvorschriften.

Wohnräume sind Haupt- wie Nebenräume; also auch Abstellkammern, Keller, nicht aber Garagen und Lagerschuppen, die jedoch zu den Betriebsräumen zählen können. Ob eine Wohnung nur als Ferien- oder und Zweitwohnung genutzt wird, ist unerheblich.

2.2.3 Einsichtsrecht nach Nr. 3

Geschäftliche Aufzeichnungen
Nach § 41 Abs. 3 Nr. 3 können die Überwachungsbeamten „alle geschäftlichen Schrift- und Datenträger" (früher: „geschäftliche Aufzeichnungen") einsehen. Unter **Datenträger** sind vor allem solche der elektronischen Datenverarbeitung gemeint; des weiteren auch nicht schriftliche Darstellungen wie Zeichnungen und Pläne (Bsp.: Konstruktionspläne von Geräten und Maschinen zur Herstellung). Das Wort „Daten" ist hierbei in einem weiten Sinne zu verstehen; erfaßt werden alle Informationen über Ereignisse, Sachen und Personen.

Nr. 3 nennt **Beispiele** („insbesondere") für Schrift- und Datenträger: „Aufzeichnungen, Frachtbriefe, Herstellungsbeschreibungen und Unterlagen über die bei der Herstellung verwendeten Stoffe".

Zu den **Aufzeichnungen** gehören auch Angebote, Verträge, Lieferscheine, Rechnungen sowie die Korrespondenz mit Lieferanten und Kunden.

„**Herstellungsbeschreibungen**" sind beispielsweise auch all diejenigen Dokumente, die im Rahmen eines QMS [s. Kapitel 2, 3.3.3] erarbeitet werden wie Spezifikationen der Rohstoffe und Vorprodukte, Aufzeichnungen über die Wareneingangs-, -zwischen- und -endkontrolle, Richtlinien und Arbeitsanweisungen über den Herstellungsprozeß in den einzelnen Linien, notwendige Hygienemaßnahmen sowie Rezepturen (s. Abs. 5 Nr. 5 Richtlinie 89/397/EWG).

„**Unterlagen** über die bei der Herstellung verwendeten Stoffe" sind Dokumente, aus denen sich die Art, Qualität, Menge und (örtliche wie betriebliche) Herkunft der verwendeten Stoffe ergeben.

Eingriffsbefugnisse
Neben dem Einsichtsrecht besteht auch das Recht zur „Anfertigung von **Abschriften** oder Auszüge", also auch Fotokopieren und Fotografieren. Eine Beschlagnahme der Unterlagen wäre nur unter den Voraussetzungen der §§ 94 ff. StPO, die auch in Bußgeldverfahren sinngemäß anzuwenden sind (§ 46 OWiG), zulässig.

„Einrichtungen und Geräte zur Beförderung von Erzeugnissen" wie Förderbänder, Rohrleitungen, Tankwagen sowie Behältnisse jeglicher Art dürfen besichtigt werden.

2.2.4 Auskunftsverpflichtung

Literatur: *Feldmann*, Zur Benennung des lebensmittelrechtlichen Verantwortlichen, ZLR 1993, 652.

Auskunftspflichtige
Nach § 41 Abs. 3 Nr. 4 LMBG sind „natürliche und juristische Personen" sowie „nicht rechtsfähige Personenvereinigungen" zur Auskunft verpflichtet. Zu den **natürlichen Personen** gehören der Inhaber eines Betriebs (Geschäftsführer, Vorstand) sowie alle kraft Delegation mit dem Herstellen, Behandeln und Inverkehrbringen von Lebensmitteln befaßten Personen. Mitarbeiter ohne eigene Verantwortung, die lediglich nach Anweisung ihre Tätigkeit ausüben, können demnach keine Auskünfte erteilen.

Juristische Personen (GmbH, Aktiengesellschaft) handeln stets durch ihre Organe (Geschäftsführer, Vorstand); auskunftspflichtig sind auch hier des weiteren Personen mit eigenem Verantwortungsbereich kraft Delegation.

Nicht rechtsfähige Personenvereinigungen: nicht eingetragene Vereine, Gesellschaften des bürgerlichen Rechts (GbR) sowie offene Handelsgesellschaften (OHG) und Kommanditgesellschaften (KG; GmbH & Co. KG). Auskunftspflichtig sind bei
- nicht eingetragenen Vereinen: alle Vereinsmitglieder (in der Praxis der Vorstand)
- OHG und KG: die persönlich haftenden Gesellschafter
- GbR: alle Gesellschafter.

Auskünfte
Auskünfte sind Angaben über wahrnehmbare Tatsachen, nicht dagegen Werturteile, Mutmaßungen und Schlußfolgerungen.

Auskünfte dürfen nur erbeten werden, wenn sie „**erforderlich**" sind. Dies hängt maßgeblich von Grund und Art der Überwachungsmaßnahme ab und ist gerichtlich nachprüfbar.

Verlangt werden können Auskünfte „über die **Herstellung**" [s. oben 2.2.3], die zur Verarbeitung gelangenden Stoffe und deren Herkunft". Die drei genannten Sachverhalte sind nur ein Beispielskatalog („insbesondere"). Eine allgemeine Auskunftspflicht zur Benennung des lebensmittelrechtliche Verantwortlichen besteht nicht, dies gilt auch und vor allem dann, wenn sie den Angesprochenen zwingen würde, sich in irgendeiner Weise selbst zu belasten (*Feldmann* ZLR 1993, 652, 655 ff).

Auskunftsverweigerung
Jeder Auskunftsverpflichtete hat eine Recht zur Auskunftsverweigerung. Das Verweigerungsrecht besteht allerdings nur auf einzelne Fragen und nur in Ausnahmefällen auf die gesamte Aussage; letzteres dann, wenn der Gegenstand des Auskunftsverlangens zwangsläufig zur Selbstbezichtigung führen würde. Das Recht zur Auskunftsverweigerung berechtigt nicht zur Angabe unwahrer Tatsachen.

Die Auskunftspflichtigen sind über ihr Recht zur Auskunftsverweigerung zu **belehren**; dies folgt aus allgemeinen rechtsstaatlichen Grundsätzen (s. § 55 Abs. 2 StPO). Die Nichtbelehrung hat allerdings ebensowenig wie im Bereich des § 136 StPO eine Nichtverwertbarkeit der abgegebenen Auskünfte zur Folge (BGHSt 22, 129; 22, 170).

Die Auskunft kann nur verweigert werden, wenn die Gefahr einer Verfolgung in Straf- oder Bußgeldverfahren droht, und zwar für den Auskunftsverpflichteten selbst oder die in § 383 Abs. 2 Nr. 1-3 ZPO bezeichneten Angehörigen.

2.3 Ordnungswidrigkeiten

Wer vorsätzlich oder fahrlässig eine Überwachungsmaßnahme nach § 41 Abs. 3 Nr. 1 bis 3 nicht duldet oder eine Auskunft gem. Abs. 3 Nr. 4 nicht, nicht vollständig oder nicht richtig erteilt, begeht eine Ordnungswidrigkeit nach § 54 Abs. 2 Nr. 2 LMBG. Zur Höhe der Geldbuße s. § 54 Abs. 3 LMBG.

3 Probenahme, § 42 LMBG

3.1 Proben

3.1.1 Beweismittel

Die Probenziehung ist eine wichtige Maßnahme für die Durchführung der Überwachungstätigkeit (vgl. § 41 Abs. 1 Satz 2), denn lebensmittelrechtliche Verstöße können oftmals nicht allein etwa aufgrund einer sensorischen Prüfung an Ort und Stelle des Tatortes, sondern erst nach einem Untersuchungsverfahren festgestellt werden, wozu die Probe erforderlich ist.

Eine entnommene Probe ist ein **Beweismittel** für etwaige lebensmittelrechtliche Verstöße und die daraus zu ziehenden Konsequenzen (Verbotsverfügung, Ordnungswidrigkeiten- oder Starfverfahren). Die formgerechte Probenziehung ist keine gesetzliche Voraussetzung für eine Verurteilung (OLG Koblenz LRE 11, 126, 127). Die Verwertung der Probe ist auch nicht abhängig vom Vorliegen einer Gegen- oder Zweitprobe (OLG Koblenz LRE 8, 373, 375; OLG Koblenz ZLR 1981, 406). Die

Beurteilung des Beweiswertes einer Probe, insbesondere die Frage, ob sie in einem Straf- oder Bußgeldverfahren zum Nachweis einer Zuwiderhandlung ausreicht, genauso wie die Beurteilung von abweichenden Untersuchungsergebnissen bei Probe und Gegen-/Zweitprobe, hängt von den Umständen des Einzelfalles ab und ist einer (richterlichen) Beweiswürdigung im Einzelfall überlassen (OLG Koblenz ZLR 1985, 60). Der Tatrichter kann sich zur Tatsachenklärung (und nur hierfür!) der Hilfe von Sachverständigen bedienen. Zumindest fahrlässiges Handeln wird oftmals voreilig unterstellt; das Problem eines „Ausreißers" selten erkannt und ausreichend gewürdigt.

Eine **Einzelprobe** wird grundsätzlich nicht genügen, um mit der erforderlichen Sicherheit eine bestimmte, zu beanstandende Beschaffenheit nachzuweisen oder gar den Vorwurf einer Zuwiderhandlung rechtfertigen zu können (*Zipfel/Rathke* C 100 § 42 Rdnr. 38); dies dürfte in der Regel nur dann der Fall sein, wenn eine Probe für eine Gesamtmenge repräsentativ ist. Eine unzulängliche Auswahl von Proben kann grundsätzlich nicht zu brauchbaren Ergebnissen führen (BGH LRE 6, 1, 11). Nach den Leitsätzen für Fleisch und Fleischerzeugnisse soll eine Probe zur Feststellung des Gehaltes an bindegewebseiweißfreiem Fleischeiweiß in Wurstwaren und gleichzeitig zum Nachweis einer schuldhaften Zuwiderhandlung i.S.d. § 17 Abs. 1 Nr. 2 Buchst. b LMBG genügen; dies ist allerdings nur eine - wenn auch gewichtige - gutachtliche Stellungnahme, die nicht ungeprüft vom Tatrichter übernommen werden darf.

3.1.2 Probenumfang

Zur Bestimmung der Größe des **Probenumfanges** sind in der Regel die auf statistisch mathematischen Gesetzmäßigkeiten beruhenden Mittelwertberechnungen heranzuziehen (*Zipfel/Rathke* C 100 § 42 Rdnr. 39).

Allgemein gilt der Grundsatz, daß Proben für die jeweilige Partie **repräsentativ** sein müssen (s. Vollzug des Lebensmittel- und Bedarfsgegenständegesetzes in der Bekanntmachung des Bayer. StMinG vom 30.9.93, Ziff.. 6.6; vgl. Eiprodukte-VO Ziff. 4.2.1 der Anlage zur VO). So heißt es auch schon in der grundlegenden Entscheidung des BGH vom 25.1.68, daß „Stichproben nur insoweit ausreichend sind, als sie einen Schluß auf die Gesamtmenge zulassen" (BGH LRE 6, 1, 11).

Anhaltspunkte für den Probenumfang können des weiteren beispielsweise den für Fleisch anwendbaren Vorschriften entnommen werden. So muß sich bei der Einfuhr von Fleisch die Probenziehung auf mindestens **1 % der Packstücke/Packungen** beziehen (EinfuhruntersuchungsVO, Anlage 5 Ziff. 3 zu § 4). In diesem Zusammenhang sei darauf hingewiesen, daß Importeure bekanntlich die gleichen Sorgfaltspflichten treffen wie Hersteller (*Zipfel/Rathke* C 100 Vorb. vor § 51 Rdnr. 88). Nach der Geflügelfleischuntersuchungs-VO muß sich die Untersuchung bei einer Sendung bis zu 4000 kg auf **2 Packstücke** erstrecken (s. Anlage 4 Ziff. 5 zu § 6). All diesen und weiteren Regelungen ist gemein, daß sie ausdrücklich vorschreiben, daß **im Verdachtsfall zusätzliche Untersuchungen** durchzuführen sind (Fleischhygiene-VO, Anlage 4 zu den §§ 12 und 13, dort Ziff. 3.2.2; Geflügelfleischuntersuchungs-

VO a.a.O.). In der FleischhygieneVO heißt es hierzu in der Anlage 4 Ziff. 3.4 ausdrücklich: „Im Falle eines schwerwiegenden Verdachts ist zusätzlich mindestens die doppelte Fleischmenge... zu untersuchen". Ähnlich in der Geflügelfleischuntersuchungs-VO, dort heißt es: „In Verdachtsfällen ist die doppelte Anzahl der Proben zu entnehmen und weitergehend zu untersuchen."

3.1.3 Unauffälliger Ankauf

Ein - meist **unauffälliger** - **Ankauf** von Lebensmitteln im normalen Geschäftsverkehr (auch) zum Zwecke der amtlichen Überwachung einer Probe ist keine Probenahme i.S.d. § 42. Die Anforderungen des § 42, etwa das Zurücklassen einer Gegenprobe, stellen sich hier nicht. Auch solche „Proben" sind aber als Beweismittel verwertbar (KG LRE 3, 48; 4, 311, 312).

3.2 Probenarten

Folgende Arten von Proben werden unterschieden:
- Planprobe
- Verdachtsprobe
- Gegenprobe [s. unten 3.3.2]
- Zweitprobe [s. unten 3.3.3]
- Beschwerdeprobe
- Vergleichsprobe
- Nachprobe

Planproben werden nach einem Probenahmeplan routinemäßig gezogen, um eine regelmäßige Kontrolle der im Verkehr befindlichen Erzeugnisse zu gewährleisten. Die Vorgaben der Planproben erarbeiten in Bayern die Landesuntersuchungsanstalten. Die Planproben dienen u.a. der Erfassung der Verkehrsauffassung zu einzelnen Lebensmitteln etwa über den Fettgehalt einer Wurstsorte.

Verdachtsproben werden - wie der Name schon sagt - gezogen, um einem aktuellen Verdacht, daß ein bestimmtes Erzeugnis nicht den lebensmittelrechtlichen Vorschriften entspricht, nachzugehen (Bsp.: Vorfinden einer bombierten Dose).

Beschwerde wegen eines verdächtigen Lebensmittels kann jeder kostenfrei erheben (**Beschwerdeprobe**); sie sollten der Polizei oder dem zuständigen Amt ausgehändigt werden.

Vergleichsproben können dem Hersteller, Lieferanten oder Händler überlassen werden, damit dieser ggf. zu seiner Entlastung ein beanstandetes Lebensmittel selbst überprüfen (lassen) kann.

Nachproben werden gezogen, wenn die Substanz der (Erst-)Proben aufgebraucht ist und aufgrund eines Verdachts weiterer Aufklärungsbedarf besteht.

3.3 Probenahme

3.3.1 Anforderungen

§ 42 regelt in Abs. 1 Satz 1 und Abs. 4 die Voraussetzungen für eine Probenahme. In Abs. 1 Satz 2 ist vorgeschrieben, daß eine Gegen- oder Zweitprobe zu hinterlassen ist.
Gegenstand einer Probenziehung sind alle „Erzeugnisse i.S.d. Gesetzes"; Legaldefinition hierzu s. § 35 LMBG: Lebensmittel, Zusatzstoffe, mit Lebensmitteln verwechselbare Erzeugnisse, Tabakerzeugnisse, kosmetische Mittel und Bedarfsgegenstände.
Durch die einschränkenden Worte „über den Verkehr mit Erzeugnissen" wird klargestellt, daß der persönliche Gebrauch von diesen Waren nicht von § 42 erfaßt wird.
Die Probenziehung muß „**erforderlich**" sein; diese Voraussetzung ist insbesondere dann erfüllt, wenn Anhaltspunkte vorliegen für eine Verletzung lebensmittelrechtlicher Vorschriften zum Schutz des Verbrauchers vor Gesundheitsschäden oder Irreführung. Die Erforderlichkeit beurteilt sich nach dem Kenntnisstand im Zeitpunkt der Probenahme; sie wird nicht dadurch ausgeschlossen, daß sich nachträglich die Proben als ungeeignet oder überflüssig erweisen. Es schadet grundsätzlich daher auch nicht, wenn der Überwachungsbeamte mehr Proben als üblich zieht, auch wenn sich später herausstellt, daß dies nicht nötig gewesen wäre (zu beachten ist allerdings auch hier der Grundsatz der Verhältnismäßigkeit). Eine Probenziehung zu anderen Zwecken als „zur Durchführung der Vorschriften" (i.S.d. § 42 Abs. 1), etwa zur Sicherung zivilrechtlicher Ansprüche oder zu wissenschaftlichen Zwecken, ist durch § 42 nicht gedeckt.

Zuständigkeit
Für die Entnahme der Proben sind die mit der Überwachung beauftragten Personen sowie Beamte der Polizei zuständig.

Ort und Zeit
Proben können auf allen Grundstücken und in allen Betriebs- und Geschäftsräumen sowie Wohnräumen gezogen werden, die von den Überwachungsbeamten unter den Voraussetzungen des § 41 Abs. 3 Nr. 1 und 2 betreten werden dürfen [s. oben 2.2.1 und 2.2.2]. § 42 Abs. 4 nennt zusätzlich „Märkte, Straßen, öffentliche Plätze" sowie das „Reisegewerbe".

Fordern oder entnehmen
Proben können entweder gefordert oder selbst entnommen werden. Der Überwachungsbeamte braucht sich daher nicht darauf zu beschränken, die Übergabe der Probe zu fordern; dies wird immer dann geschehen, wenn der Gewahrsamsinhaber der Aufforderung zur (freiwilligen) Herausgabe einer Probe nicht nachkommt. Der Beamte hat auch die Befugnis, vorhandene Waren zu teilen, um Teilmengen als Proben zu entnehmen. Dem Wort „Probe" ist eigentlich immanent, daß dies ein Teil ei-

ner Ware ist; es ist dem Beamten aber nicht genommen, den gesamten vorhandenen Bestand als Probe zu fordern oder zu entnehmen, solange eine solche Maßnahme noch als verhältnismäßig angesehen werden kann. Es steht ferner im Ermessen des Beamten, welche Stücke oder Teile eines Lebensmittels er entnimmt.

3.3.2 Gegenprobe

Die Überwachungsbeamten haben am Ort der Probenziehung eine **Gegenprobe** zu hinterlassen. Gegenprobe ist ein „Teil" der Ware „von gleicher Beschaffenheit" wie die Hauptprobe, welche die Beamten mitnehmen. Teil einer Probe ist eine von einer zuvor zusammenhängenden Masse abgetrennte Teilmenge.

Beispiele: Wurst- oder Käsescheiben; eine aus einer Tabaksdose entnommene Teilmenge.

Zweck der Gegenprobe ist es, ein weiteres Beweismittel zur Verfügung zu haben. Sie steht damit nicht demjenigen, bei dem sie zurückgelassen wurde, zur freien Verfügung; sie dient allein dem Untersuchungszweck, so daß auch die Behörde auf sie zurückgreifen kann, wenn sie nicht zuvor einem zur Prüfung von Gegenproben zugelassenen Sachverständigen vom Betriebsinhaber ausgehändigt wurde (KG LRE 1, 175, 178).

Der Besitzer kann die Gegenprobe einem zur Prüfung von Gegenproben zugelassenen Sachverständigen zur Untersuchung übergeben. Hiervon machen etwa bis zu 10 % Gebrauch. Nicht immer, aber oft genug ist dies ratsam, um bei Bedarf ggf. einen Entlastungsbeweis zu haben (zur Beweiswürdigung s. oben [3.1]).

Verzicht

„Hersteller", aber auch Importeure (da sie rechtlich den Herstellern gleich gestellt werden und damit dieselben Rechte und Pflichten haben), können auf das Zurücklassen einer Gegenprobe **verzichten** (§ 42 Abs. 1 Satz 3); der Verzicht muß ausdrücklich erklärt werden. Andere Personen als Hersteller, insbesondere Händler, können auf die Zurücklassung von Gegenproben nicht wirksam verzichten. Verweigern diese Personen die Annahme und Aufbewahrung der Gegenprobe, so verstoßen sie gegen die Mitwirkungsverpflichtung aus § 43, auf die der Überwachungsbeamte erforderlichenfalls hinzuweisen hat, da diese Unterlassung bußgeldbewehrt ist (§ 54 Abs. 2 Nr. 2 LMBG).

3.3.3 Zweitprobe

Als **Zweitprobe** bezeichnet § 42 Abs. 1 Satz 2 „ein zweites Stück der gleichen Art und von demselben Hersteller wie das als Probe entnommene" Stück. Der „gleichen Art" ist ein Erzeugnis, wenn es nach seiner Beschaffenheit (was sich aus der Kennzeichnung entnehmen läßt) aus den selben Rohstoffen und Zutaten sowie in gleicher Weise hergestellt wurde wie das Erzeugnis der Haupt-(Erst)probe. Das Zurücklassen einer Zweitprobe ist nur dann zulässig, wenn „die Probe nicht oder ohne Gefährdung des Untersuchungszwecks nicht in Teile von gleicher Beschaffenheit teilbar ist"; dies ist dann der Fall, wenn durch die Teilung Veränderungen in der Beschaffenheit des Erzeugnisses eintreten können.

Beispiele: sterilisierte Lebensmittel in luftdichten Behältnissen wie Konserven; (meist) tiefgefrorene Erzeugnisse.

Es muß demnach vorrangig eine Gegenprobe [s. 3.3.2] hinterlassen werden.

Zum **Verzicht** auf das Zurücklassen einer Zweitprobe s. oben [3.3.2].

3.4   Ordnungswidrigkeiten

Wer eine Probenahme nicht duldet oder Beamte hierbei nicht unterstützt, in dem er beispielsweise die Übergabe einer geforderten Probe verweigert, handelt (bei Vorsatz oder Fahrlässigkeit) ordnungswidrig nach § 54 Abs. 2 Nr. 2 LMBG.

4 Warnung

Literatur: *Dolde*, Behördliche Warnungen vor nicht verkehrsfähigen Lebensmitteln, BLL 1987; *Tremml/Karger*, Der Amtshaftungsprozeß - Behördliche Produktwarnungen, Verlag Franz Vahlen, München 1998.

4.1   Produktsicherheitsgesetz

Eine Rechtsgrundlage für behördliche Warnungen vor gesundheitsgefährdenden Lebensmitteln enthält **§ 8 ProdSG** des am 01. August 1997 in Kraft getretenen **Produktsicherheitsgesetzes** (ProdSG; BGBl. 1997 I, S. 934 vom 30.04.1997). § 8 ProdSG findet über eine Rückverweisung in § 2 Abs. 3 Nr. 2 auch auf **Lebensmittel** Anwendung.

Neben § 8 ProdSG finden weitergehende **landesrechtliche Vorschriften** über Warnungen, die „der Vorsorge gegen Gesundheitsgefahren dienen", uneingeschränkt Anwendung (§ 10 ProdSG). Mit der Formulierung „weitergehende landesrechtliche Vorschriften ... bleiben unberührt" stellt der Gesetzgeber klar, daß diese Materie vorbeugenden Gesundheitsschutzes bundesweit nicht erschöpfend geregelt und den Bundesländern daher ein weitergehender gesetzgeberischer Gestaltungsspielraum überlassen ist (Brandenburg: § 12 AG LMBG; Sachsen: § 11 Sächs-AGLMBG; Thüringen: § 9 ThürAGLMBG).

Die §§ 13 ff. des **AGLMBG** des Landes **Baden-Württemberg** beispielsweise haben nicht nur den Schutz des Verbrauchers vor gefährlichen Lebensmitteln zum Gegenstand, sondern regeln darüber hinaus den Schutz des Verbrauchers vor Täuschung. Nach § 15 AGLMBG kann die Behörde die Öffentlichkeit unter Nennung von Produktnamen und Unternehmer über Verstöße gegen Bestimmungen des LMBG informieren, wenn hieran ein besonderes Interesse der Öffentlichkeit oder Dritter besteht. Ein besonderes Interesse der Öffentlichkeit liegt gem. § 15 Abs. 2 Nr. 2 i.d.R. vor, wenn ein nicht gesundheitsschädliches, aber nicht zum Verzehr geeignetes, insb. ein i.S.d. § 17 Abs. 1 Nr. 1 LMBG ekelerregendes Lebensmittel in nicht unerheblicher Menge in den Verkehr gelangt oder gelangt ist oder wenn ein solches Lebensmittel wegen seiner Eigenart zwar nur in geringen Mengen, aber über einen längeren Zeitraum in Verkehr gelangt ist. Diese Regelung ist mit § 10 ProdSG nicht vereinbar. § 15 AGLMBG regelt eine „behördliche Information", die in ihrer Wirkung einer öffentlichen Warnung gleichkommt [s. 4.3]. Indem § 15 auch Warnungen im Bereich des Täuschungsschutzes zuläßt, die nicht der Vorsorge gegen Gesundheitsgefahren dienen, hat die Regelung im Hinblick auf § 10 ProdSG keinen Bestand (*BLL* Jahresbericht 1996/97, S. 14). Zudem ist § 15 mit dem Grundsatz der Verhältnismäßigkeit nicht vereinbar [s. unten 4.2].

4.2 Anordnung

Nach § 8 S. 1 (i.V.m. 7 Abs. 3) ProdSG werden die Behörden ermächtigt, **Anordnungen** gegenüber Herstellern, Händlern oder Dritten zu treffen, mit denen diese zu „Hinweisen" über Gefahren des jeweiligen Erzeugnisses verpflichtet werden können.

Die Behörde darf selbst keine Gefahrenhinweise an die Öffentlichkeit richten (Umkehrschluß aus § 8 S. 2 ProdSG); allenfalls durch Ersatzvornahme im Wege der Verwaltungsvollstreckung, wenn die Adressaten der Anordnung nicht nachgekommen sind.

Voraussetzung für eine Anordnung ist, daß von dem betreffenden Erzeugnis eine Gefahr ausgeht. „**Gefahr**" ist eine Sachlage, die in absehbarer Zeit mit hinreichender Wahrscheinlichkeit zu einem Schaden für die öffentliche Sicherheit und Ordnung führen kann. Der abzuwehrende Schaden besteht hier darin, daß ein gefahrträchtiges Lebensmittel in Verkehr gebracht wird.

Von dem Lebensmittel muß eine **Gesundheits- oder Lebensgefahr** i.S.v. § 8 LMBG ausgeht. Dies geht aus dem Gesetzeswortlaut nicht hervor; aber nur eine solche Auslegung des Begriffs der „Gefahr" wird dem rechtsstaatlichen Gebot der Verhältnismäßigkeit der Mittel gerecht. Unterhalb der Schwelle der Gesundheitsgefährdung ist eine gegebenenfalls erforderliche (stille) Rückrufaktion des Herstellers eine hinreichend effektive und ausreichende Maßnahme (bloße) Täuschungsgefahren auszuschließen (vor allem i.S.d. § 17 Abs. 1 Nr. 1 LMBG von zwar zum Verzehr ungeeigneter, aber noch nicht gesundheitsgefährlicher Lebensmittel). Eine (lediglich) ekelerregende Wirkung genügt daher für eine Anordnung nicht. Zwar würde in diesem Fall eine Anordnung den Interessen der Verbraucher nach Information (und Ausschluß etwaiger Täuschungsgefahren) entsprechen, würde aber zugleich dem verfassungsrechtlich verbürgtem Recht des Lebensmittelherstellers auf Berufsfreiheit (vgl. BVerfG DVBl. 1997, 548) nicht ausreichend Rechnung tragen. Hierbei ist auch zu berücksichtigen, daß bei der flüchtigen Informationsaufnahme durch die Verbraucher behördliche Verlautbarungen erfahrungsgemäß dazu führen, daß der Hersteller insgesamt in Mißkredit gerät und damit dauerhaft wirtschaftlich beeinträchtigt werden kann (*Ossenbühl*, Umweltpflege durch behördliche Warnungen und Empfehlungen, 1986, S. 74). Der „Pranger gehört (aber) nicht in das Arsenal rechtsstaatlicher Sanktionen" (*Berg* ZLR 1990, 565, 572).

Die **Gefahrendiagnose** erfordert eine medizinisch/naturwissenschaftliche Beurteilung der von einem Lebensmittel ausgehenden Gefahren. Die dafür erforderlichen Fakten können aufgrund sensorischer, chemischer oder bakteriologischer Prüfung ermittelt werden.

Für eine Anordnung genügt ein **Gefahrenverdacht**, vorausgesetzt im Zeitpunkt des Eingriffs liegen objektive Anhaltspunkte für eine - wenn auch tatsächlich nicht gegebene - Gefahrenlage vor. An die Wahrscheinlichkeit des Schadenseintritts sind dabei umso geringere Anforderungen zu stellen, je größer der drohende Schaden erscheint. Der Gefahrenverdacht kann sich aus dem Ergebnis einer Stichprobe ergeben, deren Größe und Zusammensetzung einen sicheren Rückschluß auf den Zustand der Gesamtpartie zuläßt [s. hierzu 3.1.2].

Reichen dagegen die verfügbaren wissenschaftlichen Erkenntnismöglichkeiten nicht aus, die Situation endgültig zu klären, liegt eine bloße **Risikolage** vor, die tatbestandlich für eine Anordnung nicht genügt, solange die Eignung zur Gesundheitsschädigung nicht hinreichend wahrscheinlich ist. In diesem Fall können nur Maßnahmen ergriffen werden, die zur Aufklärung des Sachverhalts beitragen können, etwa (weitere) Probenahmen oder die Sicherstellung verdächtiger Lebensmittel.

Zur schnellen und effizienten Behebung von Ungewißheiten solcher Entscheidungssituationen muß die Behörde mit dem Hersteller Kontakt aufnehmen, weil dieser über die besten Kenntnisse über seine Produkte verfügt (vgl. Amtl. Begründung BR-Drs. 13/3130 zu § 8, S. 13). § 8 institutionalisiert die (regelmäßig erforderliche) **Kommunikation** zwischen Behörde und dem betroffenen Unternehmen. Zur Legitimation vor allem einer Warnung nach § 8 S. 2 muß sich die Behörde bei dem betroffenen Unternehmen erkundigen, ob das Unternehmen die zur Gefahrenabwehr erforderlichen Maßnahmen nicht selbst durch Eigenmaßnahmen (Bsp.: Rückruf) ebenso wirksam treffen könnte.

Ein nach Dringlichkeit und Gefahrenpotential abgestuftes **Entscheidungsverfahren** kann hilfreich sein, in dem für die Phasen des Gefahrenverdachts bis zur Gefahr eine Anleitung für die gezielte Erkenntnisgewinnung, für verschiedene Handlungsalternativen und für den Entscheidungsweg vorgegeben sind (Festlegung von Grenzwerten als Voraussetzung des Einschreitens; Beispiel: unter 10.000/ml Keimen Anordnung, intern die verzehrsuntauglichen Produkte zurückzurufen, über 10.000/ml Keimen wegen Gesundheitsgefahr öffentlich warnen; vgl. *Hummel-Liljegren*, ZLR 1991, 126, 127).

4.3 Warnung

„Warnung" ist die behördliche Verlautbarung, die darauf gerichtet ist, das Inverkehrbringen, die Verwendung oder den Verzehr eines Lebensmittels zu verhindern. Die Warnung richtet sich demgemäß stets gegen bestimmte Erzeugnisse oder Produktgruppen, denen eine Gefahr anhaftet. Warnung i.d.R. ist auch die bloße Behauptung, ein bestimmtes Lebensmittel sei nicht verkehrsfähig (*Dolde*, a.a.O., S. 9).

Eine Warnung der Öffentlichkeit durch die Behörde ist nur als **ultima ratio-Maßnahme** zulässig, wenn
- **Gefahr im Verzug** ist *und*
- andere ebenso wirksame Maßnahmen, „insbesondere Warnungen durch den Hersteller" selbst, nicht getroffen werden können (§ 8 S. 2).

Gefahr im Verzug liegt vor, wenn eine richterliche Anordnung nicht rechtzeitig vor Eintritt des zu erwartenden Schadens ergehen könnte.

§ 8 S. 2 ProdSG begründet demnach eine **subsidiäre Befugnis** für behördliche Warnungen; unternehmenseigene Warnungen haben grundsätzlich Vorrang vor behördlichen Warnungen. Die zuständigen Behörden sollen in erster Linie den Hersteller veranlassen, die zur Gefahrenabwehr erforderlichen Warnungen an die Verbraucheröffentlichkeit auszusprechen (§§ 8 S. 3 i.V.m. 7 Abs. 3 ProdSG). So ist ein stiller Rückruf durch das betroffene Unternehmen oftmals eine ebenso geeignete und wirksame Maßnahme wie eine behördliche Warnung. Erlaubt die Gefahrensituation den Vorrang solcher Eigenmaßnahmen des betroffenen Unternehmens, ist dies sicherlich verhältnismäßiger als eine spektakuläre behördliche Warnung, die aufgrund ihrer Multiplikatorwirkung und Eigendynamik in den Medien unberechenbare Folgewirkungen entfalten kann; der Fall „Birkel" ist da ein beredtes Beispiel.

Auch die Händler können in die Pflicht genommen werden, insbesondere in solchen Fällen, in denen sie besser als der Hersteller dazu beitragen können, die Abnehmer des gefährlichen Produkts ausfindig zu machen (Amtl. Begründung, a.a.O., S. 3130).

§ 8 ProdSG erfaßt auch die behördliche Informationstätigkeit in der Erscheinungsform einer „**Empfehlung**" oder eines „**Hinweises**", vorausgesetzt diese Verlautbarungen stehen in ihrer Wirkungs- und Eingriffsintensität einer Warnung gleich.

Dies ist bei einer **konkreten Empfehlung** der Fall, da sie bestimmte Produkte und/oder ihre Hersteller als Gefahrenquelle für die Verbraucheröffentlichkeit individualisierbar machen. Zwar äußert die Behörde lediglich eine Präferenz für mehrere Optionen, die als rechtlich unbedenklich qualifiziert werden und damit keine Gefahr darstellen. Die Empfehlung steht jedoch dann einer Warnung gleich, wenn die Gefahrenquelle, also die nicht empfohlene Ware, für den Verbraucher konkret individualisierbar ist. Die konkrete Empfehlung entfaltet dann gegenüber den angesprochenen Verbrauchern den selben imperativen Charakter wie eine Warnung, denn den Adressaten verbleibt vernünftigerweise keine andere Handlungsalternative, als von dem Kauf oder Verzehr bestimmter Erzeugnisse Abstand zu nehmen. Dadurch können Empfehlungen eine Wirkung entfalten, die der einer unmittelbaren Verbotsverfügung zu Lasten des Betroffenen gleichkommt.

Dasselbe gilt für **Hinweise**; Beispiel: Leserbrief der Regierung von Oberbayern in der Apotheker Zeitung Nr. 41 vom 07.10.1996, daß „in Bälde gegen eine (namentlich genannte) Herstellerfirma ein Verbot eines (bestimmten) Erzeugnisses erlassen werde"; da jenes betroffene Erzeugnis ausschließlich über Apotheken vertrieben wird, entfaltete der „Leserbrief" die gleiche Wirkung wie eine Warnung vor einem verbotenen Produkt.

Um dem Grundsatz der **Verhältnismäßigkeit** Genüge zu tun, muß die Warnung *geeignet* sein, der Abwehr der festgestellten Gefahr zu dienen, zudem muß sie in Form, Inhalt und zum gewählten Zeitpunkt *erforderlich* sein und schließlich darf die Warnung wegen ihrer grundrechtsrelevanten Eingriffswirkung *nicht außer Verhältnis* zum erreichten Sicherheitsgewinn stehen (BVerfG DVBl. 1997, 548, 549 ff. zu Warnungen vor den Gesundheitsgefahren des Rauchens).

Das Gebot der **Geeignetheit** macht es erforderlich, daß die Warnung nach Form, Inhalt sowie zeitlichem und räumlichem Wirkungskreis klar und präzise das dem Lebensmittel anhaftende **Gefahrenpotential** und die gebotene(n) **Verhaltenseise**(n) formuliert. Dabei sind Verkehrsbezeichnung, Marke oder ein anderer üblicher „Name" des Erzeugnisses, gegebenenfalls Code- oder Chargennummern anzugeben. Die Warnung darf dabei den Namen des betroffenen Unternehmens nennen, wenn dies zur Identifizierbarkeit des beanstandeten Produkts und der von ihm ausgehenden Gefahr für den Verbraucher nötig ist. Das BVerwG rechtfertigte in einer Entscheidung zu glykolhaltigen Weinen die namentliche Benennung der Abfüller damit, daß eine Angabe der amtlichen Prüfnummer der beanstandeten Weine für die Verbraucher nur schwer identifizierbar und deshalb wertlos sei, während ihnen dagegen die Nennung der Abfüller eine schnellere Orientierung erlaube (BVerwG NJW 1991, 1766 - „DEG-Weinliste"). Ungeeignet ist eine Warnung vor Waren, die gar nicht mehr in Verkehr gebracht werden oder schon verzehrt sind, etwa Lebensmittel, bei denen kurze Umschlagfristen und ein rascher Verzehr üblich sind (Bsp.: Milch und Milcherzeugnisse; OVG Münster NJW 1986, 2783, 2784 - „DEG-Weinliste"; *Dolde*, a.a.O., S. 35/36); hier würde es bereits an einer Gefahr fehlen.

Der Grundsatz der **Erforderlichkeit** gebietet dabei, von mehreren geeigneten Maßnahmen nur diejenige auszuwählen, die das betroffene Unternehmen und die Allgemeinheit voraussichtlich am wenigsten beeinträchtigt. Die Anordnung eines Rückrufs gem. § 9 ProdSG durch den Hersteller, die Verbotsverfügung des weiteren Inverkehrbringens ebenso wie die Sicherstellung der beanstandeten Produkte können gegenüber behördlichen Warnungen wegen fehlender oder geringer Publizität weniger belastende, aber doch ebenso effektive Eingriffe sein, vor allem weil sie nicht die einer Warnung inhärente, unkontrollierbare Breitenwirkung in der Öffentlichkeit entfalten.

5 Duldungs- und Mitwirkungspflicht, § 43 LMBG

§ 43 LMBG korrespondiert mit den Vorschriften der §§ 41 und 42; während sich aus den §§ 41 und 42 die Eingriffsbefugnisse der Überwachungsbeamten ergeben, bestimmt § 43 die Verpflichtungen der betroffenen Personen, nämlich
- Maßnahmen nach §§ 41 und 42 zu dulden und
- die Überwachungsbeamten bei diesen Maßnahmen zu unterstützen.

Dementsprechend gehen die Unterstützungspflichten nicht über die Befugnisse der Überwachungsbeamten hinaus.

Adressat sind nur die „Inhaber" und deren „bestellte Vertreter", also Mitarbeiter mit eigenem Verantwortungsbereich, nicht aber solche, die lediglich auf Weisung tätig sind [s. oben 2.2.4].

5.1 Duldung

Dulden ist vor allem das **Unterlassen jeglicher Behinderung**.
Beispiele (in Anlehnung an *Zipfel/Rathke* C 100 § 43 Rdnr. 12):
- einem Beamten die Kontrolle eines Raumes unverzüglich zu ermöglichen (KG LRE 18, 44);
- einen Beamten nicht aus dem Betriebsraum (i.S.d § 41 Abs. 3 Nr. 1) verweisen oder ihn aufzufordern, zu warten, bis ihm geöffnet werde, auch wenn der Beamte der Aufforderung nachkommt und später eingelassen wird;
- Aufzeichnungen nicht verstecken;
- Gefäße oder Behältnisse nicht verschließen;
- dulden, daß Maschinen kurzfristig angehalten und (etwa auf Eichwerte) überprüft werden können.

5.2 Mitwirkung

„Mitwirken" heißt aktiv handeln. Der Grad der erforderlichen Unterstützung hängt von den Umständen des Einzelfalles ab. § 43 nennt **Beispiele** (nicht abschließend, denn es heißt „insbesondere"):
- auf Verlangen Räume, Einrichtungen und Geräte bezeichnen
- Räume und Behältnisse öffnen und zugänglich machen (Schlüssel aushändigen)
- Entnahme der Proben ermöglichen.

Die Mitwirkung beschränkt sich demnach auf bloße **Hilfstätigkeiten**.
Weitere Beispiele (nach *Zipfel/Rathke* C 100 § 43 Rdnr. 14 ff):
- (vorübergehendes) Anhalten von Maschinen und Geräten
- Maschinen (wie Wurstabfüllmaschinen, Speiseeisbereiter, Milcherhitzer), Geräte, Leitungen, Pumpen zerlegen
- Beleuchten der Räume
- Mobiliar und Gegenstände beiseiterücken
- Begleitpersonen bei der Besichtigung stellen
- Schutzkleidung stellen (zu deren Benutzung der Überwachungsbeamte aus hygienischen Gründen verpflichtet sein kann)

- Wascheinrichtungen in Betrieb setzen
- Mitarbeiter zur Duldung der Maßnahmen und Unterstützung der Beamten anweisen.

Die Unterstützung muß sofort und auf der Stelle geleistet werden. Die Beamten dürfen nicht auf einen späteren Zeitpunkt oder auf die Rückkehr des gerade abwesenden Inhabers verwiesen werden, dies käme einer Verweigerung der Mitwirkung gleich.

Die Grenze der Mitwirkungspflichten ist aber überschritten, wenn die Hilfstätigkeit außer Verhältnis zu dem Zweck der Untersuchung steht, insbesondere wenn eine ernsthafte und unzumutbare **Betriebsstörung** damit einher ginge.

5.3 Ordnungswidrigkeiten

Ordnungswidrig handelt, wer „entgegen § 43 eine Maßnahme der Überwachung nicht duldet oder eine in der Überwachung tätige Person nicht unterstützt" (§ 54 Abs. 2 Nr. 2 LMBG). Geahndet werden vorsätzliches und fahrlässiges Verhalten.

6 Landesrechtliche Bestimmungen, § 46 LMBG

§ 46 LMBG ermächtigt zum Erlaß „weiterer" landesrechtlicher Vorschriften zur Durchführung der Überwachung. Die Länder können daher die §§ 40 ff ergänzen, nicht aber ändern oder aufheben.

Bayern erließ beispielsweise folgende Durchführungsbestimmungen:
Gesetz über den Vollzug des Lebensmittelgesetzes i.d.Bek. vom 04.10.1976 (GVBl. S. 433), zuletzt geändert durch Gesetz v. 24. 12. 1993 (GVBl. S. 1064), VO zur Durchführung des Gesetzes über den Vollzug des Lebensmittelrechts vom 9. 7. 1994 (GVBl. S. 663).

Im übrigen s. *Zipfel/Rathke* C 100 § 46 Rdnr. 4.

Kapitel 6: Supranationales Recht

1 WTO

Literatur: *Beneyto*, The EU and the WTO, EuZW 1996, 295; *Eckert*, Die neue Welthandelsordnung und ihre Bedeutung für den internationalen Verkehr mit Lebensmitteln, ZLR 1995, 363.

1.1 SPS- und TBT-Übereinkommen

Das deutsche Lebensmittelrecht ist nicht nur in europäisches, sondern darüber hinaus in weiteres supranationales Recht eingebunden. Hierzu gehört auch das im Rahmen des am 1.1.1995 in Kraft getretene „Übereinkommen zur Errichtung der Welthandelsorganisation" (World Trade Organization – **WTO**; ABl EG Nr. L 336 v. 23.12.1994, S. 3 und BGBl. II, S. 1438, 1625 ff v. 30.8.1994) abgeschlossene
- „Übereinkommen über die Anwendung gesundheitspolizeilicher und pflanzenschutzrechtlicher Maßnahmen" (**SPS-Übereinkommen**) sowie das
- „Übereinkommen über technische Handelshemmnisse" (**TBT-Übereinkommen**).

Das SPS-Übereinkommen erstreckt sich auf alle (im weitesten Sinne) der Gesundheitsvorsorge dienenden Vorschriften über „Zusätze, Verunreinigungen, Toxine oder krankheitsverursachende Organismen in Nahrungsmitteln (oder) Getränken" (s. Anhang A des Übereinkommens); das TBT-Übereinkommen erfaßt andere als gesundheitspolizeiliche Maßnahmen (Art. 1 Nr. 5 TBT), namentlich u.a. Kennzeichnungs- und Täuschungsschutzvorschriften für Lebensmittel.

Durch diese Übereinkommen soll der **freie Warenverkehr** zwischen den Vertragsstaaten, zu denen neben den Mitgliedsstaaten der EU auch die Europäische Gemeinschaft selbst gehört, gewährleistet und eine Diskriminierung untereinander vermieden werden. Die nationalen als auch europäischen politischen Gestaltungsräume sind hierdurch eingeschränkt. Handelsbeschränkende Maßnahmen der EU bzw. der Mitgliedstaaten der EU gegenüber Erzeugnissen aus Drittstaaten sind nach dem SPS-Übereinkommen nur aus Gründen des Gesundheitsschutzes gerechtfertigt, deren wissenschaftliche Berechtigung in einem internationalen Streitbeilegungsverfahren nachgeprüft werden kann. Internationale Normen wie die des Codex Alimentarius haben hierbei die widerlegliche Vermutung für sich, dem Gesundheitsschutz ausreichend Rechnung zu tragen (Art. 3 III 1 SPS).

1.2 Codex Alimentarius

Literatur: *Merkle*, Der Codex Alimentarius der FAO und WHO, Bd. 4 der Schriftenreihe der Forschungsstelle für Lebensmittelrecht, Universität Bayreuth, 1994

Der Codex Alimentarius ist eine Sammlung von Standards und weiteren Regelungen der **Codex Alimentarius Kommission** (CAK) für Lebensmittel (zu Aufgaben und Arbeitsweise der CAK s. *Merkle*). Die CAK ist eine gemeinsame Unterorganisation der Food and Argriculture Organization of the United Nations (FAO) und der World Health Organization (WHO). Zu den Standards zählen beispielsweise Regelungen über Zusatzstoffe und Kontaminanten. Die Standards waren bislang für einen Mitgliedstaat der CAK erst dann verbindlich, wenn sie von diesem förmlich angenommen wurden. Dies ist nun anders. Durch die Bezugnahme im SPS-Übereinkommen erhalten die Standards, aber auch die Verfahrenskodizes, Richtlinien und Empfehlungen der CAK Rechtsverbindlichkeit für die den Übereinkommen unterworfenen Staaten, indem sie den Maßstab für „gesundheitspolizeiliche und pflanzenschutzrechtliche" Maßnahmen der Mitgliedstaaten bilden. Dies ist sicherlich nicht unproblematisch, sind doch einige Codex-Standards dringend zu überprüfen und zu aktualisieren (*Eckert* ZLR 1995, 363, 383). Konfliktlagen sind demnach vorprogrammiert (s. *Ritter* EuZW 1997, 133).

1.3 DSU

Ein Mitgliedstaat, der durch „gesundheitspolizeiliche und pflanzenschutzrechtliche" Maßnahmen eines anderen Mitgliedstaates betroffen ist, kann im Streitfall ein Schlichtungsverfahren nach der „Vereinbarung über Regeln und Verfahren zur Beilegung von Streitigkeiten" (**DSU**) anstrengen. Die Codex-Regelungen werden dabei als materielle Streitbeilegungsgrundlage herangezogen.

Die Bestimmungen des WTO begründen wegen der Flexibilität ihres Inhalts und der erkennbar politisch orientierten Streitbeilegung kein Recht eines Einzelnen, sich auf diese zu berufen (vgl. EuGH Slg. 1989, 1781, 1830; EuZW 1996, 118, 119); die Bestimmungen richten sich vielmehr ausschließlich an die Mitgliedstaaten.

2 Gemeinschaftsrecht

Literatur: Streinz, in: Lebensmittelrechts-Handbuch, III. C: Verhältnis des Rechts der Europäischen Gemeinschaft zum nationalen Recht.

2.1 Vorrangprinzip

Das europäische Gemeinschaftsrecht hat grundsätzlich **Vorrang** vor dem jeweiligen nationalen Recht (EuGH Slg. 1963, 1 „Van Gend & Loos"; 1964, 1251 = NJW 1964, 2371 „Costa/ENEL"; 1970, 1125 „Internationale Handelsgesellschaft"; 1978, 629 „Simmenthal"; 1979, 2729 „Schaffleisch"). Dieser Anwendungsvorrang gegenüber nationalem Recht beruht auf einer ungeschriebenen Norm des primären Gemeinschaftsrechts, der durch die Zustimmungsgesetze zu den Gemeinschaftsverträgen der innerstaatliche Rechtsanwendungsbefehl in der Bundesrepublik erteilt worden ist. Diese Entäußerung nationaler Staatsgewalt durch die einzelnen Mitgliedstaaten beruht zum einen auf Verfassungsklauseln wie den Art. 23 und 59 des Grundgesetzes oder kraft der inneren und äußeren Souveränität der Mitgliedstaaten der Gemeinschaft (z.B. in Großbritannien). Das Vorrangprinzip gilt gegenüber dem nationalen Recht in jeder Rangstufe, also einschließlich der Verfassungen der Mitgliedstaaten (BVerfG 73, 339 „Solange II").

Für die Geltung des Gemeinschaftsrechts ist es unerheblich, daß sich der einzelne Mitgliedstaat als **bundesstaatliches Gebilde** wie die Bundesrepublik Deutschland darstellt, denn Adressat des Gemeinschaftsrechts ist jeweils der Mitgliedstaat als solcher. Wie Gemeinschaftsrecht in der Bundesrepublik in nationales Recht umgesetzt werden muß, richtet sich allein nach den verfassungsrechtlichen Vorgaben der Kompetenzverteilung von Bund und den Ländern (Art. 30, 70 ff GG, soweit es die Gesetzgebungskompetenz betrifft; Art. 83 ff GG, soweit es um die Verwaltungskompetenz geht).

Der Anwendungsvorrang führt zur partiellen **Ungültigkeit der kollidierenden Vorschriften** des nationalen Rechts. Das kollidierende nationale Recht ist zwar nicht nichtig, wird aber vom supranationalen Recht quasi überlagert und bleibt daher unanwendbar (sog. Sperrwirkung). Nationales Recht bleibt im Kollisionsfall selbst dann unanwendbar, wenn es zeitlich nach dem Gemeinschaftsrecht erlassen wurde; die lex-posterior-Regel gilt insoweit nicht (EuGH Slg. 1978, 629 (17.) „Simmenthal).

Das Vorrangprinzip erfaßt sowohl das primäre wie das **sekundäre Gemeinschaftsrecht**. Dies zeigt Art. 189 EGV. Ihm zufolge ist die EG-Verordnung verbindlich und gilt unmittelbar in jedem Mitgliedstaat. Diese Bestimmung wäre bedeutungslos, wenn die Mitgliedstaaten sie durch nationale Rechtsetzungsakte aufheben könnten (EuGH Slg. 1964, 1251 (11.) – „Costa/ENEL"). Auch allen anderen sekundären EG-Normen, Richtlinien und Entscheidungen, kommt dieser Anwendungsvorrang zu, selbst wenn sie nur mittelbare Geltung entfalten und zu ihrer Durchsetzung der Umsetzung in das nationale Recht bedürfen.

Ausnahmsweise findet (an sich vorrangiges) Gemeinschaftsrecht zur Gewährung **vorläufigen Rechtsschutzes** keine Anwendung,
- wenn erhebliche Zweifel an dessen Gültigkeit bestehen,
- die Entscheidung dringlich ist,
- dem Antragsteller ein schwerer und nicht wiedergutzumachender Schaden droht,
- das Interesse der Gemeinschaft angemessen berücksichtigt wird und
- die Frage der Gültigkeit des sekundären Gemeinschaftsrechts gem. Art. 177 EGV dem EuGH vorgelegt wird

(EuGH Slg. 1991 I 415, 542 „Zuckerfabrik Süderdithmarschen/HZA Itzehoe; 1995 I 3761, 3787 = EuZW 1995, 837 „Atlanta/Bundesamt für Ernährung und Forstwirtschaft").

Für den einzelnen EG-Bürger der Gemeinschaft bedeutet die Geltungskraft des Gemeinschaftsrechts, daß er sich, soweit die einzelne gemeinschaftsrechtliche Norm **unmittelbare Wirkung** gegenüber dem Mitgliedstaat entfaltet, sich auf die Norm vor den mitgliedstaatlichen und gemeinschaftlichen Exekutiv- und Judikativorganen berufen kann (EuGH Slg. 1963, 1 „Van Gend & Loos"; 1978, 629 „Simmenthal").

Für **Richtlinien** gilt dies dann, wenn die Frist für die Umsetzung in nationales Recht verstrichen ist und die Verpflichtungen, die den Mitgliedstaaten aus der Richtlinie erwachsen, unbedingt, hinreichend klar und genau umrissen sind (EuGH Slg. 1970, 825 „Leberpfennig").

Als Grundlagen für die Gemeinschaftsrechtsetzung im Lebensmittelrecht kommen Art. 100 EGV, seit Inkrafttreten der einheitlichen Europäischen Akte des weiteren Art. 100 a EGV in Betracht; daneben Art. 43 Abs. 2 UAbs. 3 EGV (auf dieser Grundlage erging beispielsweise die ÖkoVO).

2.2 Richtlinie 83/189/EWG

Literatur: *Eckert*, Die Auswirkungen gemeinschaftsrechtlicher Vorgaben auf das deutsche Lebensmittelrecht, ZLR 1990, 518.

Die Sperrwirkung nationalen Rechts wird durch die **Richtlinie 83/189/EWG** v. 28.3.1983 (ABl. L 100 v. 19.4.1994, S. 30) über ein „Informationsverfahren auf dem Gebiet der Normen und technischen Vorschriften" noch verstärkt. Um präventiv Handelshemmnisse verhindern zu können, bedürfen neue nationale Regelungen über technische Spezifikationen der Notifizierung (dies betont der EuGH in der Entscheidung C-13/96 v. 20.3.1997, Egr. 19 – „Bic Benelux SA"). Die Richtlinie versteht hierunter entsprechend dem Ursprung des Wortes nicht nur Sicherheitsregeln, sondern alle produktbezogenen Regelungen über die Beschaffenheit, Qualität, Aufmachung und Verpackung von Waren; lebensmittelrechtliche Vorschriften im weitesten Sinne fallen unter die Richtlinie (s. Art. 1 Nr. 1 Abs. 2; *Everling* ZLR 1996, 449, 452; Fälle der Anwendung der Informations-Rtl. auf lebensmittelrechtliche Sachverhalte schildert *Eckert,* in: ZLR 1990, 518, 525). Eine Einschränkung der Anwendbarkeit der Richtlinie lediglich auf Sachverhalte die Art. 100 a EGV unterliegen besteht nicht (EuGH C-13/96, a.a.O.).

Folgerichtig sieht die EU-Kommission in einer Neufassung der **Leitsätze der Deutschen Lebensmittelbuch-Kommission** einen nach dieser Richtlinie notifizierungspflichtigen Sachverhalt (Beschwerde P/93/4352); die Auffassung, daß die Leitsätze lediglich gutachtliche Meinungsäußerungen seien, die von den Gerichten nur als solche zu beachten wären und von dem jeweils Betroffenen widerlegt werden könnten (*Hohmann,* Verkehrsauffassung, S. 131, 133), widerspricht der Praxis, daß Gerichte wie Behörden die Leitsätze de facto wie Normen anwenden und schwerlich vom Gegenteil zu überzeugen sind. Ebenso sind die vom DIN im Rahmen der LMHV erarbeiteten **Leitlinien für eine gute Lebensmittelhygienepraxis** nach der Richtlinie zu notifizieren.

Abgesehen davon, daß die **Novel Food-VO** eine abschließende Regelung dieses Topos enthält, wären auch nationale Regelungen, die höhere Anforderungen als die Novel Food-VO an die Kennzeichnung dieser Erzeugnisse stellen würden, nach der Rtl. 83/189/EWG notifizierungspflichtig.

Nach Auffassung des EuGH sind nationale Vorschriften innerstaatlich unanwendbar, wenn diese der Kommission nicht nach Art. 8 und 9 gemeldet werden (EuGH EuZW 1996, 379 = ZLR 1996, 437 Egr. 32 ff, 54 – „CIA Security International"; C-13/96 v. 20.3.1997 – „Bic Benelux SA").

3 Primäres Gemeinschaftsrecht, Cassis-Rechtsprechung

Literatur: *Meyer,* Kennzeichnung importierter Lebensmittel, Bd. 1 der Schriftenreihe der Forschungsstelle für Lebensmittelrecht, Universität Bayreuth, 1992; *Meyer,* Bemerkungen zur „Mars" – Entscheidung des EuGH, GRUR Int. 1996, 98; *Hohmann,* Die Verkehrsauffassung im deutschen und europäischen Lebensmittelrecht, Bd. 4 der Schriftenreihe der Forschungsstelle für Lebensmittelrecht, Universität Bayreuth, 1994; *Streinz,* Deutsches und Europäisches Lebensmittelrecht; Wi-Verw 1993/1 (Vierteljahresbeilage zum Gewerbearchiv); *Zipfel,* Deutsches Lebensmittelrecht in der Europäischen Gemeinschaft, EFLR 1992, 179.

3.1 „Maßnahmen gleicher Wirkung"

Maßgebliches Mittel zur Verwirklichung des Gemeinsamen Marktes für Lebensmittel ist die Beseitigung mengenmäßiger Beschränkungen zwischen den Mitgliedstaaten der Europäischen Gemeinschaft (Art. 30 EGV). Nach Art. 30 EGV sind „mengenmäßige Einfuhrbeschränkungen sowie alle Maßnahmen gleicher Wirkung" verboten. Von zentraler praktischer Bedeutung ist der Begriff „**Maßnahme gleicher Wirkung**" in seiner durch die Cassis-Rechtsprechung des EuGH gefundenen

Interpretation, die weitgehend auf lebensmittelrechtlichen Sachverhalten beruht (s. Mitteilung der Kommission, ABl. 1989 C 281, S. 3, 14).

Nach der Grundregel der „Dassonville"-Entscheidung (EuGH Slg. 1974, 837, 852 (5.) „Dassonville") ist eine Maßnahme gleicher Wirkung *„jede Handelsregelung der Mitgliedstaaten die geeignet ist, den innergemeinschaftlichen Handel unmittelbar oder mittelbar, tatsächlich oder potentiell zu behindern".* Diese **„Dassonville"**-Formel ist Ausgangspunkt und Grundlage der sog. Cassis-Rechtsprechung des Gerichtshofes. In zahlreichen späteren Urteilen hat der europäische Gerichtshof diese Formel wiederholt angewandt und von ihr ausgehend Kriterien entwickelt, an denen nationale Maßnahmen – vor allem auf dem Lebensmittelsektor – auf ihre Vereinbarkeit mit Art. 30 EGV überprüft werden können.

In Bereichen, in denen es keine Gemeinschaftsregelung gibt, gilt für den Warenverkehr im Binnenmarkt das **Prinzip der gegenseitigen Anerkennung**. Danach ist *jedes in einem Mitgliedstaat rechtmäßig hergestellte oder rechtmäßig in den Verkehr gebrachte Erzeugnis in einem anderen Mitgliedstaat verkehrsfähig*. Entgegenstehende nationale Vorschriften können nur damit gerechtfertigt werden, daß sie notwendig sind, um zwingenden Erfordernissen wie der Lauterkeit des Handelsverkehrs, dem Verbraucherschutz, dem Schutzzweck der steuerlichen Kontrolle oder dem Umweltschutz gerecht zu werden oder daß sie zum Schutz der Gesundheit gem. Art. 36 EGV erforderlich sind. Dieses allgemein gültige Prinzip entwickelte der EuGH in seiner Cassis-Rechtsprechung im wesentlichen an nationalen lebensmittelrechtlichen Vorschriften, vornehmlich sog. Reinheitsgeboten, die als mit dem Gemeinsamen Markt unvereinbare Handelshemmnisse erklärt wurden (EuGH ZLR 1979, 343 „Cassis de Dijon"; ZLR 1987, 326 „Bier"; ZLR 1988, 615 „Teigwaren"; ZLR 1989, 409 „Wurst"; ZLR 1989, 464 „Milch II"). Allein zu nationalen Vorschriften, die die Verkehrsfähigkeit von Lebensmitteln beschränken, führte die Kommission in einer „Mitteilung über den freien Verkehr mit Lebensmitteln innerhalb der Gemeinschaft" für den Zeitraum von 1979 bis 1989 25 Urteile auf (wohl beispielhaft, da einige wichtige Entscheidungen wie das Nisin-Urteil des EuGH – Slg. 1981, S. 409 – fehlen; ABl. C 271/3 v. 24.10.1989).

3.1.1 Warenmodalitäten

Unter den Begriff „Maßnahmen gleicher Wirkung" des Art. 30 EGV fallen insbesondere nationale, warenbezogene Regelungen wie solche über die Bezeichnung, Form, Abmessung, Gewicht, Zusammensetzung, Aufmachung, Etikettierung sowie Verpackung eines Erzeugnisses (**Keck-Doktrin,** EuGH wrp 1993, 100 – „Keck"; Slg. 1995 I, S. 1923, 1940 – „Mars"; ähnlich schon Art. 3 der Richtlinie über die Beseitigung von Maßnahmen gleicher Wirkung wie mengenmäßige Einfuhrbeschränkungen vom 22.12.1969, ABl. L 13/29 vom 19.01.1970).

Nach Auffassung des EuGH untergrabe „der Zwang, für ein und dasselbe Erzeugnis beispielsweise unterschiedliche Bezeichnungen im In- und Ausland zu führen, eine globale, einheitliche Marketingstrategie im Binnenmarkt und habe zudem vermehrte Kosten für Verpackung, Aufmachung und Etikettierung der Ware und der Werbung hierfür zur Folge". Auch wenn die jeweiligen nationalen Regelungen unterschiedslos für alle Erzeugnisse gelten, sieht der EuGH in solchen nationalen Regelungen eine Behinderung des innergemeinschaftlichen Handels.

Folgerichtig sah es daher der EuGH beispielsweise in der „Mars"-Entscheidung (Slg. 1995 I, S. 1923, 1940) als mit den Grundsätzen des freien Warenverkehrs nach Art. 30 EGV unvereinbar an, wenn in Frankreich hergestellte und rechtmäßig in den Verkehr gebrachte Ice Cream-Snacks in der Bundesrepublik Deutschland mit dieser grenzüberschreitend verwendeten Ausstattung nicht vertrieben werden dürften (*Meyer* GRUR Int. 1996, 98).

3.1.2 Verkaufsmodalitäten

Von Art. 30 EGV nicht erfaßt werden sog. **„Verkaufsmodalitäten"** (EuGH wrp 1993, 99 – "Keck"). Hierunter fallen nationale Maßnahmen, die lediglich den Weitervertrieb eingeführter Produkte im Inland gestalten, ohne den ausländischen Anbieter zu einer Änderung seiner Aktionsparameter wie das Produkt selbst oder die Verpackung zu zwingen.

In der Entscheidung „Keck" ließ der EuGH allerdings offen, was unter dem Begriff „Verkaufsmodalitäten" zu verstehen ist. Eine klare Begriffsdefinition fehlt bis heute. Generalanwalt Tesauro formulierte in seinem Schlußantrag zu „Hünermund", daß hiervon alle Regelungen erfaßt seien, die festlegen *wer, wann, wo und wie verkaufen dürfe* (also nicht das „Ob"). Die Entscheidungen nach „Keck" brachten diesbezüglich Klarstellungen. So sieht der EuGH folgende Maßnahmen als Verkaufsmodalitäten an:

- das Verbot des Weiterverkaufs unter Einkaufspreis (EuGH, GRUR 1994, 296);
- das standesrechtliche Werbeverbot der Apotheker für das Nebensortiment (EuGH GRUR Int. 1994, 170 = wrp 1994, 289 (21.);
- Ladenschlußregeln (EuGH Slg. 1994 I, 2355 = EuZW 1994, 434 – „Punto Casa"; Slg. 1994 I, 2227 = EuZW 1994, 435 – „t'Heuske");
- ein Werbeverbot im Fernsehen (EuGH EuZW 1995, 250 = wrp 1995, 470 – „Leclerc-Siplec");
- das Verbot des Vertriebs verarbeiteter Milch für Säuglinge außerhalb von Apotheken (EuGH, Urteil vom 29.06.1995, Rs C-391/92);
- das Verbot von Verkäufen, die nur eine äußerst geringe Gewinnspanne mit sich bringen (EuGH, Urteil vom 11.08.1995, Rs C-63/94);
- zugelassene Vertriebshändler für Tabakwaren (EuGH Slg. 1995 I, 4663, 4694 – „Banchero").

Weiter dürften hierunter Verbote über Sonderveranstaltungen oder das Verbot bestimmter Haustürgeschäfte fallen (EuGH Slg. 1989, 1235 = EuZW 1990, 69 – „Buet").

3.1.3 Globale Marketingstrategien

Die Ausgrenzung der Verkaufsmodalitäten aus dem Tatbestand des Art. 30 EGV ist Ausdruck des Bekenntnisses des EuGH, daß derzeit im Werbe- und Vermarktungsrecht die Bedingungen eines wirklichen Binnenmarktes nicht geschaffen werden können (vgl. hierzu nur Art. 7 der Rtl. 84/450/EWG über irreführende Werbung v. 10.09.1984, ABl. 1984 Nr. L 250, S. 17), sondern allenfalls ein „Gemeinsamer Markt" (s. EuGH Slg. 1982, 1409, 1431 (33.) – „Gaston Schul"), der dem Binnenmarkt nahekommt.

Die **Oosthoek-Doktrin** ist hierdurch nicht „overruled" oder eingeschränkt.

Nach dieser Doktrin ist „der für ein Unternehmen bestehende Zwang, sich entweder für die einzelnen Mitgliedstaaten unterschiedlicher Systeme der Werbung und Absatzförderung zu bedienen oder ein System, das er für besonders wirkungsvoll hält, aufzugeben" ein unzulässiges Einfuhrhindernis i.S.v. Art. 30 EGV (EuGH Slg. 1982, 4575 Egr. 15 - „Oosthoek").

Nationale vertriebs- (und eben nicht waren-) bezogene Regelungen unterfallen dann weiterhin Art. 30 EGV, wenn Importeuren nicht der gleiche Marktzugang gewährt wird wie inländischen und dies zu einer Wettbewerbsverzerrung zu Lasten der Importeure führt; so, wenn unter dem Deckmantel des Gesundheitsschutzes die Werbung für bestimmte Alkoholika untersagt wird und dies faktisch einseitig den Interessen der einheimischen Wirtschaft dient zum Nachteil der Einführenden (s. EuGH GRUR Int. 1981, 390 – „Werbung für alkoholische Getränke"; s. auch EuGH Slg. 1985, 305 = NJW 1985, 1423 – „Cullet/Leclerc"). Globale Marketingstrategien genießen den Schutz des Art. 30 EGV bei nachweislicher Diskriminierung. Diskriminierend wirken Wettbewerbsvorschriften des Einfuhrstaates, die es dem Einführenden verwehren, gemeinschaftsweit dieselbe Marketingstrategie zu verfolgen und ihn deshalb zwingen, die Werbung den Bestimmungen des Einfuhrstaates anzupassen, was vermehrte Kosten für die Werbung zur Folge hat. Daß der EuGH dem letzterem Umstand besondere Bedeutung beimißt, zeigen die Entscheidungen „Clinique" (EuGH, wrp 1994, 380, 382) und „Mars" (Slg. 1995 I, S. 1923). Die „Keck"-Entscheidung, welche, anders als „Yves Rocher" (EuGH wrp 1993, 615) und „GB-INNO-BM" (EuGH GRUR Int. 1991, 215) keinen Gemeinschaftsbezug aufwies und lediglich Inländer betraf, enthält lediglich eine Vermutungsregel, daß „Verkaufsmodalitäten" das Kriterium der Diskriminierung nicht erfüllen. „Keck" machte daher die Entscheidungen „GB-INNO-BM" und „Yves Rocher" nicht hinfällig. Dafür spricht auch die zeitliche Nähe der mündlichen Verhandlung und des zweiten Schlußantrages des Generalanwalts in Sachen „Keck" sowie die Urteilsverkündung in Sachen „Yves Rocher"; hieraus ist zu schließen, daß die Kursänderung durch „Keck" bereits vor Erlaß des Urteils „Yves Rocher" feststand (s. *Schroeder/Federle* ZIP 1994, 1428, 1433).

3.2 Tatbestandsimmanente Schranke des Art. 30 EGV

3.2.1 „Cassis"-Formel

Eine extensive Auslegung des Begriffs „Maßnahmen gleicher Wirkung" würde unweigerlich zu Spannungen zwischen den Grundsätzen des freien Warenverkehrs und der den Mitgliedstaaten verbliebenen Rechtsetzungskompetenz führen. Die (ggfs. divergierenden) Interessen können nach der „Cassis"-Formel des EuGH durch eine Prüfung möglicher Rechtfertigungsgründe für die jeweilige nationale Maßnahme ausgeglichen werden. Danach sind bekanntlich Handelshemmnisse für den freien Warenverkehr, die sich aus den Unterschieden der nationalen Regelungen über die Vermarktung von Erzeugnissen ergeben, dann hinzunehmen, soweit diese Bestimmungen notwendig sind, um **zwingenden Erfordernissen** gerecht zu werden.

Zu diesen zwingenden Erfordernissen zählt der Gerichtshof neben

- der steuerlichen Kontrolle (EuGH Slg. 1979, 649, 662 (8.) = GRUR Int. 1979, 468 – „Cassis de Dijon"),
- den Umweltschutz (EuGH Slg. 1985, 538, 549 (13. und 15.) – „ADBHU"; Slg. 1988, 4607, 4630 (8.) – „Getränkeflaschen"),
- die Kinokultur (EuGH Slg. 1985, 2605, 2626 – „Cinéthèque"),
- den Verbraucherschutz sowie
- die Lauterkeit des Handelsverkehrs.

In letzteren können nationale Regelungen über die Vermarktung von Erzeugnissen wie Wettbewerbs- und Kennzeichnungsvorschriften ihre Rechtfertigung finden.

Die Aufzählung ist nicht abschließend, denn der Gerichtshof ist nur zu Fragen der Auslegung und Anwendung des EGV berufen (Art. 164 EGV), nicht jedoch zur Feststellung der Inhalte des Vertrages (s. *Steindorff* ZHR 148 (1984), 338, 341).

3.2.2 Verhältnismäßigkeitsgrundsatz

Die den freien Warenverkehr zwar beschränkenden, aber durch einen Schutz legitimierten nationalen Maßnahmen unterliegen dem **Verhältnismäßigkeitsgrundsatz**. Der EuGH erkennt nur solche Erzeugnisse als Rechtfertigung einer nationalen Maßnahme an, die „zwingend" sind, also durch keine andere mildere Regelung ersetzt werden können. Bei diesem Gebot handelt es sich nicht um eine Ausprägung des Rechtsstaatsprinzips, sondern vielmehr um eine Beschränkung der nationalen Rechtsetzungsgewalt. Nationales Recht darf nur soweit als nötig der Ausgestaltung des Gemeinsamen Marktes und der damit verbundenen Durchdringung der nationalen Märkte entgegenstehen. Der Verbraucherschutz unterliegt daher auch gemeinschaftsrechtlichen Maßstäben. Im Rahmen der zwingenden Erfordernisse ist er nur ein Rechtfertigungsgrund und daher dem Zweck und Ziel des Gemeinsamen Marktes untergeordnet. Im System des Gemeinsamen Marktes ist der Verbraucherschutz in den Mitgliedstaaten der Europäischen Gemeinschaften „unter allseitiger Achtung lauterer Praktiken und herkömmlicher Übungen in den Mitgliedstaaten gewährleistet" (EuGH Rs. 16/83, Slg. 1984, 1299, 1328 (27.) = GRUR Int. 1984, 291 – „Bocksbeutel"; Slg. 1986, 3879, 3807 (10.) – „Pétillant de Raisin").

3.3 Rechtfertigung nach Art. 36 EGV

3.3.1 Allgemeines

Zum Schutz der in Art. 36 EGV aufgeführten Rechtsgüter sind den Mitgliedstaaten mengenmäßige Beschränkungen oder „Maßnahmen gleicher Wirkung", die den freien Warenverkehr behindern können, erlaubt. Bei den dem mitgliedstaatlichen Regelungsvorbehalt unterliegenden Gütern des Art. 36 EGV handelt es sich um unverzichtbare **höherwertige Rechtsgüter** wie die des Gesundheitsschutzes, die Vorrang vor dem freien Warenverkehr genießen können. Die Norm ist **restriktiv auszulegen**, weil Art. 36 EGV nur die Ausnahme von der Grundregel darstellt, daß alle Handelshemmnisse im innergemeinschaftlichen Handel zu beseitigen sind. Der Katalog des Art. 36 EGV, der die Durchbrechungen vom Verbotstatbestand des Art. 30 EGV ausdrücklich einzeln aufführt, ist daher erschöpfend. Andere als die in Art. 36 EGV aufgeführten Rechtfertigungsgründe können allenfalls im Rahmen der Prüfung der „zwingenden Erfordernisse" Berücksichtigung finden.

Art. 36 EGV normiert **keinen Souveränitätsvorbehalt** zugunsten der Mitgliedstaaten (EuGH Slg. 1977, 1555, 1576 (35.) „Tedeschi"; Slg. 1979, 2555, 2564 (5.) „Fleischzubereitungen"). Die Gründe des Art. 36 EGV stehen daher ebenso wie die tatbestandsimmanenten Schranken der sog. „zwingenden Erfordernisse" im Spannungsverhältnis zwischen dem Grundsatz des freien Warenverkehrs und der den Mitgliedstaaten verbliebenen Rechtssetzungsgewalt. Art. 36 EGV kann daher den Mitgliedstaaten der Gemeinschaft für einzelne Sachgebiete nicht die ausschließliche Zuständigkeit zuweisen, wenn nicht der freie Warenverkehr, eine der vier Grundlagen der Gemeinschaft, leerlaufen soll.

Eine Berufung auf Art. 36 EGV ist ausgeschlossen, wenn für den betreffenden Bereich schon eine Gemeinschaftsregelung, eine Richtlinie oder Verordnung, besteht. Ein Rückgriff auf Art. 36 ist im **harmonisierten Bereich** unzulässig (EuGH Slg. 1979, 1629, 1644 (36.) „Ratti"). Anderenfalls würde die vorgenommene Gemeinschaftsregelung ausgehöhlt und die Materie wieder den Mitgliedstaaten überlassen, was einem Rückschritt im Integrationsprozeß gleich käme.

Nationale Regelungen, die an die Kennzeichnung von Novel Food strengere Anforderungen stellen als die **Novel Food-VO**, wie sie ein Entwurf eines Gesetzes zur Änderung des LMBG (in den Bundesrat eingebracht von den Ländern Nordrhein-Westfalen und Sachsen-Anhalt am 30.10.1996, Drs. 811/96) oder die dänische Richtlinie (v. 6.12.1996) zur Kennzeichnung von Lebensmittel und Lebensmittelzutaten vorsahen bzw. vorsehen, sind demnach unzulässig. Die Mitgliedstaaten können allenfalls auf eine Ergänzung oder Abänderung der Gemeinschaftsregelung hinwirken.

Der Grundsatz des Vorrangs der Gemeinschaftsregelung im harmonisierten Bereich gilt jedoch nur im Rahmen der Bindungswirkung der Gemeinschaftsregelung. Soweit eine Richtlinie den Mitgliedstaaten ein Abweichen gestattet, besteht auch im Rahmen des Art. 36 EGV ein Freiraum für nationale Regelungen.

3.3.2 Beurteilungsspielraum

Solange keine Gemeinschaftsregelung besteht, steht es den Mitgliedstaaten frei, zum Schutz der in Art. 36 aufgezählten Rechtsgüter Maßnahmen entsprechend ihren eigenen politischen Ziel- und Ordnungsvorstellungen zu treffen, wobei ihnen insoweit ein weitreichender Beurteilungs- und Handlungsspielraum zukommt.

Diese Befugnis ist jedoch gemeinschaftsrechtlich, vor allem durch den **Verhältnismäßigkeitsgrundsatz**, eingebunden. Unverhältnismäßig ist eine staatliche Maßnahme, wenn sie zum Schutz der vorgegebenen Rechtsgüter nicht geeignet, weil untauglich ist, oder sich als nicht erforderlich erweist, weil das jeweilige Rechtsgut genauso wirksam durch Maßnahmen geschützt werden kann, die den innergemeinschaftlichen Handel weniger beschränken, oder die Maßnahme zur Erreichung der Ziele anderweitig außer Verhältnis steht (EuGH Slg. 1983, 2445, 2463 (18.) „Sandoz"; 1985, 3887, 3905 (23.) „Motte"; 1986, 1511, 1528 (23.) „Muller"; 1987, 1227, 1274 (44.) „Bier"). Auf dieser letzten Prüfungsstufe ist eine umfassende Interessen- und Güterabwägung vorzunehmen. Das Interesse des Mitgliedstaates an der streitigen Maßnahme ist mit Art und Ausmaß der Beeinträchtigung des freien Warenverkehrs abzuwägen. Insoweit gelten die gleichen Grundsätze wie für die Beurteilung der „zwingenden Erfordernisse". Bei der Beurteilung der Notwendigkeit einer staatlichen Maßnahme wies der Gerichtshof beispielsweise im „Bier"-Urteil daraufhin, daß Verkehrsverbote für Erzeugnisse, die im Herstellungsland zugelassen, aber im Einfuhrmitgliedstaat verbotene Zusatzstoffe enthalten, auf das Maß dessen zu beschränken seien, was für den Gesundheitsschutz erforderlich sei (EuGH Slg. 1987, 1227, 1274 (44.) „Bier").

Fall: EuGH Slg. 1987, 1227 „Bier"

Sachverhalt: Nach § 10 des Biersteuergesetzes (BStG a.F.) war es unter Androhung der Ahndung mit einer Geldbuße verboten, Getränke, die nicht den Bestimmungen über die Herstellung von Bier nach dem BStG entsprachen (sog. Reinheitsgebot) unter der Bezeichnung „Bier" zu verkaufen.

Entscheidungsgründe: Nach Auffassung des EuGH verstieß die Bundesrepublik durch die Anwendung dieser Bezeichnungsvorschrift auf aus in anderen Mitgliedstaaten importiertes Bier, das dort rechtmäßig hergestellt und in den Verkehr gebracht worden ist, gegen die Verpflichtungen aus Art. 30 EGV. Ein Mitgliedstaat könne eine Gattungsbezeichnung nicht nur solchen Produkten vorbehalten, die nach den geltenden nationalen Vorschriften hergestellt seien. Die deutsche Bezeichnungsvorschrift sei auch nicht aus Gründen des Verbraucherschutzes gerechtfertigt, weil nach den Vorstellungen der Verbraucher mit der Bezeichnung Bier (angeblich) ein Getränk verbunden sei, das den deutschen Lebensmittelrechtsvorschriften entspräche, denn die Vorstellungen der Verbraucher, die von einem Mitgliedstaat zum anderen unterschiedlich sein können, können sich innerhalb ein und desselben Mitgliedstaates im Laufe der Zeit fortentwickeln. Die Einführung des Gemeinsamen Marktes sei dabei einer der wesentlichen Faktoren, die zu einer solchen Entwicklung beitragen könne. Die streitgegenständliche Bezeichnungsvorschrift würde dagegen die gegeben Verbrauchergewohnheiten in unzulässiger Weise nur zementieren. Zum Schutz der Verbraucher vor Irreführungen und zur Befriedigung des Informationsbedürfnisses derjenigen Verbraucher, die einem aus bestimmten Grundstoffen hergestelltem Bier besondere Eigenschaften zuschrieben, sei eine angemessene Etikettierung, die auf die Art des Erzeugnisses und die verwendeten Grundstoffe hinweise, ausreichend.

3.3.3 Diskriminierung

Die absolute Grenze einzelstaatlicher Maßnahmen stellt Art. 36 Satz 2 EGV dar. Danach soll Mißbrauch, Diskriminierung und mittelbarer Schutz der einheimischen Produktion verhindert werden. Willkürlich ist eine Maßnahme, für die zur Rechtfertigung kein sachlicher Differenzierungsgrund vorgebracht werden kann.

Eine willkürliche Diskriminierung wurde vom EuGH beispielsweise bei der Werbung für alkoholische Getränke bejaht. Die französische Regierung konnte in diesem Verfahren nicht den Nachweis erbringen, weswegen es aus Gesundheitsgründen gerechtfertigt sein sollte, daß die Werbung zugunsten bestimmter inländischer Produkte zugelassen, dagegen die Werbung für importierter Produkte mit vergleichbaren Eigenschaften beschränkt oder völlig untersagt worden war (EuGH Slg. 1980, 2299, 2316 (18.) „Werbung für alkoholische Getränke").

3.3.4 Darlegungslast

Aufgrund des Charakters des Art. 36 EGV als Ausnahmevorschrift zum Grundsatz des freien Warenverkehrs obliegt es den Mitgliedstaaten, sich auf Art. 36 EGV zu berufen und die Rechtfertigung, insbesondere die Erforderlichkeit der getroffenen Maßnahmen darzulegen (EuGH Slg. 1986, 1511, 1529 (25.) „Muller"; Slg. 1987, 1227, 1274 (46.) „Bier").

3.3.5 Rechtfertigungsgründe

Nach Art. 36 EGV können einzelstaatliche Maßnahmen gerechtfertigt werden aus Gründen der
- öffentlichen Sittlichkeit, Ordnung und Sicherheit,
- zum Schutze der Gesundheit und des Lebens von Menschen, Tieren und Pflanzen,
- zum Schutze des nationalen Kulturguts von künstlerischem, geschichtlichem oder archäologischen Wert und
- zum Schutze des gewerblichen und kommerziellen Eigentums.

Regelungen über die **Zusammensetzung** von Lebensmitteln können nach der Rechtsprechung des EuGH ihre Rechtfertigung aufgrund des Gesundheitsschutzes finden. Nationale Vermarktungsvorschriften über die **Kennzeichnung** von Waren und die Bekämpfung irreführender Werbung werden vom Gerichtshof dagegen nur als „zwingende Erfordernisse" zum Schutz der Verbraucher und der Lauterkeit des Handelsverkehrs im Rahmen des Art. 30 EGV berücksichtigt (EuGH Slg. 1981, 1625, 1638/39 (8./9.) „Irische Souvenirs").

3.3.6 Gesundheitsschutz

Soweit der Gesundheitsschutz als Rechtfertigungsgrund für eine nationale Regelung dienen soll, muß von dem Einfuhrstaat nachgewiesen werden, daß beispielsweise durch die Verwendung bestimmter Zutaten ein nicht hinnehmbares Gesundheitsrisiko auftreten kann. Hierbei genügt eine abstrakte Gefahr, die sich nach den wissenschaftlichen Erkenntnissen und praktischen Erfahrungen beim Verzehr von Lebensmitteln ergeben können.

Im Zusammenhang mit Gesundheitsrisiken von Lebensmitteln war in der Rechtsprechung des EuGH ein Verbot von **Zusatzstoffen** mehrmals Verfahrensgegenstand (EuGH Slg. 1983, 2445 „Sandoz" oder „Vitaminzusätze"; 1985, 3887 „Motte" oder „Farbstoffe"; 1986, 1511 „Muller" oder „Kampfmeyer"; 1987, 1227 = NJW 1987, 1133 – „Bier"). Durch den Erlaß insbesondere der Miscellaneous-Richtlinie ist diese Rechtsprechung, soweit sie Zusatzstoffe betrifft, überholt; die vom EuGH entwickelten Grundsätze werden aber weiterhin Anwendung finden für Fälle, „in denen das Inverkehrbringen von Lebensmitteln in Ermangelung einer Gemeinschaftsregelung durch Rechtsvorschriften verboten wird, die einem legitimen gesundheitlichen Ziel dienen" (Mitteilung der Kommission, ABl. C 271/3 v. 24.10.1989, Nr. 33). Darunter fallen u.a. Regelungen über Rückstände von Pflanzenschutzmitteln, Tierarzneimitteln und Kontaminanten, die Bestrahlung von Lebensmitteln, Vorschriften über hygienische Anforderungen an die Herstellung und Vermarktung von Erzeugnissen sowie Bestimmungen über Bedarfsgegenstände.

Nach Auffassung des EuGH entscheiden in Ermangelung einer gemeinschaftlichen Regelung die Mitgliedstaaten selbst über den Umfang, in dem sie den Gesundheitsschutz ihrer Bevölkerung gewährleisten wollen. Dem hierbei den Mitgliedstaaten eingeräumten Beurteilungsspielraum für die prophylaktische Gesundheitsfürsorge sind jedoch Grenzen gesetzt. Die Vermarktung eines Produkts muß gestattet werden, wenn keine Gefahr für die Gesundheit besteht und ein echtes Bedürfnis etwa für die Verwendung des fraglichen Stoffes nachgewiesen wurde (sog. **Mißbrauchsprüfung**). Der EuGH hat in diesem Zusammenhang das sog. **Minimierungsprinzip** anerkannt, wonach die Verwendung von Zusatzstoffen soweit wie möglich eingeschränkt werden kann – dies dürfte dem Grunde nach auch für andere gesundheitsrelevante Stoffe wie Pflanzenschutzmittel gelten.

Bei der **Bedürfnisprüfung** ist insbesondere auf technologische oder ernährungswissenschaftliche Bedürfnisse, aber auch auf ein wirtschaftliches Bedürfnis und – so bei Aroma- oder Farbstoffen – auch auf ein Bedürfnis organoleptischer oder psychologischer Art abzustellen (EuGH Slg. 1983, 2445, 2464 (23.) „Sandoz". EuGH Slg. 1985, 3887, 3905 (21.) „Motte"; 1986, 1511, 1528 (22.) „Muller"). Der Begriff des Bedürfnisses ist im Hinblick auf die verwendeten Stoffe sowie unter Berücksichtigung der Bewertung durch die Behörden des Mitgliedstaates zu beurteilen, in dem das Erzeugnis rechtmäßig hergestellt und in den Verkehr gebracht worden ist. Außerdem sind die Ergebnisse der internationalen wissenschaftliche Forschung und insbesondere der Gemeinschaft und der Codex Alimentarius Kommission (CAK) der FAO und der Weltgesundheitsorganisation (WHO) zu berücksichtigen (EuGH Slg. 1987, 1227, 1274 (44.) „Bier"); auch die spezifischen Ernährungsgewohnheiten im Einfuhrmitgliedstaat sind dabei in Betracht zu ziehen.

Die **Darlegungslast** für das Vorliegen der Kriterien trägt der Einfuhrmitgliedstaat. Es ist jeweils Sache des Einfuhrmitgliedstaates aufzuzeigen, daß die

Verwendung eines bestimmten Stoffes eine Gefahr darstellt und der Zusatz dieser fraglichen Stoffe nicht einem echten Bedürfnis entspricht (EuGH Slg. 1986, 1511, 1529 (25.) „Muller").

3.4 Prüfungsschema:

(1) *„Dassonville"*-Formel: Maßnahme gleicher Wirkung ?
Liegt eine nationale Regelung vor, die geeignet ist, den innergemeinschaftlichen Warenverkehr unmittelbar oder mittelbar, tatsächlich oder potentiell zu behindern ?
Beispiele: produktbezogene Warenmodalität hinsichtlich Bezeichnung, Form, Abmessungen, Gewicht, Zusammensetzung, Aufmachung, Etikettierung und Verpackung
(2) *"Keck"*-Formel: keine Verkaufsmodalität
(3) *„Cassis"*-Formel: ist die Regelung zwingend erforderlich ?
(4) Rechtfertigung nach Art. 36 EGV ?

4 Sekundäres Gemeinschaftsrecht

4.1 Verordnungen

Gemäß Art. 189 Abs. 2 EGV hat eine EG-Verordnung „allgemeine Geltung, ist in allen ihren Teilen verbindlich und gilt unmittelbar in jedem Mitgliedstaat". „**Unmittelbare Geltung** in den Mitgliedstaaten" besagt, daß die Verordnung mit ihrem Inkrafttreten in den und nicht nur für die Mitgliedstaaten gilt, ohne daß die Legislativvorgane des jeweiligen Mitgliedstaates diese Geltung gesondert anordnen müssen (sog. „**Durchgriffswirkung**"). Die Mitgliedstaaten haben demnach auch alle Maßnahmen zu unterlassen, die die unmittelbare Geltung der Verordnungen in Frage stellen oder auch nur diesen Anschein erwecken könnten. Im Rahmen ihres Anwendungsbereiches schließt die Verordnung des weiteren sowohl den Erlaß neuen als auch die Weiteranwendung des bestehenden nationalen Lebensmittelrechts aus (**Sperrwirkung**). Gerichte und Verwaltungsbehörden haben die Verordnungen anzuwenden und entgegenstehendes nationales Recht außer Anwendung zu lassen.

Nur wenn eine Verordnung Regelungen enthält, die nationale **Durchführungsakte** erforderlich machen, sind die Mitgliedstaaten dazu berechtigt und aufgrund Art. 5 Abs. 1 Satz 1 EGV auch verpflichtet, diese zu erlassen (Beispiel: die (deutsche) „VO über Vermarktungsnormen für Eier" enthält Durchführungsbestimmungen zur „VO

(EWG) Nr. 1907/90 über bestimmte Vermarktungsnormen für Eier"). Sie dürfen dabei allerdings keine Maßnahmen ergreifen, die eine Änderung der Tragweite einer Verordnung oder einer Ergänzung ihrer Vorschriften zum Gegenstand haben.

4.2 Richtlinien

4.2.1 Umsetzung

Richtlinien richten sich an die Mitgliedstaaten der Gemeinschaft und verpflichten diese, den Inhalt der jeweiligen Richtlinie in nationales Recht umzusetzen. Die **Umsetzung** von Richtlinien erfolgt nach jeweiligem nationalem Recht.

In der Bundesrepublik steht die Gesetzgebungskompetenz im Bereich des Lebensmittelrechts weitgehend dem Bund zu (s. Art. 73 Nr. 4 und Art. 74 Nr. 11, Nr. 17 und Nr. 20 GG), so daß hauptsächlich der Bund Richtlinien umsetzen muß; der Vollzug liegt allerdings weitgehend bei den Ländern, da Lebensmittelrecht weitgehend dem Sicherheitsrecht zuzurechnen ist (Art. 30, 70, 83 ff GG).

Richtlinien können durch ein Gesetz aber unter bestimmten Voraussetzungen auch durch eine (deutsche, also ein Gesetz ausführende und/oder konkretisierende) Rechtsverordnung umgesetzt werden; eine Umsetzung durch Rechtsverordnung muß den Grundsätzen der Rechtsprechung des Bundesverfassungsgerichts genügen („Wesentlichkeitstheorie"; BVerfGE 40, 237, 248 ff.) und die Anforderungen des Art. 80 GG, insbesondere an die Bestimmtheit der Norm erfüllen. Eine Verweisung auf Normen und Begriffe des Gemeinschaftsrechts ist dabei möglich (s. § 2 Abs. 3 Nr. 2 LMBG).

Bei der Anwendung nationalen (deutschen) Rechts ist im Einzelfall der Text der jeweiligen Richtlinie ggf. heranzuziehen, da nationales Recht **richtlinienkonform auszulegen** ist (EuGH Slg. 1984, 1921).

Der Gemeinschaftsgesetzgeber ist in seiner **Wahl** weitgehend frei, ob er zum Tätigwerden die Verordnung oder die Richtlinie wählt (Art. 100 a oder 43 Abs. UAbs. 3 EGV). Die Richtlinie hat den Vorteil, daß sie den Mitgliedstaaten grundsätzlich einen Gestaltungsspielraum eröffnet und damit ihre Souveränität weniger stark tangiert; nationale Umsetzungsprobleme vor allem verfassungsrechtlicher Art (Bund-/Länderkompetenz) können so vermieden werden. Aus gemeinschaftlicher Sicht kann die Umsetzung durch die Mitgliedstaaten zu einer Zersplitterung der Richtlinienvorgaben führen, vermeidet aber auch auf nationaler Ebene eine weitere Zersplitterung der ohnehin schon oft wenig übersichtlichen Rechtsquellen im Lebensmittelrecht (*Streinz*, in: Lebensmittelrechts-Handbuch, III. C, Rdnr. 98 ff).

4.2.2 Unmittelbare Geltung

Richtlinien haben (ausnahmsweise) **unmittelbare Geltung** und gelten wie nationales Recht, wenn die Frist für die Umsetzung in nationales Recht verstrichen ist und die Verpflichtungen, die den Mitgliedstaaten aus der Richtlinie erwachsen, unbedingt, hinreichend klar und genau umrissen sind (EuGH Slg. 1970, 825 = NJW 1970, 2182 „Leberpfennig"; 1979, 1629 „Ratti"; 1982, 53 „Becker"). Zwar ist die Richtlinie nach Art. 189 EGV „für jeden Mitgliedstaat, an den sie gerichtet ist, lediglich hinsichtlich des zu erreichenden Ziels verbindlich" und „überläßt den innerstaatlichen Stellen damit die Wahl der Form und Mittel". Es ist jedoch nach Auffassung des EuGH mit der den Richtlinien zuerkannten verbindlichen Wirkung unvereinbar, grundsätzlich auszuschließen, daß sich die betroffenen Personen auf die den Mitgliedstaaten auferlegten Verpflichtungen berufen können („effet utile"-Rechtsprechung). Hier heben sich die Unterschiede zwischen einer Verordnung und einer Richtlinie auf (welche oft nur gering sind; so lassen die Positivlisten der Miscellaneous-Richtlinie Nr. 95/2/EG keinen Spielraum zu).

Für Schäden, die aus fehlender oder fehlerhafter Umsetzung von Richtlinien beruhen, kann ein Mitgliedstaat von Einzelnen grundsätzlich auf Schadenersatz in Anspruch genommen werden (EuGH Slg. 1991 I, 5357 = NJW 1992, 165 – „**Francovich**"; s. auch EuZW 1996, 205 – „Brasserie du Pecheur/Deutschland").

Richtlinien entfalten allerdings **keine unmittelbare Wirkung**
- im Verhältnis zwischen einzelnen Bürgern oder Gesellschaften und Staat, wenn die Richtlinie den Gemeinschaftsbürger *belasten* würde (EuGH Slg. 1987, 3969 – „Kopinghuis Nijmegen"), oder
- im *„horizontalen" Verhältnis* zwischen Individuen (EuGH Slg. 1986, 732, 749; Slg. 1990 I, S. 4135, 4158 – „Marleasing"; 1994 I, S. 3325, 3355 – „Faccini Dori/Recreb").

Eine unmittelbare Wirkung kann Richtlinien demnach nur dann zukommen, wenn eine Richtlinie geringere Anforderungen etwa an die Zusammensetzung eines Lebensmittels stellt als eine Bestimmung des nationalen (deutschen) Rechts. Individuen können sich dann auf die Richtlinie berufen, ohne daß dies Voraussetzung ihrer Anwendung wäre (FG München EuZW 1990, 582). Im Hinblick auf die Umsetzungsfrist der **Miscellaneous-Richtlinie** Nr. 95/2/EG konnten sich die betroffenen Wirtschaftsteilnehmer deshalb nach dem 25.9.1996 bis zum Erlaß der neuen (nunmehr richtlinienkonformen) ZZulVO auf die unmittelbare Wirkung der einschlägigen Bestimmungen der Richtlinie berufen (Schr. des BMinG an die obersten Landesbehörden v. 19.9.1996; Az. 413-6671-20); namentlich die Bestimmungen, welche die Stoffzulassungen zu den einzelnen Lebensmitteln regeln, wie die Verwendung von Parabenen für sog. „flüssige Nahrungsergänzungsmittel" nach Anhang III, Teil A.

4.3 Lebensmittelrechtliche Harmonisierung

4.3.1 Konzept der Kommission

Seit ihrem „Weißbuch zur Vollendung des Binnenmarktes" (BR-Drs. 289/85, 10.7.1985) und der Mitteilung über die „Vollendung des Binnenmarktes: Das Gemeinschaftliche Lebensmittelrecht" (KOM 85 – 603 endg., 8.11.1985; BR-Drs. 35/86, 27.1.1986) verfolgt die Kommission gegenüber früher ein neues Konzept zur Vermeidung von Handelshemmnissen und damit der Schaffung des Binnenmarktes, das dem Subsidiaritätsprinzip weitgehend Rechnung trägt (s. auch „Mitteilung über die Zukunft des ländlichen Raums", KOM 88 – 501 endg.; „Mitteilung über den freien Verkehr mit Lebensmitteln innerhalb der Gemeinschaft", ABl C 271/3 vom 24.10.1989; „Erläuternde Mitteilung der Kommission über die Verkehrsbezeichnung von Lebensmitteln", ABl. C 270/2 vom 15.10.1991). Dieses Konzept zielt darauf ab, die „auf den Artikeln 30 und 36 EGV beruhenden Grundsätze der gegenseitigen Anerkennung einzelstaatlicher Regeln und Normen mit einer neuen Grundlage für die Harmonisierung der Rechtsvorschriften zu verbinden".

Die Kommission beschränkt sich seitdem auf die Ausübung der ihr zustehenden Rechtsetzungsgewalt (bzw. Initiativrecht) in Bereichen zum **„Schutz wesentlicher Allgemeininteressen"** wie den hochrangigen Rechtsgütern des Art. 36 EGV sowie den „zwingenden Erfordernissen" nach der Cassis-Rechtsprechung des EuGH (s.o. 3.2.1): dies sind **horizontale Regelungen** (solche, die für mehrere Lebensmittel gelten), die ihre Rechtfertigung finden in dem Schutz der öffentlichen Gesundheit, des Informationsbedürfnisses der Verbraucher, des lauteren Wettbewerbs und der Notwendigkeit einer amtlichen Überwachung. Damit erstreckt sich die selbst zugewiesene Aufgabe u.a. auf folgende Bereiche:

- Lebensmittelkennzeichnung im weitesten Sinne;
- bestimmte Lebensmittel wie Diätetika, tiefgefrorene Lebensmittel, Novel Food und Öko-Lebensmittel;
- Zusatzstoffe, technische Hilfsmittel, Aromen;
- Rückstände an Pflanzenschutzmitteln und Schädlingsbekämpfungsmitteln, Tierarzneimitteln oder Schadstoffen (Kontaminanten);
- Höchstwerte für radioaktive Belastungen;
- Hygiene;
- Lebensmittelbestrahlung;
- Bedarfsgegenstände und
- Lebensmittelüberwachung.

In anderen Bereichen, in denen es (noch) keine Gemeinschaftsregelungen gibt oder nach dieser Konzeption geben soll, kommt grundsätzlich das **Prinzip der gegenseitigen Anerkennung** zum tragen [s.o. 3.1]. In Konsequenz dessen will die Kommission weitgehend auf die Schaffung sog. **„vertikaler Rezepturvorschriften"** mit produktspezifischen Anforderungen an die Zusammensetzung von Lebensmitteln **verzichten;** denn „den nationalen Erzeugnissen soll der gesamte Markt der Gemeinschaft eröffnet werden".

Die bestehenden Rezepturvorschriften wie die Konfitüre-Richtlinie sollen weiterhin Anwendung finden, aber überarbeitet werden. Bis auf wenige Ausnahmen (Beispiel: VO (EWG) Nr. 1576/89 des Rates vom 29.5.1989 zur „Festlegung allgemeiner Regeln über die Begriffsbestimmung, Bezeichnung und Aufmachung von Spirituosen"; VO (EG) Nr. 2991/94 des Rates v. 5.12.1994 mit Normen für Streichfette) hielt die Kommission ihr Konzept durch.

Nachfolgend **Beispiele** für Verordnungen und Richtlinien:

4.3.2 Öko-Verordnung

Literatur: Handbuch Bio-Lebensmittel, *Eschricht/Leitzmann* (Hrsg.); *Langguth*, Die EG „Bio"-Verordnung – Anwendung und Kennzeichnung, ZLR 1991, 573; *Leible*, in: Streinz (Hrsg.), Lebensmittelrechts-Handbuch, Abschnitt III F, Rdnr. 439 ff; *Schmidt/Haccius*, EG-Verordnung „Ökologischer Landbau".

4.3.2.1 Pflanzliche Herkunft

Die Regelungen der Öko-Verordnung (Verordnung (EWG) Nr. 2092/91 des Rates über den ökologischen Landbau und die entsprechende Kennzeichnung der landwirtschaftlichen Erzeugnisse und Lebensmittel vom 24. Juni 1991; ABl. Nr. L 198 vom 22.07.91, S. 3) legen fest, welche Anforderungen Erzeugnisse erfüllen müssen, um als „aus ökologischem Landbau" stammend gekennzeichnet werden zu können.

Ein Erzeugnis gilt gem. Art. 2 als **„aus ökologischem Landbau"** stammend, wenn durch die Etikettierung des Lebensmittels oder Werbung hierfür bei den angesprochenen Käufern der Eindruck hervorgerufen wird, daß das Erzeugnis oder seine Bestandteile nach den Produktionsregeln des ökologischen Landbaus, die in Art. 6 und 7 i.V.m. den Anhängen I und II konkretisiert sind, gewonnen wurde. Art. 5 regelt, ob in der Verkehrsbezeichnung oder im Zutatenverzeichnis des Erzeugnisses auf den ökologischen Landbau Bezug genommen werden darf. Erzeuger wie Vertreiber unterliegen gem. Art. 8 einem bestimmten Kontrollverfahren.

Dem Anwendungsbereich der ÖkoVO unterliegen derzeit nur Lebensmittel aus **pflanzlicher Herkunft**. Unterschiedliche Auffassungen bestehen, ob die VO auch zusammengesetzte Erzeugnisse erfaßt, die Zutaten tierischer Herkunft enthalten (*Langguth* ZLR 1991, 573, 579 f).

Mit der ÄnderungsVO Nr. 207/93 zur ÖkoVO wurde der **Anhang VI** der ÖkoVO veröffentlicht. Die ÄnderungsVO bestimmt ergänzend die **Zutaten nicht-landwirtschaftlicher Herkunft** (u.a. Lebensmittelzusatzstoffe), Verarbeitungshilfsstoffe sowie nicht aus ökologischem Anbau verfügbare landwirtschaftliche Zutaten, die für die Herstellung von ökologisch gekennzeichneten und beworbenen Erzeugnissen verwendet werden dürfen. Zutreffend wird das Übermaß der Regelungen kritisiert (*Welsch* ZLR 1992, 273, 274 f). Anhang VI Teil A Ziff. 5 über „Mineralien (einschließlich Spurenelemente) und Vitamine" wird dabei dem Gebot der Verhältnismäßigkeit nicht gerecht. Eines *Verbots mit Befreiungsvorbehalt* für Zutaten (im vorgenannten Sinne) hätte es nicht bedurft. Die ÖkoVO begründet zwar eine normative Garantie dergestalt, daß ökologische Produkte einen geringeren Verarbeitungsgrad aufweisen als konventionelle Erzeugnisse (Einleitung zur VO Nr. 207/93 v. 29.01.1993). Diesem Ziel könnte auch Rechnung getragen werden durch ein *Verbot mit Erlaubnisvorbehalt*, das eine Abwägung im Einzelfall ermöglicht, ob die angesprochenen Verkehrskreise die Anreicherung mit der jeweiligen Zutat erwarten oder ob dieser Umstand ihren Erwartungen zuwiderläuft (vgl. Stellungnahme des Wirtschafts- und Sozialausschusses, ABl. C 182, 12 ff v. 23.07.1990).

4.3.2.2 Tierische Herkunft

Die Verordnung soll ergänzt werden über Anforderungen an Produktion, Zusammensetzung und Kontrolle von Erzeugnissen **tierischer Herkunft**. Regelungen in diesem Bereich sind seit langem überfällig, weil diese Auslobung für sehr unterschiedliche Angebote unterschiedlicher Qualität benutzt wird. Ein Vorschlag der Kommission wird diskutiert; dieser enthält Grundregeln für den ökologischen Landbau (wie Seuchenprophylaxe), besondere Regeln für verschiedene Haltungsarten über u.a. Modalitäten der Umstellung des Haltungsbetriebs auf ökologischen Landbau, Lebensbedingungen und Unterbringung der Tiere sowie besondere Kontrollvorschriften für die tierische Erzeugung (KOM(96) 366 endg. – 696/0205(CNS); ABl. C 293/23 v. 5.10.1996).

Der Bundesrat setzt sich hierbei dafür ein, daß **gentechnische Verfahren** ausnahmslos nicht in der ökologischen Produktionsweise zur Anwendung kommen sollten (Empfehlungen, Drucksache 698/1/96).

4.3.3   Verordnung über Herkunftsangaben

Literatur: *Beier/Knaak*, Der Schutz der geographischen Herkunftsangaben in der Europäischen Gemeinschaft, GRUR Int. 1992, 411; *Fezer*, Markengesetz, Kommentar, 1997, Vorb § 130 – 139 MarkenG; *Leible*, in: Handbuch Lebensmittelrecht, III. F, Rdnr. 509 ff; *Meyer*, Verordnung (EWG) Nr. 2081/92 zum Schutz von geographischen Angaben und Ursprungsbezeichnungen, wrp 1995, 783; *Meyer*, Anmeldung von Herkunftsangaben nach der VO (EWG) Nr. 2081/92 des Rates – ein Leitfaden, GRUR 1997, 91.

4.3.3.1 Regelungsübersicht

Die Verordnung Nr. 2081/92/EWG des Rates zum Schutz von geographischen Angaben (= g.g.A.) und Ursprungsbezeichnungen (= g.U.) für Agrarerzeugnisse und Lebensmittel (ABl. Nr. L 208 v. 24.7.1992, S. 1 nach Maßgabe der Änderung mit VO (EG) Nr. 535/97 v. 17.3.1997 – ABl. L 83/3 v. 25.3.1997) trat am 24.7.1993 in Kraft. Ziel der VO ist ein **gemeinschaftsrechtlicher Schutz von g.g.A. und g.U.** vor allem gegen anlehnende Benutzung sowie gegen herkunftsbezogene, irreführende Angaben und Praktiken (Art. 13 der VO); der VO sind daher sowohl Marketingmaßnahmen wie Abschottungsmechanismen inhärent. Eingetragene Bezeichnungen werden gegen jede Art der Anlehnung geschützt; dies auch dann wenn der wahre Ursprung des Lebensmittels angegeben wird oder aber die geschützte Bezeichnung zusammen mit Angaben wie „nach Art" („Typ"; s. Art. 13 Abs. 1 b) verwendet wird. Die nach der VO vorgesehenen Angaben „g.U." und „g.g.A." oder entsprechende traditionelle einzelstaatliche Angaben dürfen nur für die der VO entsprechenden Erzeugnisse verwendet werden (Art. 8). Die Eintragung begründet **kein Ausschließlichkeitsrecht** für diejenigen, welche die Eintragung beantragten. Die Eintragung ist lediglich produktbezogen („für Lebensmittel") und nicht personenbezogen. Demnach können auch andere die geschützten Bezeichnungen verwenden, wenn sie die im Lastenheft beschriebenen Spezifikationen zu den einzelnen Lebensmitteln erfüllen.

Der Schutz dieser Herkunftsangaben auf Gemeinschaftsebene wird durch die Eintragung in ein **Verzeichnis** begründet, das von der Kommission geführt werden wird (Art. 6 Abs. 3 und 4). Die Mitgliedstaaten konnten hierfür auf nationaler Ebene geschützte Bezeichnungen mitteilen (sog. *vereinfachtes Verfahren*; Art. 17). Darüber hinaus kann eine Eintragung grundsätzlich nur auf Antrag einer „Vereinigung" erfolgen (*ordentliches Verfahren* vor dem Deutschen Patentamt). Insgesamt 1400 Anmeldungen wurden im vereinfachten Verfahren der Kommission übermittelt. Das Bundesministerium der Justiz (BMJ) meldete stellvertretend für die Bundesrepublik Deutschland 934 deutsche Bezeichnungen an.

Wegen der Unwägbarkeiten des Anwendungsbereiches der VO hatte das BMJ in Absprache mit den Verbänden (bis auf wenige Ausnahmen) alle ihr gemeldeten Bezeichnungen der Kommission mitgeteilt. (Rechtliche) Überlegungen, ob wirklich alle deutschen Bezeichnungen, insbesondere auch sog. einfache Herkunftsangaben unter den Anwendungsbereich der VO fallen, wurden hintangestellt. Dies war seinerzeit richtig, denn die Kommission hatte mehrfach darauf hingewiesen, daß

„der nationale Schutz von mitgeteilten Bezeichnungen bis zum Zeitpunkt beibehalten werden kann, zu dem über die Eintragung entschieden wird. Auf nationaler Ebene geschützte Bezeichnungen, die nicht innerhalb der 6-Monats-Frist (Anm.: des Art. 17 I VO) mitgeteilt werden, sind danach nicht mehr geschützt" (ABl. C 273/4 vom 9.10.1993 sowie Schreiben der Kommission an die Bundesregierung vom 16.03.1995 – VI/011899 mit Stellungnahme. zu BGH Rs. „Mozzarella"; des weiteren Schreiben der Kommission v. 18.10.1995, VI/038788).

Die Kommission beschloß am 12.07.1996 eine erste Verordnung zur Eintragung von g.g.A. und g.U. (Nr. 1107/96, ABl. L 148/1-10 vom 21.06.96); weitere folgen (bisheriger Stand s. *Fezer*, Markenrecht, Vorb § 130 MarkenG, Rdnr. 22 f). Mit der VO (EG) Nr. 2400/96 der Kommission (17.12.1996; ABl. L 327 v. 18.12.1996, S. 11) wurden die ersten Eintragungen geographischer Bezeichnungen im ordentlichen Verfahren vorgenommen.

Zur Ausgestaltung des **ordentlichen Verfahrens** ist kurz auf folgendes hinzuweisen (vertiefend: *Goebel* GRUR 1995, 98). Der Antrag muß grundsätzlich von einer „Vereinigung" gestellt werden; im Ausnahmefall könnte dies auch ein einzelnes Unternehmen sein (s. hierzu ausführlich mit weiteren Beispielen *Knaak* GRUR 1995, 103, 108). Eine „Vereinigung" ist ein Zusammenschluß von Erzeugern und/oder Verarbeitern (Art. 5 Abs. 1 Unterabs. 2); auch in der Rechtsform einer OHG oder KG (vgl. Art. 5 Abs. 1 der VO; Art. 2 der DurchführungsVO). Andere Beteiligte können sich einer Vereinigung anschließen (Art. 5 Abs. 1 UAbs. 2). Der Antrag ist beim Deutschen Patentamt einzureichen (Art. 5 Abs.4; § 130 Abs. 1 MarkenG). Der Antrag ist kostenpflichtig; die Gebühr beträgt DM 1.500.- (§ 130 Abs. 2 MarkenG; Anl. zu § 1 PatentgebührenG, Geb.-Nr. 136 100).

Zu den **Anforderungen an den Antrag** auf Eintragung s. *Meyer* GRUR 1997, 91.

4.3.3.2 Schutzgegenstand

Den Begriffen "Ursprungsbezeichnungen" und "geographischen Angaben" ist gemein, daß es sich hierbei jeweils um den Namen einer Gegend oder eines bestimmten Ortes handelt, der für Erzeugnisse verwendet wird, die aus dem so bezeichneten Gebiet stammen. Die Bezeichnungen unterscheiden sich durch die Intensität der Beziehung, die zwischen dem Erzeugnis und dem jeweiligen Gebiet besteht, dessen Name das Erzeugnis trägt.

"**Ursprungsbezeichnungen**" zeichnen sich dadurch aus, daß sie ihre Güte oder Eigenschaft überwiegend oder ausschließlich den geographischen Verhältnissen einschließlich den natürlichen und menschlichen Einflüssen verdanken (Art. 2 Abs. 2 lit. a).

Bei einer "**geographischen Angabe**" reicht es aus, daß eine bestimmte Qualität, das Ansehen oder eine andere Eigenschaft sich auf den geographischen Ursprung zurückführen läßt und das Erzeugnis in dem entsprechenden Gebiet erzeugt, verarbeitet oder hergestellt wird (Art. 2 Abs. 2 lit. b). Bei geographischen Angaben muß zwar kein kausaler Zusammenhang zwischen Herkunftsgebiet und der Qualität des Produktes bestehen (s. Art. 2 Abs. 2 b Spiegelstrich 2) – anders als im Falle der Ursprungsbezeichnungen –; Erzeugung, Verarbeitung oder Herstellung an einem bestimmten Ort müssen sich aber irgendwie auf das jeweilige Erzeugnis qualitativ auswirken, so daß sie sich von anderen Erzeugnissen unterscheiden.

Die VO verlangt, daß zwischen den Eigenschaften der Produkte und deren geographischer Herkunft ein „Zusammenhang" bestehen muß (Vorb. der VO sowie Art. 4 Abs. 2 f). „**Einfache Herkunftsangaben**" sind demnach vom Schutzsystem der VO ausgeschlossen, denn ihr Aussagegehalt erschöpft sich in einem Hinweis auf die Herkunft (*Fezer*, Markenrecht, Vorb § 130 Rdnr. 11; *Meyer*, Fleischwirtschaft 1995, 1212). Gleichwohl sind solche Herkunftsangaben nicht schutzlos, denn sie genießen weiterhin Schutz über die Irreführungstatbestände der §§ 3 UWG (vgl. BGH ZLR 1995, 313, 320 "Rügenwalder Teewurst II"), 17 Abs. 1 Nr. 5 lit. b LMBG sowie §§ 126 ff Markengesetz oder auch über § 1 UWG (BGH GRUR 1988, 453, 455 "Ein Champagner unter den Mineralwässern"). Die Kommission bekräftigte dies in einem an die Bundesregierung gerichteten Schreiben vom 05.09.1994, wonach "die ausschließliche Geltung der Verordnung Nr. 2081/92 nicht den Schutz auf nationaler Ebene berühre, der sich z.T. aus der Anwendung der Kennzeichnungsrichtlinie gegen Irreführung über die Herkunft ergebe".

Gattungsbezeichnungen können nicht eingetragen werden (Art. 3). Noch vor Inkrafttreten der VO hätte ein „nicht erschöpfendes, informatives Verzeichnis" der Gattungsbezeichnungen aufgestellt werden sollen, welche nicht eingetragen werden könnten. Ein solches Vorhaben scheiterte bislang an den unterschiedlichen Auffassungen der Mitgliedstaaten.

Der Schutz nach der VO sollte demnach nur dann gesucht werden, wenn Dritte (nicht nur aus dem europäischen Ausland) sich erkennbar des werbenden Effekts einer Herkunftsbezeichnung annehmen wollen und der Schutz über die Irreführungstatbestände (wie § 3 UWG) nicht als ausreichend angesehen wird.

4.3.3.3 Verhältnis zum Markenrecht

Die VO hat ein dem deutschen Recht bisher völlig fremdes Schutzsystem geschaffen; das Verhältnis zum Markenrecht ist offen. Herkunftsangaben genießen in Deutschland bislang Schutz u.a. über § 3 UWG. Des weiteren finden sich Bestimmungen für die Verwendung bestimmter Bezeichnungen und gewerblicher Kennzeichen wie Marken im neuen Markengesetz (§§ 126 MarkenG) sowie in Spezialvorschriften wie § 9 der Mineral- und TafelwasserVO.

Eine (Teil-)Regelung über das Verhältnis des nationalen zum supranationalen Schutzsystem enthält **Art. 14** der VO. Danach haben geschützte Bezeichnungen Vorrang vor prioritätsjüngeren Marken (Art. 14 Abs. 1). In Fällen, in denen ältere Marken mit geschützten Ursprungsbezeichnungen oder geographischen Angaben zusammentreffen, bleiben die rechtmäßig eingetragenen Marken trotz anlehnender Benutzung oder irreführender Angaben i.S.v. Art. 13 der VO bestehen und können auch nach der Eintragung der Bezeichnung in das EU-Verzeichnis weiter benutzt werden. Allerdings ist hierfür Voraussetzung, daß die Marke nicht ausschließlich aus Zeichen oder Angaben besteht, die im Handelsverkehr dazu dienen können, die Herkunft zu bezeichnen, daß die Marke nicht geeignet ist, das Publikum insbesondere über die geographische Herkunft des Erzeugnisses irrezuführen (Art. 14 Abs. 2) und daß schließlich der zukünftige Gebrauch der Marke mit dem Gemeinschaftsrecht vereinbar ist (*Heine* GRUR 1993, 96, 102). Das Weiterbenutzungsrecht schließt das markenrechtliche Verbietungsrecht gegenüber rechtmäßigen Benutzern der EU-Bezeichnung aus. *Tilmann* (GRUR 1992, 829, 831) ist des weiteren der Auffassung, daß darüber hinaus das Verbietungsrecht gegenüber Dritten nicht ausgeschlossen sei. Ältere Marken haben nur ausnahmsweise Vorrang vor Ursprungsbezeichnungen oder geographischen Angaben, wenn in Anbetracht des Ansehens, das eine Marke genießt, ihres Bekanntheitsgrades und der Dauer ihrer Verwendung die Eintragung der Bezeichnung geeignet ist, die Verbraucher über die wirkliche Identität des Erzeugnisses irrezuführen (**Art. 14 Abs. 3**).

Darin erschöpft sich der Aussagegehalt der Verordnung zu ihrem Anwendungsvorrang gegenüber dem nationalen Recht. Die **Bundesregierung** und die herrschende Meinung in der **Literatur** ziehen hieraus den Schluß, daß das Gemeinschaftsrecht lediglich hinsichtlich der auf Gemeinschaftsebene geschützten Bezeichnungen an die Stelle des Schutzes im nationalen Recht trete; es bestünde demnach eine gemeinschaftsrechtliche und nationalrechtliche **Parallelität des Kennzeichnungsschutzes**. Von *Mühlendahl*, der auf deutscher Seite an den Verhandlungen über die Verordnung zum Schutz geographischer Herkunftsangaben beteiligt war, schreibt hierzu, daß es nach Art. 17 Abs. 1 der VO den Mitgliedstaaten freigestellt gewesen sei, ob sie die bestehenden Bezeichnungen für den Schutz auf Gemeinschaftsebene melden wollten. Es bestünde daher keine Verpflichtung, nach nationalem Recht geschützte Bezeichnungen auf die Gemeinschaftsebene „anzuheben" (*v. Mühlendahl* ZLR 1993, 187, 196; *Tilmann*, a.a.O., S. 612; siehe auch: Merkblatt des Deutschen Patentamts zur VO, abgedr. in: Blatt für PMZ, Sonderheft „Das neue Markengesetz", 1994, 200).

Die **Kommission** hält dagegen auch nach der „Turrón"-Entscheidung des EuGH an ihrer Auffassung fest, daß das **Schutzsystem der VO nationales Recht ausschließe**. Sie bekräftigte dies in einem an die Bundesregierung gerichteten Schreiben vom 16.03.1995 (VI/011899) unter Hinweis auf ihre im Amtsblatt C 273/4 vom 09.10.1993 abgedruckte Mitteilung, daß

„der nationale Schutz von mitgeteilten Bezeichnungen bis zum Zeitpunkt beibehalten werden kann, zu dem über die Eintragung entschieden wird. Auf nationaler Ebene geschützte Bezeichnungen, die nicht innerhalb der sechs-Monats-Frist (Anm: des Art. 17 Abs. 1 VO) mitgeteilt werden, sind danach nicht mehr geschützt."

Am Beispiel der Bezeichnung „Mozzarella" weist die Kommission darauf hin, daß diese Bezeichnung ohne Eintragung in das EU-Verzeichnis in der gesamten Gemeinschaft *jeden Schutz verlieren* würde. In der vorgenannten Mitteilung vom 09.10.1993 heißt es hierzu ergänzend, daß eine „nicht innerhalb von sechs Monaten mitgeteilte ebenso wie die beantragte, von der Gemeinschaft jedoch abgelehnte Bezeichnung keinen Schutz mehr genießt".

Sollte sich die Auffassung der Kommission durchsetzen, so würde dies sicherlich für die Mehrzahl der deutschen Herkunftsbezeichnungen den Niedergang bedeuten, da sie meist die Anforderungen der VO nicht erfüllen. *Fezer* ist der Auffassung, daß die Auffassung der Kommission mit Verfassungsrecht nicht in Einklang zu bringen sei, da Herkunftsangaben sowohl nach **Art. 14 GG** als auch nach Art. 36 EGV geschützt seien (*Fezer* Markenrecht, Vorb § 130 MarkenG, Rdnr. 21); er wie auch andere (*Beier/Knaak* GRUR Int. 1993, 602, 607; *Hohmann/Leible* ZLR 1995, 265, 270) berufen sich dabei auf die Entscheidung **„Turrón de Alicante"** (EuGH GRUR Int. 1993, 76, 78 Egr. 28).

4.3.4 Spezialitäten-Verordnung

Literatur: *Klein*, EG-Spezialitäten-Verordnung, ZLR 1993, 175; *Leible*, in: Handbuch Lebensmittelrecht, III. F, Rdnr. 527 ff.

Ein weiteres Marketinginstrument stellt die Verordnung Nr. 2082/92/EWG des Rates über Bescheinigungen **besonderer Merkmale** von Agrarerzeugnissen und Lebensmitteln vom 14.07.1992 dar (ABl. Nr. L 208 vom 24.07.1992, S. 9). Ziel dieser VO ist es, Herstellern von Agrarerzeugnissen oder Lebensmitteln die Möglichkeit zu schaffen, die Eigenart ihrer Erzeugnisse besonders hervorzuheben, weil diese sich von ähnlichen Erzeugnissen oder Lebensmitteln durch besondere Merkmale deutlich unterscheiden. Durch eine besondere Angabe oder ein Gemeinschaftszeichen sollen Verbraucher darüber unterrichtet werden können, daß es sich bei dem betreffenden Erzeugnis um ein Lebensmittel mit kontrollierten besonderen Merkmalen handelt.

Voraussetzung für die Eintragung in ein Register der Bescheinigungen besonderer Merkmale, in dem die Namen der Agrarerzeugnisse und die Lebensmittel aufgeführt sind, deren besondere Merkmale gemäß der VO gemeinschaftlich anerkannt wurden, ist, daß das jeweilige Erzeugnis entweder aus **traditionellen** Rohstoffen hergestellt worden sein muß oder eine traditionelle Zusammensetzung oder eine Herstellungs- und/oder Verarbeitungsart aufweist, die zum traditionellen Herstellungs- und/oder Verarbeitungstyp gehört (Art. 4 Abs. 1). Eine Bescheinigung wird allerdings nur dann erteilt, wenn das jeweilige Erzeugnis einer bestimmten **Spezifikation** entspricht (Art. 6). Diese Spezifikation enthält eine Beschreibung der Herstellungsmethode sowie Angaben zur Beurteilung des traditionellen Charakters des Erzeugnisses (Art. 6 Abs. 2).

Die VO sieht vor, daß ab dem Tag der Veröffentlichung einer Bescheinigung besonderer Merkmale in das Register dem jeweiligen Erzeugnis ein mit einer Gemeinschaftsangabe oder mit einem Gemeinschaftszeichen verbundener **Name vorbehalten** ist (Art. 13 Abs. 1). Dies heißt allerdings nicht, daß anderen gleichartigen Erzeugnissen dann die Führung einer bestimmten Verkehrsbezeichnung verwehrt wäre; Sinn der VO ist es, bestimmten Erzeugnissen ein Gütezeichen zu verschaffen, nicht aber, bestimmte Bezeichnungen zu monopolisieren. Letzteres ist nur im Ausnahmefall möglich. So sieht Art. 13 Abs. 2 vor, daß ein „Name" einem Agrarerzeugnis oder Lebensmittel, das die Bedingungen der öffentlichen Spezifikation erfüllt, vorbehalten werden kann, wenn hierum bei dem Antrag auf Eintragung ersucht wird und der Name nicht bereits von anderen, „ähnlichen Agrarerzeugnissen oder Lebensmitteln" verwendet wird.

Den ersten Antrag auf Registrierung stellte die Vereinigung italienischer Milch-Käse-Erzeuger für das Produkt „**Mozzarella**" (ABl. Nr. C 246/9 vom 24.08.1996). Der von der italienischen Vereinigung eingereichte Antrag strebt nicht den Schutz gem. Art. 13 Abs. 2 an, d.h. der Name als solcher soll nicht geschützt werden, vielmehr bezieht sich der beantragte Schutz auf die Verwendung des Namens lediglich zusammen mit der vorgesehenen Gemeinschaftsangabe „Garantiert traditionelle Spezialität" (gem. VO Nr. 1848/93/EWG vom 09.07.1993, Art. 4 und Anhang I) und ggf. dem vorgesehenen Gemeinschaftssymbol. Deutschen Herstellern von Mozzarella ist es demzufolge nicht verwehrt, ihre Erzeugnisse weiterhin mit dieser Verkehrsbezeichnung auch dann zu versehen, wenn das Erzeugnis nicht aus Italien stammt.

4.3.5 Einzelne Richtlinien

Auf einzelne Richtlinien einzugehen, wäre müßig, weil – wie zuvor ausgeführt [4.2] – bis auf wenige (gleichwohl immer wieder bedeutende) Ausnahmefälle Individuen allein durch nationales Recht berechtigt und verpflichtet werden. Hier daher nur wenige Beispiele:

Die Umsetzung der Richtlinie des Rates vom 18.12.1978 zur „Angleichung der Rechtsvorschriften der Mitgliedstaaten über die Etikettierung und Aufmachung von für den Endverbrauchern bestimmten Lebensmitteln sowie die Werbung hierfür" (79/112/EWG; ABl. Nr. L 33 v. 8.2.1979) erfolgte durch eine Artikel-Verordnung, deren Kernstück die **LMKV** ist.

Die „**Los-Kennzeichnungs-Verordnung**" (LKV) vom 23.06.1993 (BGBl. I, S.

1022; s. Kap. 3, 2) setzte die Richtlinie des Rates vom 14.06.1989 über „Angaben oder Marken, mit denen sich das Los, zu dem ein Lebensmittel gehört, feststellen läßt" (89/396/EWG; ABl. Nr. L 186 vom 30.06.1989, S. 21) um.

Die **NährwertkennzeichnungsVO** transferierte die Richtlinie des Rates vom 24.09.1990 über die Nährwertkennzeichnung von Lebensmitteln (90/496/EWG; ABl. Nr. L 276 vom 06.10.1990, S. 40) in deutsches Recht.

5 Einfuhr

5.1 Verbringungsverbot, § 47 LMBG

§ 47 Abs. 1 Satz 1 LMBG bestimmt, daß Erzeugnisse i.S.d. LMBG, die den in der Bundesrepublik Deutschland geltenden lebensmittelrechtlichen Bestimmungen nicht entsprechen, nicht in den Geltungsbereich des LMBG verbracht werden dürfen. § 47 LMBG findet auf Erzeugnisse aus anderen Mitgliedstaaten der Europäischen Gemeinschaft nur eingeschränkt Anwendung, denn die Bestimmung trägt den Art. 30 ff EGV und der hierzu ergangenen Cassis-Rechtsprechung des EuGH keine Rechnung. § 47 kommt daher nur dann zum tragen, wenn ein Erzeugnis in einem Mitgliedstaat der EU nicht rechtmäßig im Verkehr war oder ein absolutes Verkehrsverbot nach den Grundsätzen des EuGH gerechtfertigt ist.

5.2 § 47 a LMBG

Literatur: *Hohmann*, Die Verkehrsauffassung im deutschen und europäischen Lebensmittelrecht, Bd. 3 der Schriftenreihe der Forschungsstelle für Lebensmittelrecht, Universität Bayreuth, 1994; *Meyer*, Marketing of Imported Food Products in Germany, British Food Journal 1994, Vol. 9, No. 4; *Rathke*, Inhalt des § 47 a LMBG und Bedeutung der Vorschrift für die Irreführungsverbote im innergemeinschaftlichen Warenverkehr, ZLR 1993, 337.

Um dem „Prinzip der gegenseitigen Anerkennung" Rechnung zu tragen, ließ der deutsche Gesetz- und Verordnungsgeber in Einzelfällen das Inverkehrbringen von Erzeugnissen aus der Europäischen Gemeinschaft auch dann zu, wenn diese den Anforderungen einschlägiger deutscher Bestimmungen nicht entsprachen. Dies erfolgte zum einem produktspezifisch durch Ergänzung einschlägiger Verordnungen (§ 1 Abs. 2 BierVO, § 2 Abs. 5 Mindestalkoholgehalt von Trinkbranntweinen, § 28 KäseVO, § 6 MilcherzeugnisseVO); des weiteren in Form von Bekanntmachungen im Bundesanzeiger (so die „Bekanntmachung über das Verfahren in Bezug auf Lebensmittel aus anderen Mitgliedstaaten, denen abweichend von den in der Bundesrepublik geltenden lebensmittelrechtlichen Vorschriften Zusatzstoffe zugesetzt sind"; BAnz Nr. 123 vom 07.07.1992, S. 5386).

Seit 1.1.1993 gilt mit § 47 a LMBG eine generelle Regelung für die Einfuhr von Lebensmitteln. Gemäß § 47 a Abs.1 Satz 1 findet das Einfuhrverbot des § 47 LMBG kein Anwendung auf Erzeugnisse, die aus anderen Mitgliedstaaten importiert und dort rechtmäßig hergestellt und/oder in den Verkehr gebracht wurden. Gemäß § 47 a Abs.1 Satz 2 LMBG gilt die Ausnahme vom Einfuhrverbot allerdings nicht für Erzeugnisse, die Verboten zum Schutz der Gesundheit widersprechen. Der Bundesminister kann jedoch für Erzeugnisse, die zwar den Verboten der §§ 8, 24 und 39, nicht jedoch den anderen zum Schutze der Gesundheit erlassenen Bestimmungen entsprechen, durch eine Allgemeinverfügung eine Befreiung von der Anwendung dieser anderen Bestimmungen erteilen.

Allgemeinverfügungen werden laufend veröffentlicht in DLR unter der Rubrik „Gesetze, Verordnungen, behördliche Verlautbarungen".

5.2.1 Rechtmäßig hergestellt oder in den Verkehr gebracht

Diese Erzeugnisse müssen „in einem anderen Mitgliedstaat der Europäischen Gemeinschaft rechtmäßig hergestellt und rechtmäßig in den Verkehr gebracht" worden sein. Für die Beurteilung der Verkehrsfähigkeit der eingeführten Lebensmittel sind demnach die Vorschriften des Ausfuhrstaates maßgebend (**Herkunftsprinzip**). Gehören die Vorschriften des Ausfuhrstaates zum durch EG-Vorschriften harmonisierten Bereich, müssen diese Bestimmungen richtlinienkonform sein. Ein rechtmäßiges Herstellen oder Inverkehrbringen im Herkunftsland kann nur dann angenommen werden, wenn das Erzeugnis auch die Anforderungen der jeweiligen vertikalen Harmonisierungsrichtlinie erfüllt (*Hohmann*, a.a.O., S. 313). Entgegen des klaren Wortlauts („und") müssen die Kriterien „hergestellt" und „vertrieben" nicht kumulativ vorliegen (s. die „Bekanntmachung über die Anerkennung der Gleichgewichtigkeit von Erzeugnissen i.S.d. § 47 a LMBG aus anderen Mitgliedstaaten der Gemeinschaft v. 07.01.1993", BAnz Nr. 14, v. 22.01.1993; abgedruckt in: *Zipfel/Rathke*, C 100 § 47 a LMBG, Rdnr. 16). Ein anderes Verständnis widerspräche Art. 9 Abs. 2, 10 Abs. 1 EGV und der st. Rspr. des EuGH (s. *Hohmann*, a.a.O., S. 306/307).

5.2.2 Irreführungsverbote

Die Freistellung des § 47 a Abs. 1 LMBG erstreckt sich auch auf Irreführungsverbote, die an die Beschaffenheit eines Lebensmittels anknüpfen, namentlich die Tatbestände des § 17 Abs. 1 Ziff. 1 bis 4 LMBG.

Nicht von der Freistellung erfaßt sind Bestimmungen über die äußere Darbietung von Lebensmitteln und die Werbung hierfür wie Vorschriften zur Lebensmittelkennzeichnung und zum Täuschungsschutz, insbesondere § 17 Abs. 1 Ziff. 5 LMBG (*Hohmann*, a.a.O., S. 308 ff; a.A. *Zipfel/Rathke* C 100 § 47 a LMBG, Rdnr. 30). Denn der Gesetzgeber wollte mit Erlaß des § 47 a LMBG lediglich den Art. 30 ff EGV und der hierzu ergangenen „Cassis"-Rechtsprechung des EuGH Rechnung tragen (s. Amtl. Begründung, in: *Zipfel/Rathke* C § 47 a LMBG, Rdnr. 6). Nach der st.Rspr. des EuGH dürfen die Mitgliedstaaten aber durch nationale Vorschriften einen angemessenen Schutz der Verbraucher vor Irreführungen gewährleisten (sog. Bestimmungslandprinzip; EuGH Slg. 1981, 3019, 3036 (27.) – „Essig II"; ZLR 1987, 326 – „Bier").

5.2.3 Gesundheitsschutz

Die Lebensmittel müssen gem. Satz 2 Nr. 1 den Geboten zum Schutze der Gesundheit den §§ 8, 24 und 30 LMBG entsprechen. Zu den „anderen zum Schutz der Gesundheit erlassenen Rechtsvorschriften" gemäß § 47 Abs. 1 Satz 2 Nr. 2 LMBG gehören folgende Bestimmungen:
- Regelungen über die Beschaffenheit von Erzeugnissen (mit dem Ziel des Ausschlusses abstrakter Gesundheitsgefährdung): Bestimmungen über Zusatzstoffe, die Bestrahlung von Lebensmitteln, Rückstände von Pflanzenschutzmitteln und Stoffen mit pharmakologischer Wirkung sowie sonstigen Schadstoffen und Lösungsmitteln
- Kennzeichnungsvorschriften (mit dem Ziel des Ausschlusses konkreter Gefährdung): Kennzeichnung des Verbrauchsdatums (§ 7 Abs. 3 HackfleischVO), Kenntlichmachung von Zusatzstoffen (§ 9 ZZulVO).

5.2.4 Allgemeinverfügung

Im Unterschied zu den Verboten der §§ 8, 24 und 30 können von den Verboten aus „anderen zum Schutze der Gesundheit erlassenen Rechtsvorschriften" für gemäß § 47 a Abs.1 Satz 1 LMBG eingeführte Erzeugnisse Ausnahmen in Form von Allgemeinverfügungen gemäß Abs. 2 erteilt werden. Diese Allgemeinverfügungen werden vom Bundesminister für Gesundheit im Einvernehmen mit den Bundesministern für Ernährung, Landwirtschaft und Forsten und für Wirtschaft erlassen. Auf ihren Erlaß besteht ein Anspruch.

Der Erlaß kann nur dann versagt werden, wenn „**zwingende Gründe des Gesundheitsschutzes** entgegensehen" (§ 47 a Abs. 2 Satz 1 LMBG). Dem Ministerium ist hierbei ein **Beurteilungsspielraum** eingeräumt. Diese Befugnis ist aber durch den Grundsatz der Verhältnismäßigkeit eingeschränkt. Bei der Beurteilung der gesundheitlichen Gefahren sind die Belange des Gesundheitsschutzes einerseits und der Behinderung des freien Warenverkehrs andererseits im Rahmen einer umfassenden Interessen- und Güterabwägung einzubeziehen [s. 3.1]. Vermeintliche Bedürfnisse dürfen nicht lediglich der Abschottung der nationalen Märkte dienen. Gemäß § 47 a Abs. 2 Satz 3 LMBG sind bei der Beurteilung der gesundheitlichen Gefahren die Erkenntnisse der internationalen Forschung (insbesondere die Arbeiten des Wissenschaftlichen Lebensmittelausschusses der Gemeinschaft und der Codex Alimentarius Kommission der FAO und der WHO) sowie die Ernährungsgewohnheiten in der Bundesrepublik zu berücksichtigen. Der Gesetzgeber trug dabei den vom EuGH in seiner Zusatzstoffrechtsprechung entwickelten Kriterien Rechnung [s.o. 3.3.6].

5.2.5 Antrag

Die Allgemeinverfügung ist von demjenigen zu beantragen, der die Erzeugnisse in die Bundesrepublik einführen will. Gemäß § 47 a Abs.3 sind dem Antrag eine genaue Beschreibung des Erzeugnisses, sowie die für die Entscheidung erforderlichen verfügbaren Unterlagen beizufügen. Die Anforderungen hierfür dürfen allerdings nicht zu hoch gestellt werden, denn das Verfahren muß dem Antragsteller „leicht zugänglich sein" (s. Mitteilung der Kommission über den freien Verkehr mit Lebensmitteln innerhalb der Gemeinschaft, ABl. Nr. C 271 vom 24.10.1989, Nr. 36). Der Antragsteller muß demnach keine Untersuchungen über die Ernährungsgewohnheiten des Einfuhrstaates sowie sonstige Unterlagen zur gesundheitlichen Unbedenklichkeit des Erzeugnisses vorlegen (vgl. EuGH ZLR 1984, 156 „Sandoz"; s. hierzu *Rathke* ZLR 1993, 337, 348 f). Die Verkehrsfähigkeit des jeweiligen Erzeugnisses, also die gesundheitliche Unbedenklichkeit der Zutaten, prüft dabei das BgVV.

Es empfiehlt sich folgende **Unterlagen** vorzulegen:

- Produktbeschreibung
- Erläuterung der von deutschen Vorschriften abweichenden Beschaffenheit
- Darlegung der Verkehrsfähigkeit des Erzeugnisses im Ausfuhrstaat
- Glaubhaftmachung der Rechtmäßigkeit der Herstellung oder des Vertriebs des zur Genehmigung gestellten Erzeugnisses im Ausfuhrstaat: Zertifikat einer Überwachungsbehörde im Ausland oder gutachtliche Stellungnahme eines Sachverständigen
- Angaben zur empfohlenen Tagesdosis bei Nahrungsergänzungsmitteln oder anderen Erzeugnissen, bei denen eine Tagesverzehrempfehlung ausgesprochen wird oder ausgesprochen werden sollte
- Entwürfe der Packungsaufdrucke/Etiketten in deutscher Sprache.

Über den Antrag ist in angemessener Frist zu entscheiden. Der Antrag ist zügig zu bearbeiten, anderenfalls läge eine Maßnahme gleicher Wirkung i.S.v. Art. 30 EGV vor (vgl. EuGH Slg. 1986, 545 „Dickmilch"). Eine Bearbeitung bis zu 90 Tagen kann daher im Einzelfall nicht mehr angemessen sein. Ist dem Bundesminister eine Entscheidung innerhalb von **90 Tagen** nicht möglich, muß der Antragsteller über die Gründe hierfür unterrichtet werden (§ 47 a Abs. 3 Satz 2 und 3 LMBG), was in der Praxis leider selten der Fall ist. Eine Allgemeinverfügung wirkt zugunsten des Antragstellers und auch aller Einführer der betreffenden Erzeugnisse aus den Mitgliedstaaten. Im Fall einer Ablehnung steht dem Antragsteller der Rechtsweg vor den Verwaltungsgerichten offen.

5.2.6 Kenntlichmachung der Abweichung

§ 47 a Abs. 4 LMBG enthält eine Kennzeichnungsregelung für eingeführte Lebensmittel, die von den Vorschriften des LMBG oder der auf Grund dieses Gesetzes erlassenen Rechtsvorschriften abweichen. Die Verpflichtung zur Kenntlichmachung erstreckt sich auf Lebensmittel, die hinsichtlich ihrer Beschaffenheit (wie die Verwendung bestimmter Zusatzstoffe oder hinsichtlich des Fettgehalts) dem LMBG und der darauf gestützten Rechtsverordnungen nicht entsprechen. Nicht erfaßt werden Abweichungen von anderen lebensmittelrechtlichen Bestimmungen wie die MilcherzeugnisseVO, die KäseVO sowie die ButterVO.

Die Regelung des Abs. 4 knüpft an die st.Rspr. des EuGH an, wonach dann, wenn Verbraucher mit bestimmten Lebensmitteln besondere qualitative Eigenschaften verbinden, weil sie aus bestimmten Rohstoffen hergestellt sind oder einen bestimmten Gehalt an einer charakteristischen Zutat aufweisen, ihnen die Möglichkeit gegeben werden muß, ihre Kaufentscheidung nach diesen Kriterien zu treffen, um diesen Verbrauchererwartungen gerecht zu werden (EuGH Slg. 1981, 3019, 3036 (27.) = ZLR 1982, 140 „Essig II").

Das Merkmal „Schutz des Verbrauchers" in § 47 a Abs. 4 ist nicht auf Gefahren für die **Gesundheit** des Verbrauchers beschränkt. Er erfaßt vielmehr den Schutz sämtlicher Verbraucherinteressen, die bei der Verkaufsentscheidung des Verbrauchers vernünftigerweise eine Rolle spielen können, so insbesondere auch den Schutz vor Irreführungen und Täuschungen. Nicht nur der Wortlaut, sondern auch die Gesetzessystematik zeigen, daß „Schutz des Verbrauchers" nicht auf Gesundheitsverfahren beschränkt sein kann, denn der Schutz des Verbrauchers vor Gesundheitsgefahren wird bereits durch das Verbot der Einfuhr von gesundheitsgefährdenden Produkten aus EG-Staaten oder in EG-Staaten in Verkehr gebrachten Produkten in § 47 a Abs. 1 und 2 LMBG erreicht (OLG Koblenz DLR 1996, 57, 58 zur alten ZZulVO). Eine Beschränkung des Abs. 4 auf Gesundheitsgefahren gebieten auch nicht die Art. 30 ff. EGV. Zwar darf der nationale Gesetzgeber keine Einfuhrbeschränkung vornehmen, wenn das aus dem oder über den EG-Mitgliedstaat eingeführte Produkt einen im Inland verbotenen, aber nicht gesundheitsgefährdenden Zusatzstoff aufweist. Nach der Rechtsprechung des EuGH ist es insoweit aber zulässig, daß der nationale Gesetzgeber für aus EG-Mitgliedstaaten eingeführte Produkte, die zwar im Inland nicht zulässige Zusatzstoffe enthalten, aber nicht gesundheitsgefährdend sind, eine angemessene, nicht diskriminierende Kennzeichnung anordnet (EuGH ZLR 1987, 326 = LRE 20, 88 – „Bier").

Die Verpflichtung der Kenntlichmachung der Abweichung eines Lebensmittel von der Verkehrsauffassung durch eine **obligatorische Herkunftsangabe** ist gemeinschaftswidrig, denn sie besagt nichts über die Zusammensetzung des Erzeugnisses (EuGH Slg. 1985, 1201, 1211 (17.) „Textilien"; 1981, 1625, 1640 (13.) „Irische Souvenirs"; *Meyer* ZLR 1992, 547).

Fall: EuGH Slg. 1981, 1625 – „Irische Souvenirs"

Sachverhalt: Nach der irischen Verordnung über Einfuhr von Schmuckwaren und den Verkauf solcher Waren war das Inverkehrbringen und die Einfuhr dieser Schmuckwaren untersagt, sofern sie nicht mit einer obligatorischen Herkunftsangabe (Angabe des Ursprungslandes oder dem Wort „foreign") versehen waren.

Entscheidungsgründe: Nach Auffassung des EuGH stellt das Erfordernis einer obligatorischen Herkunftsangabe eine diskriminierende Maßnahme dar. Im Interesse der Verbraucher und der Lauterkeit des Handelsverkehrs sei es ausreichend, wenn es den einheimischen Herstellern überlassen werde, geeignete Maßnahmen zu treffen, wie etwa dadurch, daß sie ihre eigenen Erzeugnisse oder Verpackungen mit ihrem Ursprungszeichen versehen. Es sei rechtlich unerheblich, ob bei den umworbenen Verkehrskreisen stillschweigend der Eindruck erweckt werde, ohne Herkunftsangabe seien die erworbenen Produkte irischen Ursprungs, da die wesentliche Eigenschaft dieser Souvenirs darin bestehe, in bildhafter Form an den besuchten Ort zu erinnern, was nicht voraussetze, das sie in dem Land hergestellt seien, in dem sie erworben werden.

Die Angaben im **Zutatenverzeichnis** sind ausreichend, um die Verbraucher über die Beschaffenheit eines Erzeugnisses zu informieren; die betreffende Zutat muß nicht in Verbindung mit der Verkehrsbezeichnung angegeben werden (EuGH Rs. C-51/94, ZLR 1996, 667 – „Sauce hollandaise). Anderenfalls würden den Erzeugnissen eine Verkehrsbezeichnung vorenthalten, auf die sie im Herstellerland ein Anrecht haben.
Verkehrsbezeichnungen sind grundsätzlich Gemeinschaftsbegriffe, soweit Erzeugnisse derselben Kategorie in mehr als einem Mitgliedstaat vertrieben werden. „Bier" ist beispielsweise nicht nur eine Produktbezeichnung für ein durch Gärung auf der Grundlage von ausschließlich Gerstenmalz gewonnenes Getränk, sondern kann, da es eben auch in anderen Formen in anderen Mitgliedstaaten der Gemeinschaft verkehrsfähig ist, auch unter Verwendung von Reis und Mais hergestellt werden (EuGH Slg. 1987, 1227 – „Bier"; „Bier ist Bier", so süffisant *Moench* NJW 1987, 1109, 1110). Das nationale Vermarktungsrecht darf daher Verkehrsbezeichnungen nicht nur solchen Lebensmitteln vorbehalten, die den eigenen nationalen Bestimmungen entsprechen, soweit das eingeführte Erzeugnis in seiner Zusammensetzung nicht von den in der Gemeinschaft bekannten Lebensmitteln gleicher Art abweicht, so daß es nicht mehr als zu dieser Kategorie zugehörig angesehen werden kann, sich also als aliud darstellt (*Meyer*, Kennzeichnung importierter Lebensmittel, S. 178; EuGH Slg. 1988, 4907, 4925 (15.) „Deserbais"; Slg. 1987, 1227, 1271 (33.) „Bier"; Mitteilung der Kommission über den freien Verkehr mit Lebensmitteln innerhalb der Gemeinschaft, ABl. C 271/3, 8 f vom 24.10.1989). Die Verpflichtung zur Verwendung einer anderen Verkehrsbezeichnung oder zur Verwendung der im Einfuhrstaat bekannten Verkehrsbezeichnung mit einschränkenden (i.d.R. diskriminierenden) Zusätzen kann die Vermarktung des eingeführten Erzeugnisses erschweren und damit den grenzüberschreitenden Warenverkehr behindern (vgl. EuGH Slg. 1980, 3839 „Fietje").

Fall: EuGH ZLR 1995, 667 (m. Anm. *Meyer*) – „Sauce hollandaise"
Sachverhalt: Deutsche Behörden verboten, gestützt auf § 17 Abs. 1 Nr. 5 LMBG, das Inverkehrbringen von Sauce hollandaise und Sauce béarnaise, die mit Pflanzenfett hergestellt waren, mit der Begründung, daß beim Verbraucher die Vorstellung geweckt werde, diese Erzeugnisse seien entsprechend der in Deutschland üblicherweise befolgten Rezepturvorschrift unter Verwendung von Eiern und Butter hergestellt.
Das Inverkehrbringen wurde nur unter der Bedingung gestattet, daß in die Etikettierung die zusätzliche Angabe in Verbindung mit der Verkehrsbezeichnung aufgenommen wurde, daß die Erzeugnisse Pflanzenfett enthalten.
Entscheidungsgründe: Nach Auffassung des EuGH sei „davon auszugehen, daß Verbraucher, die sich in ihrer Kaufentscheidung nach der Zusammensetzung der Erzeugnisse richten, zunächst das Zutatenverzeichnis lesen... Zwar werden die Verbraucher möglicherweise in Einzelfällen irregeführt, jedoch ist diese Gefahr gering und kann folglich das durch die streitigen Anforderungen begründete Hemmnis für den freien Warenverkehr nicht rechtfertigen" (Egr. 34). Der Generalanwalt *Jacobs* hatte hierzu schon in seinem Schlußantrag ausgeführt:

„... meines Erachtens werden Verbraucher, die eine genügend ausgeprägte Sensibilität für die Zusammensetzung der von ihnen gekauften Lebensmittel besitzen, zunächst das Zutatenverzeichnis auf der Packung lesen. Ich stimme der Auffassung nicht zu, daß die Verbraucher so unaufmerksam seien, daß bei einer Abweichung der Zusammensetzung eines Erzeugnisses von irgendeiner als traditionell angenommenen Norm eine zusätzliche Kennzeichnung erforderlich sei, weil das Zutatenverzeichnis nicht ausreiche. Träfe dies zu, so wäre das in Art. 6 der (Anm.: Etikettierungs-) Richtlinie geregelte Erfordernis eines Zutatenverzeichnisses als solches nutzlos."

Der EuGH führt ferner aus, daß dem Informationsbedürfnis der Verbraucher über die Beschaffenheit eines Erzeugnisses grundsätzlich durch die Angabe im Zutatenverzeichnis ausreichend Rechnung getragen werde (Egr. 36); einer weiteren Deklarierung der von traditionellen Erzeugnissen abweichenden Zutaten in Verbindung mit der Verkehrsbezeichnung bedürfe es daher grundsätzlich nicht. Wer die Unterschiede zwischen Erzeugnissen zum Ausdruck bringen wolle, dem „stehe es... frei, die Verbraucher auf die Verwendung traditioneller Erzeugnisse hinzuweisen" (Egr. 36 a.E.).

Kapitel 7: Ordnungswidrigkeiten- und Strafverfahren

1 Ordnungswidrigkeiten- und Strafverfahren

Das LMBG unterscheidet zwischen
- Straftaten (§§ 51, 52) und
- Ordnungswidrigkeiten (§§ 53, 54).

Ob ein Verstoß gegen lebensmittelrechtliche Vorschriften eine Ordnungswidrigkeit oder eine Straftat darstellt, gibt der Gesetzgeber durch entsprechende Tatbestände des Straf- oder Ordnungswidrigkeitenrechts vor. Im Gegensatz zur Straftat fehlt der Ordnungswidrigkeit das mit der Kriminalstrafe notwendigerweise verbundene Unwerturteil. Die Geldbuße ist keine (echte) Strafe, sondern nur die Folge einer „tatbestandsmäßigen rechtswidrigen und vorwerfbaren Handlung" (Legaldefinition in § 1 Abs. 1 OWiG). Ihr Zweck ist es nicht, eine Tat zu sühnen und einen Ausgleich für die sozialethische Schuld herbeizuführen; sie hat in erster Linie eine **Ordnungsfunktion**. Die Ordnungswidrigkeiten umfassen Gesetzesübertretungen, die nach allgemein gesellschaftlichen Auffassungen nicht als (kriminell) strafwürdig gelten (BVerfGE 8, 197, 207) und Fälle mit geringerem Unrechtsgehalt, die sich von den kriminellen Vergehen durch den Grad des ethischen Unrechtsgehalts unterscheiden (BVerfGE 9, 167, 172).

Die Unterschiede zeigen sich vor allem im **Strafrahmen**.

Bei **Straftaten** liegt der Strafrahmen in den Fällen des § 51 Abs. 1 bis zu einer Freiheitsstrafe von drei Jahren oder Geldstrafe, in den Fällen des § 51 Abs. 4 und des § 52 bis zu einer Freiheitsstrafe von einem Jahr oder Geldstrafe. Für besonders schwere Fälle ist ein Strafrahmen von 6 Monaten bis zu 5 Jahren vorgesehen (§ 51 Abs. 3).

Bei **Ordnungswidrigkeiten** ist nach § 53 Abs. 3 die Höchstgrenze einer Geldbuße bei 50.000 DM und nach § 54 Abs. 3 für die in § 54 Abs. 1 aufgeführten Fälle bei einer Geldbuße bis 30.000 DM und für die Fälle des Abs. 2 bis 10.000 DM. Bei Fahrlässigkeit ist § 17 Abs. 2 OWiG zu beachten.

Ordnungswidrigkeitenverfahren richten sich nach dem Gesetz über Ordnungswidrigkeiten (**OWiG**); das Strafverfahren folgt den Regeln der Strafprozeßordnung (**StPO**). Ordnungswidrigkeiten werden gem. § 35 OWiG grundsätzlich von den Überwachungsbehörden verfolgt; Straftaten dagegen unterliegen der ausschließlichen Zuständigkeit der Staatsanwaltschaft (§ 152 StPO).

Für **unechte Mischtatbestände** sieht § 41 OWiG vor, daß die Verwaltungsbehörde die Sache an die Staatsanwaltschaft abgibt, wenn Anhaltspunkte dafür vorliegen, daß die Tat eine Straftat ist. Beim Vorliegen objektiver Verdachtsmomente darf die Verwaltungsbehörde ein ordnungswidrigkeitenrechtliches Ermittlungsverfahren einleiten und die Ermittlungen auch auf Anhaltspunkte für vorsätzliches Verhalten erstrecken. Selbst wenn gewisse Indizien für vorsätzliches Verhalten und damit für eine Straftat vorhanden sind, dürfen die Ermittlungen im Bußgeldverfahren fortgeführt werden, sofern sich hierbei noch das Vorliegen von einem nur fahrlässig begangenen Rechtsverstoß ergeben kann. Das Vorgehen einiger Verwaltungsbehörden, v.a. aus Berlin, die Ermittlungsverfahren sofort an die Staatsanwaltschaft abzugeben, widerspricht § 41 OWiG, der gerade keine unverzügliche Abgabe fordert. Nach der Intention des Gesetzgebers ist die Verwaltungsbehörde als die auf dem Gebiet des Lebensmittelrechts sachkundigere Behörde für die Durchführung der Ermittlungen zuständig. Dadurch wird ein prozeßökonomisches Vorgehen sowie eine effektive Rechtsverfolgung, die zugleich den schutzwürdigen Interessen der Beschuldigten Rechnung trägt (*Dannecker/Größinger* in: ZLR 1996, 629), garantiert; dies ist bei Staatsanwaltschaften aufgrund der fehlenden Sachkunde, vor allem der ernährungsphysiologischen Wirkung von Lebensmitteln, in der Regel nicht der Fall.

Während in Bußgeldverfahren das **Opportunitätsprinzip** gilt (§ 47 Abs. 1 Satz 1 OWiG), wonach es im „pflichtgemäßen Ermessen" der Überwachungsbehörde steht, ob sie eine Tat als Ordnungswidrigkeit verfolgt, gilt im Strafverfahren das **Legalitätsprinzip** (§ 152 Abs. 2 StPO), wonach die Staatsanwaltschaft „verpflichtet (ist), wegen aller verfolgbarer Straftaten einzuschreiten, sofern ausreichende, tatsächliche Anhaltspunkte (hierfür) vorliegen".

Bei der **Ahndung von Rechtsverstößen** im Lebensmittelrecht ziehen Überwachungsbehörden i.d.R. Bußgeld- und Strafverfahren den Ordnungsmitteln des allgemeinen Lebensmittelrechts vor (Bsp.: Verbotsverfügungen). Konstruktiv ist dies in vielen Fällen nicht. Mit den Mitteln des Ordnungswidrigkeiten- und Strafverfahrens reagieren die Behörden nur repressiv und laufen oftmals den Problemen „hinterher". Mit den jeweils gebotenen Ordnungsmitteln könnten die Behörden anstehende Probleme meist besser lösen und ihrer Aufgabe als beratende Institution besser gerecht werden (s. hierzu auch *Dannecker/Görtz-Leible*, Entsanktionierung der Straf- und Bußgeldvorschriften des Lebensmittelrechts, 1996).

2 Ordnungswidrigkeitenverfahren

2.1 Verwarnung

Bei einfachen Verstößen können Verwarnungsgelder von 5,- DM bis zu 75,- DM erhoben werden (§ 56 OWiG). Hierbei handelt es sich i.d.R. um **Bagatellverstöße** wie leichte Verstöße gegen Hygieneanforderungen.

Das Verwarnungsgeld kann von den Betroffenen an Ort und Stelle bezahlt werden; ein Bußgeldverfahren wäre damit abgewendet, denn nach § 56 Abs. 4 OWiG kann „eine Tat im Falle einer wirksamen Verwarnung nicht mehr nach den tatsächlichen und rechtlichen Gesichtspunkten weiterverfolgt werden, unter denen die Verwarnung erteilt worden ist". Angesichts dieser geringen „Strafe" dürfte es dem jeweiligen Betroffenen i.d.R. leichtfallen, ein Verwarnungsgeld zu akzeptieren.

Bestehen allerdings **Zweifel an der Rechtmäßigkeit** der Erhebung eines Verwarnungsgeldes oder ist der Betroffene bereits zuvor in einem ähnlichen Falle schon verwarnt worden, sollte der Betroffene allerdings nicht gleich an Ort und Stelle die „Strafe" zahlen, sondern sich Rechtsrat einholen. Ist das Verwarnungsgeld höher als 20,- DM, ist der Betroffene nicht verpflichtet, sofort an Ort und Stelle zu zahlen. § 56 Abs. 2 Satz 2 OWiG eröffnet die Möglichkeit, daß dem Betroffenen eine (Überlegungs-) Frist von einer Woche eingeräumt wird, sofern er das Verwarnungsgeld nicht sofort zahlen kann oder wenn es höher ist als 20,- DM; hierüber muß er belehrt werden (§ 56 Abs. 1 Satz 1). In einem solchen Falle ist es sicherlich ratsam, wenn der Betroffene darum bittet, daß die Verwarnung schriftlich ausgesprochen werde, so daß keine Unklarheiten über den Tatvorwurf bestehen. Daß sich der Betroffene wegen des Tatvorwurfs innerhalb der Überlegungsfrist sachkundig macht, ist unter mehreren Gesichtspunkten zu empfehlen. Hinter vermeintlichen Bagatellfällen verbergen sich oftmals Rechtsfragen von erheblicher praktischer Bedeutung. War beispielsweise der Tatvorwurf unberechtigt, so besteht leicht die Gefahr, daß die Verwaltung den Erst-Fall als Präjudiz für **Wiederholungsfälle** mit weitreichenden Konsequenzen nimmt. Wird insbesondere dem Betroffenen eine Wiederholungstat vorgeworfen, kann er selten davon ausgehen, daß wiederholt ein Verwarnungsgeld ausgesprochen wird, sondern muß damit rechnen, daß ein Bußgeldverfahren eingeleitet wird. Die Straffolgen erhöhen sich demzufolge von Mal zu Mal. Ein verhängtes und gezahltes Verwarnungsgeld kann auch **Präjudiz** für Dritte sein, und zwar dergestalt, daß die Überwachungsbehörde bei der Verhängung eines Verwarnungsgeldes gegen einen Dritten auf den Erst-Fall eines anderen als „leading case" verweist.

Denkbar ist auch, daß ein Verwarnungsgeld unter dem Vorbehalt der Rückforderung vom Betroffenen gezahlt wird und er binnen Wochenfrist (des § 56 OWiG) zu der Beanstandung Stellung nimmt.

2.2 Anhörung

Bei dem Verdacht einer Ordnungswidrigkeit — insbesondere bei entsprechendem Beanstandungsbefund vor allem eines Untersuchungsamts über das Ergebnis einer Probenahme — leiten die Überwachungsbehörden i.d.R. ein Ordnungswidrigkeitenverfahren ein; und zwar in Form einer **Anhörung (§ 55 OWiG)**. Durch ein meist formalisiertes Schreiben, ggf. unter Vorlage des Prüfberichts des Untersuchungsamts, wird das Unternehmen bzw. der Betroffene aufgefordert, binnen einer bestimmten Frist (meist zwei bis drei Wochen) zu dem Tatvorwurf Stellung zu nehmen.

Ein Ordnungswidrigkeitenverfahren kann sich gegen eine bestimmte natürliche Person, aber auch gegen eine juristische Person richten (§ 30 OWiG). Da der in einem betroffenen Unternehmen lebensmittelrechtliche **Verantwortliche** den Behörden oftmals nicht bekannt ist, wird das Anhörungsschreiben oft an das Unternehmen („X GmbH, sehr geehrte Damen und Herren") gerichtet. Es ist dann Sache des Unternehmens, den jeweils Verantwortlichen zu nennen; falls dies nicht geschieht, kann sich das Ordnungswidrigkeitenverfahren gem. § 130 OWiG auch gegen den Inhaber des Unternehmens wegen Verletzung der Aufsichtspflicht richten. Wie hier von dem Unternehmen vorgegangen werden soll, ist von diesem selbst zu bestimmen. Im Sinne eines kooperativen Zusammenwirken mit der Behörde dürfte es sicherlich angeraten sein, einen bestimmten Verantwortlichen zu benennen. Eine Pflicht zur Benennung des Verantwortlichen besteht aber nicht (*Feldmann* ZLR 1993, 652; [s. auch Kapitel 5, 2.2.4]). Wenn eine bestimmte (natürliche) Person nicht verfolgt werden kann, kann unter den Voraussetzungen des § 30 Abs. 1 OWiG gegen eine juristische Person oder Personenvereinigung selbständig eine Geldbuße festgelegt werden. Das gilt auch, wenn von Strafe abgesehen oder das Verfahren eingestellt wird (§ 30 Abs. 4 OWiG).

Neben der Aufforderung zur Stellungnahme wird das Unternehmen oder die benannte Person aufgefordert, **Angaben zur Person** zu machen. Diese Angaben sind gesetzlich vorgeschrieben; wer unterläßt, diese Angaben zu machen, begeht eine Ordnungswidrigkeit (§ 111 OWiG).

Zur Bestimmung der Höhe des Bußgeldes erkundigen sich manche Ordnungsbehörden nach den **Einkommensverhältnissen** des Betroffenen. Eine solche Angabe ist freiwillig und gesetzlich nicht vorgeschrieben. Hier sollten grundsätzlich keine Angaben gemacht werden; auf alle Fälle keine „prahlerischen", denn die wirtschaftlichen Verhältnisse eines Täters können für die Bemessung der Höhe der festzusetzenden Geldbuße Bedeutung haben (§ 17 Abs. 3 Satz 2 OWiG).

Die von der Behörde genannte **Frist** ist eine willkürlich gesetzte und kann daher jederzeit unter Angabe von Gründen verlängert werden. Die eingeräumte Frist gibt ausreichend Gelegenheit, sich bei Verbänden (Innungsvorsitzenden, Obermeistern) oder anderweitig sachkundig zu machen und Rechtsrat einzuholen.

Die Aufforderung zur Stellungnahme bedeutet nicht, daß der Betroffene von sich aus über die Tatumstände **Auskunft** geben muß. Im Bußgeld- wie im Strafverfahren gilt vielmehr die **Unschuldsvermutung**. Es ist daher Aufgabe der Lebensmittelüberwachung, den erhobenen Tatvorwurf zu begründen und mit entsprechenden Feststellungen zu belegen. Meist empfiehlt sich nachhaltig, über einen Rechtsanwalt bei der Behörde **Akteneinsicht** zu verlangen, um sich Klarheit darüber zu verschaffen, welcher Sachverhalt dem Tatvorwurf zugrunde liegt.

Der **Inhalt einer Stellungnahme** ist von taktischen wie rechtlichen Gesichtspunkten geprägt. Die entscheidenden Fragen sind stets, welche Tatumstände zugestanden und welche Aspekte zur Entkräftung des Tatvorwurfs vorgetragen werden sollen. Eine Stellungnahme sollte auf jeden Fall abgegeben werden, da ohne Abgabe einer Stellungnahme mit hoher Wahrscheinlichkeit ein Bußgeldbescheid ergeht.

2.3 Bußgeldbescheid

2.3.1 Einspruch

Stellt die Überwachungsbehörde nach der vorangegangenen Anhörung das Verfahren nicht ein, erläßt sie einen Bußgeldbescheid. Dieser Bescheid wird dem Betroffenen förmlich zugestellt, meist gegen Postzustellungsurkunde.

Gegen diesen Bußgeldbescheid kann binnen einer Frist von zwei Wochen **Einspruch** eingelegt werden. Dieser Einspruch kann schriftlich oder zur Niederschrift bei der Überwachungsbehörde eingelegt werden (§ 67 OWiG). „Schriftliche" Einlegung läßt auch den Einspruch per Telegramm oder Telefax zu.

Den Einspruch einlegen kann der Betroffene selbst oder sein Vertreter (Rechtsanwalt oder anderweitig Bevollmächtigter).

Die Frist von zwei Wochen kann nicht verlängert werden. Nach Fristablauf ist der Bußgeldbescheid rechtskräftig und ein Rechtsbehelf ausgeschlossen (möglich lediglich allenfalls Wiedereinsetzung in den vorigen Stand). Jeder in der Kette der Lebensmittelvertreiber, vom Hersteller bis hin zum Einzelhändler, muß daher dafür Sorge tragen, daß fristgerecht Einspruch eingelegt wird. Ist der Verantwortliche - insbesondere der Inhaber des Unternehmens - abwesend, sollte das Unternehmen im Rahmen der Delegation dafür Sorge tragen, daß ein hierzu Bevollmächtigter den Einspruch einlegt.

Die zwei-Wochen-Frist beginnt mit der Zustellung des Bußgeldbescheids zu laufen; dies gilt auch dann, wenn der Bescheid von einem Mitarbeiter angenommen wird. Ist der Betroffene, gegen den sich der Bußgeldbescheid richtet, nicht anwesend, sollte die Annahme verweigert und die Gründe hierfür der Behörde mitgeteilt werden.

Die Frist endet mit dem Ablauf des Tages nach zwei Wochen, der dem Tag entspricht, an dem die Frist begann. Eine Frist kann nie an einem Feiertag, Samstag oder Sonntag enden; fällt das Ende der Frist auf einen solchen Tag, so endet die Frist mit Ablauf des nächsten Werktages (§ 43 StPO i.V.m. § 46 OWiG).

Der Einspruch muß nicht zugleich mit seiner Einlegung auch begründet werden. Es genügt daher eine kurze Mitteilung, daß gegen einen bestimmten, näher bezeichneten Bußgeldbescheid (am besten unter Angabe des Aktenzeichens und weiterer im Betreff des Bußgeldbescheids genannten Daten) Einspruch eingelegt wird. Der Einspruch sollte tunlichst begründet werden; es ist kaum damit zu rechnen, daß die Behörde allein wegen des formalen Aktes des Einspruchs ohne jegliche **Begründung** den Bescheid aufhebt. Die Begründung unterliegt keinem Fristenzwang. Begründet der Betroffene den Einspruch nicht, wird die Behörde ihn i.d.R. unter Fristsetzung auffordern, eine Begründung einzureichen, anderenfalls wird sie die Akte der Staatsanwaltschaft zur weiteren Veranlassung zuleiten.

Die Zeit nach der Einspruchseinlegung sollte dafür genutzt werden, die Sach- und Rechtslage eingehend zu klären. Sofern noch keine Gelegenheit zur **Akteneinsicht** war oder dies bislang versäumt wurde, sollte die Behörde umgehend um Akteneinsicht gebeten werden. Dies kann nur ein Rechtsanwalt verlangen.

Wird ein Einspruch nicht oder nur unzureichend begründet, ist mit einer Rücknahme des Bußgeldbescheids durch die Behörde nicht zu rechnen. Zur Entlastung des Betroffenen muß daher dezidiert auf die Sach- und Rechtslage eingegangen werden. Hinsichtlich der taktischen wie rechtlichen Überlegungen zum Inhalt der Einspruchsbegründung stellen sich dieselben wie bei der Stellungnahme im Rahmen der Anhörung vor Erlaß des Bußgeldbescheids [s.o. 2.2].

2.3.2 Entscheidung über den Einspruch

Sieht die Behörde die Einspruchsbegründung als unzureichend an, leitet sie die Akte der **Staatsanwaltschaft** zur weiteren Veranlassung zu (§ 69 Abs. 3 OWiG). Die Staatsanwaltschaft prüft dann, ob dem Einspruch stattgegeben werden soll und das Verfahren einzustellen ist. Wenn nicht legt sie die Akten mit entsprechendem Antrag dem zuständigen **Amtsgericht** vor, das nun wiederum prüfen muß, ob der Bußgeldbescheid rechtens erging (§ 68 OWiG). Das Amtsgericht kann nur mit Zustimmung der Staatsanwaltschaft das Verfahren ohne Durchführung einer Hauptverhandlung einstellen. Stimmt die Staatsanwaltschaft einer solchen Verfahrenseinstellung nicht zu, bestimmt das Amtsgericht i.d.R. einen **Hauptverhandlungstermin**, in dem die Angelegenheit mündlich verhandelt wird. Das Gericht kann im **Beschlußverfahren** entscheiden (§ 72 Abs. 1 OWiG), sofern sowohl Betroffener wie Staatsanwaltschaft sich dem nicht widersetzen und das Amtsgericht eine Hauptverhandlung für nicht erforderlich hält. Der Betroffene sollte einer Entscheidung im Beschlußverfahren dann widersprechen, wenn er den Einspruch bis dahin nicht oder nur unzureichend begründete; denn die Erfahrung zeigt, daß dem Amtsrichter meist Detailkenntnisse über das Herstellen und Inverkehrbringen von Lebensmitteln fehlen, so daß er auf Informationen Dritter angewiesen ist. Es ist naheliegend, daß der Richter zunächst die von der Überwachungsbehörde oder der Staatsanwaltschaft vorgelegten Gutachten berücksichtigt. Um so wichtiger ist es daher, daß der Betroffene oder sein Verteidiger Entlastendes vortragen.

2.3.3 Rechtsbeschwerde

Gegen die Entscheidung des Amtsrichters ist nur die **Rechtsbeschwerde** zum Oberlandesgericht unter bestimmten Voraussetzungen zulässig, z.B. wenn gegen den Betroffenen eine Geldstrafe von mehr als 200 DM festgesetzt worden ist (§ 79 OWiG). Das Beschwerdegericht kann allerdings die Beschwerde auf Antrag zulassen, wenn es geboten ist, die Nachprüfung der Entscheidung zur Fortbildung des Rechts oder zur Sicherung einer einheitlichen Rechtsprechung zu ermöglichen (§ 80 OWiG).

Die Beschwerde ist keine Tatsachen-, sondern nur eine **Rechtsinstanz**. Es ist demzufolge wichtig, daß alle entlastenden Tatsachen bereits im Verfahren vor dem Amtsgericht vorgetragen werden.

2.4 Gewerbezentralregister

Wird ein Bußgeld von mehr als 200,- DM festgesetzt, erfolgt eine Eintragung der Entscheidung in das **Gewerbezentralregister** (§ 149 Abs. 2 Nr. 3 Gewerbeordnung). Die zum Erlaß von Bußgeldbescheiden zuständigen Behörden sind berechtigt, das Register einzusehen (§ 150 a GewO). Die Eintragungen in das Register werden erst nach Ablauf von drei Jahren, wenn die Geldbuße nicht mehr als 300.- DM beträgt, in den übrigen Fällen nach fünf Jahren, getilgt. Die Tilgungsfrist beginnt mit dem Tag des Eintritts der Rechtskraft der Entscheidung zu laufen (§ 153 Abs. 2 Satz 1 GewO). Enthält das Register mehrere Eintragungen, erfolgt eine **Tilgung** erst dann, wenn bei allen Eintragungen die Frist des § 153 Abs. 1 abgelaufen ist (§ 153 Abs. 3 GewO).

Der jeweilige Betroffene sollte daher darum bemüht sein, eine solche Eintragung im Gewerbezentralregister zu vermeiden. Mit der ersten Eintragung ist er „gebranntmarkt" und im Wiederholungsfalle „Wiederholungstäter". Die Folge von **Wiederholungstaten** sind i.d.R. höhere „Strafen", denn jede Eintragung wird bei einer künftigen Beanstandung im Zusammenhang mit der Beurteilung der neuen Tat von der Überwachungsbehörde mitberücksichtigt. Zudem ist damit zu rechnen, daß die Überwachungsbehörde im Wiederholungsfalle ggf. nicht mehr von fahrlässigem Handeln, sondern von einer Vorsatztat ausgeht und bei entsprechender gesetzlicher Regelung ein Strafverfahren einleiten läßt. Mehrere Eintragungen können gewerberechtliche Maßnahmen bis hin zum Verbot der Gewerbeausübung (wegen „Unzuverlässigkeit"; § 35 GewO) nach sich ziehen.

Den Behörden ist bei der Festsetzung der **Höhe des Bußgeldes** ein Ermessensspielraum eingeräumt. Meist kann daher bereits im Vorfeld, d.h. bei der Anhörung oder spätestens bei der Begründung des Einspruchs gegen einen Bußgeldbescheid auf die Höhe des Bußgeldes Einfluß genommen werden. Fehlen einschlägige Vortaten und ist ein Betroffener nicht zum wiederholten Male unangenehm aufgefallen, kann in den meisten Fällen mit der Behörde eine Vereinbarung dahingehend getroffen werden, allenfalls ein Bußgeld bis zu 200,- DM zu erlassen.

3 Strafverfahren

Für die Verfolgung von Straftaten ist ausschließlich die **Staatsanwaltschaft** zuständig (§ 152 StPO). Die Ermittlungen (vor Ort) erfolgen allerdings meist durch die Polizei (in Baden-Württemberg der Wirtschaftskontrolldienst - WKD) als sog. Hilfsbeamte der Staatsanwaltschaft (§ 152 Gerichtsverfassungsgesetz).

3.1 Vernehmung

Für den Betroffenen wird das Verfahren i.d.R. dadurch erkennbar, daß er (zur Sache) **vernommen** wird. Bereits in diesem Stadium sollte der Beschuldigte einen Rechtsanwalt einschalten. Die Erfahrung zeigt, daß die ermittelnde Polizei über die Sachlage zwar informiert ist, die Angelegenheit aber nur unzureichend in ihrem rechtlichen Kontext einzuschätzen weiß. Dies kann dazu führen - und dies ist (leider) nicht selten der Fall -, daß die Ermittlungen „in falsche Bahnen laufen". Hier kann ein Rechtsanwalt rechtzeitig eingreifen und sich darum bemühen, auf Seiten der Verteidigung das Verfahren in geordnete Bahnen zu lenken.

Zur Klärung der Sach- und Rechtslage ist es zunächst erforderlich, **Akteneinsicht** in die Ermittlungsakten zu bekommen, denn nur so ist erkennbar, was vorgeworfen wird und welche Beweise hierfür vorliegen. Die Akteneinsicht kann nur der Rechtsanwalt (Verteidiger) verlangen (§ 147 StPO).

In diesem Verfahrensstadium sollte möglichst frühzeitig eine (schriftliche) **Stellungnahme** abgegeben werden, welche dezidiert zur Entlastung des Beschuldigten auf die Sach- und Rechtslage eingeht und die hierfür erforderlichen Beweismittel nennt. Außer dieser Stellungnahme sollte der Beschuldigte keine Angaben zur Sache machen und von seinem Recht zur Aussageverweigerung Gebrauch machen (§ 136 StPO).

Zur Ermittlung des Sachverhaltes kommt es vor, daß die Polizei den Beschuldigten vor Ort besucht; meist erfolgt allerdings eine **Ladung** zur Dienststelle der Polizei, in seltenen Fällen zur Staatsanwaltschaft. Der Ladung der Polizei muß nicht Folge geleistet werden, der Ladung der Staatsanwaltschaft schon (§ 163 a Abs. 3 StPO). Will der Beschuldigte der Ladung der Polizei nicht Folge leisten, ist es im Sinne einer Kooperation mit der Ermittlungsbehörde sicherlich dienlich, diese davon unter Angabe von Gründen in Kenntnis zu setzen und darauf zu verweisen, daß der Beschuldigte selbst oder sein Rechtsanwalt zu der Angelegenheit noch Stellung nehmen wird.

3.2 Strafbefehl oder Anklage

Wird das Verfahren in diesem Ermittlungsstadium nicht eingestellt, beantragt die Staatsanwaltschaft entweder beim zuständigen Strafgericht den Erlaß eines Strafbefehls (§ 407 StPO) oder erhebt Klage beim zuständigen Strafgericht durch Übersendung einer entsprechenden Anklageschrift (§ 170 Abs. 1 StPO).

Ein **Strafbefehl** wird dem Angeklagten förmlich zugestellt. Hiergegen kann der Angeklagte innerhalb von zwei Wochen nach Zustellung bei dem Gericht, das den Strafbefehl erlassen hat, schriftlich oder zu Protokoll der Geschäftsstelle **Einspruch** einlegen (§ 410 Abs.1 StPO). Wird die Frist versäumt, steht der Strafbefehl einem rechtskräftigen Urteil gleich (§ 410 Abs. 3 StPO). Hinsichtlich der Berechnung der zwei-Wochen-Frist und der Form des Einspruchs gegen den Strafbefehl gelten die

Ausführungen zum Einspruch gegen den Bußgeldbescheid [s.o. 2.3.1]. Wird der Einspruch fristgerecht eingelegt, beraumt das zuständige Strafgericht einen Termin zur mündlichen Verhandlung an (§ 411 Abs.1 Satz 2 StPO). Spätestens hier sollte ein Verteidiger eingeschaltet werden, um sachgerecht zur Sach- und Rechtslage im Sinne des Beschuldigten vortragen zu können.

4 Aussetzung von Bußgeld- und Strafverfahren

Literatur: *Hammerl*, Zur verwaltungsgerichtlichen Feststellungsklage im Lebensmittelrecht - aktuelle Tendenzen in der Rechtsprechung, ZLR 1995, 15.

Zur Verfolgung und Ahndung von Ordnungswidrigkeiten sind primär die Verwaltungsbehörden zuständig (§ 35 OWiG). Ein Bußgeldverfahren birgt allerdings die Gefahr, daß die Sach- und Rechtslage nicht in dem für die Angelegenheit notwendigen Umfange geklärt wird. Ist eine Rechtsache bereits bei einem Amtsgericht anhängig, ist es für eine Sachverhaltsklärung manchmal schon zu spät. Rechtsfragen werden von dem Amtsgericht oft nur unzureichend gewürdigt, vor allem Fragen nach der Schuld (beredtes Beispiel hierzu ist die Entscheidung eines Düsseldorfer Amtsrichters, der den Schuldspruch wegen Verstoßes gegen lebensmittelrechtliche Vorschriften mit persönlichen Erfahrungen beim Herstellen von Beton und Mischen mit Zuschlagstoffen begründete; zitiert in OLG Düsseldorf, ZLR 1995, 435, 436). Die Entscheidung des Amtsrichters selbst kann nur noch hinsichtlich anstehender Rechtsfragen im Rahmen einer Beschwerde geprüft werden.

Hinter lebensmittelrechtlichen Beanstandungen können allerdings elementare **Grundsatzfragen** stecken, deren Klärung für den Betroffenen von essentieller Bedeutung ist. Ein rechtskräftig gewordener Bußgeldbescheid kann im schlimmsten Falle zur Folge haben, das ein bis dahin vertriebenes Erzeugnis nicht mehr verkauft werden darf, was für ein mittelständisches Unternehmen fatale Folgen nach sich ziehen kann. In solchen Fällen kann es ratsam sein, mit einer **Feststellungsklage** ein Verwaltungsgericht in der Angelegenheit anzurufen mit dem Antrag, festzustellen, ob der angedrohte oder bereits erlassene Bußgeldbescheid rechtmäßig erging. Das Amtsgericht wird das Ordnungswidrigkeitenverfahren dann bis zur verwaltungsgerichtlichen Entscheidung i.d.R. gem. § 262 Abs. 2 StPO, § 71 OWiG aussetzen. Mit dem verwaltungsgerichtlichen Verfahren bietet sich sodann Gelegenheit, die Rechtssache umfassender durch ein Kollegialgericht prüfen zu lassen, das in der Regel in lebensmittelrechtlichen Fragen die größere Sachnähe und Fachkompetenz besitzt. In der Praxis hat sich dieser Weg oftmals bewährt.

5 Tatbestand

5.1 Äußerer Tatbestand

Der äußere Tatbestand kann durch positives Tun (Begehungsdelikt) oder durch eine pflichtwidrige Unterlassung (Unterlassungsdelikt) verwirklicht werden. Für die Abgrenzung kommt es auf den Schwerpunkt der Vorwerfbarkeit an.

Das **Begehungsdelikt** besteht in einem vom Willen des Täters ausgelösten aktiven Eingreifen in einen Tatverlauf (Bsp.: Herstellen und Inverkehrbringen eines die Gesundheit gefährdenden Lebensmittels), das **Unterlassungsdelikt** dagegen im Unterlassen einer vom Täter rechtlich gebotenen Handlung.

Bei Unterlassungsdelikten wird wiederum zwischen echten und unechten Unterlassungsdelikten unterschieden. Bei den **echten Unterlassungsdelikten** ist die Unterlassung der im Gesetz gebotenen Handlung mit Strafe bedroht.

Bei den **unechten Unterlassungsdelikten** - dies sind Lebensmitteldelikte in der Regel - besteht die Tat in der Abwendung eines Erfolges, der zum Tatbestand eines Strafgesetzes oder einer Bußgeldvorschrift gehört (§ 13 StGB, § 8 OWiG). Die Tat ist nur dann mit Strafe oder Geldbuße bedroht, wenn der Täter rechtlich dafür einzustehen hat, daß der Erfolg eintritt oder wenn das Unterlassen der Verwirklichung des gesetzlichen Tatbestandes einem Tun entspricht. Die Strafbarkeit setzt voraus, daß für den Täter eine besondere Rechtspflicht zur Erfolgsabwendung besteht (sog. **Garantenstellung**). Die objektive Tatbestandsverwirklichung (der Erfolg) besteht in einem positiven Tun, z.B. in dem Inverkehrbringen eines nicht zum Verzehr geeigneten Lebensmittels (i.S.d. § 17 Abs. 1 Nr. 1 LMBG). Die Rechtspflicht zur Abwendung dieses Erfolges ergibt sich aus der beruflichen Stellung des Lebensmittelherstellers und -händlers, der aus der Herstellung und dem Inverkehrbringen von Lebensmitteln ein Gewerbe macht (Garantenstellung). An diese Personen richten sich die gesetzlichen Verbote. Die aus der Garantenstellung erwachsene Rechtspflicht zum Handeln, nämlich zur Verhinderung des Inverkehrbringens von Lebensmitteln in gesetzwidriger Beschaffenheit oder unter irreführender Bezeichnung (Garantenpflicht) ist im Rahmen der Schuld zu prüfen (*Dreher/Tröndle*, Strafgesetzbuch 46. Aufl. § 16 Rdn. 12).

5.2 Innerer Tatbestand

Die Strafbarkeit setzt schuldhaftes, d.h. vorsätzliches oder fahrlässiges Verhalten voraus. Fahrlässiges Handeln muß ausdrücklich mit Strafe bedroht sein (§ 15 StGB). Das gilt auch für Ordnungswidrigkeiten (§ 10 OWiG).

5.2.1 Vorsatz

Der Begriff umfaßt den direkten (unbedingten) wie den indirekten (bedingten) Vorsatz.

Direkter Vorsatz

Direkter Vorsatz ist das Wissen und Wollen der Tatbestandsverwirklichung. Die Kurzformel ist dahingehend zu konkretisieren, daß hierzu auch die Kenntnis aller Tatumstände und der Wille zur Verwirklichung aller Tatbestandsmerkmale einer (Verbots-)Norm gehört. Der Täter muß dabei alle wesentlichen Aspekte der Tat (Gegenstand, Zeit und Ort), wenn auch nicht in allen Einzelheiten ihrer Ausführung, in seinen Willen aufgenommen haben.

Zum Vorsatz gehört beispielsweise das Wissen über
- die Zusammensetzung des Lebensmittels,
- den Zustand der Ware: Madenbefall,
- die verkehrsübliche Beschaffenheit oder die maßgebliche Verkehrsauffassung (KG LRE 2, 280, 285; LRE 15, 284, 287).

Der Täter muß die Tatbestandsmerkmale in seiner der gesetzlichen Bezeichnung zum Ausdruck kommenden **sozialen Sinnbedeutung** kennen (BGHSt 4, 347; NJW 1957, 389). Soweit es sich um normative Tatbestandsmerkmale handelt, die nur mit Hilfe einer Wertung zu gewinnen sind und ggfs. ein spezifisches Fachwissen voraussetzen, etwa über die Erzeugung von Zusatzstoffen in Lebensmitteln (nach der Verbotsnorm des § 11 LMBG), ist eine **Parallelbeurteilung in der Laiensphäre** erforderlich.

Zur vorsätzlichen **Irreführung** (i.S. d. § 17 Abs. 1 Nr. 5 LMBG) gehört das Wissen, daß eine Angabe nicht zutrifft oder mißverständlich ist und, daß die angesprochenen Verkehrskreise irregeführt werden könnten.

Bedingter Vorsatz

Bedingter Vorsatz liegt vor, wenn der Täter den Erfolg nur für möglich hält, ihn aber billigend in Kauf nimmt oder sich um des erstrebten Zieles willen mit der Verwirklichung des Tatbestandes abfindet (BGHSt 7, 363, 369; 36, 1, 9). Hierbei ist es nicht entscheidend, ob der Täter den Eintritt des Erfolgs erwünscht oder nicht, sofern er sich mit dem Erfolg um eines erstrebten Zieles willen abfindet (BGH NJW 1963, 2236).

Beispiel: Täter nimmt billigend in Kauf, daß eine unzureichende Funktion einer Überdruckanlage zu einer hygienisch unzureichenden Luftführung in der Frischfleischabteilung führt, in der Hackfleischprodukte aufbewahrt werden (OLG Düsseldorf DLR 1996, 195).

5.2.2 Irrtum

5.2.2.1 Irrtum über Tatumstände

Vorsatz setzt die Kenntnis der Umstände voraus, die zum gesetzlichen Tatbestand gehören (§ 16 Abs. 1 Satz 1 StGB, § 11 Abs. 1 OWiG). Die Unkenntnis der äußeren

Tatbestandsmerkmale, zu denen auch die Tatbestandsmerkmale der blankettausfüllenden Vorschriften und die sog. ungeschriebenen Tatbestandsmerkmale gehören, begründet den Tatbestandsirrtum (BGHSt 6, 40; BayObLG LRE 2, 265). Diese Unkenntnis schließt den Vorsatz aus, kann jedoch Fahrlässigkeit begründen.

Beispiele für einen Tatbestandsirrtum (nach *Zipfel/Rathke* C 100 Vor § 51 Rdnr. 23 ff):
- Nichtkenntnis der Beschaffenheit eines Lebensmittels;
- Unkenntnis der verkehrsüblichen Beschaffenheit eines Lebensmittels;
- Irrtum über die Verbrauchererwartung;
- Unkenntnis des Wandels einer bisherigen Verbrauchererwartung (OLG Saarbrücken LRE 4, 372; BayObLG LRE 5, 207; KG LRE 15, 284, 287);
- Unkenntnis oder falsche Vorstellung über die tatsächlichen Umstände, aus denen sich eine Wertminderung i.S.d. § 17 Abs. 1 Nr. 2b LMBG ergibt, z.B. Unkenntnis des Vorhandenseins eines überhöhten Fettgehaltes bei Wurstwaren;
- der Täter hält eine Bezeichnung für nicht zur Täuschung geeignet oder hält bei dem von ihm gemachten Hinweis eine Täuschung des Publikums für ausgeschlossen (OLG Stuttgart LRE 1, 322, OLG Hamburg LRE 1, 214);
- irrtümliche Annahme, ein Zusatzstoff sei nach dem Herstellungsvorgang nicht mehr im Erzeugnis enthalten und sein Zusatz daher zulässig;
- der Irrtum über die tatsächlichen Voraussetzungen eines anerkannten Rechtfertigungsgrundes (BGHSt 3, 105, 194, 364; 31, 286), so der irrige Glaube, Wasser sei nachweisbar mindestens seit dem Jahre 1910 unter einem bestimmten Quellennamen vertrieben worden (sog. privilegiertes Wasser i.S.d. § 7 Abs. 5 Tafelwasser-VO a.F.; OLG Stuttgart 3, 310, 317).

5.2.2.2 Verbotsirrtum

Fehlt dem Täter bei der Begehung der Tat die Einsicht, Unrecht zu tun, so handelt er ohne Schuld, wenn er diesen Irrtum nicht vermeiden konnte. Ist der Irrtum vermeidbar, so bleibt der Vorsatz unberührt, jedoch kann die Strafe nach § 49 Abs. 1 StGB gemildert werden (§ 17 StGB, § 11 Abs. 2 OWiG).

Verbotsirrtum ist die irrtümliche Annahme, eine Handlung sei erlaubt, obwohl der Täter die äußeren Tatbestandsmerkmale kennt und diese auch bewußt verwirklicht; er meint jedoch - entweder auf Grund falscher Rechtsauffassung oder irrtümlicher Auslegung des Strafgesetzes - den mit Strafe bedrohten Tatbestand nicht zu erfüllen (Subsumtionsirrtum, BGHSt LRE 2, 161, 163) oder er sieht die Verwirklichung der gesetzlichen Tatbestandsmerkmale nicht als Unrecht an. So braucht der Täter nur den Begriffsinhalt, nicht aber die gesetzliche Bezeichnung wie „Zusatzstoff" zu kennen.

Weiß der Täter dagegen, daß er einer gesetzlichen Bestimmung zuwiderhandelt, so hat er das Unrechtsbewußtsein auch dann, wenn er die Verbindlichkeit der Norm nicht anerkennt (*Dreher/Tröndle*, StGB § 17 Rdn. 3; BGHSt 4, 1, 3).

Unterliegt ein Täter einem „doppelten Irrtum", einerseits in tatsächlicher Beziehung, andererseits in rechtlicher Hinsicht (etwa über die Anwendbarkeit einer Vorschrift), so hat er beide Irrtümer zu vertreten, wenn ihn der Vorwurf trifft, sich nicht oder doch nicht in ausreichender Weise nach beiden Richtungen vergewissert zu haben (BGHSt 3, 105, 108; KG LRE 2, 184, 188).

Beispiele für einen Verbotsirrtum (nach *Zipfel/Rathke* C 100 Vor § 51 Rdnr. 31 ff):
- Unkenntnis der Verpflichtung zur Kenntlichmachung von Zusatzstoffen (BayObLGSt ZLR 1977, 318, 333);
- Täter ist der irrigen Auffassung, ein Lebensmittel könne mit einer unzulässigen Zutat bei entsprechender Kenntlichmachung in Verkehr gebracht werden;
- Täter ist der Meinung, Honig unterliege nicht mehr den lebensmittelrechtlichen Bestimmungen, wenn er als Arzneistoff an Apotheken und Drogerien geliefert werde (BGH LRE 1, 325, 329, 330);
- irrige Meinung, die Herstellung eines Lebensmittels mit bestimmter Zusammensetzung sei erlaubt, weil ein Strafverfahren gegen andere Hersteller zu keiner Verurteilung geführt hat (BGH NJW 1967, 389; BayObLGSt ZLR 1977, 318, 379);
- Täter glaubt, wegen Madenbefalls verdorbene Fische nach Ablesen der Maden verkaufen zu dürfen;
- Fehlvorstellung, die Kennzeichnung eines Lebensmittels sei schon deshalb in Ordnung, weil sie dem niederländischen Recht genüge (OLG Düsseldorf DLR 1995, 400, 401).

Beispiel für fehlenden Verbotsirrtum:
- Täter glaubt, ein gesetzliches Verbot werde in naher Zukunft entfallen und Verstöße würden daher nicht mehr verfolgt (BayObLG LRE 3, 28).

Entschuldbarkeit eines Verbotsirrtums

Der unverschuldete Verbotsirrtum wirkt schuldbefreiend (§ 17 Satz 1 StGB, § 11 Abs. 2 OWiG).

Die Entschuldbarkeit eines Verbotsirrtums setzt voraus, daß der Täter alle „seine geistigen Erkenntniskräfte und sittlichen Wertvorstellungen einsetzt und auftauchende Zweifel durch Nachdenken und gegebenenfalls durch Einholung von Rat beseitigt" (BGH LRE 1, 31, 37).

Jeden in der Kette der Lebensmittelvertreiber, vom Hersteller hin zum Einzelhändler, trifft die Pflicht sich über die (ordnungsgemäße) Herstellung und den (ordnungsgemäßen) Vertrieb von Lebensmitteln **sachkundig zu machen**.

Dieser Verpflichtung kann er sich nicht dadurch entziehen kann, daß er die Meinung eines Dritten einholt, ohne die Auskunft auf ihre sachliche Richtigkeit zu verifizieren. Nur die Auskunft einer sachkundigen, unvoreingenommenen Person, die mit der Erteilung der Auskunft kein Eigeninteresse verfolgt und die Gewähr für eine objektive, sorgfältige und pflichtgemäße Auskunftserteilung bietet, kann entlasten.

Ein Verbotsirrtums kann entschuldbar sein, wenn er auf das Verhalten einer über den Sachverhalt aufgeklärten **Behörde** zurückzuführen ist. Derjenige, der von einem Beamten Auskunft über die Zulässigkeit eines Vorhabens erhalten hat, darf erwarten, daß diese richtig und vollständig ist, und daß er auf weitere einschlägige Bestimmungen, die nicht in die Zuständigkeit des Beamten fallen, wenigstens hingewiesen wird (BayObLG LRE 4, 284). Die Auskunft einer Behörde kann den Anfragenden nicht für alle Zeit entschuldigen. Treten Gesichtspunkte auf, die eine erneute Begutachtung notwendig erscheinen lassen - beispielsweise die Änderung eines Gesetzes oder der höchstrichterlichen Rechtsprechung -, so kann sich der Hersteller oder Händler nicht mehr auf die ursprüngliche Auskunft verlassen. Eine behördliche Duldung einer Zuwiderhandlung gegen lebensmittelrechtliche Vorschriften schließt aber nicht schlechthin die Schuld des Täters aus (BayObLGSt 1955, 192).

Schuldbefreiend kann auch die Auskunft einer (staatlichen oder kommunalen) **Untersuchungsanstalt** (-amtes) wirken (KG LRE 2, 85, 89).

Entschuldbar kann ein Verbotsirrtum auch dann sein, wenn er auf einer Auskunft eines (Lebensmittel-)**Verbandes** beruht. Maßgeblich ist stets, ob die Auskunft in Kenntnis aller Sachverhaltsmerkmale erteilt wird und hinreichend begründet ist. Entscheidungserheblich ist auch, wer - welcher Verband und welcher Sachbearbeiter - die Auskünfte erteilt hat (s. *Zipfel/Rathke* C 100 Vorbem. vor § 51 Rdnr. 50). Ist die Information bei einem Dachverband auf Bundesebene eingeholt worden, wie dem personell wie fachlich kundig besetzten Bund für Lebensmittelrecht und Lebensmittelkunde e.V. (BLL), spricht die Vermutung für eine kompetente Auskunft. Es kommt allerdings auf die Umstände des Einzelfalles an. Ggf. kann es erforderlich sein, zur Überprüfung der Auskunft die Meinung einer weiteren sachkundigen Stelle einzuholen, etwa die eines Untersuchungsamts (BayObLG LRE 5, 32, 38).

Die Auskunft eines **Rechtsanwalts** oder eines (als Sachverständigen öffentlich beeidigten und bestellten) **Lebensmittelchemikers** kann einen unverschuldeten Verbotsirrtum begründen; die Fachkompetenz des Anwalts oder des Lebensmittelchemikers ist hierfür ausschlaggebend. Die Erkundigung bei einem Rechtsanwalt - wenn auch einem ausgewiesenen Spezialisten - begründet allerdings dann keinen vermeidbaren Verbotsirrtum, wenn der Betroffene gleichzeitig von der zuständigen Behörde in anderem Sinne belehrt worden ist. In diesem Falle muß der Betroffene weitere zusätzliche Informationen einholen (*Zipfel/Rathke* C 100 Vor § 51 Rdnr. 53 m.Rspr.nachw.).

Das Vertrauen auf eine Äußerung im **Kommentar** *Zipfel/Rathke* kann einen vermeidbaren Verbotsirrtum begründen (LG Osnabrück LRE 7, 158).

Beispiele für verschuldeten Verbotsirrtum (nach *Zipfel/Rathke* C 100 Vor § 51 Rdnr. 40ff):
- wer sich über einen von der Mehrheit aller Hersteller eingehaltenen Handelsbrauch hinwegsetzen will, muß weitere vorherige Erkundigungen an sachkundiger Stelle einholen (BGH LRE 1, 87,99);
- Richtlinien von Herstellerverbänden, die nicht der Verbrauchererwartung entsprechen, dürfen nicht einfach übernommen und auftretende Zweifel nicht einfach zurückgestellt werden;
- die Auskunft eines Obermeisters einer Metzgerinnung reicht nicht aus, einen Irrtum zu entschuldigen, wenn der Täter von sachkundiger Seite auf die Unzulässigkeit des Verkaufs hingewiesen worden war (Schl.Holst. OLG LRE 2, 145, 147; KG LRE 15, 284, 288);
- liegen einander widersprechende Urteile von Oberlandesgerichten vor und ist dies dem Täter bekannt, so besitzt er das Unrechtsbewußtsein, wenn er mit der Möglichkeit rechnet, daß sein Handeln verboten ist (BayObLG LRE 2, 262).

5.2.3 Fahrlässigkeit

5.2.3.1 Formen der Fahrlässigkeit

Bewußte Fahrlässigkeit
Fahrlässig handelt, wer die Verwirklichung des gesetzlichen Tatbestandes für möglich hält, aber pflichtwidrig und vorwerfbar im Vertrauen darauf tätig wird, daß die

Verwirklichung des gesetzlichen Tatbestandes nicht eintreten wird - **bewußte Fahrlässigkeit** - (BGHSt 10, 369; OLG Düsseldorf DLR 1996, 23, 24).

Unbewußte Fahrlässigkeit
Fahrlässig handelt auch, wer bei Anwendung der Sorgfalt, die ihm nach den (objektiven) Umständen des Falles und nach seinen persönlichen Kenntnissen und Fähigkeiten billigerweise zugemutet werden kann, die Verwirklichung des gesetzlichen Tatbestandes voraussehen kann, jedoch infolge Außerachtlassen jener Sorgfalt zu dieser Voraussicht und Erkenntnis nicht gelangt (**unbewußte Fahrlässigkeit**).

Leichtfertigkeit
„Leichtfertigkeit" ist Voraussetzung der Tatbestandsverwirklichung des § 53 Abs. 2 Nr. 2 LMBG. „Leichtfertigkeit" ist ein höherer Grad von Fahrlässigkeit i.s. einer schwerwiegenden Sorgfaltspflichtverletzung (BGHSt 20, 315, 324). Leichtfertig handelt, wer sich über die klar erkannte Möglichkeit der Tatbestandsverwirklichung in offensichtlicher Rücksichtslosigkeit hinwegsetzt.

5.2.3.2 Die Ursächlichkeit der Sorgfaltspflichtverletzung

Bei fahrlässigen Handlungen muß zwischen Pflichtwidrigkeit und dem Erfolg ein Kausalzusammenhang bestehen.

Der Erfolg besteht in der Verwirklichung eines bestimmten Straf- oder Ordnungswidrigkeitentatbestandes wie das Inverkehrbringen nicht zum Verzehr geeigneter Lebensmittel (§ 17 Abs. 1 Nr. 1 LMBG). Die Pflichtwidrigkeit kann dabei in der Unterlassung geeigneter oder ausreichender Kontrollen bei der Herstellung liegen, vorausgesetzt, daß der Erfolg bei Vornahme der unterlassenen Handlung, eben der ordnungsgemäßen Kontrolle des Lebensmittels, nicht eingetreten wäre.

Eine **Untersuchung** aller Lebensmittel auf ihre gesetzmäßige Beschaffenheit ist allerdings praktisch schwerlich möglich. Es gilt daher der Grundsatz, daß derjenige nicht pflichtwidrig handelt, der eine hinreichende Anzahl von Lebensmitteln einer Charge oder anderer Produktionseinheit stichprobenweise prüft oder überprüfen läßt. Unter diesen Umständen besteht ein gewisses - aber erlaubtes, weil nicht vermeidbares - Risiko, daß gesetzwidrige Lebensmittel in den Verkehr gelangen.

Allgemeingültige Grundsätze zum Maß der Sorgfaltspflicht und damit über den **Umfang der Stichproben** lassen sich schwer aufstellen. Es kommt auf die Umstände des konkreten Einzelfalles an. Zu berücksichtigen sind in erster Linie:
- die mögliche Auswirkung auf den Verbraucher (Gesundheitsschädigung),
- die Art und Haltbarkeit des Lebensmittels,
- die Art des Mangels (leichte oder schwierige Überprüfungsmöglichkeit, z.B. bei Pflanzenschutzmitteln)
- und schließlich die Einflußmöglichkeit des einzelnen auf die Beschaffenheit oder Bezeichnung eines Lebensmittels (Hersteller, Importeur, Großhändler, Einzelhändler).

5.3 Sorgfaltspflicht im Lebensmittelrecht

Grundsätzlich trifft jeden in der Kette der Inverkehrbringer von Lebensmitteln, von der Herstellung bis zur Abgabe des Lebensmittels an den Verbraucher, die Verpflichtung, im Rahmen seiner Möglichkeiten und des ihm Zumutbaren (BayObLG LRE 9, 280) dafür zu sorgen, daß die Beschaffenheit und Kennzeichnung von Lebensmitteln die Anforderungen der gesetzlichen Bestimmungen erfüllen (**Kettenverantwortung**); daß hieran „höchste Anforderungen" zu stellen seien (BGH LRE 1, 21, 22), ist in ihrem Superlativ eine Leer-Formel der Rechtsprechung. Grundsätzlich gilt, daß Anforderungen an die Gesundheit kaufmännischen Interessen vorgehen. Jeder Gewerbetreibende hat für einwandfreie Ware zu sorgen; es dürfen keine Mühen und Kosten gescheut werden, um die Einhaltung der Vorschriften zu gewährleisten (BayObLG LRE 8, 334, 336).

Die im konkreten Fall an den einzelnen Inverkehrbringer zu stellenden Anforderungen können und müssen daher verschieden hoch sein, abhängig von der Stellung des am Lebensmittelverkehr Beteiligten (differenzierte **Stufenverantwortung**). Für die Bemessung der erforderlichen Sorgfalt ist demzufolge eine differenzierte Betrachtungsweise geboten, die auf den den konkreten Fall abstellt. **Umfang** der Sorgfaltspflichten und der sich daraus ergebende Umfang der erforderlichen Stichproben bestimmt sich insbesondere nach folgenden Kriterien:
- Art des in Verkehr gebrachten Lebensmittels,
- Art seiner Herstellung (manuell oder maschinell),
- Art seiner Verpackung,
- seiner Herkunft sowie
- der Umfang des Vertriebs des Lebensmittels.

Delegation von Aufgaben
Der Betriebsinhaber kann die ihn vor allem hinsichtlich der Sorgfaltspflichten treffenden Aufgaben sowohl an Mitarbeiter, als auch an Externe (Berater) delegieren, die dann in erster Linie für die Einhaltung lebensmittelrechtlicher Vorschriften verantwortlich sind. Die Aufgaben können in vollem Umfang (*Gesamtdelegation*) oder lediglich zur Erfüllung bestimmter Pflichten (*Teildelegation*) übertragen werden (§ 9 Abs. 2 OWiG, § 14 Abs. 2 StGB). Der Beauftragte ist aber nur dann persönlich verantwortlich, wenn er in der Lage ist, von sich aus - ohne Weisung Dritter, insbesondere des Betriebsinhabers - Maßnahmen zu ergreifen, die zur Erfüllung seiner ihm auferlegten Pflichten notwendig sind.

Jedoch ist der Betriebsinhaber nicht schlechthin entlastet, denn er haftet
- für die Bestellung,
- sorgfältige Auswahl und
- für eine eingehende und ausreichende Belehrung und
- Überwachung der **Aufsichtspersonen** (s. § 130 Abs. 1 OWiG).

Das Ausmaß der **Aufsichtspflicht** des Betriebsinhabers gegenüber den Beauftragten hängt von den Umständen des Einzelfalles ab, insbesondere

- von der Größe und
- der Organisation des Betriebes,
- vom Umfang der Herstellungstätigkeit und
- von der Bedeutung der zu beachtenden lebensmittelrechtlichen Vorschriften.

Die Aufsichtsmaßnahmen gegenüber den Beauftragten müssen erforderlich und zumutbar sein. Der Aufsichtspflicht wird nicht schon dadurch Genüge getan, daß der Aufsichtspflichtige gelegentlich die Betriebsangehörigen beobachtet und nach dem Rechten sieht (BGHSt 9, 319, 323). Für **Organisationsmängel**, die in einer unzureichenden Kontrolle ihre Ursache haben, ist der Betriebsinhaber verantwortlich (OLG Hamm LRE 8, 35). Die **Nichtwahrnehmung** jeglicher Aufsichtsmaßnahmen begründet Fahrlässigkeit (OLG Koblenz LRE 11, 135, 140).

Der Betriebsinhaber kann die Verantwortung nicht auf untergeordnete Hilfskräfte übertragen, sondern nur auf solche Personen, die nach ihrer Stellung und Vorbildung in der Lage sind, die genannten Aufgaben zu erfüllen (Geschäftsführer, Betriebsleiter, Abteilungsleiter; OLG Bremen LRE 3, 202; BayObLG LRE 4, 52).

Soll ein Beauftragter auch die **strafrechtliche Verantwortung** für Lebensmittelverstöße übernehmen, muß dies zwischen Primärverantwortlichem (Inhaber) und Sekundärverantwortlichem (Beauftragter) ausdrücklich, am besten schriftlich - zum Nachweis - vereinbart sein (OLG Hamm LRE 8, 35, 39; BayObLG LRE 4, 52; OLG Saarbrücken LRE 8, 224, 228).

5.3.1 Sorgfaltspflicht des Herstellers

Der Inhaber eines Herstellungsbetriebes ist für den gesamten Herstellungsvorgang verantwortlich, für die Zusammensetzung des Erzeugnisses, die Beschaffung verkehrsfähiger Rohstoffe und Zutaten und ihre hygienisch einwandfreie Verarbeitung oder das Inverkehrbringen des Endproduktes unter der richtigen Bezeichnung und mit der vorgeschriebenen Kennzeichnung.

Kenntnis einschlägiger gesetzlicher Vorschriften
Der Hersteller muß einschlägige gesetzliche Vorschriften oder die Verkehrsauffassungen über die von ihm hergestellten Erzeugnisse kennen, erforderlichenfalls sich diese Kenntnis verschaffen durch Einziehung von Erkundigungen bei Verbänden, Überwachungsbehörden oder bei Dritten, die mit dem Lebensmittelrecht vertraut und kundig sind. Angesichts der ständigen Fortentwicklung von Gesetz und Rechtsprechung und den damit einhergehenden Veränderungen ist die Fort- und Weiterbildung durch die Lektüre von Fachzeitschriften oder durch die Teilnahme an Veranstaltungen und Seminaren beispielsweise von Lebensmittelverbänden nachhaltig zu empfehlen; die höchstrichterliche Rechtsprechung unterstellt, daß ein gewissenhafter Hersteller solche Mittel nutzt (BGHSt 4, 5; 4, 352; BayObLG LRE 7, 331, 337; LRE 8, 112, 116). Bei Unkenntnis kann sich der Hersteller nicht auf die Unvermeidbarkeit eines Irrtums berufen (*Zipfel/Rathke* C 100 Vor § 51 Rdnr. 43; [s.o. 5.2.2.2])

Fall: OLG Koblenz ZLR 1982, 82
Sachverhalt: Ein Backwarenhersteller verwendete bei der Herstellung der Deckschicht eines Bienenstichs Erdnüsse anstelle von Mandeln, Wal- oder Haselnüssen.
Entscheidungsgründe: Das OLG sah hierin eine Verstoß gegen § 17 Abs. 1 Nr. 2 b LMBG. „Wenn (der Hersteller) sich darauf berufe, eine Vielzahl anderer Hersteller...verwendeten bei der Herstellung von Bienenstich Erdnüsse, so hat er es unterlassen, sich bei maßgebender Stelle, etwa den Lebensmittelüberwachungsbehörden, über die Zulässigkeit eines solchen Vorgehens zu informieren. ... der Betroffene (durfte) sich nicht mit seiner Kenntnis von Übungen anderer Hersteller begnügen, sondern (hätte) fachkundigen Rat einholen müssen. Entscheidender Anlaß hierzu hätten ihm die ..Richtlinien für Feine Backwaren ...geben müssen, deren Kenntnis bei einem Leiter des Betriebs, der sich mit der Herstellung von Backwaren befaßt, vorausgesetzt wird" (S. 86).

Vorprodukte

Bei der Beschaffung der Vorprodukte muß der Hersteller dafür Sorge tragen, daß die das jeweilige Erzeugnisse betreffenden bestehenden lebensmittelrechtlichen Bestimmungen von seinen Lieferanten eingehalten werden. Er sollte die **Spezifikation** der Ware so genau als möglich vorgeben und sich eine bestimmte Beschaffenheit ausdrücklich zusichern lassen, ggf. durch entsprechende Zertifikate, vor allem wenn die Rohstoffe aus dem Ausland eingeführt werden. Beim Bezug von Vormischungen und Zwischenerzeugnissen, die mit Zusatzstoffen hergestellt sind, wird der Hersteller von dem Vorlieferanten eine Aufklärung über die Zusammensetzung, insbesondere über den Zusatzstoffgehalt, verlangen müssen.

In einem solchen Fall ist er allerdings gleichwohl gehalten, die Erfüllung der Anforderungen an die von ihm vorgegebene Spezifikation (insbesondere) durch Stichproben nachzuprüfen. Auf eine **eigene Kontrolle** kann ein Hersteller nicht verzichten. Er darf sich daher nicht auf die Erklärungen eines Vorlieferanten verlassen (OLG Köln LRE 2, 224); nur in Ausnahmefällen kann die Angabe eines vertrauenswürdigen Lieferanten eine eigene Nachprüfung überflüssig machen (BGH LRE 2, 241). Voraussetzung hierfür ist in aller Regel der gute Ruf, den der Lieferer (in der Branche) genießt und/oder eine dauerhafte und, da (bis auf wenige Ausnahmefälle) mangelfreie Ware geliefert wurde, reibungslose Geschäftsbeziehung zwischen Lieferanten und Hersteller.

Zeitpunkt sowie Umfang der Stichproben und anderer **Prüfmaßnahmen** richten sich nach dem Risiko, das von einem Stoff ausgehen kann, und nach den möglichen und zumutbaren Kontrollmaßnahmen. Der Gesundheitsschutz muß aber vor wirtschaftlichen Erwägungen stets absoluten Vorrang haben. Kann ein Rohstoff vor der Verarbeitung nicht geprüft werden (Beispiel: Anlieferung von Schweinemasken in Boxen à 500 kg, so daß eine Überprüfung unterer Schichten der Ware schwerlich möglich ist) oder können die analytischen Ergebnisse einer Untersuchung wegen der Dauer derselben erst nach der Verarbeitung vorliegen (vor allem mikrobiologische Prüfungen), so muß der Schwerpunkt der Kontrolle beim Endprodukt liegen (Warenausgangskontrolle; KG LRE 12, 214).

Sorgfaltspflicht bei der Herstellung
Der Betriebsinhaber muß die von ihm produzierte Ware auf ihre Ordnungsmäßigkeit, insbesondere auf mögliche Abweichungen von der Norm hin untersuchen; dies gilt auch dann, wenn keine Beanstandungen zu verzeichnen waren (OLG Koblenz LRE 11, 135). Er muß ferner (durch entsprechende Weisungen) dafür Sorge tragen, daß die Herstellung eines Lebensmittels unter einwandfreien **betrieblichen** wie **personellen hygienischen Verhältnissen** abläuft.

Er muß sich insbesondere durch regelmäßige **Kontrollen** davon überzeugen, daß seine Weisungen eingehalten werden (BGH LRE 8, 172, 174; OLG Koblenz LRE 13, 130); eine stichprobenartige Kontrolle genügt allerdings. Die **Weisungen** an das Personal müssen sich vor allem erstrecken auf
- die Arbeitsweise,
- die Zusammensetzung der Lebensmittel im einzelnen (das Rezept),
- die Vermeidung von möglichen Fehlerquellen und
- auf die Einhaltung einschlägiger gesetzlicher Bestimmungen.

Das **Betriebspersonal** muß sorgfältig ausgesucht sein und hinsichtlich (Vor-)-Kenntnisse und Erfahrungen den betrieblichen Anforderungen entsprechen. Das gleiche gilt für die gesundheitliche Verfassung der Beschäftigten (BGH LRE 4, 21). Die Beschäftigten dürfen nicht an ansteckenden Krankheiten wie Typhus leiden (vgl. § 17 Bundesseuchengesetz; § 10 der EiprodukteVO).

Durch das Vorhandensein eines **Qualitätsmanagementsystems** kann bei (trotzdem) festgestellten Rechtsverstößen ggf. der Nachweis erbracht werden, daß den Anforderungen an die Sorgfaltspflicht Genüge getan worden ist. Dann sind zwar noch uneingeschränkt verwaltungsrechtliche Maßnahmen zur Abstellung des betreffenden Mißstandes möglich, angefangen von Verbotsverfügungen im konkreten Einzelfall bis hin zu Auflagen der Einführung bestimmter Hygienestandards; für ein Straf- oder Ordnungswidrigkeitenverfahren werden jedoch häufig die dafür notwendigen Bedingungen einer vorwerfbaren Schuld, auch nur in Form von Fahrlässigkeit, fehlen. Voraussetzung ist allerdings die detaillierte Überprüfung der Dokumentation des QMS sowohl hinsichtlich seiner Vollständigkeit in der Gesamtplanung einer vorbeugenden Qualitätsmaßnahme wie auch hinsichtlich der ordnungsgemäßen Durchführung dieser Maßnahmen im konkreten Einzelfall zum Zeitpunkt der Produktion des inkriminierten Produktes durch die zuständige Behörde (*Preuß* ZLR 1997, 113).

5.3.2 Sorgfaltspflicht des Importeurs

Literatur: *Rabe/Wulf*, Sorgfaltspflichten beim Import von Lebensmitteln, BLL-Schriftenreihe Heft 122, 1996.

Herstellern gleichgestellt
Der Importeur ist das erste Glied in der inländischen Handelskette; er wird daher in der Rechtsprechung rechtlich dem Hersteller gleichgestellt (BGH LRE 3, 364; BGH GRUR 1964, 606, 611; OLG Düsseldorf ZLR 1988, 42; BayObLG LRE 8, 194). Zu überprüfen sind von ihm daher die Zusammensetzung und Qualität des Lebensmit-

tels, die Übereinstimmung der angegebenen Angaben mit dem tatsächlichen Gewicht und Volumen sowie die Kennzeichnung (s. hierzu die Ausführungen unter [5.3.1]).

Die Beurteilung der Pflichten des Importeurs richtet sich nach den Umständen des konkreten Einzelfalles (Bekanntmachung des BMinG über die Sorgfaltspflicht des Importeurs beim Inverkehrbringen von Lebensmitteln nach § 17 LMBG vom 5.12.1991, BAnz Nr. 236).

Rechtskenntisse
Ein Importeur muß einschlägige gesetzliche Vorschriften oder die Verkehrsauffassungen über die von ihm eingeführten Erzeugnisse kennen, erforderlichenfalls sich diese Kenntnis verschaffen, vor allem über das anwendbare **europäische Gemeinschaftsrecht** sowie das **Recht des Einfuhrstaates** (Deutschland) wie erforderlichenfalls dasjenige des **Ausfuhrstaates**, wenn der Nachweis der Rechtmäßigkeit des Vertriebs im Ausland in Frage steht. Nur so ist er in der Lage, rechtlich abschätzen zu können, ob ein Lebensmittel in seiner Zusammensetzung den (berechtigten) Erwartungen der Verbraucher entspricht und ggf. entsprechend zu kennzeichnen ist (Kenntlichmachung der Abweichung i.S.d. § 17 Abs. Nr. 2 b LMBG).

Informiert er sich nicht über die einschlägigen Rechtsvorschriften, begeht er einen vermeidbaren Verbotsirrtum (BayObLGSt 1976, 196; OLG Düsseldorf DLR 1995, 400).

Umfang der Untersuchungspflicht
Aus der Sorgfaltspflicht des Importeurs resultiert seine Pflicht zur stichprobenweisen Untersuchung der von ihm eingeführten Ware. Der Umfang der Stichproben muß so groß sein, daß - abgesehen von nie ganz zu vermeidenden Ausreißern - das Inverkehrbringen von gesetzwidrigen Lebensmitteln verhindert wird (OLG Köln LRE 8, 52; OLG Koblenz 11, 126, 131; OLG Karlsruhe ZLR 1981, 35; KG LRE 14, 128; OLG Düsseldorf ZLR 1988, 42). Es kommt stets auf die Umstände des Einzelfalles an (s.o. [5.3]).

Spezielle Regelungen gibt es für die Einfuhruntersuchungen von Fleisch, Wein, Teigwaren und Eiprodukten.

Bei **homogenen Lebensmitteln** wie Getränken (Bier, Milch oder Fruchtsäften), Erzeugnissen in Pulverform (Milchpulver) genügt die repräsentative Überprüfung bereits einer kleineren Einheit des jeweiligen Lebensmittels.

Für den Umfang der Prüfungspflicht des Importeurs kann es auch von Bedeutung sein, ob er sich über die Arbeitsweise des ausländischen Lieferanten ins einzelne gehende, hinreichend gesicherte Kenntnisse verschafft hat (KG LRE 14, 131: betreffend Thunfischkonserven) oder Analysezertifikate über das Erzeugnis von anerkannten Sachverständigen und Instituten vorweisen kann (LG Berlin LRE 10, 166, 168).

Import aus einem EG-Mitgliedstaat
Der Grundsatz, daß Importeure lebensmittelrechtlich den Herstellern gleichstehen, greift nicht bzw. nicht in diesem Umfang im innergemeinschaftlichen Warenverkehr.

Die EG-rechtlichen Vorgaben begrenzen als Konkretisierung der Verantwortungsbereiche die Sorgfaltspflichten des Lebensmittelrechts. Die dem Importeur auferlegten Pflichten dürfen nicht zu einem Handelshemmnis i.S.d. Art. 30 EGV führen. Der EuGH stellte bereits in einer Entscheidung vom 11.6.1987 fest, daß nationale Kontrollverfahren nicht mit unangemessenen Kosten oder Verzögerungen verbunden sein dürfen; dem Importeur müsse es ferner freistehen, die Kontrolle durch Vorlage von Dokumenten zu ersetzten, die im Ausfuhrtstaat (!) ausgestellt wurden, sofern diese die erforderlichen Angaben auf der Grundlage bereits durchgeführter Kontrolle enthalten (EuGH Slg. 1987, 2525).

Der Importeur ist daher bei der Einfuhr von Lebensmitteln aus anderen Mitgliedstaaten der Europäischen Gemeinschaften dann von der Pflicht zur Vornahme von **Eigenkontrollen** über die Qualität der Produkte **entbunden** (ausführlich *Rabe/Wulf*, a.a.O.; s. auch *Meier* EuZW 1992, 152), wenn

- amtliche oder von einem amtlich anerkannten Labor ausgestellte Zertifikate über die Qualität und Zusammensetzung vorliegen;
- in harmonisierten Vorschriften „Selbstzertifikate" des Herstellers vorgesehen sind;
- der Hersteller Selbstauskünfte vorlegt und der Importeur gesicherte Kenntnisse hat, daß der Hersteller über ein Kontrollsystem verfügt, das die Aufgaben erfüllt, die den in Art. 1 Abs. 2 der Richtlinie 89/397/EWG über die amtliche Lebensmittelüberwachung aufgeführten Überwachungszielen entsprechen.

Eigenkontrollen sind nur dann erforderlich, wenn die vom Importeur vertriebenen Produkte wiederholt beanstandet worden sind (s. auch *Dannecker* ZLR 1993, 251).

5.3.3 Sorgfaltspflicht des Großhändlers

Auch der Großhändler muß dafür Sorge tragen, daß in seinem Einflußbereich keine nachteiligen Veränderungen eines Lebensmittels eintreten und dies durch entsprechende Kontrollen sicherstellen. Der Umfang seiner Sorgfaltspflicht ist jedoch geringer als die eines Herstellers oder Importeurs, da die Ware außerhalb seiner Einflußsphäre hergestellt oder verarbeitet wurde.

Dem Händler obliegt die Pflicht, selbst oder durch Dritte, die von ihm feilgehaltenen Waren auf ihre lebensmittelrechtliche Unbedenklichkeit hin stichprobenweise zu überprüfen. Der Umfang der **Stichproben** kann nicht einheitlich beurteilt werden. Neu in das Sortiment aufgenommene Erzeugnisse sind umfassender zu prüfen als andere.

Er sollte sich von seinen Lieferanten eine bestimmte Beschaffenheit ausdrücklich zusichern und zudem bestätigen lassen, daß die Ware ausreichend untersucht wurde, ggf. durch entsprechende (amtl.) Zertifikate, vor allem wenn die Ware aus dem Ausland eingeführt wird, um sich bei etwaigen auftretenden Mängeln exkulpieren zu können. Bei einer entsprechend lange bestehenden Geschäftsverbindung mit einem Lieferanten ohne (oder kaum ins Gewicht fallende) bisherige Beanstandungen, kann der Großhändler auf die Richtigkeit der Bestätigungen vertrauen. Er muß sich allerdings von Zeit zu Zeit durch **Stichproben** davon überzeugen, ob sein Vertrauen in die Zuverlässigkeit des Vorlieferanten noch gerechtfertigt ist. Von der Pflicht zur **eigenen Kontrolle** ist der Händler nicht entbunden.

Eine erhöhte Sorgfaltspflicht hat der Großhändler, wenn es **wiederholt Beanstandungen** hinsichtlich der von einem bestimmten Vorlieferanten stammenden Ware gegeben hat (OLG Bremen LRE 3, 203; OLG Hamburg LRE 14, 192).

Folgende **Überwachungsmaßnahmen** hat der Großhändler stets stichprobenweise (beispielhaft) durchzuführen:
- Waren äußerlich überprüfen; Beispiel: Konservendosen auf Bombagen prüfen.
- Etiket prüfen, ob das Mindesthaltbarkeitsdatum abgelaufen ist.

In den Verantwortungsbereich des Großhändlers fällt auch, daß die vorgeschriebene **Kennzeichnung** auf Fertigpackungen angebracht ist. Soweit er sie unter seinem Namen in Verkehr bringt, ist er auch für den Inhalt der Kennzeichnung verantwortlich. Im übrigen hat er den Inhalt der Kennzeichnung insoweit zu vertreten, als dieser auch ohne nähere Untersuchung erkennbar unrichtig ist. Das gilt auch für offensichtlich irreführende Bezeichnungen und Angaben (OLG Koblenz LRE 20, 222).

5.3.4 Sorgfaltspflicht des Einzelhändlers

Der Einzelhändler hat dafür Sorge zu tragen, daß in seinem Einflußbereich keine nachteiligen Veränderungen eines Lebensmittels eintreten.

Er kann daher nicht für die richtige **Zusammensetzung** eines Lebensmittels, insbesondere bei fertigverpackten Lebensmitteln, verantwortlich gemacht werden, da die Ware außerhalb seiner Einflußsphäre gestaltet wurde und ihm daher grundsätzlich nach Sachlage und seinen Möglichkeiten eine Untersuchung nicht zugemutet werden kann.

Er hat deshalb sämtliche bei ihm gelagerten Lebensmittel in routinemäßigen Abständen zu kontrollieren. Die zeitlichen **Abstände und der Umfang der Kontrolle** richten sich insbesondere nach dem möglichen Verderb der Ware; verderbsgefährdete Lebensmittel sind deshalb laufend in kurzen Abständen zu prüfen (tägliche Kontrolle bei Fischkonserven in einem Selbstbedienungsladen; BayObLG LRE 5, 124). Bei fertigverpackter Ware ist die äußerlich erkennbare Beschaffenheit der Verpackung zu prüfen (bombierte Dosen, durchgefettetes Verpackungspapier, Mottenflug bei Schokoladenerzeugnissen, schlechter Geruch).

Nach Überschreiten des **Mindeshaltbarkeitsdatums** muß sich der Einzelhändler durch häufigere Stichproben davon überzeugen, daß die Ware noch nicht verdorben ist.

Der Einzelhändler ist auch für die Einhaltung der vorgeschriebenen oder für den Erhalt der Ware empfohlenen **Temperatur** verantwortlich. Er hat daher die Innentemperatur einer Tiefkühltruhe zu prüfen; die Kerntemperatur der einzelnen tiefgefrorenen Lebensmittel ist dann zu überprüfen, wenn die Tiefkühltruhe nicht einwandfrei arbeitet oder äußerlich erkennbare Mängel an den einzelnen Packungen auftreten (Beispiele: angetaute Stellen, sichtbare Frostbrandveränderungen; OLG Hamm ZLR 1976, 212, 218).

In den Verantwortungsbereich eines Einzelhändlers fällt auch, ob die Fertigpackungen vollständig und richtig gekennzeichnet sind, vor allem, ob die essentiellen Kennzeichungselemente angebracht sind: Verkehrsbezeichnung, Name und Anschrift des Herstellers oder anderen Inverkehrbringers, Mindesthaltbarkeitsdatum oder - bei in mikrobiologischer Hinsicht leicht verderblichen Waren - Verbrauchsdatum, Menge und Zutatenverzeichnis (OLG Düsseldorf DLR 1995, 400). Auch hierzu genügt eine stichprobenweise äußere Durchsicht.

Gesetz über den Verkehr mit Lebensmitteln, Tabakerzeugnissen, kosmetischen Mitteln und sonstigen Bedarfsgegenständen (Lebensmittel- und Bedarfsgegenständegesetz – LMBG)

Neufassung vom 9. September 1997 (BGBl. I, S. 2296 vom 17. September 1997)

Inhaltsübersicht

Erster Abschnitt
Begriffsbestimmungen

- § 1 Lebensmittel
- § 2 Zusatzstoffe
- § 3 Tabakerzeugnisse
- § 4 Kosmetische Mittel
- § 5 Bedarfsgegenstände
- § 6 Verbraucher
- § 7 Sonstige Begriffsbestimmungen

Zweiter Abschnitt
Verkehr mit Lebensmitteln

- § 8 Verbote zum Schutz der Gesundheit
- § 9 Ermächtigungen zum Schutz der Gesundheit
- § 10 Ermächtigung für Hygienevorschriften
- § 11 Zusatzstoffverbote
- § 12 Ermächtigungen für Zusatzstoffe
- § 13 Bestrahlungsverbot und Zulassungsermächtigung
- § 14 Pflanzenschutz- oder sonstige Mittel
- § 15 Stoffe mit pharmakologischer Wirkung
- § 16 Kenntlichmachung
- § 17 Verbote zum Schutz vor Täuschung
- § 18 Verbot der gesundheitsbezogenen Werbung
- § 19 Ermächtigungen zum Schutz vor Täuschung
- § 19a Weitere Ermächtigungen zum Schutz bei dem Verkehr mit Lebensmitteln

Dritter Abschnitt
Verkehr mit Tabakerzeugnissen

§ 20   Verwendungsverbot und Zulassungsermächtigung
§ 21   Ermächtigungen
§ 22   Werbeverbote
§ 23   Anwendung von Vorschriften

Vierter Abschnitt
Verkehr mit kosmetischen Mitteln

§ 24   Verbote zum Schutz der Gesundheit
§ 25   Verwendungsverbot und Zulassungsermächtigung
§ 26   Weitere Ermächtigungen zum Schutz der Gesundheit
§ 26a Ermächtigungen zum Schutz bei dem Verkehr mit kosmetischen Mitteln
§ 27   Verbote zum Schutz vor Täuschung
§ 28   (weggefallen)
§ 29   Ermächtigungen zum Schutz vor Täuschung

Fünfter Abschnitt
Verkehr mit sonstigen Bedarfsgegenständen

§ 30   Verbote zum Schutz der Gesundheit
§ 31   Übergang von Stoffen auf Lebensmittel
§ 32   Ermächtigungen

Sechster Abschnitt
Allgemeine Bestimmungen

§ 33   Deutsches Lebensmittelbuch
§ 34   Deutsche Lebensmittelbuch-Kommission
§ 35   Amtliche Sammlung von Untersuchungsverfahren
§ 36   Ausnahmeermächtigungen für Krisenzeiten
§ 37   Zulassung von Ausnahmen
§ 38   Rechtsverordnungen in Dringlichkeitsfällen
§ 38a Rechtsverordnungen zur Angleichung an Gemeinschaftsrecht
§ 39   Anhörung von Sachkennern

Siebter Abschnitt
Überwachung und Lebensmittel-Monitoring

Unterabschnitt A
Überwachung; Durchführung von Gemeinschaftsrecht

§ 40	Zuständigkeit für die Überwachung
§ 41	Durchführung der Überwachung
§ 42	Probenahme
§ 43	Duldungs- und Mitwirkungspflichten
§ 43a	Außenverkehr
§ 43b	Schiedsverfahren
§ 44	Ermächtigungen
§ 45	Erlaß von Verwaltungsvorschriften
§ 46	Landesrechtliche Bestimmungen
§ 46a	Gebühren
§ 46b	Unmittelbar geltendes Gemeinschaftsrecht

Unterabschnitt B
Lebensmittel-Monitoring

§ 46c	Begriffsbestimmung
§ 46d	Durchführung des Lebensmittel-Monitoring
§46e	Erlaß von Verwaltungsvorschriften

Achter Abschnitt
Ein- und Ausfuhr

§ 47	Verbringungsverbote
§ 47a	Erzeugnisse aus anderen Mitgliedstaaten oder anderen Vertragsstaaten des Abkommens über den Europäischen Wirtschaftsraum
§ 47b	Vorübergehende Verbringungsverbote
§ 48	Mitwirkung von Zolldienststellen
§ 49	Ermächtigungen
§ 50	Ausfuhr

**Neunter Abschnitt
Straftaten und Ordnungswidrigkeiten**

Unterabschnitt A
Verstöße gegen deutsches Recht

§ 51   Straftaten
§ 52   Straftaten
§ 53   Ordnungswidrigkeiten
§ 54   Ordnungswidrigkeiten
§ 55   Einziehung

Unterabschnitt B
Verstöße gegen Recht der Europäischen Gemeinschaft

§ 56   Straftaten
§ 57   Straftaten
§ 58   Ordnungswidrigkeiten
§ 59   Ordnungswidrigkeiten
§ 60   Ermächtigungen
§ 61   Einziehung

Erster Abschnitt
Begriffsbestimmungen

§ 1
Lebensmittel

(1) Lebensmittel im Sinne dieses Gesetzes sind Stoffe, die dazu bestimmt sind, in unverändertem, zubereitetem oder verarbeitetem Zustand von Menschen verzehrt zu werden; ausgenommen sind Stoffe, die überwiegend dazu bestimmt sind, zu anderen Zwecken als zur Ernährung oder zum Genuß verzehrt zu werden.

(2) Den Lebensmitteln stehen gleich ihre Umhüllungen, Überzüge oder sonstigen Umschließungen, die dazu bestimmt sind, mitverzehrt zu werden, oder bei denen der Mitverzehr vorauszusehen ist.

§ 2
Zusatzstoffe

(1) Zusatzstoffe im Sinne dieses Gesetzes sind Stoffe, die dazu bestimmt sind, Lebensmitteln zur Beeinflussung ihrer Beschaffenheit oder zur Erzielung bestimmter Eigenschaften oder Wirkungen zugesetzt zu werden; ausgenommen sind Stoffe, die natürlicher Herkunft oder den natürlichen chemisch gleich sind und nach allgemeiner Verkehrsauffassung überwiegend wegen ihres Nähr-, Geruchs- oder Geschmackswertes oder als Genußmittel verwendet werden, sowie Trink- und Tafelwasser.

(2) Den Zusatzstoffen stehen gleich:
1. a) Mineralstoffe und Spurenelemente sowie deren Verbindungen außer Kochsalz,
   b) Aminosäuren und deren Derivate,
   c) Vitamine A und D sowie deren Derivate,
   d) Zuckeraustauschstoffe, ausgenommen Fruktose,
   e) Süßstoffe;
2. Stoffe, mit Ausnahme der in Absatz 1 zweiter Halbsatz genannten, die dazu bestimmt sind,
   a) bei dem Herstellen von Umhüllungen, Überzügen oder sonstigen Umschließungen im Sinne des § 1 Abs. 2 verwendet zu werden,
   b) der nicht zum Verzehr bestimmten Oberfläche von Lebensmitteln zugesetzt zu werden,
   c) bei dem Behandeln von Lebensmitteln in der Weise verwendet zu werden, daß sie auf oder in die Lebensmittel gelangen;
3. Treibgase oder ähnliche Stoffe, die zur Druckanwendung bei Lebensmitteln bestimmt sind und dabei mit diesen in Berührung kommen.

(3) Das Bundesministerium für Gesundheit (Bundesministerium) wird ermächtigt, im Einvernehmen mit den Bundesministerien für Ernährung, Landwirtschaft und Forsten und für Wirtschaft durch Rechtsverordnung mit Zustimmung des Bundesrates Stoffe oder Gruppen von Stoffen den Zusatzstoffen gleichzustellen,

1. sofern Tatsachen die Annahme rechtfertigen, daß ihre Verwendung in Lebensmitteln gesundheitlich nicht unbedenklich ist;
2. soweit es zur Durchführung von Verordnungen oder Richtlinien des Rates oder der Kommission der Europäischen Gemeinschaften erforderlich ist.

§ 3
Tabakerzeugnisse

(1) Tabakerzeugnisse im Sinne dieses Gesetzes sind aus Rohtabak oder unter Verwendung von Rohtabak hergestellte Erzeugnisse, die zum Rauchen, Kauen oder anderweitigem oralen Gebrauch oder zum Schnupfen bestimmt sind.

(2) Den Tabakerzeugnissen stehen gleich:
1. Rohtabak sowie Tabakerzeugnissen ähnliche Waren, die zum Rauchen, Kauen oder anderweitigem oralen Gebrauch oder zum Schnupfen bestimmt sind;
2. Zigarettenpapier, Kunstumblätter und sonstige mit dem Tabakerzeugnis fest verbundene Bestandteile mit Ausnahme von Zigarrenmundstücken sowie Rauchfilter aller Art;
3. Erzeugnisse im Sinne der Nummer 2, soweit sie dazu bestimmt sind, bei dem nicht gewerbsmäßigen Herstellen von Tabakerzeugnissen verwendet zu werden.

(3) Als Tabakerzeugnisse gelten nicht Erzeugnisse im Sinne des Absatzes 1 und des Absatzes 2 Nr. 1 zur Linderung von Asthmabeschwerden.

§ 4
Kosmetische Mittel

(1) Kosmetische Mittel im Sinne dieses Gesetzes sind Stoffe oder Zubereitungen aus Stoffen, die dazu bestimmt sind, äußerlich am Menschen oder in seiner Mundhöhle zur Reinigung, Pflege oder zur Beeinflussung des Aussehens oder des Körpergeruchs oder zur Vermittlung von Geruchseindrücken angewendet zu werden, es sei denn, daß sie überwiegend dazu bestimmt sind, Krankheiten, Leiden, Körperschäden oder krankhafte Beschwerden zu lindern oder zu beseitigen.

(2) Den kosmetischen Mitteln stehen Stoffe oder Zubereitungen aus Stoffen zur Reinigung oder Pflege von Zahnersatz gleich.

(3) Als kosmetische Mittel gelten nicht Stoffe oder Zubereitungen aus Stoffen, die zur Beeinflussung der Körperformen bestimmt sind.

§ 5
Bedarfsgegenstände

(1) Bedarfsgegenstände im Sinne dieses Gesetzes sind:
1. Gegenstände, die dazu bestimmt sind, bei dem Herstellen, Behandeln, Inverkehrbringen oder dem Verzehr von Lebensmitteln verwendet zu werden und dabei mit den Lebensmitteln in Berührung zu kommen oder auf diese einzuwirken;

2. Packungen, Behältnisse oder sonstige Umhüllungen, die dazu bestimmt sind, mit kosmetischen Mitteln oder mit Tabakerzeugnissen in Berührung zu kommen;
3. Gegenstände, die dazu bestimmt sind, mit den Schleimhäuten des Mundes in Berührung zu kommen;
4. Gegenstände, die zur Körperpflege bestimmt sind;
5. Spielwaren und Scherzartikel;
6. Gegenstände, die dazu bestimmt sind, nicht nur vorübergehend mit dem menschlichen Körper in Berührung zu kommen, wie Bekleidungsgegenstände, Bettwäschen, Masken, Perücken, Haarteile, künstliche Wimpern, Armbänder, Brillengestelle;
7. a) Reinigungs- und Pflegemittel,
   b) Imprägnierungsmittel und sonstige Ausrüstungsmittel für Bedarfsgegenstände im Sinne der Nummer 6, die für den häuslichen Bedarf bestimmt sind;
8. Reinigungs- und Pflegemittel für Bedarfsgegenstände im Sinne der Nummer 1 sowie Mittel zur Bekämpfung von Mikroorganismen bei solchen Bedarfsgegenständen;
9. Mittel und Gegenstände zur Geruchsverbesserung oder zur Insektenvertilgung in Räumen, die zum Aufenthalt von Menschen bestimmt sind, ausgenommen Mittel, die ausschließlich als Pflanzenschutzmittel im Sinne des Pflanzenschutzgesetzes in den Verkehr gebracht werden.

(2) Bedarfsgegenstände im Sinne dieses Gesetzes sind nicht Gegenstände, die nach § 2 Abs. 2 des Arzneimittelgesetzes als Arzneimittel gelten oder die nach § 3 des Medizinproduktegesetzes Medizinprodukte oder Zubehör für Medizinprodukte sind.

(3) Das Bundesministerium wird ermächtigt, im Einvernehmen mit den Bundesministerien für Wirtschaft und für Arbeit und Sozialordnung durch Rechtsverordnung mit Zustimmung des Bundesrates, soweit es erforderlich ist, um eine Gefährdung der Gesundheit zu verhüten, andere Gegenstände und Mittel des persönlichen oder häuslichen Bedarfs, von denen bei bestimmungsgemäßem oder vorauszusehendem Gebrauch aufgrund ihrer stofflichen Zusammensetzung, insbesondere durch toxikologisch wirksame Stoffe oder durch Verunreinigungen, gesundheitsgefährdende Einwirkungen auf den menschlichen Körper ausgehen können, den Bedarfsgegenständen gleichzustellen.

§ 6
Verbraucher

(1) Verbraucher im Sinne dieses Gesetzes ist derjenige, an den Lebensmittel, Tabakerzeugnisse, kosmetische Mittel oder Bedarfsgegenstände zur persönlichen Verwendung oder zur Verwendung im eigenen Haushalt abgegeben werden.

(2) Dem Verbraucher stehen gleich Gaststätten, Einrichtungen zur Gemeinschaftsverpflegung sowie Gewerbetreibende, soweit sie in Absatz 1 genannte Erzeugnisse zum Verbrauch innerhalb ihrer Betriebsstätte beziehen.

§ 7
Sonstige Begriffsbestimmungen

(1) Im Sinne dieses Gesetzes ist:
- Herstellen:
das Gewinnen, Herstellen, Zubereiten, Be- und Verarbeiten;
- Inverkehrbringen:
das Anbieten, Vorrätighalten zum Verkauf oder zu sonstiger Abgabe, Feilhalten und jedes Abgeben an andere;
- Behandeln:
das Wiegen, Messen, Um- und Abfüllen, Stempeln, Bedrucken, Verpacken, Kühlen, Lagern, Aufbewahren, Befördern sowie jede sonstige Tätigkeit, die nicht als Herstellen, Inverkehrbringen oder Verzehren anzusehen ist;
- Verzehren:
das Essen, Kauen, Trinken sowie jede sonstige Zufuhr von Stoffen in den Magen.

(2) Dem gewerbsmäßigen Herstellen, Behandeln und Inverkehrbringen im Sinne dieses Gesetzes stehen das Herstellen, das Behandeln und die Abgabe in Genossenschaften oder sonstigen Personenvereinigungen für deren Mitglieder sowie in Einrichtungen zur Gemeinschaftsverpflegung gleich.

Zweiter Abschnitt
Verkehr mit Lebensmitteln

§ 8
Verbote zum Schutz der Gesundheit

Es ist verboten,
1. Lebensmittel für andere derart herzustellen oder zu behandeln, daß ihr Verzehr geeignet ist, die Gesundheit zu schädigen;
2. Stoffe, deren Verzehr geeignet ist, die Gesundheit zu schädigen, als Lebensmittel in den Verkehr zu bringen;
3. Erzeugnisse, die keine Lebensmittel sind, bei denen jedoch aufgrund ihrer Form, ihres Geruchs, ihrer Farbe, ihres Aussehens, ihrer Aufmachung, ihrer Etikettierung, ihres Volumens oder ihrer Größe vorhersehbar ist, daß sie von den Verbrauchern, insbesondere von Kindern, mit Lebensmitteln verwechselt und deshalb zum Munde geführt, gelutscht oder geschluckt werden können (mit Lebensmitteln verwechselbare Erzeugnisse), derart für andere herzustellen oder zu behandeln oder in den Verkehr zu bringen, daß infolge ihrer Verwechselbarkeit mit Lebensmitteln eine Gefährdung der Gesundheit hervorgerufen wird; dies gilt nicht für Arzneimittel, die einem Zulassungs- oder Registrierungsverfahren unterliegen.

§ 9
Ermächtigungen zum Schutz der Gesundheit

(1) Das Bundesministerium wird ermächtigt, durch Rechtsverordnung mit Zustimmung des Bundesrates, soweit es erforderlich ist, um eine Gefährdung der Gesundheit durch Lebensmittel zu verhüten,

1. bei dem Herstellen oder dem Behandeln von Lebensmitteln
   a) die Verwendung bestimmter Stoffe, Gegenstände oder Verfahren zu verbieten oder zu beschränken,
   b) die Anwendung bestimmter Verfahren vorzuschreiben;
2. (weggefallen)
3. für bestimmte Lebensmittel Anforderungen an das Herstellen, das Behandeln oder das Inverkehrbringen zu stellen;
4. das Herstellen, das Behandeln oder das Inverkehrbringen bestimmter Lebensmittel
   a) zu verbieten,
   b) von einer Genehmigung oder einer Anzeige abhängig zu machen sowie die Voraussetzungen und das Verfahren für die Genehmigung und die Anzeige zu regeln,
   c) von dem Nachweis bestimmter Fachkenntnisse abhängig zu machen;
5. für bestimmte Stoffe Warnhinweise, sonstige warnende Aufmachungen sowie Sicherheitsvorkehrungen vorzuschreiben;
6. das Herstellen oder das Behandeln von bestimmten gesundheitsgefährdenden Stoffen in Lebensmittelbetrieben sowie das Verbringen in diese zu verbieten oder zu beschränken.

(2) Lebensmittel, die entgegen einer nach Absatz 1 Nr. 1 erlassenen Rechtsverordnung hergestellt oder behandelt sind, dürfen gewerbsmäßig nicht in den Verkehr gebracht werden.

(3) Rechtsverordnungen nach Absatz 1 bedürfen des Einvernehmens mit den Bundesministerien für Ernährung, Landwirtschaft und Forsten und für Wirtschaft, Rechtsverordnungen nach Absatz 1 Nr. 2 außerdem des Einvernehmens mit dem Bundesministerium für Forschung und Technologie, soweit dessen Geschäftsbereich berührt wird.

(4) Das Bundesministerium für Umwelt, Naturschutz und Reaktorsicherheit wird ermächtigt, durch Rechtsverordnung mit Zustimmung des Bundesrates, soweit es erforderlich ist, um eine Gefährdung der Gesundheit durch Lebensmittel zu verhüten, das Inverkehrbringen von Lebensmitteln, die einer Einwirkung durch Verunreinigungen der Luft, des Wassers oder des Bodens ausgesetzt waren, zu verbieten oder zu beschränken. Rechtsverordnungen nach Satz 1 bedürfen des Einvernehmens mit dem Bundesministerium (§ 2 Abs. 3), mit den Bundesministerien für Ernährung, Landwirtschaft und Forsten und für Wirtschaft sowie mit dem Bundesministerium für Forschung und Technologie, soweit dessen Geschäftsbereich berührt wird.

§ 10
Ermächtigung für Hygienevorschriften

(1) Das Bundesministerium wird ermächtigt, im Einvernehmen mit den Bundesministerien für Ernährung, Landwirtschaft und Forsten und für Wirtschaft durch Rechtsverordnung mit Zustimmung des Bundesrates, soweit es erforderlich ist, um der Gefahr einer ekelerregenden oder sonst nachteiligen Beeinflussung von Lebensmitteln, wie durch Mikroorganismen, Verunreinigungen, Gerüche, Temperaturen, Witterungseinflüsse oder Behandlungs- oder Zubereitungsverfahren, vorzubeugen, und sofern die Voraussetzungen für eine Regelung durch Rechtsverordnungen nach § 9 dieses Gesetzes oder nach § 11 Abs. 2 des Bundes-Seuchengesetzes nicht erfüllt sind, Vorschriften zu erlassen, die eine einwandfreie Beschaffenheit der Lebensmittel von ihrer Herstellung bis zu Abgabe an den Verbraucher sicherstellen. Das Bundesministerium kann die Ermächtigung in den Rechtsverordnungen nach Satz 1 auf die Landesregierungen übertragen, soweit dies erforderlich ist, um besonderen regionalen Gegebenheiten Rechnung tragen zu können. Die Landesregierungen können die Ermächtigung durch Rechtsverordnung auf andere Behörden weiter übertragen.

(2) Die Landesregierungen werden ermächtigt, Rechtsverordnungen nach Absatz 1 solange zu erlassen, wie das Bundesministerium von seinem Verordnungsrecht keinen Gebrauch macht. Die Landesregierungen sind befugt, die Ermächtigung durch Rechtsverordnung auf andere Behörden zu übertragen.

§ 11
Zusatzstoffverbote

(1) Es ist verboten,
1. bei dem gewerbsmäßigen Herstellen oder Behandeln von Lebensmitteln, die dazu bestimmt sind, in den Verkehr gebracht zu werden,
   a) nicht zugelassene Zusatzstoffe unvermischt oder in Vermischungen mit anderen Stoffen zu verwenden;
   b) Ionenaustauscher zu benutzen, soweit dadurch nicht zugelassene Zusatzstoffe in die Lebensmittel gelangen;
   c) Verfahren zu dem Zweck anzuwenden, nicht zugelassene Zusatzstoffe in den Lebensmitteln zu erzeugen;
2. Lebensmittel gewerbsmäßig in den Verkehr zu bringen, die entgegen dem Verbot der Nummer 1 hergestellt oder behandelt sind oder einer nach § 12 Abs. 1 oder Abs. 2 Nr. 1 oder 4 erlassenen Rechtsverordnung nicht entsprechen;
3. Zusatzstoffe oder Ionenaustauscher, die bei dem gewerbsmäßigen Herstellen oder Behandeln von Lebensmitteln nicht verwendet werden dürfen, für eine solche Verwendung oder zur Verwendung bei dem Herstellen oder Behandeln von Lebensmitteln durch den Verbraucher gewerbsmäßig in den Verkehr zu bringen.

(2) Absatz 1 Nr. 1 findet keine Anwendung auf
1. Zusatzstoffe, die aus dem Lebensmittel vollständig oder soweit entfernt werden, daß sie oder ihre Umwandlungsprodukte in dem zur Abgabe an den Verbraucher im Sinne des § 6 Abs. 1 bestimmten Erzeugnis nur als technisch unvermeidbare und technologisch unwirksame Reste in gesundheitlich, geruchlich und geschmacklich unbedenklichen Anteilen enthalten sind;
2. destilliertes oder demineralisiertes Wasser, Luft, Stickstoff und Kohlendioxid, soweit diese nicht als Treibgase im Sinne des § 2 Abs. 2 Nr. 3 verwendet werden, sowie Wasserstoff, soweit er zur Fetthärtung oder zur Herstellung von Zuckeralkoholen verwendet wird.

Satz 1 Nr. 1 gilt nicht für Zusatzstoffe, deren Entfernen im Sinne dieser Vorschrift durch Vermischen erfolgt, sowie für Zusatzstoffe, die durch chemische Umsetzungen bleichend wirken.

(3) Absatz 1 Nr. 1 Buchstabe a findet keine Anwendung auf Enzyme und Mikroorganismenkulturen. Absatz 1 Nr. 1 Buchstabe c findet keine Anwendung auf Stoffe, die bei einer allgemein üblichen küchenmäßigen Zubereitung von Lebensmitteln entstehen, sowie auf Aminosäuren.

§ 12
Ermächtigungen für Zusatzstoffe

(1) Das Bundesministerium wird ermächtigt, durch Rechtsverordnung mit Zustimmung des Bundesrates, soweit es unter Berücksichtigung technologischer, ernährungsphysiologischer und diätetischer Erfordernisse mit dem Schutz des Verbrauchers vereinbar ist,
1. Zusatzstoffe allgemein oder für bestimmte Lebensmittel oder für bestimmte Verwendungszwecke zuzulassen;
2. Ausnahmen von dem Verbot des § 11 Abs. 1 Nr. 3 zuzulassen.

(2) Das Bundesministerium wird ferner ermächtigt, durch Rechtsverordnung mit Zustimmung des Bundesrates, soweit es zum Schutz des Verbrauchers erforderlich ist,
1. Höchstmengen für den Gehalt an Zusatzstoffen oder deren Umwandlungsprodukten in Lebensmitteln sowie Reinheitsanforderungen für Zusatzstoffe oder für Ionenaustauscher ferstzusetzen;
2. Vorschriften über das Herstellen, das Behandeln oder das Inverkehrbringen von Zusatzstoffen im Sinne des § 2 Abs. 2 Nr. 2 und 3 des § 11 Abs. 2 Nr. 1 oder von Ionenaustauschern zu erlassen;
2 a. bestimmte Zusatzstoffe im Sinne des § 11 Abs. 2 von der Regelung des § 11 Abs. 2 auszunehmen;
3. bestimmte Enzyme oder Mikroorganismenkulturen von der Regelung des § 11 Abs. 3 Satz 1 auszunehmen;
4. die Verwendung bestimmter Ionenaustauscher bei dem Herstellen von Lebensmitteln zu verbieten oder zu beschränken.

(3) Rechtsverordnungen nach den Absätzen 1 und 2 bedürfen des Einvernehmens mit den Bundesministerien für Ernährung, Landwirtschaft und Forsten, für Umwelt, Naturschutz und Reaktorsicherheit und für Wirtschaft.

§ 13
Bestrahlungsverbot und Zulassungsermächtigung

(1) Es ist verboten,
1. bei Lebensmitteln gewerbsmäßig eine nicht zugelassene Bestrahlung mit ultravioletten oder ionisierenden Strahlen anzuwenden;
2. Lebensmittel gewerbsmäßig in den Verkehr zu bringen, die entgegen dem Verbot der Nummer 1 oder einer nach Absatz 2 erlassenen Rechtsverordnung bestrahlt sind.

(2) Das Bundesministerium wird ermächtigt, im Einvernehmen mit den Bundesministerien für Ernährung, Landwirtschaft und Forsten und für Forschung und Technologie durch Rechtsverordnung mit Zustimmung des Bundesrates,
1. soweit es mit dem Schutz des Verbrauchers vereinbar ist, eine solche Bestrahlung allgemein oder für bestimmte Lebensmittel oder für bestimmte Verwendungszwecke zuzulassen;
2. soweit es zum Schutz des Verbrauchers erforderlich ist, bestimmte technische Verfahren für zugelassene Bestrahlungen vorzuschreiben.

§ 14
Pflanzenschutz- oder sonstige Mittel

(1) Es ist verboten, Lebensmittel gewerbsmäßig in den Verkehr zu bringen,
1. wenn in oder auf ihnen Pflanzenschutzmittel im Sinne des Pflanzenschutzgesetzes, Düngemittel im Sinne des Düngemittelgesetzes, andere Pflanzen- oder Bodenbehandlungsmittel, Vorratsschutzmittel oder Schädlingsbekämpfungsmittel (Pflanzenschutz- oder sonstige Mittel) oder deren Abbau- oder Reaktionsprodukte vorhanden sind, die nach Absatz 2 Nr. 1 Buchstabe a festgesetzte Höchstmengen überschreiten;
2. wenn in oder auf ihnen Pflanzenschutzmittel im Sinne des Pflanzenschutzgesetzes vorhanden sind, die nicht zugelassen sind oder die bei den Lebensmitteln oder deren Ausgangsstoffen nicht angewendet werden dürfen; dies gilt nicht, soweit für diese Mittel Höchstmengen nach Absatz 2 Nr. 1 Buchstabe a festgesetzt sind.

(2) Das Bundesministerium wird ermächtigt, im Einvernehmen mit den Bundesministerien für Ernährung, Landwirtschaft und Forsten und für Wirtschaft durch Rechtsverordnung mit Zustimmung des Bundesrates,
1. soweit es zum Schutz des Verbrauchers erforderlich ist,
   a) für Pflanzenschutz- oder sonstige Mittel oder deren Abbau- und Reaktionsprodukte Höchstmengen festzusetzen, die in oder auf den Lebensmitteln beim gewerbsmäßigen Inverkehrbringen nicht überschritten sein dürfen,

b) das Inverkehrbringen von Lebensmitteln, bei denen oder bei deren Ausgangsstoffen bestimmte Stoffe als Pflanzenschutz- oder sonstige Mittel angewendet worden sind, zu verbieten,
c) Maßnahmen zur Entwesung, Entseuchung oder Entkeimung von Räumen oder Geräten, in denen oder mit denen Lebensmittel hergestellt, behandelt oder in den Verkehr gebracht werden, von einer Genehmigung oder Anzeige abhängig zu machen sowie die Anwendung bestimmter Mittel, Geräte oder Verfahren bei solchen Maßnahmen vorzuschreiben, zu verbieten oder zu beschränken;
2. soweit es mit dem Schutz des Verbrauchers vereinbar ist, Ausnahmen von dem Verbot des Absatzes 1 Nr. 2 zuzulassen.

§ 15
Stoffe mit pharmakologischer Wirkung

(1) Es ist verboten, vom Tier gewonnene Lebensmittel gewerbsmäßig in den Verkehr zu bringen, wenn in oder auf ihnen Stoffe mit pharmakologischer Wirkung oder deren Umwandlungsprodukte vorhanden sind, die
1. nach Artikel 5 Abs. 2 der Verordnung (EWG) Nr. 2377/90 des Rates vom 26. Juni 1990 zur Schaffung eines Gemeinschaftsverfahrens für die Festsetzung von Höchstmengen für Tierarzneimittelrückstände in Nahrungsmitteln tierischen Ursprungs (ABl. EG Nr. L 224 S. 1) bei den dort genannten Tieren nicht angewendet werden dürfen,
2. nach Artikel 2 oder 4 der Verordnung (EWG) Nr. 2377/90 festgesetzte Höchstmengen überschreiten,
3. nach Absatz 3 Nr. 1 Buchstabe a festgesetzte Höchstmengen überschreiten,
4. nicht als Arzneimittel zur Anwendung bei dem Tier, von dem die Lebensmittel gewonnen werden, zugelassen oder registriert sind, nicht aufgrund sonstiger arzneimittelrechtlicher Vorschriften angewendet werden dürfen oder nicht als Zusatzstoffe zu Futtermitteln zugelassen sind.

(2) Sind Stoffe mit pharmakologischer Wirkung, die als Arzneimittel zugelassen oder registriert oder als Zusatzstoffe zu Futtermitteln zugelassen sind, dem lebenden Tier zugeführt worden, so dürfen
1. von dem Tier Lebensmittel gewerbsmäßig nur gewonnen werden,
2. von dem Tier gewonnene Lebensmittel gewerbsmäßig nur in den Verkehr gebracht werden,
wenn die festgesetzten Wartezeiten eingehalten worden sind.

(3) Das Bundesministerium wird ermächtigt, im Einvernehmen mit dem Bundesministerium für Ernährung, Landwirtschaft und Forsten durch Rechtsverordnung mit Zustimmung des Bundesrates,
1. soweit es zum Schutz des Verbrauchers erforderlich ist,
   a) für Stoffe mit pharmakologischer Wirkung oder deren Umwandlungsprodukte Höchstmengen festzusetzen, die in oder auf Lebensmitteln beim gewerbsmäßigen Inverkehrbringen nicht überschritten sein dürfen,

b) bestimmte Stoffe mit pharmakologischer Wirkung, ausgenommen Stoffe, die als Zusatzstoffe zu Futtermitteln in den Verkehr gebracht oder verwendet werden dürfen, von der Anwendung bei Tieren ganz oder für bestimmte Verwendungszwecke oder innerhalb bestimmter Wartezeiten auszuschließen und zu verbieten, daß entgegen solchen Vorschriften gewonnene Lebensmittel oder für eine verbotene Anwendung bestimmte Stoffe in den Verkehr gebracht werden,

c) bestimmte Stoffe oder Gruppen von Stoffen, ausgenommen Stoffe, die als Futtermittel oder Zusatzstoffe zu Futtermitteln in den Verkehr gebracht oder verwendet werden dürfen, den Stoffen mit pharmakologischer Wirkung gleichzustellen, sofern Tatsachen die Annahme rechtfertigen, daß diese Stoffe in von Tieren gewonnene Lebensmittel übergehen;

2. soweit es mit dem Schutz des Verbrauchers vereinbar ist, Ausnahmen von dem Verbot des Absatzes 2 zuzulassen.

§ 16
Kenntlichmachung

(1) Der Gehalt der Lebensmittel an den in Rechtsverordnungen nach § 12 Abs. 1 Nr. 1 zugelassenen Zusatzstoffen und die Anwendung der in Rechtsverordnungen nach § 13 Abs. 2 Nr. 1 zugelassenen Bestrahlung sind kenntlich zu machen. Das Bundesministerium wird ermächtigt, in diesen Rechtsverordnungen die Art der Kenntlichmachung zu regeln sowie Ausnahmen von der Verpflichtung zur Kenntlichmachung zuzulassen, soweit es mit dem Schutz des Verbrauchers vereinbar ist.

(2) Das Bundesministerium wird ermächtigt, im Einvernehmen mit den Bundesministerien für Ernährung, Landwirtschaft und Forsten und für Wirtschaft durch Rechtsverordnung mit Zustimmung des Bundesrates, soweit es zum Schutz des Verbrauchers erforderlich ist,

1. Vorschriften über die Kenntlichmachung der in oder auf Lebensmitteln vorhandenen Reste von nicht zulassungsbedürftigen Zusatzstoffen im Sinne des § 11 Abs. 2 Nr. 1 sowie von Stoffen im Sinne der §§ 14 und 15 zu erlassen;

2. vorzuschreiben, daß diesen Lebensmitteln bestimmte Angaben, insbesondere über die Anwendung der Stoffe oder über die weitere Verarbeitung der Lebensmittel, beizufügen sind.

§ 17
Verbote zum Schutz vor Täuschung

(1) Es ist verboten,

1. zum Verzehr nicht geeignete Lebensmittel oder Lebensmittel, die entgegen den Vorschriften des § 31 hergestellt oder behandelt worden sind, als Lebensmittel gewerbsmäßig in den Verkehr zu bringen;

2. a) nachgemachte Lebensmittel,

b) Lebensmittel, die hinsichtlich ihrer Beschaffenheit von der Verkehrsauffassung abweichen und dadurch in ihrem Wert, insbesondere in ihrem Nähr- oder

Genußwert oder in ihrer Brauchbarkeit nicht unerheblich gemindert sind oder
c) Lebensmittel, die geeignet sind, den Anschein einer besseren als der tatsächlichen Beschaffenheit zu erwecken,
ohne ausreichende Kenntlichmachung gewerbsmäßig in den Verkehr zu bringen;
3. zugelassene Zusatzstoffe oder zugelassene Bestrahlungen auch bei Kenntlichmachung so anzuwenden, daß sie geeignet sind, den Verbraucher über den geminderten Wert oder die geminderte Brauchbarkeit eines Lebensmittels zu täuschen;
4. im Verkehr mit Lebensmitteln, die zugelassene Zusatzstoffe oder Rückstände von Stoffen im Sinne der §§ 14 und 15 enthalten oder die einem zulässigen Bestrahlungsverfahren unterzogen worden sind, oder in der Werbung allgemein oder im Einzelfall für solche Lebensmittel Bezeichnungen oder sonstige Angaben zu verwenden, die darauf hindeuten, daß die Lebensmittel natürlich, naturrein oder frei von Rückständen oder Schadstoffen seien;
5. Lebensmittel unter irreführender Bezeichnung, Angabe oder Aufmachung gewerbsmäßig in den Verkehr zu bringen oder für Lebensmittel allgemein oder im Einzelfall mit irreführenden Darstellungen oder sonstigen Aussagen zu werben. Eine Irreführung liegt insbesondere dann vor,
  a) wenn Lebensmitteln Wirkungen beigelegt werden, die ihnen nach den Erkenntnissen der Wissenschaft nicht zukommen oder die wissenschaftlich nicht hinreichend gesichert sind,
  b) wenn zur Täuschung geeignete Bezeichnungen, Angaben, Aufmachungen, Darstellungen oder sonstige Aussagen über die Herkunft der Lebensmittel, ihre Menge, ihr Gewicht, über den Zeitpunkt der Herstellung oder Abpackung, über ihre Haltbarkeit oder über sonstige Umstände, die für ihre Bewertung mitbestimmend sind, verwendet werden,
  c) wenn Lebensmitteln der Anschein eines Arzneimittels gegeben wird.

(2) Das Bundesministerium wird ermächtigt, durch Rechtsverordnung mit Zustimmung des Bundesrates Ausnahmen von dem Verbot des Absatzes 1 Nr. 4 zuzulassen, soweit es mit dem Schutz des Verbrauchers vereinbar ist.

§ 18
Verbot der gesundheitsbezogenen Werbung
(1) Unbeschadet der Vorschrift des § 17 Abs. 1 Nr. 5 ist es verboten, im Verkehr mit Lebensmitteln oder in der Werbung für Lebensmittel allgemein oder im Einzelfall
1. Aussagen, die sich auf die Beseitigung, Linderung oder Verhütung von Krankheiten beziehen,
2. Hinweise auf ärztliche Empfehlungen oder ärztliche Gutachten,
3. Krankengeschichten oder Hinweise auf solche,
4. Äußerungen Dritter, insbesondere Dank-, Anerkennungs- oder Empfehlungsschreiben, soweit sie sich auf die Beseitigung oder Linderung von Krankheiten beziehen, sowie Hinweise auf solche Äußerungen,

5. bildliche Darstellungen von Personen in der Berufskleidung oder bei der Ausübung der Tätigkeit von Angehörigen der Heilberufe, des Heilgewerbes oder des Arzneimittelhandels,
6. Aussagen, die geeignet sind, Angstgefühle hervorzurufen oder auszunutzen,
7. Schriften oder schriftliche Angaben, die dazu anleiten, Krankheiten mit Lebensmitteln zu behandeln,

zu verwenden.

(2) Die Verbote des Absatzes 1 gelten nicht für die Werbung gegenüber Angehörigen der Heilberufe, des Heilgewerbes oder der Heilhilfsberufe. Die Verbote des Absatzes 1 Nr. 1 und 7 gelten nicht für diätetische Lebensmittel, soweit nicht das Bundesministerium durch Rechtsverordnung mit Zustimmung des Bundesrates etwas anderes bestimmt.

§ 19
Ermächtigungen zum Schutz vor Täuschung

(1) Das Bundesministerium wird ermächtigt, im Einvernehmen mit den Bundesministerien für Ernährung, Landwirtschaft und Forsten und für Wirtschaft durch Rechtsverordnung mit Zustimmung des Bundesrates, soweit es zum Schutz des Verbrauchers vor Täuschung oder in den Fällen der Nummern 1 und 2 auch zu seiner Unterrichtung erforderlich ist,

1. vorzuschreiben, daß auf Packungen, Behältnissen oder sonstigen Umhüllungen, in denen Lebensmittel in den Verkehr gebracht werden, oder auf den Lebensmitteln selbst bestimmte Angaben über den Inhalt, den Hersteller oder denjenigen, der die Lebensmittel sonst in den Verkehr bringt, anzubringen sind;
2. für bestimmte Lebensmittel vorzuschreiben,
    a) daß sie nur in Packungen, Behältnissen oder sonstigen Umhüllungen von bestimmter Art in den Verkehr gebracht werden dürfen,
    b) daß auf den Packungen, Behältnissen oder sonstigen Umhüllungen, in denen sie in den Verkehr gebracht werden, oder auf den Lebensmitteln selbst Zeitangaben, insbesondere über den Zeitpunkt der Herstellung oder der Abpackung oder über die Haltbarkeit, oder Angaben über die Herkunft oder über die Zubereitung anzubringen sind,
    c) daß an den Vorratsgefäßen oder ähnlichen Behältnissen, in denen sie feilgehalten oder sonst zum Verkauf vorrätig gehalten werden, der Inhalt anzugeben ist,
    d) daß für sie bestimmte Lagerungsbedingungen anzugeben sind;
3. für bestimmte Lebensmittel Vorschriften über das Herstellen, die Zusammensetzung oder die Beschaffenheit zu erlassen;
4. vorzuschreiben,
    a) daß Lebensmittel unter bestimmten Bezeichnungen nur in den Verkehr gebracht werden dürfen, wenn sie bestimmten Anforderungen an die Herstellung, Zusammensetzung oder Beschaffenheit entsprechen,

b) daß Lebensmittel, die bestimmten Anforderungen an die Herstellung, Zusammensetzung oder Beschaffenheit nicht entsprechen oder sonstige Lebensmittel von bestimmter Art oder Beschaffenheit nicht, nur unter ausreichender Kenntlichmachung oder nur unter bestimmten Bezeichnungen, sonstigen Angaben oder Aufmachungen in den Verkehr gebracht werden dürfen,

c) daß Lebensmittel unter bestimmten zur Irreführung geeigneten Bezeichnungen, Angaben oder Aufmachungen nicht in den Verkehr gebracht werden dürfen und daß für sie mit bestimmten zur Irreführung geeigneten Darstellungen oder sonstigen Aussagen nicht geworben werden darf,

d) daß Lebensmittel nur in bestimmten Einheiten in den Verkehr gebracht werden dürfen,

e) daß Lebensmittel, bei denen bestimmte Verfahren angewendet worden sind, nur unter bestimmten Voraussetzungen in den Verkehr gebracht werden dürfen,

f) daß Lebensmitteln zur vereinfachten Feststellung ihrer Beschaffenheit bestimmte Indikatoren zugesetzt werden müssen;

5. zu verbieten, daß Gegenstände oder Stoffe, die bei dem Herstellen oder dem Behandeln von Lebensmitteln nicht verwendet werden dürfen, für diese Zwecke hergestellt oder in den Verkehr gebracht werden, auch wenn die Verwendung nur für den eigenen Bedarf des Abnehmers erfolgen soll.

(2) Absatz 1 gilt entsprechend für Zusatzstoffe, auch soweit sie keine Lebensmittel sind. Insoweit bedürfen Rechtsverordnungen nach Absatz 1 auch des Einvernehmens mit dem Bundesministerium für Umwelt, Naturschutz und Reaktorsicherheit.

§ 19 a
Weitere Ermächtigungen zum Schutz bei dem Verkehr mit Lebensmitteln

Das Bundesministerium wird ermächtigt, im Einvernehmen mit den Bundesministerien für Ernährung, Landwirtschaft und Forsten und für Wirtschaft durch Rechtsverordnung mit Zustimmung des Bundesrates, soweit es zum Schutz des Verbrauchers erforderlich ist,

1. das Inverkehrbringen von Lebensmitteln tierischer Herkunft davon abhängig zu machen, daß sie von einer Genußtauglichkeitsbescheinigung oder von einer vergleichbaren Urkunde begleitet werden sowie Inhalt, Form und Ausstellung dieser Urkunden zu regeln,

2. vorzuschreiben, daß Betriebe, die bestimmte Lebensmittel herstellen, behandeln oder in den Verkehr bringen

   a) zugelassen oder registriert sein müssen sowie die Voraussetzungen und das Verfahren für die Zulassung und die Registrierung einschließlich des Ruhens der Zulassung zu regeln,

   b) bestimmte betriebseigene Kontrollen und Maßnahmen sowie Unterrichtungen oder Schulungen von Personen in der Lebensmittelhygiene durchzuführen und darüber Nachweise zu führen haben,

3. vorzuschreiben, daß über das Herstellen, das Behandeln oder das Inverkehrbringen bestimmter Lebensmittel, über die Reinigung oder die Desinfektion von Räumen, Anlagen, Einrichtungen oder Beförderungsmitteln, in denen Lebensmittel hergestellt, behandelt oder in den Verkehr gebracht werden, Nachweise zu führen sind,
4. das Nähere über Art, Form und Inhalt der Nachweise nach Nummer 2 Buchstabe b und Nummer 3 sowie über die Dauer ihrer Aufbewahrung zu regeln,
5. vorzuschreiben, daß bestimmte Lebensmittel mit Nachweisen über die Art des Herstellens, der Zusammensetzung oder der Beschaffenheit zu versehen sind und daß das Inverkehrbringen, Verbringen ins Inland oder Ausführen nur zulässig ist, wenn die Lebensmittel von diesen Nachweisen begleitet werden, sowie das Nähere über Art, Form und Inhalt der Nachweise, über das Verfahren ihrer Erteilung oder die Dauer ihrer Geltung und Aufbewahrung zu regeln.

Dritter Abschnitt
Verkehr mit Tabakerzeugnissen

§ 20
Verwendungsverbot und Zulassungsermächtigung

(1) Es ist verboten,
1. bei dem gewerbsmäßigen Herstellen von Tabakerzeugnissen, die dazu bestimmt sind, in den Verkehr gebracht zu werden, Stoffe zu verwenden, die nicht zugelassen sind;
2. Tabakerzeugnisse gewerbsmäßig in den Verkehr zu bringen, die entgegen dem Verbot der Nummer 1 hergestellt sind oder einer nach Absatz 3 Nr. 1 oder Nr. 2 Buchstabe a erlassenen Rechtsverordnung nicht entsprechen;
3. Stoffe, die bei dem gewerbsmäßigen Herstellen von Tabakerzeugnissen nicht verwendet werden dürfen, für eine solche Verwendung oder zur Verwendung bei dem Herstellen von Tabakerzeugnissen durch den Verbraucher gewerbsmäßig in den Verkehr zu bringen.

(2) Absatz 1 findet keine Anwendung auf Rohtabak, auf Stoffe, die dem Rohtabak von Natur aus eigen sind, auf Geruchs- und Geschmacksstoffe, die natürlicher Herkunft oder den natürlichen chemisch gleich sind, sowie auf Stoffe der in § 11 Abs. 2 genannten Art.

(3) Das Bundesministerium wird ermächtigt, im Einvernehmen mit den Bundesministerien für Ernährung, Landwirtschaft und Forsten und für Wirtschaft durch Rechtsverordnung mit Zustimmung des Bundesrates,
1. soweit es mit dem Schutz des Verbrauchers vereinbar ist, Stoffe allgemein oder für bestimmte Tabakerzeugnisse oder für bestimmte Zwecke zuzulassen;

2. soweit es zum Schutz des Verbrauchers erforderlich ist,
   a) Höchstmengen für den Gehalt an zugelassenen oder nach Absatz 2 nicht zulassungsbedürftigen Stoffen in Tabakerzeugnissen sowie Reinheitsanforderungen für diese Stoffe festzusetzen,
   b) Vorschriften über die Kenntlichmachung des Gehalts an zugelassenen Stoffen zu erlassen.

§ 21
Ermächtigungen

(1) Das Bundesministerium wird ermächtigt, im Einvernehmen mit den Bundesministerien für Ernährung, Landwirtschaft und Forsten und für Wirtschaft durch Rechtsverordnung mit Zustimmung des Bundesrates,
1. soweit es zum Schutz des Verbrauchers oder im Falle des Buchstabens f auch Dritter vor Gesundheitsschäden erforderlich ist,
   a) die Verwendung von Stoffen, die nach § 20 Abs. 2 keiner Zulassung bedürfen, sowie die Anwendung bestimmter Verfahren bei dem Herstellen oder Behandeln von Tabakerzeugnissen zu verbieten oder zu beschränken,
   b) Vorschriften über die Beschaffenheit und den Wirkungsgrad von Gegenständen oder Mitteln zur Verringerung des Gehaltes an bestimmten Stoffen in bestimmten Tabakerzeugnissen oder in deren Rauch zu erlassen, sowie die Verwendung solcher Gegenstände oder Mittel vorzuschreiben,
   c) Höchstmengen für den Gehalt an bestimmten Rauchinhaltsstoffen festzusetzen,
   d) vorzuschreiben, daß im Verkehr mit bestimmten Tabakerzeugnissen oder in der Werbung für bestimmte Tabakerzeugnisse Angaben über den Gehalt an bestimmten Rauchinhaltsstoffen zu verwenden sind,
   e) vorzuschreiben, unter welchen Voraussetzungen Angaben verwendet werden dürfen, die sich auf den Gehalt an bestimmten Stoffen in bestimmten Tabakerzeugnissen oder in deren Rauch, insbesondere Nikotin oder Teer, beziehen,
   f) vorzuschreiben, daß im Verkehr mit bestimmten Tabakerzeugnissen oder in der Werbung für bestimmte Tabakerzeugnisse Warnhinweise oder sonstige warnende Aufmachungen zu verwenden sind,
   g) das Inverkehrbringen von Tabakerzeugnissen, die zum anderweitigen oralen Gebrauch als Rauchen oder Kauen bestimmt sind, zu verbieten;
2. soweit es zum Schutz des Verbrauchers vor Täuschung erforderlich ist, für bestimmte Tabakerzeugnisse Vorschriften zu erlassen, die den in § 19 Abs. 1 Nr. 4 Buchstabe b und c für Lebensmittel vorgesehenen Regelungen entsprechen.

(2) Tabakerzeugnisse, die einer nach Absatz 1 Nr. 1 Buchstabe a bis c erlassenen Rechtsverordnung nicht entsprechen, dürfen gewerbsmäßig nicht in den Verkehr gebracht werden.

§ 22
Werbeverbote

(1) Es ist verboten, für Tabakerzeugnisse im Hörfunk oder im Fernsehen zu werben.

(2) Es ist verboten, im Verkehr mit Tabakerzeugnissen oder in der Werbung für Tabakerzeugnisse allgemein oder im Einzelfall
1. Bezeichnungen, Angaben, Aufmachungen, Darstellungen oder sonstige Aussagen zu verwenden,
   a) durch die der Eindruck erweckt wird, daß der Genuß oder die bestimmungsgemäße Verwendung von Tabakerzeugnissen gesundheitlich unbedenklich oder geeignet ist, die Funktion des Körpers, die Leistungsfähigkeit oder das Wohlbefinden günstig zu beeinflussen,
   b) die ihrer Art nach besonders dazu geeignet sind, Jugendliche oder Heranwachsende zum Rauchen zu veranlassen,
   c) die das Inhalieren des Tabakrauchs als nachahmenswert erscheinen lassen;
2. Bezeichnungen oder sonstige Angaben zu verwenden, die darauf hindeuten, daß die Tabakerzeugnisse natürlich oder naturrein seien.

Das Bundesministerium wird ermächtigt, durch Rechtsverordnung mit Zustimmung des Bundesrates Ausnahmen von dem Verbot der Nummer 2 zuzulassen, soweit es mit dem Schutz des Verbrauchers vereinbar ist.

(3) Das Bundesministerium wird ermächtigt, im Einvernehmen mit den Bundesministerien für Ernährung, Landwirtschaft und Forsten und für Wirtschaft durch Rechtsverordnung mit Zustimmung des Bundesrates, soweit es zum Schutz des Verbrauchers erforderlich ist, Vorschriften zur Durchführung der Verbote des Absatzes 2 zu erlassen, insbesondere
1. die Art, den Umfang oder die Gestaltung der Werbung durch bestimmte Werbemittel oder an bestimmten Orten zu regeln,
2. die Verwendung von Darstellungen oder Äußerungen von Angehörigen bestimmter Personengruppen zu verbieten oder zu beschränken.

§ 23
Anwendung von Vorschriften

Die §§ 13, 14 und 17 Abs. 1 Nr. 1, 2 und 5 gelten für Tabakerzeugnisse entsprechend.

Vierter Abschnitt
Verkehr mit kosmetischen Mitteln

§ 24
Verbote zum Schutz der Gesundheit

Es ist verboten,
1. kosmetische Mittel für andere derart herzustellen oder zu behandeln, daß sie bei bestimmungsgemäßem oder vorauszusehendem Gebrauch geeignet sind, die Gesundheit zu schädigen;
2. Stoffe, die bei bestimmungsgemäßem oder vorauszusehendem Gebrauch geeignet sind, die Gesundheit zu schädigen, als kosmetische Mittel in den Verkehr zu bringen.

Der bestimmungsgemäße oder vorauszusehende Gebrauch beurteilt sich insbesondere unter Heranziehung der Aufmachung der Erzeugnisse, ihrer Kennzeichnung, gegebenenfalls der Hinweise für ihre Verwendung und der Anweisungen für ihre Entfernung sowie aller sonstigen, die Erzeugnisse begleitenden Angaben oder Informationen seitens des Herstellers oder des für das Inverkehrbringen der Erzeugnisse Verantwortlichen.

§ 25
Verwendungsverbot und Zulassungsermächtigung

(1) Es ist verboten,
1. bei dem gewerbsmäßigen Herstellen oder Behandeln von kosmetischen Mitteln, die dazu bestimmt sind, in den Verkehr gebracht zu werden, ohne Zulassung Stoffe zu verwenden, soweit sie der Verschreibungspflicht nach den §§ 48 und 49 des Arzneimittelgesetzes unterliegen;
2. kosmetische Mittel gewerbsmäßig in den Verkehr zu bringen, die entgegen dem Verbot der Nummer 1 hergestellt oder behandelt sind oder einer nach Absatz 2 erlassenen Rechtsverordnung nicht entsprechen.

(2) Das Bundesministerium wird ermächtigt, im Einvernehmen mit dem Bundesministerium für Wirtschaft durch Rechtsverordnung mit Zustimmung des Bundesrates,
1. soweit es mit dem Schutz des Verbrauchers vor gesundheitlich nicht unbedenklichen kosmetischen Mitteln vereinbar ist, Stoffe im Sinne des Absatzes 1 zur Verwendung bei dem Herstellen oder Behandeln von kosmetischen Mitteln allgemein oder für bestimmte kosmetische Mittel oder für bestimmte Verwendungszwecke zuzulassen;
2. soweit es zum Schutz des Verbrauchers vor gesundheitlich nicht unbedenklichen kosmetischen Mitteln erforderlich ist, Höchstmengen für den Gehalt an zugelassenen Stoffen in kosmetischen Mitteln festzusetzen.

(3) Rechtsverordnungen nach Absatz 2 bedürfen nicht der Zustimmung des Bundesrates, soweit es sich um Stoffe handelt, die nach § 49 des Arzneimittelgesetzes der Verschreibungspflicht unterstellt werden.

§ 26
Weitere Ermächtigungen zum Schutz der Gesundheit

(1) Das Bundesministerium wird ermächtigt, im Einvernehmen mit den Bundesministerien für Wirtschaft und für Arbeit und Sozialordnung durch Rechtsverordnung mit Zustimmung des Bundesrates, soweit es erforderlich ist, um eine Gefährdung der Gesundheit durch kosmetische Mittel zu verhüten,
1. das Herstellen, das Behandeln und das Inverkehrbringen von bestimmten kosmetischen Mitteln von einer Genehmigung oder Anzeige abhängig zu machen;
2. Anforderungen an die mikrobiologische Beschaffenheit bestimmter kosmetischer Mittel zu stellen;
3. für kosmetische Mittel Vorschriften zu erlassen, die den in § 32 Abs. 1 Nr. 1 bis 5, 8 und 9 Buchstabe a und b für Bedarfsgegenstände vorgesehenen Regelungen entsprechen;
4. das Herstellen und die Einfuhr von kosmetischen Mitteln sowie die Durchführung von Bewertungen, aus denen sich die gesundheitliche Beurteilung kosmetischer Mittel ergibt, vom Nachweis bestimmter Fachkenntnisse abhängig zu machen.

(2) Kosmetische Mittel, die einer nach Absatz 1 Nr. 2 oder nach Absatz 1 Nr. 3 in Verbindung mit § 32 Abs. 1 Nr. 1 bis 3 oder 5 erlassenen Rechtsverordnung nicht entsprechen, dürfen gewerbsmäßig nicht in den Verkehr gebracht werden.

(3) Das Bundesministerium für Gesundheit wird ermächtigt, im Einvernehmen mit den Bundesministerien für Wirtschaft und für Arbeit und Sozialordnung durch Rechtsverordnung mit Zustimmung des Bundesrates, soweit es für eine medizinische Behandlung bei gesundheitlichen Beeinträchtigungen, die auf die Einwirkung von kosmetischen Mitteln zurückgehen können, erforderlich ist,
1. vorzuschreiben, daß von dem Hersteller oder demjenigen, der das kosmetische Mittel in den Verkehr bringt, dem Bundesinstitut für gesundheitlichen Verbraucherschutz und Veterinärmedizin bestimmte Angaben über das kosmetische Mittel, insbesondere Angaben zu seiner Identifizierung, über seine Verwendungszwecke, über die in dem kosmetischen Mittel enthaltenen Stoffe und deren Menge sowie jede Veränderung dieser Angaben mitzuteilen sind, und die Einzelheiten über Form, Inhalt, Ausgestaltung und Zeitpunkt der Mitteilungen zu bestimmen;
2. zu bestimmen, daß das Bundesinstitut für gesundheitlichen Verbraucherschutz und Veterinärmedizin die Angaben nach Nummer 1 an die von den Ländern zu bezeichnenden medizinischen Einrichtungen, die Erkenntnisse über die gesundheitlichen Auswirkungen kosmetischer Mittel sammeln und auswerten und bei stoffbezogenen gesundheitlichen Beeinträchtigungen durch Beratung und Behandlung Hilfe leisten (Informations- und Behandlungszentren für Vergiftungen), weiterleiten kann;
3. zu bestimmen, daß die Informations- und Behandlungszentren für Vergiftungen dem Bundesinstitut für gesundheitlichen Verbraucherschutz und Veterinärmedizin über Erkenntnisse aufgrund ihrer Tätigkeit berichten, die für die Beratung bei

und die Behandlung von stoffbezogenen gesundheitlichen Beeinträchtigungen von allgemeiner Bedeutung sind.
Die Angaben nach Satz 1 Nr. 1 und 2 sind vertraulich zu behandeln und dürfen nur zu dem Zweck verwendet werden, Anfragen zur Behandlung von gesundheitlichen Beeinträchtigungen zu beantworten. In Rechtsverordnungen nach Satz 1 Nr. 1 und 2 können nähere Bestimmungen über die vertrauliche Behandlung und die Zweckbindung nach Satz 2 erlassen werden.

§ 26a
Ermächtigungen zum Schutz bei dem Verkehr mit kosmetischen Mitteln
Das Bundesministerium für Gesundheit wird ermächtigt, im Einvernehmen mit dem Bundesministerium für Wirtschaft durch Rechtsverordnung mit Zustimmung des Bundesrates, soweit es zum Schutz des Verbrauchers erforderlich ist,
1. vorzuschreiben, daß von dem Hersteller oder dem Einführer bestimmte Angaben, insbesondere über das Herstellen, das Inverkehrbringen oder die Zusammensetzung kosmetischer Mittel, über die hierbei verwendeten Stoffe, über die Wirkungen von kosmetischen Mitteln sowie über die Bewertungen, aus denen sich die gesundheitliche Beurteilung kosmetischer Mittel ergibt, und über den für die Bewertung Verantwortlichen für die für die Überwachung des Verkehrs mit kosmetischen Mitteln zuständigen Behörden bereitgehalten werden müssen sowie den Ort und die Einzelheiten über die Art und Weise des Bereithaltens zu bestimmen;
2. vorzuschreiben, daß der Hersteller oder der Einführer den für die Überwachung des Verkehrs mit kosmetischen Mitteln zuständigen Behörden bestimmte Angaben nach Nummer 1 mitzuteilen hat;
3. bestimmte Anforderungen und Untersuchungsverfahren, nach denen die gesundheitliche Unbedenklichkeit kosmetischer Mittel zu bestimmen und zu beurteilen ist, festzulegen und das Herstellen, das Behandeln und das Inverkehrbringen von kosmetischen Mitteln hiervon abhängig zu machen.

§ 27
Verbote zum Schutz vor Täuschung
(1) Es ist verboten, kosmetische Mittel unter irreführender Bezeichnung, Angabe oder Aufmachung gewerbsmäßig in den Verkehr zu bringen oder für kosmetische Mittel allgemein oder im Einzelfall mit irreführenden Darstellungen oder sonstigen Aussagen zu werben. Eine Irreführung liegt insbesondere dann vor,
1. wenn kosmetischen Mitteln Wirkungen beigelegt werden, die ihnen nach den Erkenntnissen der Wissenschaft nicht zukommen oder die wissenschaftlich nicht hinreichend gesichert sind;
2. wenn durch die Bezeichnung, Angabe, Aufmachung, Darstellung oder sonstige Aussage fälschlich der Eindruck erweckt wird, daß ein Erfolg mit Sicherheit erwartet werden kann;
3. wenn zur Täuschung geeignete Bezeichnungen, Angaben, Aufmachungen, Darstellungen oder sonstige Aussagen

a) über die Person, Vorbildung, Befähigung oder über die Erfolge des Herstellers, Erfinders oder der für sie tätigen Personen,
b) über die Herkunft der kosmetischen Mittel, ihre Menge, ihr Gewicht, über den Zeitpunkt der Herstellung oder Abpackung, über ihre Haltbarkeit oder über sonstige Umstände, die für die Bewertung mitbestimmend sind,
verwendet werden.

(2) Die Vorschriften des Gesetzes über die Werbung auf dem Gebiete des Heilwesens bleiben unberührt.

§ 28
(weggefallen)

§ 29
Ermächtigungen zum Schutz vor Täuschung

Das Bundesministerium wird ermächtigt, im Einvernehmen mit den Bundesministerien für Umwelt, Naturschutz und Reaktorsicherheit und für Wirtschaft durch Rechtsverordnung mit Zustimmung des Bundesrates, soweit es zum Schutz des Verbrauchers vor Täuschung und in dem Fall der Nummer 1 auch zu seiner Unterrichtung erforderlich ist,
1. Art und Umfang der Kennzeichnung von kosmetischen Mitteln zu regeln und dabei insbesondere die Angabe der Bezeichnung sowie Angaben über den Hersteller oder den für das Inverkehrbringen im Geltungsbereich dieses Gesetzes Verantwortlichen vorzuschreiben;
2. vorzuschreiben, daß kosmetische Mittel unter bestimmten zur Irreführung geeigneten Bezeichnungen, Angaben oder Aufmachungen nicht in den Verkehr gebracht werden dürfen und daß für sie mit bestimmten zur Irreführung geeigneten Darstellungen oder sonstigen Aussagen nicht geworben werden darf.

**Fünfter Abschnitt
Verkehr mit sonstigen Bedarfsgegenständen**

§ 30
Verbote zum Schutz der Gesundheit

Es ist verboten,
1. Bedarfsgegenstände derart herzustellen oder zu behandeln, daß sie bei bestimmungsgemäßem oder vorauszusehendem Gebrauch geeignet sind, die Gesundheit durch ihre stoffliche Zusammensetzung, insbesondere durch toxikologisch wirksame Stoffe oder durch Verunreinigungen, zu schädigen;
2. Gegenstände oder Mittel, die bei bestimmungsgemäßem oder vorauszusehendem Gebrauch geeignet sind, die Gesundheit durch ihre stoffliche Zusammensetzung,

insbesondere durch toxikologisch wirksame Stoffe oder durch Verunreinigungen, zu schädigen, als Bedarfsgegenstände in den Verkehr zu bringen;
3. Bedarfsgegenstände im Sinne des § 5 Abs. 1 Nr. 1 bei dem gewerbsmäßigen Herstellen oder Behandeln von Lebensmitteln so zu verwenden, daß sie geeignet sind, beim Verzehr der Lebensmittel die Gesundheit zu schädigen.

§ 31
Übergang von Stoffen auf Lebensmittel
(1) Es ist verboten, Gegenstände als Bedarfsgegenstände im Sinne des § 5 Abs. 1 Nr. 1 gewerbsmäßig so zu verwenden oder für solche Verwendungszwecke in den Verkehr zu bringen, daß von ihnen Stoffe auf Lebensmittel oder deren Oberfläche übergehen, ausgenommen gesundheitlich, geruchlich und geschmacklich unbedenkliche Anteile, die technisch unvermeidbar sind.

(2) Das Bundesministerium wird ermächtigt, durch Rechtsverordnung mit Zustimmung des Bundesrates, soweit es mit dem Schutz des Verbrauchers vereinbar ist, für bestimmte Stoffe die Anteile festzusetzen, die als unbedenklich und unvermeidbar im Sinne des Absatzes 1 anzusehen sind. Das Bundesministerium kann die Ermächtigung durch Rechtsverordnung mit Zustimmung des Bundesrates auf den Direktor und Professor des Bundesinstitutes für gesundheitlichen Verbraucherschutz und Veterinärmedizin übertragen; der Direktor und Professor des Bundesinstitutes für gesundheitlichen Verbraucherschutz und Veterinärmedizin bedarf zum Erlaß solcher Rechtsverordnungen nicht der Zustimmung des Bundesrates.

§ 32
Ermächtigungen
(1) Das Bundesministerium wird ermächtigt, durch Rechtsverordnung mit Zustimmung des Bundesrates, soweit es erforderlich ist, um eine Gefährdung der Gesundheit durch Bedarfsgegenstände zu verhüten, in den Fällen der Nummer 9b zur Unterrichtung des Verbrauchers,
1. die Verwendung bestimmter Stoffe, Stoffgruppen und Stoffgemische bei dem Herstellen oder Behandeln von bestimmten Bedarfsgegenständen zu verbieten oder zu beschränken;
2. vorzuschreiben, daß für das Herstellen bestimmter Bedarfsgegenstände oder einzelner Teile von ihnen nur bestimmte Stoffe verwendet werden dürfen;
3. die Anwendung bestimmter Verfahren bei dem Herstellen von bestimmten Bedarfsgegenständen zu verbieten oder zu beschränken;
4. Höchstmengen für Stoffe festzusetzen, die aus bestimmten Bedarfsgegenständen auf Verbraucher einwirken oder übergehen können oder die beim Herstellen, Behandeln oder Inverkehrbringen von bestimmten Bedarfsgegenständen in oder auf diesen vorhanden sein dürfen;
5. Reinheitsanforderungen für bestimmte Stoffe festzusetzen, die bei dem Herstellen bestimmter Bedarfsgegenstände verwendet werden;

6. Vorschriften über die Wirkungsweise von Bedarfsgegenständen im Sinne des § 5 Abs. 1 Nr. 1 zu erlassen;
7. vorzuschreiben, daß bestimmte Bedarfsgegenstände nur in Packungen oder Behältnissen in den Verkehr gebracht werden dürfen;
8. im Verkehr mit bestimmten Bedarfsgegenständen Warnhinweise, sonstige warnende Aufmachungen, Sicherheitsvorkehrungen oder Anweisungen für das Verhalten bei Unglücksfällen vorzuschreiben;
9. vorzuschreiben, daß
   a) der Gehalt an bestimmten Stoffen in bestimmten Bedarfsgegenständen,
   b) bei bestimmten Bedarfsgegenständen eine Beschränkung des Verwendungszwecks,
   c) bei bestimmten Gegenständen ihre mangelnde Eignung zur Verwendung als Bedarfsgegenstand im Sinne des § 5 Abs. 1 Nr. 1
   kenntlich zu machen ist, sowie die Art der Kenntlichmachung zu regeln;
9a. die Verwendung bestimmter Bedarfsgegenstände von einer Zulassung abhängig zu machen und das Verfahren der Zulassung zu regeln;
9b. Art und Umfang der Kennzeichnung von Bedarfsgegenständen zu regeln und dabei insbesondere die Angabe der Bezeichnung sowie Angaben über den Hersteller oder den für das Inverkehrbringen im Geltungsbereich dieses Gesetzes Verantwortlichen vorzuschreiben;
10. vorzuschreiben, welche Anforderungen an die Wirksamkeit von Mitteln zur Bekämpfung von Mikroorganismen bei Bedarfsgegenständen im Sinne des § 5 Abs. 1 Nr. 1, ausgenommen Mittel zur Bekämpfung von Tierseuchen, zu stellen sind, soweit diese Mittel für die Verwendung im landwirtschaftlichen oder gewerblichen Bereich bestimmt sind;
11. vorzuschreiben, daß bestimmte Bedarfsgegenstände im Sinne des § 5 Abs. 1 Nr. 3 bis 6 nur in den Verkehr gebracht werden dürfen, wenn bestimmte Anforderungen an ihre mikrobiologische Beschaffenheit eingehalten werden;
12. vorzuschreiben, daß bestimmte Bedarfsgegenstände nur mit einem Begleitpapier in den Verkehr gebracht werden dürfen, sowie die Einzelheiten über Inhalt, Form und Ausgestaltung des Begleitpapieres zu bestimmen.

(2) Bedarfsgegenstände, die einer nach Absatz 1 Nr. 1 bis 3, 5, 6 oder 10 erlassenen Rechtsverordnung nicht entsprechen, dürfen gewerbsmäßig nicht in den Verkehr gebracht werden.

(3) Rechtsverordnungen nach Absatz 1 bedürfen des Einvernehmens mit den Bundesministerien für Wirtschaft, für Arbeit und Sozialordnung, für Umwelt, Naturschutz und Reaktorsicherheit und, soweit sie Bedarfsgegenstände im Sinne des § 5 Abs. 1 Nr. 1 und 9 betreffen, auch des Einvernehmens mit dem Bundesministerium für Ernährung, Landwirtschaft und Forsten.

Sechster Abschnitt
Allgemeine Bestimmungen

§ 33
Deutsches Lebensmittelbuch

(1) Das Deutsche Lebensmittelbuch ist eine Sammlung von Leitsätzen, in denen Herstellung, Beschaffenheit oder sonstige Merkmale von Lebensmitteln, die für die Verkehrsfähigkeit der Lebensmittel von Bedeutung sind, beschrieben werden.

(2) Die Leitsätze werden von der Deutschen Lebensmittelbuch-Kommission unter Berücksichtigung der von der Bundesregierung anerkannten internationalen Lebensmittelstandards beschlossen.

(3) Die Leitsätze werden vom Bundesministerium im Einvernehmen mit den Bundesministerien der Justiz, für Ernährung, Landwirtschaft und Forsten und für Wirtschaft veröffentlicht. Die Veröffentlichung von Leitsätzen kann aus rechtlichen oder fachlichen Gründen abgelehnt oder rückgängig gemacht werden.

§ 34
Deutsche Lebensmittelbuch-Kommission

(1) Die Deutsche Lebensmittelbuch-Kommission wird beim Bundesministerium gebildet.

(2) Das Bundesministerium beruft im Einvernehmen mit den Bundesministerien für Ernährung, Landwirtschaft und Forsten und für Wirtschaft die Mitglieder der Kommission aus den Kreisen der Wissenschaft, der Lebensmittelüberwachung, der Verbraucherschaft und der Lebensmittelwirtschaft in zahlenmäßig gleichem Verhältnis. Das Bundesministerium bestellt den Vorsitzenden der Kommission und seine Stellvertreter und erläßt nach Anhörung der Kommission eine Geschäftsordnung.

(3) Die Kommission soll über die Leitsätze grundsätzlich einstimmig beschließen. Beschlüsse, denen nicht mehr als drei Viertel der Mitglieder der Kommission zugestimmt haben, sind unwirksam. Das Nähere regelt die Geschäftsordnung.

§ 35
Amtliche Sammlung von Untersuchungsverfahren

Das Bundesinstitut für gesundheitlichen Verbraucherschutz und Veterinärmedizin veröffentlicht eine amtliche Sammlung von Verfahren zur Probenahme und Untersuchung von Lebensmitteln, Zusatzstoffen, mit Lebensmitteln verwechselbaren Erzeugnissen, Tabakerzeugnissen, kosmetischen Mitteln und Bedarfsgegenständen (Erzeugnisse im Sinne dieses Gesetzes). Die Verfahren werden unter Mitwirkung von Sachkennern aus den Bereichen der Überwachung, der Wissenschaft und der beteiligten Wirtschaft festgelegt. Die Sammlung ist laufend auf dem neuesten Stand zu halten.

§ 36
Ausnahmeermächtigungen für Krisenzeiten

(1) Das Bundesministerium wird ermächtigt, im Einvernehmen mit den Bundesministerien für Ernährung, Landwirtschaft und Forsten und für Wirtschaft durch Rechtsverordnung, die nicht der Zustimmung des Bundesrates bedarf, Ausnahmen von den Vorschriften dieses Gesetzes und der aufgrund dieses Gesetzes erlassenen Rechtsverordnungen zuzulassen, wenn die lebensnotwendige Versorgung der Bevölkerung mit Erzeugnissen im Sinne dieses Gesetzes sonst ernstlich gefährdet wäre. Satz 1 gilt nicht für die Verbote der §§ 8, 18, 22, 24 und 30 sowie für die nach § 9 erlassenen Rechtsverordnungen. Ausnahmen von dem Verbot des § 13 bedürfen zusätzlich des Einvernehmens mit dem Bundesministerium für Forschung und Technologie.

(2) Die Geltungsdauer von Rechtsverordnungen nach Absatz 1 ist zu befristen.

§ 37
Zulassung von Ausnahmen

(1) Von den Vorschriften dieses Gesetzes und der aufgrund dieses Gesetzes erlassenen Rechtsverordnungen können im Einzelfall auf Antrag Ausnahmen nach Maßgabe der Absätze 2 und 3 zugelassen werden. Satz 1 gilt nicht für die Verbote der §§ 8, 18, 22, 24 und 30 sowie für die nach den §§ 9 und 10 erlassenen Rechtsverordnungen.

(2) Ausnahmen dürfen nur zugelassen werden
1. für das Herstellen, Behandeln und Inverkehrbringen bestimmter Erzeugnisse im Sinne dieses Gesetzes unter amtlicher Beobachtung, sofern Ergebnisse zu erwarten sind, die für eine Änderung oder Ergänzung der Vorschriften des Lebensmittelrechts von Bedeutung sein können; dabei sollen die schutzwürdigen Interessen des einzelnen sowie alle Faktoren, die die allgemeine Wettbewerbslage des betreffenden Industriezweiges beeinflussen können, angemessen berücksichtigt werden;
2. für das Herstellen, Behandeln und Inverkehrbringen bestimmter Lebensmittel als Sonderverpflegung für Angehörige
   a) der Bundeswehr und verbündeter Streitkräfte,
   b) des Bundesgrenzschutzes und der Polizei,
   c) des Katastrophenschutzes, des Warn- und Alarmdienstes und der sonstigen Hilfs- und Notdienste
   einschließlich der hierfür erforderlichen Versuche sowie der Abgabe solcher Lebensmittel an andere, wenn dies zur ordnungsgemäßen Vorratshaltung erforderlich ist;
3. für das Herstellen, den Vertrieb und die Ausgabe bestimmter Lebensmittel als Notration für die Bevölkerung;
4. in sonstigen Fällen, in denen besondere Umstände, insbesondere der drohende Verderb von Lebensmitteln, dies zur Vermeidung unbilliger Härten geboten erscheinen lassen;
5. für das Zusetzen von Fluoriden zu Trinkwasser zur Vorbeugung gegen Karies.

(3) Ausnahmen dürfen nur zugelassen werden, wenn Tatsachen die Annahme rechtfertigen, daß eine Gefährdung der Gesundheit nicht zu erwarten ist. Ausnahmen dürfen nicht zugelassen werden
1. in den Fällen des Absatzes 2 Nr. 1 und 4 von den Rechtsvorschriften über ausreichende Kenntlichmachung;
2. in den Fällen des Absatzes 2 Nr. 4 von den Verboten der §§ 11, 13 bis 15.

(4) Zuständig für die Zulassung von Ausnahmen nach Absatz 2 Nr. 1 und 3 ist das Bundesministerium im Einvernehmen mit den Bundesministerien für Ernährung, Landwirtschaft und Forsten und für Wirtschaft, im Falle des Absatzes 2 Nr. 3 auch im Einvernehmen mit dem Bundesministerium des Innern; in den Fällen des § 13 ist ferner das Einvernehmen mit dem Bundesministerium für Forschung und Technologie herzustellen. In den Fällen des Absatzes 2 Nr. 2 ist hinsichtlich der Organisationen des Bundes und der verbündeten Streitkräfte das Bundesministerium im Einvernehmen mit dem für diese fachlich zuständigen Bundesministerium zuständig. In den übrigen Fällen des Absatzes 2 Nr. 2 sowie in den Fällen des Absatzes 2 Nr. 4 und 5 sind die von den Landesregierungen bestimmten Behörden zuständig.

(5) Die Zulassung einer Ausnahme nach Absatz 2 Nr. 1 bis 4 ist auf längstens drei Jahre zu befristen. In den Fällen des Absatzes 2 Nr. 1 kann sie auf Antrag dreimal, in den Fällen des Absatzes 2 Nr. 2 und 3 wiederholt um jeweils längstens 3 Jahre verlängert werden, sofern die Voraussetzungen für die Zulassung fortdauern.

(6) Die Zulassung einer Ausnahme kann jederzeit aus wichtigem Grund widerrufen werden. Hierauf ist bei der Zulassung hinzuweisen.

(7) Das Bundesministerium wird ermächtigt, durch Rechtsverordnung mit Zustimmung des Bundesrates in den Fällen des Absatzes 2 Nr. 1, Nr. 2, soweit es sich um Organisationen des Bundes oder um verbündete Streitkräfte handelt, und Nr. 3 Vorschriften über das Verfahren bei der Zulassung von Ausnahmen, insbesondere über Art und Umfang der vom Antragsteller beizubringenden Nachweise und sonstigen Unterlagen sowie über die Veröffentlichung von Anträgen oder erteilten Ausnahmen zu erlassen.

(8) Die Landesregierungen werden ermächtigt, durch Rechtsverordnung nähere Vorschriften über die Voraussetzungen und das Verfahren bei der Zulassung von Ausnahmen nach Absatz 2 Nr. 5 zu erlassen.

§ 38
Rechtsverordnungen in Dringlichkeitsfällen
(1) Rechtsverordnungen nach diesem Gesetz können bei Gefahr im Verzuge oder, wenn ihr unverzügliches Inkrafttreten zur Durchführung von Rechtsakten der Organe der Europäischen Gemeinschaft erforderlich ist, ohne Zustimmung des Bundesrates erlassen werden.

(2) Das Bundesministerium kann ferner ohne Zustimmung des Bundesrates Rechtsverordnungen nach § 12 Abs. 1 und 2, § 13 Abs. 2, § 14 Abs. 2 oder § 15 Abs. 3 ändern, falls unvorhergesehene gesundheitliche Bedenken eine sofortige Änderung dieser Rechtsverordnung erfordern.

(3) Rechtsverordnungen nach den Absätzen 1 und 2 bedürfen nicht des Einvernehmens mit den jeweils zu beteiligenden Bundesministerien. Die Rechtsverordnungen treten spätestens sechs Monate nach ihrem Inkrafttreten außer Kraft. Ihre Geltungsdauer kann nur mit Zustimmung des Bundesrates verlängert werden.

§ 38 a
Rechtsverordnungen zur Angleichung an Gemeinschaftsrecht

Rechtsverordnungen nach diesem Gesetz können auch zum Zwecke der Angleichung der Rechts- und Verwaltungsvorschriften der Mitgliedstaaten der Europäischen Gemeinschaft erlassen werden, soweit dies zur Durchführung von Rechtsakten der Organe der Europäischen Gemeinschaft, die Sachbereiche dieses Gesetzes betreffen, erforderlich ist.

§ 39
Anhörung von Sachkennern

Vor Erlaß von Verordnungen nach diesem Gesetz soll ein jeweils auszuwählender Kreis von Sachkennern aus der Wissenschaft, der Verbraucherschaft und der beteiligten Wirtschaft gehört werden. Dies gilt nicht für Verordnungen nach den §§ 38, 44 und 48.

Siebter Abschnitt
Überwachung und Lebensmittel-Monitoring

Unterabschnitt A
Überwachung: Durchführung von Gemeinschaftsrecht
§ 40
Zuständigkeit für die Überwachung

(1) Die Zuständigkeit für die in diesem Gesetz bezeichneten Überwachungsmaßnahmen richtet sich nach Landesrecht. § 48 bleibt unberührt.

(2) Im Bereich der Bundeswehr obliegt der Vollzug dieses Gesetzes bei der Überwachung des Verkehrs mit Erzeugnissen im Sinne dieses Gesetzes, insbesondere in den Verpflegungseinrichtungen und Kantinen, den zuständigen Stellen und Sachverständigen der Bundeswehr.

(3) Die für die Durchführung dieses Gesetzes zuständigen Behörden und Stellen des Bundes und der Länder haben sich gegenseitig
  1. die für den Vollzug des Gesetzes zuständigen Stellen und Sachverständigen mitzuteilen und

2. bei Zuwiderhandlungen und bei Verdacht auf Zuwiderhandlungen gegen Vorschriften des Lebensmittelrechts für den jeweiligen Zuständigkeitsbereich unverzüglich zu unterrichten und bei der Ermittlungstätigkeit gegenseitig zu unterstützen.

(4) Die zuständigen Behörden
1. erteilen der zuständigen Behörde eines anderen Mitgliedstaates auf begründetes Ersuchen Auskünfte und übermitteln die erforderlichen Urkunden und Schriftstücke, um ihr die Überwachung der Einhaltung der lebensmittelrechtlichen Vorschriften zu ermöglichen,
2. überprüfen alle von der ersuchenden Behörde eines anderen Mitgliedstaates mitgeteilten Sachverhalte und teilen ihr das Ergebnis der Prüfung mit.

(5) Die zuständigen Behörden teilen den zuständigen Behörden eines anderen Mitgliedstaates alle Tatsachen und Sachverhalte mit, die für die Überwachung der Einhaltung der lebensmittelrechtlichen Vorschriften in diesem Mitgliedstaat erforderlich sind, insbesondere bei Zuwiderhandlungen und bei Verdacht auf Zuwiderhandlungen gegen lebensmittelrechtliche Vorschriften.

(6) Die zuständigen Behörden können, soweit dies zur Einhaltung der lebensmittelrechtlichen Anforderungen erforderlich oder durch Rechtsakte der Organe der Europäischen Gemeinschaft vorgeschrieben ist, Daten, die sie im Rahmen der Überwachung gewonnen haben, den zuständigen Behörden anderer Länder und anderer Mitgliedstaaten, dem Bundesministerium und der Kommission der Europäischen Gemeinschaft mitteilen.

(7) Auskünfte, Mitteilungen und Übermittlung von Urkunden und Schriftstücken über lebensmittelrechtliche Kontrollen nach den Absätzen 4 bis 6 erfolgen, sofern sie andere Vertragsstaaten des Abkommens über den Europäischen Wirtschaftsraum betreffen, an die Kommission der Europäischen Gemeinschaft.

§ 41
Durchführung der Überwachung

(1) Die Beachtung der Vorschriften über den Verkehr mit Erzeugnissen im Sinne dieses Gesetzes ist durch die zuständigen Behörden zu überwachen. Sie haben sich durch regelmäßige Überprüfungen und Probennahmen davon zu überzeugen, daß die Vorschriften eingehalten werden.

(2) Die Überwachung ist durch fachlich ausgebildete Personen durchzuführen. Das Bundesministerium wird ermächtigt, durch Rechtsverordnung mit Zustimmung des Bundesrates Vorschriften über die fachlichen Anforderungen zu erlassen, die an diese Personen zu stellen sind, soweit sie nicht wissenschaftlich ausgebildet sind.

(3) Soweit es zur Durchführung der Vorschriften über den Verkehr mit Erzeugnissen im Sinne dieses Gesetzes erforderlich ist, sind die mit der Überwachung beauftragten Personen, bei Gefahr im Verzug auch alle Beamten der Polizei, befugt
1. Grundstücke und Betriebsräume, in oder auf denen Erzeugnisse im Sinne dieses Gesetzes gewerbsmäßig hergestellt, behandelt oder in den Verkehr gebracht wer-

den, sowie die dazugehörigen Geschäftsräume während der üblichen Betriebs- oder Geschäftszeit zu betreten;
2. zur Verhütung dringender Gefahren für die öffentliche Sicherheit und Ordnung
   a) die in Nummer 1 bezeichneten Grundstücke und Räume auch außerhalb der dort genannten Zeiten,
   b) Wohnräume der nach Nummer 4 zur Auskunft Verpflichteten
   zu betreten; das Grundrecht der Unverletzlichkeit der Wohnung (Artikel 13 des Grundgesetzes) wird insoweit eingeschränkt;
3. alle geschäftlichen Schrift- und Datenträger, insbesondere Aufzeichnungen, Frachtbriefe, Herstellungsbeschreibungen und Unterlagen über die bei der Herstellung verwendeten Stoffe, einzusehen und hieraus Abschriften oder Auszüge anzufertigen sowie Einrichtungen und Geräte zur Beförderung von Erzeugnissen im Sinne dieses Gesetzes zu besichtigen;
4. von natürlichen und juristischen Personen und nicht rechtsfähigen Personenvereinigungen alle erforderlichen Auskünfte, insbesondere solche über die Herstellung, die zur Verarbeitung gelangenden Stoffe und deren Herkunft zu verlangen.

(3a) Soweit es zur Durchführung von Vorschriften über den Verkehr mit Lebensmitteln, die durch dieses Gesetz oder durch aufgrund dieses Gesetzes erlassene Rechtsverordnungen geregelt sind, erforderlich ist, sind auch die Sachverständigen der Mitgliedstaaten und der Kommission in Begleitung der mit der Überwachung beauftragten Personen berechtigt, Befugnisse nach Absatz 3 Nr. 1 wahrzunehmen.

(4) Der zur Auskunft Verpflichtete kann die Auskunft auf solche Fragen verweigern, deren Beantwortung ihn selbst oder einen der in § 383 Abs. 1 Nr. 1 bis 3 der Zivilprozeßordnung bezeichneten Angehörigen der Gefahr strafgerichtlicher Verfolgung oder eines Verfahrens nach dem Gesetz über Ordnungswidrigkeiten aussetzen würde.

(5) Die Zolldienststellen können den Verdacht von Verstößen gegen Verbote und Beschränkungen dieses Gesetzes oder der nach diesem Gesetz erlassenen Rechtsverordnungen, der sich bei der Durchführung des Gesetzes über das Branntweinmonopol ergibt, den zuständigen Verwaltungsbehörden mitteilen.

§ 42
Probenahme
(1) Soweit es zur Durchführung der Vorschriften über den Verkehr mit Erzeugnissen im Sinne dieses Gesetzes erforderlich ist, sind die mit der Überwachung beauftragten Personen und die Beamten der Polizei befugt, gegen Empfangsbescheinigung Proben nach ihrer Auswahl zum Zweck der Untersuchung zu fordern oder zu entnehmen. Ein Teil der Probe oder, sofern die Probe nicht oder ohne Gefährdung des Untersuchungszwecks nicht in Teile von gleicher Beschaffenheit teilbar ist, ein zweites Stück der gleichen Art und von demselben Hersteller wie das als Probe entnommene ist zurückzulassen. Der Hersteller kann auf die Zurücklassung einer Probe verzichten.

(2) Zurückzulassende Proben sind amtlich zu verschließen oder zu versiegeln. Sie sind mit dem Datum der Probenahme und dem Datum des Tages zu versehen, nach dessen Ablauf der Verschluß oder die Versiegelung als aufgehoben gelten.

(3) Für Proben, die im Rahmen der amtlichen Überwachung nach diesem Gesetz entnommen werden, wird grundsätzlich keine Entschädigung geleistet. Im Einzelfall ist eine Entschädigung bis zur Höhe des Verkaufspreises zu leisten, wenn andernfalls eine unbillige Härte eintreten würde.

(4) Die Befugnis zur Probenahme erstreckt sich auch auf Erzeugnisse im Sinne dieses Gesetzes, die auf Märkten, Straßen oder öffentlichen Plätzen oder im Reisegewerbe in den Verkehr gebracht werden oder die vor Abgabe an den Verbraucher unterwegs sind.

§ 43
Duldungs- und Mitwirkungspflichten

Die Inhaber der in § 41 bezeichneten Grundstücke, Räume, Einrichtungen und Geräte und die von ihnen bestellten Vertreter sowie Personen, die Erzeugnisse nach Maßgabe des § 42 Abs. 4 in den Verkehr bringen, sind verpflichtet, die Maßnahmen nach den §§ 41 und 42 zu dulden und die in der Überwachung tätigen Personen bei der Erfüllung ihrer Aufgabe zu unterstützen, insbesondere ihnen auf Verlangen die Räume, Einrichtungen und Geräte zu bezeichnen, Räume und Behältnisse zu öffnen und die Entnahme der Proben zu ermöglichen.

§ 43a
Außenverkehr

Der Verkehr mit den zuständigen Behörden anderer Mitgliedstaaten und der Kommission der Europäischen Gemeinschaften obliegt dem Bundesministerium. Es kann diese Befugnis durch Rechtsverordnung mit Zustimmung des Bundesrates auf die zuständigen obersten Landesbehörden übertragen. Ferner kann es im Einzelfall im Benehmen mit der zuständigen obersten Landesbehörde dieser die Befugnis übertragen. Die obersten Landesbehörden können die Befugnisse nach den Sätzen 2 und 3 auf andere Behörden übertragen.

§ 43b
Schiedsverfahren

(1) Ist eine von der zuständigen Behörde getroffene Maßnahme, die sich auf Sendungen von Lebensmitteln tierischer Herkunft aus anderen Mitgliedstaaten bezieht, zwischen ihr und dem Verfügungsberechtigten streitig, so können beide Parteien einvernehmlich den Streit durch den Schiedsspruch eines Sachverständigen schlichten lassen. Die Streitigkeit ist binnen eines Monats nach Bekanntgabe der Maßnahme einem Sachverständigen zu unterbreiten, der in einem von der Kommission aufgestellten Verzeichnis aufgeführt ist. Der Sachverständige hat das Gutachten binnen 72 Stunden zu erstatten.

(2) Auf den Schiedsvertrag und das schiedsgerichtliche Verfahren finden die Vorschriften der §§ 1025 bis 1047 der Zivilprozeßordnung entsprechende Anwendung. Gericht im Sinne des § 1045 der Zivilprozeßordnung ist das zuständige Verwaltungsgericht. Der Schiedsspruch oder der schiedsrichterliche Vergleich wird bei der zuständigen Behörde niedergelegt. Gegen den Schiedsspruch kann innerhalb eines Monats Aufhebungsklage bei dem zuständigen Verwaltungsgericht erhoben werden.

§ 44
Ermächtigungen

(1) Das Bundesministerium wird ermächtigt, um eine einheitliche Durchführung der Überwachung zu fördern, durch Rechtsverordnung mit Zustimmung des Bundesrates,
1. Vorschriften über
   a) die personelle, apparative und sonstige technische Mindestausstattung von Untersuchungsanstalten,
   b) die Voraussetzungen für die Zulassung privater Sachverständiger, die zur Untersuchung von amtlich zurückgelassenen Proben befugt sind,
   zu erlassen;
2. Vorschriften über Verfahren zur Probenahme und Untersuchung von Erzeugnissen im Sinne dieses Gesetzes zu erlassen und die Verkehrsfähigkeit einer gleichartigen Partie von bestimmten Lebensmitteln, kosmetischen Mitteln oder Bedarfsgegenständen vom Ergebnis der Stichprobenuntersuchung dieser Partie abhängig zu machen; soweit Rechtsverordnungen nach § 9 Abs. 4 betroffen sind, tritt an die Stelle des Bundesministeriums das Bundesministerium für Umwelt, Naturschutz und Reaktorsicherheit im Einvernehmen mit dem Bundesministerium.

(2) Das Bundesministerium wird ermächtigt, um eine einheitliche Durchführung der Verordnung (EG) Nr. 258/97 des Europäischen Parlaments und des Rates vom 27. Januar 1997 über neuartige Lebensmittel und neuartige Lebensmittelzutaten (ABl. EG Nr. L 43 S. 1) in der jeweils geltenden Fassung zu fördern, durch Rechtsverordnung mit Zustimmung des Bundesrates
1. das Bundesinstitut für gesundheitlichen Verbraucherschutz und Veterinärmedizin oder das Robert-Koch-Institut als zuständige Behörde bei Anzeige-, Genehmigungs- oder Zulassungsverfahren von neuartigen Lebensmitteln und Lebensmittelzutaten zu bestimmen sowie
2. das Verfahren, insbesondere die Beteiligung der nach § 40 Abs. 1 zuständigen Behörden zu regeln.

Rechtsverordnungen nach Satz 1 Nr. 2 bedürfen des Einvernehmens der Bundesministerien für Ernährung, Landwirtschaft und Forsten und für Wirtschaft. § 40 Abs. 6 gilt für bei der Durchführung der in Satz 1 genannten Verfahren gewonnene Daten entsprechend.

§ 45
Erlaß von Verwaltungsvorschriften

Das Bundesministerium erlläßt mit Zustimmung des Bundesrates die zur Durchführung dieses Gesetzes erforderlichen allgemeinen Verwaltungsvorschriften; soweit Rechtsverordnungen nach § 9 Abs. 4 betroffen sind, tritt an die Stelle des Bundesministeriums das Bundesministerium für Umwelt, Naturschutz und Reaktorsicherheit im Einvernehmen mit dem Bundesministerium.

§ 46
Landesrechtliche Bestimmungen

Die Länder können zur Durchführung der Überwachung weitere Vorschriften erlassen.

§ 46a
Gebühren

(1) Für nach diesem Gesetz und auf Grund dieses Gesetzes erlassenen Rechtsverordnungen vorzunehmende Amtshandlungen, die
1. in die Zuständigkeit der Länder fallen,
2. über die allgemeinen Überwachungsmaßnahmen hinausgehen und
3. zur Durchführung von Rechtsakten der Organe der Europäischen Gemeinschaft erforderlich sind,

werden kostendeckende Gebühren und Auslagen erhoben.

(2) Die nach Absatz 1 kostenpflichtigen Tatbestände werden durch Landesrecht bestimmt. Die Gebühren sind nach Maßgabe der von den Organen der Europäischen Gemeinschaft erlassenen Rechtsakte zu bemessen.

Für Amtshandlungen, die auf besonderen Antrag außerhalb der normalen Öffnungszeiten vorgenommen werden, kann eine Vergütung verlangt werden.

§ 46b
Unmittelbar geltendes Gemeinschaftsrecht

Die §§ 40 bis 46a finden auch Anwendung auf die Überwachung von Erzeugnissen im Sinne dieses Gesetzes, soweit sie Vorschriften in unmittelbar geltenden Rechtsakten der Europäischen Gemeinschaft unterliegen, die in diesem Gesetz geregelte Sachbereiche betreffen.

Unterabschnitt B
Lebensmittel-Monitoring

§ 46c
Begriffsbestimmung

Lebensmittel-Monitoring ist ein System wiederholter Beobachtungen, Messungen und Bewertungen von Gehalten an gesundheitlich unerwünschten Stoffen wie Pflanzenschutzmitteln, Schwermetallen und Mykotoxinen in und auf Lebensmitteln, die zum frühzeitigen Erkennen von Gesundheitsgefährdungen unter Verwendung repräsentativer Proben einzelner Lebensmittel oder der Gesamtnahrung durchgeführt werden.

§ 46d
Durchführung des Lebensmittel-Monitoring

(1) Die zuständigen Behörden der Länder ermitteln den Gehalt an Stoffen im Sinne des § 46c in und auf Lebensmitteln auf der Grundlage der nach § 46e erlassenen Verwaltungsvorschriften.

(2) Das Lebensmittel-Monitoring ist durch fachlich geeignete Personen durchzuführen. Soweit es zur Durchführung des Lebensmittel-Monitoring erforderlich ist, sind die Behörden nach Absatz 1 befugt, Proben zum Zwecke der Untersuchung zu fordern oder zu entnehmen. § 42 Abs. 3 und 4 findet Anwendung.

(3) Soweit es zur Durchführung des Lebensmittel-Monitoring erforderlich ist, sind die mit der Durchführung beauftragten Personen befugt, Grundstücke und Betriebsräume, in oder auf denen Lebensmittel gewerbsmäßig hergestellt, behandelt oder in den Verkehr gebracht werden, sowie die dazugehörigen Geschäftsräume während der üblichen Betriebs- oder Geschäftszeiten zu betreten. Die Inhaber der in Satz 1 bezeichneten Grundstücke und Räume und die von ihnen bestellten Vertreter sowie Personen, die Erzeugnisse nach Maßgabe des § 42 Abs. 4 in den Verkehr bringen, sind verpflichtet, die Maßnahmen nach Satz 1 sowie die Entnahme der Proben zu dulden und die in der Durchführung des Lebensmittel-Monitoring tätigen Personen bei der Erfüllung ihrer Aufgaben zu unterstützen, insbesondere ihnen auf Verlangen die Räume und Einrichtungen zu bezeichnen, Räume und Behältnisse zu öffnen und die Entnahme der Proben zu ermöglichen. Die in Satz 2 genannten Personen sind über den Zweck der Entnahme zu unterrichten; abgesehen von Absatz 4 sind sie auch darüber zu unterrichten, daß die Überprüfung der Probe eine anschließende Durchführung der Überwachung nach § 41 Abs. 1 Satz 1 zur Folge haben kann.

(4) Proben, die zur Durchführung der Überwachung nach § 41 Abs. 1 Satz 1 und Proben, die zur Durchführung des Lebensmittel-Monitoring entnommen werden, können jeweils auch für den anderen Zweck verwendet werden. In diesem Fall sind die für beide Maßnahmen geltenden Anforderungen einzuhalten.

(5) Die zuständigen Behörden übermitteln die bei der Durchführung des Lebensmittel-Monitoring erhobenen Daten an das Bundesinstitut für gesundheitlichen Verbraucherschutz und Veterinärmedizin zur Aufbereitung, Zusammenfassung, Bewertung, Dokumentation und Erstellung von Berichten. Personenbezogene Daten dürfen nicht übermittelt werden; sie sind zu löschen, soweit sie nicht zur Durchführung der Überwachung nach § 41 Abs. 1 Satz 1 oder zur Durchführung des Lebensmittel- Monitoring erforderlich sind. Sofern die übermittelten Angaben die Gemeinde bezeichnen, in der die Probe entnommen worden ist, darf das Bundesinstitut für gesundheitlichen Verbraucherschutz und Veterinärmedizin diese Angabe nur in Berichte aufnehmen, die für das Bundesministerium sowie für die Bundesministerien für Umwelt, Naturschutz und Reaktorsicherheit und für Ernährung, Landwirtschaft

und Forsten sowie für die zuständigen Behörden des Landes bestimmt sind, das die Angaben übermittelt hat. In den Berichten an die Länder sind außerdem die Besonderheiten des jeweiligen Landes angemessen zu berücksichtigen. Das Bundesinstitut für gesundheitlichen Verbraucherschutz und Veterinärmedizin veröffentlicht jährlich einen Bericht über die Ergebnisse des Lebensmittel-Monitoring.

§ 46e
Erlaß von Verwaltungsvorschriften

Die zur Durchführung des Lebensmittel-Monitoring erforderlichen Vorschriften, insbesondere die Monitoringpläne, werden in Verwaltungsvorschriften nach § 45 geregelt, die im Benehmen mit einem Ausschuß aus Vertretern der Länder vorbereitet werden. Das Bundesministerium beruft die Mitglieder des Ausschusses auf Vorschlag der Länder.

Achter Abschnitt
Ein- und Ausfuhr

§ 47
Verbringungsverbote

(1) Erzeugnisse im Sinne dieses Gesetzes, die nicht den in der Bundesrepublik Deutschland geltenden lebensmittelrechtlichen Bestimmungen entsprechen, dürfen nicht in den Geltungsbereich dieses Gesetzes, ausgenommen in andere Zollfreigebiete als die Insel Helgoland, verbracht werden. Dieses Verbot steht der zollamtlichen Abfertigung nicht entgegen, soweit sich aus besonderen Rechtsvorschriften über die Einfuhrfähigkeit bestimmter Erzeugnisse der in Satz 1 genannten Art nichts anderes ergibt.

(2) Absatz 1 Satz 1 gilt unbeschadet der §§ 8, 24 und 30 nicht für
1. die Beförderung von Waren unter zollamtlicher Überwachung und die Lagerung von Waren in Zollniederlagen und Zollverschlußlagern,
2. die Zollgutveredelung und Zollgutumwandlung von Waren, solange sich die Waren unter zollamtlicher Überwachung befinden,
3. Waren, die für das Oberhaupt eines auswärtigen Staates oder seines Gefolges eingebracht werden und zum Gebrauch oder Verbrauch während seines Aufenthaltes im Geltungsbereich dieses Gesetzes bestimmt sind,
4. Waren, die für diplomatische oder konsularische Vertretungen bestimmt sind,
5. Waren, soweit sie für wissenschaftliche Zwecke, für Messen, Ausstellungen oder ähnliche Veranstaltungen bestimmt sind und der Bedarf von der zuständigen Landesbehörde anerkannt ist,
6. Waren, die als Reisebedarf eingebracht werden, soweit es sich um Mengen handelt, für die Eingangsabgaben nicht zu erheben sind,
7. Waren, die in Verkehrsmitteln mitgeführt werden und ausschließlich zum Verbrauch der durch diese Verkehrsmittel beförderten Personen bestimmt sind,

8. Waren in privaten Geschenksendungen, soweit sie zum eigenen Gebrauch oder Verbrauch des Empfängers bestimmt sind, sowie Waren als Geschenke im öffentlichen Interesse,
9. Warenmuster und -proben in geringen Mengen,
10. Waren als Übersiedlungsgut oder Heiratsgut in Mengen, die üblicherweise als Vorrat gehalten werden,
11. Waren, die auf Seeschiffen zum Verbrauch auf hoher See bestimmt waren und an Bord des Schiffes verbraucht werden.

(3) Waren im Sinne des Absatzes 2 Nr. 2 unterliegen den Vorschriften nach § 50 Abs. 3. Für diese Waren können Regelungen nach § 49 getroffen werden.

§ 47a
Erzeugnisse aus anderen Mitgliedstaaten oder anderen Vertragsstaaten des Abkommens über den Europäischen Wirtschaftsraum

(1) Abweichend von § 47 Abs. 1 Satz 1 dürfen Erzeugnisse im Sinne dieses Gesetzes, die in einem anderen Mitgliedstaat der Europäischen Gemeinschaft oder einem anderen Vertragsstaat des Abkommens über den Europäischen Wirtschaftsraum rechtmäßig hergestellt und rechtmäßig in den Verkehr gebracht werden oder die aus einem Drittland stammen und sich in einem Mitgliedstaat der Europäischen Gemeinschaft oder einem anderen Vertragsstaat des Abkommens über den Europäischen Wirtschaftsraum rechtmäßig im Verkehr befinden, in das Inland verbracht und hier in den Verkehr gebracht werden, auch wenn sie den in der Bundesrepublik Deutschland geltenden lebensmittelrechtlichen Vorschriften nicht entsprechen. Satz 1 gilt nicht für Erzeugnisse, die
1. den Verboten der §§ 8, 24 oder 30 nicht entsprechen oder
2. anderen zum Schutz der Gesundheit erlassenen Rechtsvorschriften nicht entsprechen, soweit nicht die Verkehrsfähigkeit der Erzeugnisse in der Bundesrepublik Deutschland nach Absatz 2 durch eine Allgemeinverfügung des Bundesministeriums im Bundesanzeiger bekanntgemacht worden ist.

(2) Allgemeinverfügungen nach Absatz 1 Satz 2 Nr. 2 werden vom Bundesministerium im Einvernehmen mit den Bundesministerien für Ernährung, Landwirtschaft und Forsten und für Wirtschaft erlassen, soweit nicht zwingende Gründe des Gesundheitsschutzes entgegenstehen. Sie sind von demjenigen zu beantragen, der die Erzeugnisse in das Inland zu verbringen beabsichtigt. Das Bundesministerium hat bei der Beurteilung der gesundheitlichen Gefahren eines Erzeugnisses die Erkenntnisse der internationalen Forschung sowie bei Lebensmitteln die Ernährungsgewohnheiten in der Bundesrepublik Deutschland zu berücksichtigen. Allgemeinverfügungen nach Satz 1 wirken zugunsten aller Einführer der betreffenden Erzeugnisse aus Mitgliedstaaten der Europäischen Gemeinschaft oder anderen Vertragsstaaten des Abkommens über den Europäischen Wirtschaftsraum.

(3) Dem Antrag sind eine genaue Beschreibung des Erzeugnisses sowie die für die Entscheidung erforderlichen verfügbaren Unterlagen beizufügen. Über den Antrag

ist in angemessener Frist zu entscheiden. Sofern innerhalb von 90 Tagen eine endgültige Entscheidung über den Antrag noch nicht möglich ist, ist der Antragsteller über die Gründe zu unterrichten.

(4) Weichen Lebensmittel von den Vorschriften dieses Gesetzes oder der aufgrund dieses Gesetzes erlassenen Rechtsverordnungen ab, sind die Abweichungen angemessen kenntlich zu machen, soweit dies zum Schutz des Verbrauchers erforderlich ist.

§ 47b
Vorübergehende Verbringungsverbote

Die zuständigen Behörden dürfen die Einfuhr oder das sonstige Verbringen von Erzeugnissen im Sinne dieses Gesetzes in das Inland im Einzelfall vorübergehend verbieten oder beschränken, wenn
1. die Mitgliedstaaten von der Kommission hierzu ermächtigt worden sind und dies das Bundesministerium im Bundesanzeiger bekanntgemacht hat oder
2. Tatsachen vorliegen, die darauf schließen lassen, daß die Erzeugnisse geeignet sind, die menschliche Gesundheit zu gefährden.

§ 48
Mitwirkung von Zolldienststellen

(1) Das Bundesministerium der Finanzen und die von ihm bestimmten Zolldienststellen wirken bei der Überwachung des Verbringens von Erzeugnissen im Sinne dieses Gesetzes in den oder aus dem Geltungsbereich dieses Gesetzes oder der Durchfuhr mit. Die genannten Behörden können
1. Sendungen der in Satz 1 genannten Art sowie deren Beförderungsmittel, Behälter, Lade- und Verpackungsmittel bei dem Verbringen in den oder aus dem Geltungsbereich dieses Gesetzes oder der Durchfuhr zur Überwachung anhalten;
2. den Verdacht von Verstößen gegen Verbote und Beschränkungen dieses Gesetzes oder der nach diesem Gesetz erlassenen Rechtsverordnungen, der sich bei der Abfertigung ergibt, den zuständigen Verwaltungsbehörden mitteilen;
3. in den Fällen der Nummer 2 anordnen, daß die Sendungen der in Satz 1 genannten Art auf Kosten und Gefahr des Verfügungsberechtigten einer für die Lebensmittelüberwachung zuständigen Behörde vorgeführt werden.

(2) Das Bundesministerium der Finanzen regelt im Einvernehmen mit dem Bundesministerium durch Rechtsverordnung ohne Zustimmung des Bundesrates die Einzelheiten des Verfahrens nach Absatz 1. Es kann dabei insbesondere Pflichten zu Anzeigen, Anmeldungen, Auskünften und zur Leistung von Hilfsdiensten sowie zur Duldung der Einsichtnahme in Geschäftspapiere und sonstige Unterlagen und zur Duldung von Besichtigungen und von Entnahmen unentgeltlicher Proben vorsehen. Soweit Rechtsverordnungen nach § 9 Abs. 4 betroffen sind, bedürfen die Rechtsverordnungen nach Satz 1 auch des Einvernehmens mit dem Bundesministerium für Umwelt, Naturschutz und Reaktorsicherheit.

§ 49
Ermächtigungen

(1) Das Bundesministerium wird ermächtigt, im Einvernehmen mit dem Bundesministerium der Finanzen durch Rechtsverordnung mit Zustimmung des Bundesrates zur Überwachung des Verbotes des § 47 Abs. 1 Satz 1 das Verbringen von bestimmten Erzeugnissen im Sinne dieses Gesetzes in das Inland
1. zu verbieten oder zu beschränken,
2. abhängig zu machen von
   a) der Anerkennung oder Zulassung des Herstellungsbetriebes,
   b) der Anmeldung oder Vorführung bei der zuständigen Behörde,
   c) einer Untersuchung oder
   d) der Beibringung eines amtlichen Untersuchungszeugnisses oder der Vorlage einer vergleichbaren Urkunde;

dabei kann vorgeschrieben werden, daß die Dokumenten- und Nämlichkeitsprüfung sowie die Warenuntersuchung in einer Grenzkontrollstelle oder Grenzeingangsstelle unter Mitwirkung einer Zolldienststelle vorzunehmen sind. In der Rechtsverordnung nach Satz 1 kann auch vorgeschrieben werden, welche Maßnahmen zu ergreifen sind, wenn die einzuführenden Erzeugnisse diesem Gesetz oder den auf Grund dieses Gesetzes erlassenen Rechtsverordnungen nicht entsprechen. Soweit die Einhaltung von Rechtsverordnungen nach § 9 Abs. 4 betroffen ist, tritt an die Stelle des Bundesministeriums das Bundesministerium für Umwelt, Naturschutz und Reaktorsicherheit im Einvernehmen mit den in § 9 Abs. 4 Satz 2 genannten Bundesministerien.

(2) In der Rechtsverordnung nach Absatz 1 kann angeordnet werden, daß bestimmte Lebensmittel nur über bestimmte Zolldienststellen, Grenzkontrollstellen, Grenzein- oder -übergangsstellen oder andere amtliche Stellen in das Inland verbracht werden dürfen. Das Bundesministerium gibt die in Satz 1 genannten Stellen im Bundesanzeiger bekannt, im Falle der Zolldienststellen im Einvernehmen mit dem Bundesministerium der Finanzen.

§ 50
Ausfuhr

(1) Auf Erzeugnisse im Sinne dieses Gesetzes, die zur Lieferung in das Ausland bestimmt sind, finden die Vorschriften dieses Gesetzes und der auf Grund dieses Gesetzes erlassenen Rechtsverordnungen Anwendung, soweit nicht für die jeweiligen Erzeugnisse im Bestimmungsland abweichende Anforderungen gelten und die Erzeugnisse diesen Anforderungen entsprechen. Auf Verlangen der zuständigen Behörde hat derjenige, der Erzeugnisse der in Satz 1 genannten Art, welche zur Lieferung in das Ausland bestimmt sind und den Vorschriften dieses Gesetzes oder der aufgrund dieses Gesetzes erlassenen Rechtsverordnungen nicht entsprechen, herstellt oder in den Verkehr bringt, durch geeignete Mittel glaubhaft zu machen, daß die Erzeugnisse den im Bestimmungsland geltenden Anforderungen entsprechen.

(2) Werden in das Inland verbrachte Erzeugnisse im Sinne dieses Gesetzes aufgrund dieses Gesetzes oder der auf Grund dieses Gesetzes erlassenen Rechtsverordnungen beanstandet, so können sie abweichend von Absatz 1 zur Rückgabe an den Lieferanten aus dem Inland verbracht werden. Unberührt bleiben zwischenstaatliche Vereinbarungen, denen die gesetzgebenden Körperschaften in der Form eines Bundesgesetzes zugestimmt haben, sowie Rechtsakte der Organe der Europäischen Gemeinschaft.

(3) Erzeugnisse im Sinne dieses Gesetzes, die nach Maßgabe des Absatzes 1 den in der Bundesrepublik Deutschland geltenden lebensmittelrechtlichen Vorschriften nicht entsprechen, müssen von Erzeugnissen, die für das Inverkehrbringen in der Bundesrepublik Deutschland bestimmt sind, getrennt gehalten und kenntlich gemacht werden.

(4) Die Vorschriften dieses Gesetzes und der aufgrund dieses Gesetzes erlassenen Rechtsverordnungen finden mit Ausnahme der §§ 8, 24 und 30 auf Erzeugnisse im Sinne dieses Gesetzes, die für die Ausrüstung von Seeschiffen bestimmt sind, keine Anwendung.

(5) Das Bundesministerium wird ermächtigt, durch Rechtsverordnung mit Zustimmung des Bundesrates weitere Vorschriften dieses Gesetzes sowie auf Grund dieses Gesetzes erlassener Rechtsverordnungen auf Erzeugnisse, die für die Ausrüstung von Seeschiffen bestimmt sind, für anwendbar zu erklären, soweit dies zum Schutz des Verbrauchers unter Berücksichtigung der besonderen Verhältnisse der internationalen Seeschiffahrt erforderlich ist; soweit Rechtsverordnungen nach § 9 Abs. 4 betroffen sind, tritt an die Stelle des Bundesministeriums das Bundesministerium für Umwelt, Naturschutz und Reaktorsicherheit im Einvernehmen mit dem Bundesministerium.

Neunter Abschnitt
Straftaten und Ordnungswidrigkeiten

Unterabschnitt A
Verstöße gegen deutsches Recht

§ 51
Straftaten

(1) Mit Freiheitsstrafe bis zu drei Jahren oder mit Geldstrafe wird bestraft, wer
1. entgegen § 8 Nr. 1 Lebensmittel herstellt oder behandelt, entgegen § 8 Nr. 2 Stoffe als Lebensmittel in den Verkehr bringt oder entgegen § 8 Nr. 3 dort genannte Erzeugnisse herstellt, behandelt oder in den Verkehr bringt,
2. einer nach § 9 Abs. 1 Nr. 1, 3 oder 4 Buchstabe a für Lebensmittel zum Schutz der Gesundheit erlassenen Rechtsverordnung zuwiderhandelt, soweit sie für einen bestimmten Tatbestand auf diese Strafvorschrift verweist, oder entgegen § 9

Abs. 2 Lebensmittel in den Verkehr bringt, die einer nach § 9 Abs. 1 Nr. 1 erlassenen Rechtsverordnung nicht entsprechen,
3. entgegen § 24 Nr. 1 kosmetische Mittel herstellt oder behandelt oder entgegen § 24 Nr. 2 Stoffe als kosmetische Mittel in den Verkehr bringt,
4. einer nach § 26 Abs. 1 Nr. 3 in Verbindung mit § 32 Abs. 1 Nr. 1 bis 3 für kosmetische Mittel zum Schutz der Gesundheit erlassenen Rechtsverordnung zuwiderhandelt, soweit sie für einen bestimmten Tatbestand auf diese Strafvorschrift verweist, oder entgegen § 26 Abs. 2 kosmetische Mittel in den Verkehr bringt, die einer nach § 26 Abs. 1 Nr. 3 in Verbindung mit § 32 Abs. 1 Nr. 1 bis 3 erlassenen Rechtsverordnung nicht entsprechen,
5. entgegen § 30 Nr. 1 Bedarfsgegenstände herstellt oder behandelt, entgegen § 30 Nr. 2 Gegenstände oder Mittel als Bedarfsgegenstände in den Verkehr bringt oder Bedarfsgegenstände im Sinne des § 5 Abs. 1 Nr. 1 entgegen § 30 Nr. 3 verwendet,
6. einer nach § 32 Abs. 1 Nr. 1 bis 3 für Bedarfsgegenstände zum Schutz der Gesundheit erlassenen Rechtsverordnung zuwiderhandelt, soweit sie für einen bestimmten Tatbestand auf diese Strafvorschrift verweist, oder entgegen § 32 Abs. 2 Bedarfsgegenstände in den Verkehr bringt, die einer nach § 32 Abs. 1 Nr. 1 bis 3 erlassenen Rechtsverordnung nicht entsprechen.

(1a) Ebenso wird bestraft, wer
1. entgegen § 15 Abs. 1 von einem Tier gewonnene Lebensmittel in den Verkehr bringt,
2. entgegen § 15 Abs. 2 Nr. 1 Lebensmittel von einem Tier gewinnt oder entgegen § 15 Abs. 2 Nr. 2 von einem Tier gewonnene Lebensmittel in den Verkehr bringt oder
3. einer nach § 15 Abs. 3 Nr. 1 Buchstabe b oder Nr. 2 erlassenen Rechtsverordnung zuwiderhandelt, soweit sie für einen bestimmten Tatbestand auf diese Strafvorschrift verweist.

(2) Der Versuch ist strafbar.

(3) In besonders schweren Fällen ist die Strafe Freiheitsstrafe von sechs Monaten bis zu fünf Jahren. Ein besonders schwerer Fall liegt in der Regel vor, wenn der Täter durch eine der in Absatz 1 oder 1a bezeichneten Handlungen
1. die Gesundheit einer großen Zahl von Menschen gefährdet,
2. einen anderen in die Gefahr des Todes oder einer schweren Schädigung an Körper oder Gesundheit bringt oder
3. aus grobem Eigennutz für sich oder einen anderen Vermögensvorteile großen Ausmaßes erlangt.

(4) Wer in den Fällen des Absatzes 1 oder 1a fahrlässig handelt, wird mit Freiheitsstrafe bis zu einem Jahr oder mit Geldstrafe bestraft, in den Fällen des Absatzes 1a jedoch nur, wer die Stoffe im Sinne des § 15 zugeführt oder die Lebensmittel in den Geltungsbereich dieses Gesetzes verbracht hat.

§ 52
Straftaten

(1) Mit Freiheitsstrafe bis zu einem Jahr oder mit Geldstrafe wird bestraft, wer
1. einer nach § 9 Abs. 1 Nr. 2 oder seit dem 6. Juni 1986 nach § 9 Abs. 4 für Lebensmittel erlassenen Rechtsverordnung zuwiderhandelt, soweit sie für einen bestimmten Tatbestand auf diese Strafvorschrift verweist,
2. einer nach § 9 Abs. 1 Nr. 4 Buchstabe b, Nr. 5 oder 6 erlassenen Rechtsverordnung zuwiderhandelt, soweit sie für einen bestimmten Tatbestand auf diese Strafvorschrift verweist,
3. entgegen § 11 Abs. 1 Nr. 1 bei dem Herstellen oder Behandeln von Lebensmitteln nicht zugelassene Zusatzstoffe verwendet, Ionenaustauscher benutzt oder ein Verfahren zur Erzeugung von Zusatzstoffen anwendet oder entgegen § 11 Abs. 1 Nr. 2 Lebensmittel oder entgegen § 11 Abs. 1 Nr. 3 Zusatzstoffe oder Ionenaustauscher in den Verkehr bringt,
4. einer nach § 12 Abs. 1 oder Abs. 2 Nr. 1, 2, oder 4 erlassenen Rechtsverordnung zuwiderhandelt, soweit sie für einen bestimmten Tatbestand auf diese Strafvorschrift verweist,
5. entgegen § 13 Abs. 1 Nr. 1 eine nicht zugelassene Bestrahlung anwendet, entgegen § 13 Abs. 1 Nr. 2 Lebensmittel in den Verkehr bringt oder einer nach § 13 Abs. 2 erlassenen Rechtsverordnung zuwiderhandelt, soweit sie für einen bestimmten Tatbestand auf diese Strafvorschrift verweist,
6. entgegen § 14 Abs. 1 Lebensmittel, in oder auf denen Pflanzenschutz- oder sonstige Mittel oder deren Abbau- oder Reaktionsprodukte vorhanden sind, in den Verkehr bringt oder einer nach § 14 Abs. 2 Nr. 1 Buchstabe b oder Nr. 2 erlassenen Rechtsverordnung zuwiderhandelt, soweit sie für einen bestimmten Tatbestand auf diese Strafvorschrift verweist,
7. (weggefallen)
8. entgegen § 16 Abs. 1 Satz 1 den Gehalt an Zusatzstoffen oder die Anwendung einer Bestrahlung nicht kenntlich macht oder einer nach § 16 Abs. 1 Satz 2 oder Abs. 2 Nr. 1 erlassenen Rechtsverordnung zuwiderhandelt, soweit sie für einen bestimmten Tatbestand auf diese Strafvorschrift verweist,
9. entgegen § 17 Abs. 1 Nr. 1 Lebensmittel oder entgegen § 17 Abs. 1 Nr. 2 Lebensmittel ohne ausreichende Kenntlichmachung in den Verkehr bringt,
10. entgegen § 17 Abs. 1 Nr. 3 einen Zusatzstoff oder eine Bestrahlung anwendet oder entgegen § 17 Abs. 1 Nr. 5 Lebensmittel unter einer irreführenden Bezeichnung, Angabe oder Aufmachung in den Verkehr bringt oder mit einer irreführenden Darstellung oder Aussage wirbt,
11. einer nach § 19 Abs. 1 Nr. 4 Buchstabe a bis c oder Nr. 5, auch in Verbindung mit Abs. 2 Satz 1, erlassenen Rechtsverordnung zuwiderhandelt, soweit sie für einen bestimmten Tatbestand auf diese Strafvorschrift verweist.

(2) Ebenso wird bestraft, wer
1. entgegen § 20 Abs. 1 Nr. 1 bei dem Herstellen von Tabakerzeugnissen nicht zugelassene Stoffe verwendet, einer nach § 20 Abs. 3 oder einer nach § 21 Abs. 1

Nr. 1 Buchstabe a bis c oder g oder nach § 21 Abs. 1 Nr. 2 in Verbindung mit § 19 Abs. 1 Nr. 4 Buchstabe b und c erlassenen Rechtsverordnung zuwiderhandelt, soweit sie für einen bestimmten Tatbestand auf diese Strafvorschrift verweist, oder Tabakerzeugnisse entgegen § 20 Abs. 1 Nr. 2 oder § 21 Abs. 2 oder Stoffe entgegen § 20 Abs. 1 Nr. 3 in den Verkehr bringt,

2. entgegen § 23 in Verbindung mit § 13 Abs. 1 Nr. 1 bei Tabakerzeugnissen eine nicht zugelassene Bestrahlung anwendet, entgegen § 23 in Verbindung mit § 13 Abs. 1 Nr. 2 Tabakerzeugnisse in den Verkehr bringt oder einer nach § 23 in Verbindung mit § 13 Abs. 2 erlassenen Rechtsverordnung zuwiderhandelt, soweit sie für einen bestimmten Tatbestand auf diese Strafvorschrift verweist.

3. entgegen § 23 in Verbindung mit § 14 Abs. 1 Tabakerzeugnisse in den Verkehr bringt oder einer nach § 23 in Verbindung mit § 14 Abs. 2 Nr. 1 Buchstabe b oder Nr. 2 erlassenen Rechtsverordnung zuwiderhandelt, soweit sie für einen bestimmten Tatbestand auf diese Strafvorschrift verweist,

4. entgegen § 23 in Verbindung mit § 17 Abs. 1 Nr. 1 Tabakerzeugnisse oder entgegen § 23 in Verbindung mit § 17 Abs. 1 Nr. 2 Tabakerzeugnisse ohne ausreichende Kenntlichmachung in den Verkehr bringt,

5. entgegen § 23 in Verbindung mit § 17 Abs. 1 Nr. 5 Tabakerzeugnisse unter einer irreführenden Bezeichnung, Angabe oder Aufmachung in den Verkehr bringt oder mit einer irreführenden Darstellung oder Aussage wirbt,

6. entgegen § 25 Abs. 1 Nr. 1 bei dem Herstellen oder Behandeln von kosmetischen Mitteln nicht zugelassene verschreibungspflichtige Stoffe verwendet, entgegen § 25 Abs. 1 Nr. 2 kosmetische Mittel in den Verkehr bringt oder einer nach § 25 Abs. 2 erlassenen Rechtsverordnung zuwiderhandelt, soweit sie für einen bestimmten Tatbestand auf diese Strafvorschrift verweist,

7. einer nach § 26 Abs. 1 Nr. 1 oder 2 oder nach § 26 Abs. 1 Nr. 3 in Verbindung mit § 32 Abs. 1 Nr. 4 oder 5 oder nach § 26a Nr. 3 erlassenen Rechtsverordnung zuwiderhandelt, soweit sie für einen bestimmten Tatbestand auf diese Strafvorschrift verweist, oder entgegen § 26 Abs. 2 kosmetische Mittel in den Verkehr bringt, die einer nach § 26 Abs. 1 Nr. 2 oder nach § 26 Abs. 1 Nr. 3 in Verbindung mit § 32 Abs. 1 Nr. 5 erlassenen Rechtsverordnung nicht entsprechen,

8. entgegen § 27 Abs. 1 kosmetische Mittel unter einer irreführenden Bezeichnung, Angabe oder Aufmachung in den Verkehr bringt oder mit einer irreführenden Darstellung oder Aussage wirbt,

9. Gegenstände als Bedarfsgegenstände im Sinne des § 5 Abs. 1 Nr. 1 entgegen § 31 Abs. 1 verwendet oder in den Verkehr bringt,

10. einer nach § 32 Abs. 1 Nr. 4, 5 oder 11 erlassenen Rechtsverordnung zuwiderhandelt, soweit sie für einen bestimmten Tatbestand auf diese Strafvorschrift verweist oder entgegen § 32 Abs. 2 Bedarfsgegenstände in den Verkehr bringt, die einer nach § 32 Abs. 1 Nr. 5 erlassenen Rechtsverordnung nicht entsprechen, oder

11. entgegen § 47 a Abs. 4 Abweichungen nicht kenntlich macht.

§ 53
Ordnungswidrigkeiten

(1) Ordnungswidrig handelt, wer eine der in § 52 Abs. 1 Nr. 2 bis 11 oder Abs. 2 bezeichneten Handlungen fahrlässig begeht, in den Fällen des § 52 Abs. 1 Nr. 6 und Abs. 2 Nr. 3 jedoch nur, wer die Stoffe im Sinne des § 14 angewendet oder die Lebensmittel oder Tabakerzeugnisse in den Geltungsbereich dieses Gesetzes verbracht hat.

(2) Ordnungswidrig handelt auch,
1. wer vorsätzlich oder fahrlässig
   a) einer nach § 9 Abs. 1 Nr. 4 Buchstabe c oder § 10 erlassenen Rechtsverordnung zuwiderhandelt, soweit sie für einen bestimmten Tatbestand auf diese Bußgeldvorschrift verweist,
   b) einer Vorschrift des § 17 Abs. 1 Nr. 4 zuwiderhandelt,
   c) einer Vorschrift des § 18 Abs. 1 oder des § 22 Abs. 1 oder 2 oder einer nach § 19a Nr. 2 Buchstabe a, § 21 Abs. 1 Nr. 1 Buchstabe d bis f oder einer nach § 22 Abs. 3 erlassenen Rechtsverordnung zuwiderhandelt, soweit sie für einen bestimmten Tatbestand auf diese Bußgeldvorschrift verweist,
   d) einer nach § 26 Abs. 1 Nr. 3 in Verbindung mit § 32 Abs. 1 Nr. 8 oder 9 Buchstabe a oder b, nach § 26 Abs. 1 Nr. 4 oder Abs. 3 Nr. 1 oder nach § 32 Abs. 1 Nr. 6 bis 9a oder 10 erlassenen Rechtsverordnung zuwiderhandelt, soweit sie für einen bestimmten Tatbestand auf diese Bußgeldvorschrift verweist,
   e) entgegen § 32 Abs. 2 Bedarfsgegenstände in den Verkehr bringt, die einer nach § 32 Abs. 1 Nr. 6 oder 10 erlassenen Rechtsverordnung nicht entsprechen;
2. wer eine der in § 51 Abs. 1a oder § 52 Abs. 1 Nr. 1 oder 6 oder Abs. 2 Nr. 3 bezeichneten Handlungen leichtfertig begeht, soweit nicht § 51 Abs. 4 oder Absatz 1 anzuwenden ist.

(3) Die Ordnungswidrigkeit kann mit einer Geldbuße bis zu fünfzigtausend Deutsche Mark geahndet werden.

§ 54
Ordnungswidrigkeiten

(1) Ordnungswidrig handelt, wer vorsätzlich oder fahrlässig
1. einer nach § 14 Abs. 2 Nr. 1 Buchstabe c erlassenen Rechtsverordnung zuwiderhandelt, soweit sie für einen bestimmten Tatbestand auf diese Bußgeldvorschrift verweist,
2. einer nach § 19 Abs. 1 Nr. 1, 2, 3 oder 4 Buchstabe d bis f, auch in Verbindung mit Abs. 2 Satz 1 erlassenen Rechtsverordnung zuwiderhandelt, soweit sie für einen bestimmten Tatbestand auf diese Bußgeldvorschrift verweist,
2a. einer nach § 19a Nr. 1, 2 Buchstabe b, Nr. 3, Nr. 2 Buchstabe b und Nr. 3 auch in Verbindung mit Nr. 4 oder Nr. 5 erlassenen Rechtsverordnung zuwiderhandelt,

soweit sie für einen bestimmten Tatbestand auf diese Bußgeldvorschrift verweist,
3. eine nach § 29 oder § 32 Abs. 1 Nr. 9b oder 12 erlassenen Rechtsverordnung zuwiderhandelt, soweit sie für einen bestimmten Tatbestand auf diese Bußgeldvorschrift verweist,
4. dem Verbringungsverbot des § 47 Abs. 1 Satz 1 zuwiderhandelt,
5. einer vollziehbaren Anordnung nach § 47b oder § 48 Abs. 1 Nr. 3 zuwiderhandelt.

(2) Ordnungswidrig handelt auch, wer vorsätzlich oder fahrlässig
1. einer nach § 16 Abs. 2 Nr. 2 oder nach § 26a Nr. 1 oder 2 erlassenen Rechtsverordnung zuwiderhandelt, soweit sie für einen bestimmten Tatbestand auf diese Bußgeldvorschrift verweist,
2. entgegen § 43 eine Maßnahme der Überwachung nach § 41 Abs. 3 Nr. 1, 2 oder 3 oder eine Probenahme nach § 42 Abs. 1 oder 4 nicht duldet, eine Auskunft nach § 41 Abs. 3 Nr. 4 nicht, nicht vollständig oder nicht richtig erteilt oder eine in der Überwachung tätige Person nicht unterstützt,
2a. entgegen § 46d Abs. 3 Satz 2 eine Maßnahme oder eine Probenahme nicht duldet oder eine bei der Durchführung des Lebensmittel-Monitoring tätige Person nicht unterstützt,
3. einer nach § 48 Abs. 2 oder einer nach § 49 Abs. 1 oder Abs. 2 Satz 1 erlassenen Rechtsverordnung zuwiderhandelt, soweit sie für einen bestimmten Tatbestand auf diese Bußgeldvorschrift verweist,
4. entgegen § 50 Abs. 3 Erzeugnisse nicht getrennt hält oder nicht kenntlich macht.

(3) Die Ordnungswidrigkeit kann in den Fällen des Absatzes 1 mit einer Geldbuße bis zu dreißigtausend Deutsche Mark, in den Fällen des Absatzes 2 mit einer Geldbuße bis zu zehntausend Deutsche Mark geahndet werden.

§ 55
Einziehung

Gegenstände, auf die sich eine Straftat nach § 51 oder 52 oder eine Ordnungswidrigkeit nach § 53 oder 54 bezieht, können eingezogen werden. § 74a des Strafgesetzbuches und § 23 des Gesetzes über Ordnungswidrigkeiten sind anzuwenden.

Unterabschnitt B
Verstöße gegen Recht der Europäischen Gemeinschaft

§ 56
Straftaten

(1) Mit Freiheitsstrafe bis zu drei Jahren oder mit Geldstrafe wird bestraft, wer einer unmittelbar geltenden Vorschrift in Rechtsakten der Europäischen Gemeinschaft zuwiderhandelt, die inhaltlich

1. einer Regelung, zu der die in
   a) § 51 Abs. 1 Nr. 2, 4 oder 6 oder
   b) § 51 Abs. 1a Nr. 3
   genannten Vorschriften ermächtigen, oder
2. einem in
   a) § 51 Abs. 1 oder
   b) § 51 Abs. 1a Nr. 1 oder 2
   genannten Gebot oder Verbot

entspricht, soweit eine Rechtsverordnung nach § 60 für einen bestimmten Tatbestand auf diese Strafvorschrift verweist.

(2) § 51 Abs. 2 und 3 ist entsprechend anzuwenden.

(3) Wer in den Fällen des Absatzes 1 fahrlässig handelt, wird mit Freiheitsstrafe bis zu einem Jahr oder mit Geldstrafe bestraft.

§ 57
Straftaten

Mit Freiheitsstrafe bis zu einem Jahr oder mit Geldstrafe wird bestraft, wer einer unmittelbar geltenden Vorschrift in Rechtsakten der Europäischen Gemeinschaft zuwiderhandelt, die inhaltlich

1. einer Regelung, zu der die in
   a) § 52 Abs. 1 Nr. 1,
   b) § 52 Abs. 1 Nr. 2, 4, 5, 8 oder 11 oder Abs. 2 Nr. 1, 2, 6, 7 oder 10,
   c) § 52 Abs. 1 Nr. 6 oder
   d) § 52 Abs. 2 Nr. 3
   genannten Vorschriften ermächtigen, oder
2. einem in
   a) § 52 Abs. 1 Nr. 3, 5 oder 8 bis 10 oder Abs. 2 Nr. 1, 2 oder 4 bis 11 oder
   b) § 52 Abs. 1 Nr. 6 oder Abs. 2 Nr. 3
   genannten Gebot oder Verbot

entspricht, soweit eine Rechtsverordnung nach § 60 auf diese Strafvorschrift verweist.

§ 58
Ordnungswidrigkeiten

(1) Ordnungswidrig handelt, wer eine der in § 57 Nr. 1 Buchstabe b, c oder d oder Nr. 2 bezeichneten Handlungen fahrlässig begeht. Für eine Handlung nach § 57 Nr. 1 Buchstabe c oder d oder Nr. 2 Buchstabe b gilt dies jedoch nur, wenn er die Stoffe im Sinne des § 14 angewendet oder die Lebensmittel oder Tabakerzeugnisse in den Geltungsbereich dieses Gesetzes verbracht hat.

(2) Ordnungswidrig handelt auch, wer
1. vorsätzlich oder fahrlässig einer unmittelbar geltenden Vorschrift in Rechtsakten der Europäischen Gemeinschaft zuwiderhandelt, die inhaltlich

a) einer Regelung, zu der die in § 53 Abs. 2 Nr. 1 Buchstabe a, c oder d genannten Vorschriften ermächtigen, oder

b) einem in § 53 Abs. 2 Nr. 1 Buchstabe b, c oder e genannten Gebot oder Verbot entspricht, soweit eine Rechtsverordnung nach § 60 auf diese Bußgeldvorschrift verweist, oder

2. eine der in § 56 Abs. 1 Nr. 1 Buchstabe b oder Nr. 2 Buchstabe b oder in § 57 Nr. 1 Buchstsabe a, c oder d oder Nr. 2 Buchstabe b bezeichneten Handlungen leichtfertig begeht, soweit nicht Absatz 1 oder § 56 Abs. 3 anzuwenden ist.

(3) Die Ordnungswidrigkeit kann mit einer Geldbuße bis zu fünfzigtausend Deutsche Mark geahndet werden.

§ 59
Ordnungswidrigkeiten

(1) Ordnungswidrig handelt, wer vorsätzlich oder fahrlässig einer unmittelbar geltenden Vorschrift in Rechtsakten der Europäischen Gemeinschaft zuwiderhandelt, die inhaltlich

1. einer Regelung, zu der die in § 54 Abs. 1 Nr. 1 bis 3 genannten Vorschriften ermächtigen, oder

2. a) einer Regelung, zu der die in § 54 Abs. 2 Nr. 1 oder 3 genannten Vorschriften ermächtigen, oder

b) einem in § 54 Abs. 2 Nr. 2 oder 2a genannten Gebot oder Verbot

entspricht, soweit eine Rechtsverordnung nach § 60 auf diese Bußgeldvorschrift verweist.

(2) Die Ordnungswidrigkeit kann in den Fällen des Absatzes 1 Nr. 1 mit einer Geldbuße bis zu dreißigtausend Deutsche Mark, in den Fällen des Absatzes 1 Nr. 2 mit einer Geldbuße bis zu zehntausend Deutsche Mark geahndet werden.

§ 60
Ermächtigungen

Das Bundesministerium für Gesundheit wird ermächtigt, soweit dies zur Durchsetzung der Rechtsakte der Europäischen Gemeinschaft erforderlich ist, durch Rechtsverordnung ohne Zustimmung des Bundesrates die Tatbestände zu bezeichnen, die

1. als Straftat nach § 56 Abs. 1 oder § 57 zu ahnden sind oder

2. als Ordnungswidrigkeit nach § 58 Abs. 2 Nr. 1 oder § 59 Abs. 1 geahndet werden können.

§ 61
Einziehung

Gegenstände, auf die sich eine Straftat nach § 56 oder 57 oder eine Ordnungswidrigkeit nach § 58 oder 59 bezieht, können eingezogen werden. § 74a des Strafgesetzbuches und § 23 des Gesetzes über Ordnungswidrigkeiten sind anzuwenden.

Verordnung über die Kennzeichnung von Lebensmitteln (Lebensmittel-Kennzeichnungsverordnung – LMKV)

i. d. F. der Bek. der Neufassung vom 6. September 1984 (BGBl. I S. 1221), zuletzt geändert durch VO zur Neuordnung lebensmittelrechtlicher Vorschriften für Zusatzstoffe

Erster Abschnitt
Allgemeine Vorschriften

§ 1
Anwendungsbereich

(1) Diese Verordnung gilt für die Kennzeichnung von Lebensmitteln in Fertigpackungen im Sinne des § 14 Abs. 1 des Eichgesetzes, die dazu bestimmt sind, an den Verbraucher (§ 6 des Lebensmittel- und Bedarfsgegenständegesetzes) abgegeben zu werden.

(2) Diese Verordnung gilt nicht für die Kennzeichnung von Lebensmitteln in Fertigpackungen, die in der Verkaufsstätte zur alsbaldigen Abgabe an den Verbraucher hergestellt und dort, jedoch nicht zur Selbstbedienung, abgegeben werden.

(3) [1]Die Vorschriften dieser Verordnung gelten ferner nicht für die Kennzeichnung von
1. Kakao, Kakaoerzeugnissen,
2. Kaffee-Extrakten und Zichorienextrakten, die zur Abgabe an Verbraucher im Sinne des § 6 Abs. 2 des Lebensmittel- und Bedarfsgegenständegesetzes bestimmt sind,
3. Zuckerarten im Sinne der Zuckerartenverordnung,
4. Honig,
5. *(gestrichen)*
6. Perlwein, Perlwein mit zugesetzter Kohlensäure, Likörwein, weinhaltigen Getränken, aromatisierten Weinen, aromatisierten weinhaltigen Getränken, aromatisierten weinhaltigen Cocktails, Branntwein aus Wein, Weinessig,
7. Aromen,
8. Stoffen, die in Anlage 2 der Zusatzstoffverkehrsverordnung aufgeführt sind,
9. Lebensmitteln, soweit deren Kennzeichnung in Verordnungen des Rates oder der Kommission der Europäischen Gemeinschaften geregelt ist.

[2]Für Milcherzeugnisse, die in der Butterverordnung, Käseverordnung oder Verordnung über Milcherzeugnisse geregelt sind, sowie für Konsummilch im Sinne der

Konsummilch-Kennzeichnungsverordnung gilt diese Verordnung nur, soweit Vorschriften der genannten Verordnungen sie für anwendbar erklären.

§ 2
Unberührtheitsklausel

Rechtsvorschriften, die für bestimmte Lebensmittel in Fertigpackungen eine von den Vorschriften dieser Verordnung abweichende oder zusätzliche Kennzeichnung vorschreiben, bleiben unberührt.

§ 3
Kennzeichnungselemente

(1) Lebensmittel in Fertigpackungen dürfen gewerbsmäßig nur in den Verkehr gebracht werden, wenn angegeben sind:
1. die Verkehrsbezeichnung nach Maßgabe des § 4,
2. der Name oder die Firma und die Anschrift des Herstellers, des Verpackers oder eines in einem Mitgliedstaat der Europäischen Gemeinschaft oder in einem anderen Vertragsstaat des Abkommens über den Europäischen Wirtschaftsraum niedergelassenen Verkäufers,
3. das Verzeichnis der Zutaten nach Maßgabe der §§ 5 und 6,
4. das Mindesthaltbarkeitsdatum nach Maßgabe des § 7 oder bei in mikrobiologischer Hinsicht sehr leicht verderblichen Lebensmitteln das Verbrauchsdatum nach Maßgabe des § 7a Abs. 1 bis 3,
5. der vorhandene Alkoholgehalt bei Getränken mit einem Alkoholgehalt von mehr als 1,2 Volumenprozent nach Maßgabe des § 7b.

(2) Die Angaben nach Absatz 1 Nr. 2 und 3 können entfallen
1. bei einzeln abgegebenen figürlichen Zuckerwaren,
2. bei Fertigpackungen, deren größte Einzelfläche weniger als 10 cm^2 beträgt,
3. bei zur Wiederverwendung bestimmten Glasflaschen, die eine unverwischbare Aufschrift tragen und dementsprechend weder ein Etikett noch eine Halsschleife oder ein Brustschild haben,
4. bei Fertigpackungen, die verschiedene Mahlzeiten oder Teile von Mahlzeiten in vollständig gekennzeichneten Fertigpackungen enthalten und zu karitativen Zwecken abgegeben werden.

(3) [1]Die Angaben nach Absatz 1 sind auf der Fertigpackung oder einem mit ihr verbundenen Etikett an gut sichtbarer Stelle, in deutscher Sprache, leicht verständlich, deutlich lesbar und unverwischbar anzubringen. [2]Die Angaben nach Absatz 1 können auch in einer anderen leicht verständlichen Sprache angegeben werden, wenn dadurch die Information des Verbrauchers nicht beeinträchtigt wird. [3]Sie dürfen nicht durch andere Angaben oder Bildzeichen verdeckt oder getrennt werden; die Angaben nach Absatz 1 Nr. 1, 4 und 5 und die Mengenkennzeichnung nach § 7 Abs. 1 des Eichgesetzes sind im gleichen Sichtfeld anzubringen.

(4) ¹Abweichend von Absatz 3 können
1. die Angaben nach Absatz 1 bei
   a) tafelfertig zubereiteten, portionierten Gerichten, die zur Abgabe an Einrichtungen zur Gemeinschaftsverpflegung zum Verzehr an Ort und Stelle bestimmt sind,
   b) Fertigpackungen, die unter dem Namen oder der Firma eines in einem Mitgliedstaat der Europäischen Gemeinschaft oder in einem anderen Vertragsstaat des Abkommens über den Europäischen Wirtschaftsraum niedergelassenen Verkäufers in den Verkehr gebracht werden sollen, bei der Abgabe an diesen,
   c) Fertigpackungen, die zur Abgabe an Verbraucher im Sinne des § 6 Abs. 2 des Lebensmittel- und Bedarfsgegenständegesetzes bestimmt sind, um dort zubereitet, verarbeitet, aufgeteilt oder abgegeben zu werden,
2. a) die Angaben nach Absatz 1 bei Fleisch in Reife- und Transportpackungen,
   b) die Angaben nach Absatz 1 Nr. 3 bei Lebensmitteln in sonstigen Fertigpackungen,
   die zur Abgabe an Verbraucher im Sinne des § 6 Abs. 2 des Lebensmittel- und Bedarfsgegenständegesetzes bestimmt sind,

in den dazugehörenden Geschäftspapieren enthalten sein, wenn sichergestellt ist, daß diese Papiere mit allen Etikettierungsangaben entweder die Lebensmittel, auf die sie sich beziehen, begleiten, oder vor oder gleichzeitig mit der Lieferung abgesandt wurden. ²Im Falle von Nummer 1 Buchstabe a kann die Angabe nach Abs. 1 Nr. 3 entfallen. ³Im Falle der Nummer 1 Buchstabe b und c sind die in Absatz 1 Nr. 1, 2 und 4 genannten Angaben auch auf der äußeren Verpackung der Lebensmittel anzubringen. ⁴Im Falle des Absatzes 2 Nr. 3 müssen die Angaben nach Absatz 1 Nr. 1 und 4 nicht im gleichen Sichtfeld angebracht sein.

(5) Die Angaben nach Absatz 1 können entfallen bei
1. Lebensmitteln, die kurz vor der Abgabe zubereitet und verzehrfertig hergerichtet
   a) in Gaststätten und Einrichtungen zur Gemeinschaftsverpflegung im Rahmen der Selbstbedienung oder
   b) zu karitativen Zwecken
   zum unmittelbaren Verzehr abgegeben werden,
2. Dauerbackwaren und Süßwaren, die in der Verkaufsstätte zur alsbaldigen Abgabe an den Verbraucher verpackt werden, sofern die Unterrichtung des Verbrauchers über die Angaben nach Absatz 1 auf andere Weise gewährleistet ist.

(6) Abweichend von Absatz 3 können die Angaben nach Absatz 1 bei Brötchen auf einem Schild auf oder neben der Ware angebracht werden.

§ 4
Verkehrsbezeichnung

¹Die Verkehrsbezeichnung eines Lebensmittels ist die in Rechtsvorschriften festgelegte Bezeichnung, bei deren Fehlen
1. die nach allgemeiner Verkehrsauffassung übliche Bezeichnung oder
2. eine Beschreibung des Lebensmittels und erforderlichenfalls seiner Verwendung, die es dem Verbraucher ermöglicht, die Art des Lebensmittels zu erkennen und es von verwechselbaren Erzeugnissen zu unterscheiden.

²Hersteller- oder Handelsmarken oder Phantasienamen können die Verkehrsbezeichnung nicht ersetzen.

§ 5
Begriffsbestimmung der Zutaten

(1) ¹Zutat ist der Stoff, einschließlich der Zusatzstoffe, der bei der Herstellung eines Lebensmittels verwendet wird und unverändert oder verändert im Enderzeugnis vorhanden ist. ²Besteht eine Zutat eines Lebensmittels aus mehreren Zutaten (zusammengesetzte Zutat), so gelten diese als Zutaten des Lebensmittels.

(2) Als Zutaten gelten nicht:
1. Bestandteile einer Zutat, die während der Herstellung vorübergehend entfernt und dem Lebensmittel wieder hinzugeführt werden, ohne daß sie mengenmäßig ihren ursprünglichen Anteil überschreiten,
2. Stoffe der Anlage 2 der Zusatzstoffverkehrsverordnung und Aromen, Enzyme und Mikroorganismenkulturen, die in einer oder mehreren Zutaten eines Lebensmittels enthalten waren, sofern sie im Enderzeugnis keine technologische Wirkung ausüben.
3. Zusatzstoffe im Sinne von § 11 Abs. 2 Nr. 1 des Lebensmittel- und Bedarfsgegenständegesetzes,
4. Lösungsmittel und Trägerstoffe für Stoffe der Anlage 2 der Zusatzstoffverkehrsverordnung, Aromen, Enzyme und Mikroorganismenkulturen, sofern sie in nicht mehr als technologisch erforderlichen Mengen verwendet werden,
5. Extraktionslösungsmittel.

§ 6
Verzeichnis der Zutaten

(1) ¹Das Verzeichnis der Zutaten besteht aus einer Aufzählung der Zutaten des Lebensmittels in absteigender Reihenfolge ihres Gewichtsanteils zum Zeitpunkt ihrer Verwendung bei der Herstellung des Lebensmittels. ²Der Aufzählung ist ein geeigneter Hinweis voranzustellen, in dem das Wort "Zutaten" erscheint.

(2) Abweichend von Absatz 1
1. sind zugefügtes Wasser und flüchtige Zutaten nach Maßgabe ihres Gewichtsanteils am Enderzeugnis anzugeben, wobei der Anteil des zugefügten Wassers durch Abzug der Summe der Gewichtsanteile aller anderen verwendeten Zutaten

von der Gesamtmenge des Enderzeugnisses ermittelt wird; die Angabe kann entfallen, sofern der errechnete Anteil nicht mehr als 5 Gewichtshundertteile beträgt;
2. können die in konzentrierter oder getrockneter Form verwendeten und bei der Herstellung des Lebensmittels in ihren ursprünglichen Zustand zurückgeführten Zutaten nach Maßgabe ihres Gewichtsanteils vor der Eindickung oder vor dem Trocknen im Verzeichnis angegeben werden; dabei kann die Angabe des lediglich zur Rückverdünnung zugesetzten Wassers entfallen;
3. kann die Angabe des Zusatzes von Wasser bei Aufgußflüssigkeiten, die üblicherweise nicht mitverzehrt werden, entfallen;
4. können bei konzentrierten oder getockneten Lebensmitteln, bei deren bestimmungsgemäßem Gebrauch Wasser zuzusetzen ist, die Zutaten in der Reihenfolge ihres Anteils an dem in seinen ursprünglichen Zustand zurückgeführten Erzeugnis angegeben werden, sofern das Verzeichnis der Zutaten eine Angabe wie "Zutaten des gebrauchsfertigen Erzeugnisses" enthält;
5. können bei Obst- und Gemüsemischungen die Obst- und Gemüsearten sowie bei Gewürzmischungen oder Gewürzzubereitungen die Gewürzarten in anderer Reihenfolge angegeben werden, sofern sich die Obst-, Gemüse- oder Gewürzarten in ihrem Gewichtsanteil nicht wesentlich unterscheiden und im Verzeichnis der Zutaten ein Hinweis wie "in veränderlichen Gewichtsanteilen" erfolgt;
6. kann eine zusammengesetzte Zutat (§ 5 Abs. 1 Satz 2) nach Maßgabe ihres Gewichtsanteils angegeben werden, sofern für sie eine Verkehrsbezeichnung durch Rechtsvorschrift festgelegt oder nach allgemeiner Verkehrsauffassung üblich ist und ihr eine Aufzählung ihrer Zutaten in absteigender Reihenfolge des Gewichtsanteils zum Zeitpunkt der Verwendung bei ihrer Herstellung unmittelbar folgt; diese Aufzählung ist nicht erforderlich, wenn
   a) die zusammengesetzte Zutat ein Lebensmittel ist, für das ein Verzeichnis der Zutaten nicht vorgeschrieben ist oder
   b) der Anteil der zusammengesetzten Zutat weniger als 25 Gewichtshundertteile des Enderzeugnisses beträgt; in diesem Fall sind jedoch in ihr enthaltene Stoffe der Anlage 2 der Zusatzstoffverkehrsverordnung, Enzyme und Mikroorganismenkulturen anzugeben, ausgenommen Natriumjodat und Kaliumjodat; Absatz 5 bleibt unberührt;
7. können Farbstoffe in beliebiger Reihenfolge angegeben werden.

(3) ¹Die Zutaten sind mit ihrer Verkehrsbezeichnung nach Maßgabe des § 4 anzugeben. ²Bei in Anlage 2 der Zusatzstoffverkehrsverordnung aufgeführten Stoffen genügt die Angabe der dort in Spalte 4 vorgesehenen Bezeichnung als Verkehrsbezeichnung.

(4) Abweichend von Absatz 3
1. kann bei Zutaten, die zu einer der in Anlage 1 aufgeführten Klassen gehören, der Name dieser Klasse angegeben werden;
2. müssen Stoffe der Anlage 2 der Zusatzstoffverkehrsverordnung, die zu einer der in Anlage 2 aufgeführten Klassen gehören, ausgenommen physikalisch oder en-

zymatisch modifizierte Stärken, mit dem Namen dieser Klasse, gefolgt von der Verkehrsbezeichnung oder der EWG-Nummer angegeben werden; gehört eine Zutat zu mehreren Klassen, so ist die Klasse anzugeben, der die Zutat auf Grund ihrer hauptsächlichen Wirkung für das betreffende Lebensmittel zuzuordnen ist; bei chemisch modifizierten Stärken genügt die Angabe des Klassennamens.

(5) [1]Bei Verwendung von Aromen ist im Verzeichnis der Zutaten das Wort "Aroma", eine genauere Bezeichnung oder eine Beschreibung des Aromas anzugeben. [2]Das Wort "natürlich" und gleichsinnige Angaben dürfen nur nach Maßgabe des § 4b der Aromenverordnung gebraucht werden.

(6) Die Angabe des Verzeichnisses der Zutaten ist nicht erforderlich bei
1. frischem Obst, frischem Gemüse und Kartoffeln, nicht geschält, geschnitten oder ähnlich behandelt,
2. Getränken mit einem Alkoholgehalt von mehr als 1,2 Volumenprozent, ausgenommen Bier,
3. Erzeugnissen aus nur einer Zutat.

§ 7
Mindesthaltbarkeitsdatum

(1) Das Mindesthaltbarkeitsdatum eines Lebensmittels ist das Datum, bis zu dem dieses Lebensmittel unter angemessenen Aufbewahrungsbedingungen seine spezifischen Eigenschaften behält.

(2) [1]Das Mindesthaltbarkeitsdatum ist unverschlüsselt mit den Worten "mindestens haltbar bis..." unter Angabe von Tag, Monat und Jahr in dieser Reihenfolge anzugeben. [2]Die Angabe von Tag, Monat und Jahr kann auch an anderer Stelle erfolgen, wenn in Verbindung mit der Angabe nach Satz 1 auf diese Stelle hingewiesen wird.

(3) Abweichend von Absatz 2 kann bei Lebensmitteln,
1. deren Mindesthaltbarkeit nicht mehr als drei Monate beträgt, die Angabe des Jahres entfallen,
2. a) deren Mindesthaltbarkeit mehr als 3 Monate beträgt, der Tag,
   b) deren Mindesthaltbarkeit mehr als achtzehn Monate beträgt, der Tag und der Monat

entfallen, wenn das Mindesthaltbarkeitsdatum unverschlüsselt mit den Worten "mindestens haltbar bis Ende..." angegeben wird.

(4) (aufgehoben)

(5) Ist die angegebene Mindesthaltbarkeit nur bei Einhaltung bestimmter Temperaturen oder sonstiger Bedingungen gewährleistet, so ist ein entsprechender Hinweis in Verbindung mit der Angabe nach den Absätzen 2 bis 4 anzubringen.

(6) Die Angabe des Mindesthaltbarkeitsdatums ist nicht erforderlich bei

1. frischem Obst, frischem Gemüse und Kartoffeln, nicht geschält, geschnitten oder ähnlich behandelt, ausgenommen Keime von Samen und ähnlichen Erzeugnissen, wie Sprossen von Hülsenfrüchten,
2. Getränken mit einem Alkoholgehalt von 10 oder mehr Volumenprozent,
3. alkoholfreien Erfrischungsgetränken, Fruchtsäften, Fruchtnektaren und alkoholhaltigen Getränken in Behältnissen von mehr als 5 Litern, die zur Abgabe an Verbraucher im Sinne des § 6 Abs. 2 des Lebensmittel- und Bedarfsgegenständegesetzes bestimmt sind,
4. Speiseeis in Portionspackungen,
5. Backwaren, die ihrer Art nach normalerweise innerhalb 24 Stunden nach ihrer Herstellung verzehrt werden,
6. Speisesalz, ausgenommen jodiertes Speisesalz,
7. Zucker in fester Form,
8. Zuckerwaren, die fast nur aus Zuckerarten mit Aromastoffen oder Farbstoffen oder Aromastoffen und Farbstoffen bestehen,
9. Kaugummi und ähnlichen Erzeugnissen zum Kauen.

§ 7a
Verbrauchsdatum

(1) Bei in mikrobiologischer Hinsicht sehr leicht verderblichen Lebensmitteln, die nach kurzer Zeit eine unmittelbare Gefahr für die menschliche Gesundheit darstellen könnten, ist anstelle des Mindesthaltbarkeitsdatums das Verbrauchsdatum anzugeben.

(2) [1]Diesem Datum ist die Angabe "verbrauchen bis" voranzustellen, verbunden mit
1. dem Datum selbst oder
2. einem Hinweis darauf, wo das Datum in der Etikettierung zu finden ist.
[2]Diesen Angaben ist eine Beschreibung der einzuhaltenden Aufbewahrungsbedingungen hinzuzufügen.

(3) Das Datum besteht aus der unverschlüsselten Angabe von Tag, Monat und gegebenenfalls Jahr in dieser Reihenfolge.

(4) Lebensmittel nach Absatz 1 dürfen nach Ablauf des Verbrauchsdatums nicht mehr in den Verkehr gebracht werden.

§ 7b
Vorhandener Alkoholgehalt

(1) Der Angabe des vorhandenen Alkoholgehaltes ist der bei 20 °C bestimmte Alkoholgehalt zugrunde zu legen.

(2) [1]Der vorhandene Alkoholgehalt ist in Volumenprozenten bis auf höchstens eine Dezimalstelle anzugeben. [2]Dieser Angabe ist das Symbol "% vol" anzufügen. [3]Der Angabe kann das Wort "Alkohol" oder die Abkürzung "alc" vorangestellt werden.

(3) [1]Für die Angabe des Alkoholgehalts sind die in Anlage 3 aufgeführten Abwei-

chungen zulässig. ²Die Abweichungen gelten unbeschadet der Toleranzen, die sich aus der für die Bestimmung des Alkoholgehalts verwendeten Analysenmethode ergeben.

§ 8
Hervorhebung der Zutaten

(1) Werden eine oder mehrere Zutaten, die für die Merkmale des Lebensmittels wichtig sind, besonders hervorgehoben, ist die Mindestmenge, bei entsprechender Hervorhebung eines geringen Gehalts die Höchstmenge der verwendeten Zutaten in Gewichtshundertteilen anzugeben.

(2) ¹Die Angabe nach Absatz 1 ist in unmittelbarer Nähe der Verkehrsbezeichnung oder bei der Angabe der hervorgehobenen Zutat im Verzeichnis der Zutaten anzubringen. ²Im übrigen gilt § 3 Abs. 3 und 4 entsprechend.

(3) Absatz 1 gilt nicht für
1. die Angabe der Verkehrsbezeichnung nach § 4;
2. durch Rechtsvorschriften zwingend vorgeschriebene Angaben;
3. Zutaten, die in geringer Menge ausschließlich zur Geschmacksgebung verwendet werden.

Zweiter Abschnitt.
Sondervorschriften für bestimmte Lebensmittel
§ 9
Fische und sonstige wechselwarme Tiere, Krusten-, Schalen-, Weichtiere

(1) ¹Bei Lebensmitteln, die außer Fischen, sonstigen wechselwarmen Tieren, Krusten-, Schalen-, Weichtieren oder Erzeugnissen aus diesen Tieren andere Bestandteile enthalten, ist der Anteil dieser Tiere oder Tiererzeugnisse insgesamt nach Gewicht zur Zeit der Abpackung oder Abfüllung der Fertigpackung anzugeben, soweit dieser Anteil nicht nur der Garnierung dient. ²Wird das Lebensmittel nach der Abpackung oder Abfüllung in die Fertigpackung einer Behandlung unterworfen, durch die der Anteil an Tieren oder Tiererzeugnissen an Gewicht verliert, so ist dies unter Angabe der Behandlungsart mit dem Hinweis "Gewichtsverlust durch..." kenntlich zu machen. ³Der Angaben nach den Sätzen 1 und 2 bedarf es nicht bei Lebensmitteln, bei denen der Anteil an Tieren oder Tiererzeugnissen aus dem nach Maßgabe eichrechtlicher Vorschriften anzugebenden Abtropfgewicht hervorgeht.

(2) 3 Abs. 2 und 4 gilt entsprechend.

Dritter Abschnitt. Ordnungswidrigkeiten
§ 10

Ordnungswidrig im Sinne des § 54 Abs. 1 Nr. 2 des Lebensmittel-und Bedarfsgegenständegesetzes handelt, wer vorsätzlich oder fahrlässig entgegen § 3 Abs. 1 oder 3, § 8 Abs. 1 oder 2 oder § 9 Abs. 1 oder 2 Lebensmittel in Fertigpackungen gewerbsmäßig in den Verkehr bringt, die nicht oder nicht in der vorgeschriebenen Weise mit den dort vorgeschriebenen Angaben gekennzeichnet sind.

§ 10a
Übergangsregelungen

(1) Mehr als 12 Monate haltbare alkoholfreie Erfrischungsgetränke in Dauerbrandflaschen dürfen noch bis zum 31. Dezember 1996 ohne Angabe der Mindesthaltbarkeitsdatums in den Verkehr gebracht werden.

(2) Lebensmittel, deren Mindesthaltbarkeitsdauer länger als 18 Monate beträgt, tiefgefrorene Lebensmittel, Speiseeis sowie Kaugummi und ähnliche Erzeugnisse zum Kauen dürfen hinsichtlich der Datumskennzeichnung noch bis zum 30. Juni 1992 nach den bis zum 30 Juni 1981 geltenden Vorschriften in den Verkehr gebracht werden.

(3) Alkoholische Getränke, die vor dem 1. Mai 1989 ohne Angabe des Alkoholgehalts erstmals in den Verkehr gebracht worden sind, dürfen ohne diese Angabe weiter in den Verkehr gebracht werden.

(4) Auf Glasflaschen, die zur Wiederverwendung bestimmt sind und auf denen eine Angabe nach § 3 Abs. 1 Nr. 1, 4 oder 5 oder die Mengenkennzeichnung nach § 16 Abs. 1 des Eichgesetzes dauerhaft angebracht ist, ist die Verpflichtung zur Anbringung dieser Angabe im gleichen Sichtfeld bis zum 30 Juni 1999 nicht anzuwenden.

(5) § 2 Nr. 1 in Verbindung mit Anlage 2 Kaptitel III Nr. 9 der EG-Recht-Überleitungsverordnung vom 18. Dezember 1990 (BGBl. I S. 2915) bleibt unberührt.

(6) Soweit die Ansätze 1 bis 5 keine abweichenden Regelungen enthalten, dürfen Erzeugnisse, die noch vor dem 1. Juli 1993 nach den bis dahin geltenden Kennzeichnungsvorschriften gekennzeichnet worden sind, weiter in den Verkehr gebracht werden.

Anlage 1
(zu § 6 Abs. 4 Nr. 1)

Zutaten, die mit dem Namen ihrer Klasse angegeben werden können, wenn sie Zutat eines anderen Lebensmittels sind

Zutat:	**Klassenname:**
Raffinierte Öle, ausgenommen Olivenöl	"Öl" ergänzt durch die Angabe 1. "pflanzlich" oder "tierisch" oder 2. der spezifischen pflanzlichen oder tierischen Herkunft Auf ein gehärtetes Öl muß mit der Angabe "gehärtet" hingewiesen werden.
raffinierte Fette	"Fett", ergänzt durch die Angabe 1. "pflanzlich" oder "tierisch" oder 2. der spezifischen pflanzlichen oder tierischen Herkunft Auf ein gehärtetes Fett muß mit der Angabe "gehärtet" hingewiesen werden.
Mischungen von Mehl aus zwei oder mehreren Getreidearten	"Mehl", anschließend die Aufzählung der Getreidearten, aus denen es hergestellt ist, in absteigender Reihenfolge ihres Gewichtsanteils
Stärke, physikalisch modifzierte oder enzymatisch modifizierte Stärke	"Stärke"
Fisch aller Art, wenn Bezeichnung oder Aufmachung sich nicht auf eine bestimmte Fischart beziehen	"Fisch"
Käse oder Käsemischungen aller Art, wenn Bezeichnung oder Aufmachung sich nicht auf eine bestimmte Käsesorte beziehen	"Käse"
Gewürze jeder Art, sofern sie ingesamt nicht mehr als 2 v. H. des Gewichts des Lebensmittels betragen	"Gewürz(e)" oder "Gewürzmischungen"
Kräuter oder Kräuterteile jeder Art, sofern sie insgesamt nicht mehr als 2 v. H. des Gewichts des Lebensmittels betragen.	"Kräuter" oder "Kräutermischung"

Zutat:	Klassenname:
Grundstoffe jeder Art, die für die Herstellung der Kaumasse von Kaugummi verwendet werden	"Kaumasse"
Paniermehl jeglichen Ursprungs	"Paniermehl"
Saccharose jeder Art	"Zucker"
Glukosesirup und getrockneter Glukosesirup	"Glukosesirup"
kristallwasserfreie und kristallwasserhaltige Dextrose	"Dextrose" oder "Traubenzucker"
Milcheiweiß jeder Art (Kaseine, Kaseinate und Molkeneiweiß) und Mischungen daraus	"Milcheiweiß"
Kakaopreßbutter, Expeller-Kakaobutter, raffinierte Kakaobutter	"Kakaobutter"
kandierte Früchte jeder Art, sofern sie insgesamt nicht mehr als 10 v. H. des Gewichts des Lebensmittels betragen	"kandierte Früchte"
Gemüsemischungen, die nicht mehr als 10 v. H. des Gewichts des Lebensmittels betragen	"Gemüse"
Wein jeder Art im Sinne der Vorschriften über die gemeinsame Marktorganisation für Wein der Europäischen Gemeinschaft	"Wein"

Anlage 2
(zu § 6 Abs. 4 Nr. 2)

Klassen von Zutaten, bei denen die aufgeführten Bezeichnungen verwendet werden müssen:

Farbstoff
Konservierungsstoff
Antioxidationsmittel
Emulgator
Verdickungsmittel
Geliermittel
Stabilisator
Geschmacksverstärker
Säuerungsmittel
Säureregulator
Trennmittel
modifizierte Stärke

Süßstoff
Backtriebmittel
Schaumverhüter
Überzugsmittel
Schmelzsalz (Nur bei Schmelzkäse und Erzeugnissen auf der Grundlage von Schmelzkäse)
Mehlbehandlungsmittel
Festigungsmittel
Freuchthaltemittel
Füllstoff
Treibgas

Anlage 3
(zu § 7a Abs. 3)

Erzeugnisse	Zulässige Abweichung ± % vol
Bier mit einem Alkoholgehalt bis zu 5,5 % vol Gegorene Getränke aus Weintrauben, die nicht Erzeugnisse im Sinne des Weingesetzes sind	0,5
Bier mit einem Alkoholgehalt von mehr als 5,5 % vol Weinähnliche und schaumweinähnliche Getränke	1,0
Schäumende gegorene Getränke aus Weintrauben, die nicht Erzeugnisse im Sinne des Weingesetzes sind Getränke mit eingelegten Früchten und Pflanzteilen	1,5
Sonstige Getränke	0,3

Verordnung (EG) Nr. 258/97 des Europäischen Parlaments und des Rats

vom 27. Januar 1997
über neuartige Lebensmittel und neuartige Lebensmittelzutaten

Artikel 1

(1) In dieser Verordnung ist das Inverkehrbringen neuartiger Lebensmittel und neuartiger Lebensmittelzutaten in der Gemeinschaft geregelt.

(2) Diese Verordnung findet Anwendung auf das Inverkehrbringen von Lebensmitteln und Lebensmittelzutaten in der Gemeinschaft, die in dieser bisher noch nicht in nennenswertem Umfang für den menschlichen Verzehr verwendet wurden und die unter nachstehende Gruppen von Erzeugnissen fallen:

a) Lebensmittel und Lebensmittelzutaten, die genetisch veränderte Organismen im Sinne der Richtlinie 90/220/EWG enthalten oder aus solchen bestehen;

b) Lebensmittel und Lebensmittelzutaten, die aus genetisch veränderten Organismen hergestellt wurden, solche jedoch nicht enthalten;

c) Lebensmittel und Lebensmittelzutaten mit neuer oder gezielt modifizierter primärer Molekularstruktur;

d) Lebensmittel und Lebensmittelzutaten, die aus Mikroorganismen, Pilzen oder Algen bestehen oder aus diesen isoliert worden sind;

e) Lebensmittel und Lebensmittelzutaten, die aus Pflanzen bestehen oder aus Pflanzen isoliert worden sind, und aus Tieren isolierte Lebensmittelzutaten, außer Lebensmittel oder Lebensmittelzutaten, die mit herkömmlichen Vermehrungs- oder Zuchtmethoden gewonnen wurden und die erfahrungsgemäß als unbedenkliche Lebensmittel gelten können;

f) Lebensmittel und Lebensmittelzutaten, bei deren Herstellung ein nicht übliches Verfahren angewandt worden ist und bei denen dieses Verfahren eine bedeutende Veränderung ihrer Zusammensetzung oder der Struktur der Lebensmittel oder der Lebensmittelzutaten bewirkt hat, was sich auf ihren Nährwert, ihren Stoffwechsel oder auf die Menge unerwünschter Stoffe im Lebensmittel auswirkt.

(3) Gegebenenfalls kann nach dem Verfahren des Artikels 13 festgelegt werden, ob ein Lebensmittel oder eine Lebensmittelzutat unter Absatz 2 dieses Artikels fällt.

Artikel 2

(1) Diese Verordnung gilt nicht für
a) Lebensmittelzusatzstoffe, die unter die Richtlinie 89/107/EWG des Rates vom 21. Dezember 1988 zur Angleichung der Rechtsvorschriften der Mitgliedstaaten über Zusatzstoffe, die in Lebensmitteln verwendet werden dürfen ([1]), fallen;
b) Aromen zur Verwendung in Lebensmitteln, die unter die Richtlinie 88/388/EWG des Rates vom 22. Juni 1988 zur Angleichung der Rechtsvorschriften der Mitgliedstaaten über Aromen zur Verwendung in Lebensmitteln und über Ausgangsstoffe für ihre Herstellung ([2]) fallen;
c) Extraktionslösungsmittel zur Herstellung von Lebensmitteln, die unter die Richtlinie 88/344/EWG des Rates vom 13. Juni 1988 zur Angleichung der Rechtsvorschriften der Mitgliedstaaten über Extraktionslösungsmittel, die bei der Herstellung von Lebensmitteln und Lebensmittelzutaten verwendet werden ([3]), fallen.

(2) Die Ausnahmen vom Geltungsbereich dieser Verordnung gemäß Absatz 1 Buchstaben a), b) und c) gelten nur, solange das in dieser Verordnung festgelegte Sicherheitsniveau den in den Richtlinien 89/107/EWG, 88/388/EWG und 88/344/EWG festgelegten Sicherheitsniveaus entspricht.

(3) Unter Beachtung von Artikel 11 stellt die Kommission sicher, daß die sowohl in den obengenannten Richtlinien als auch in den Durchführungsbestimmungen zu den genannten Richtlinien und zu dieser Verordnung festgelegten Sicherheitsniveaus dem Sicherheitsniveau dieser Verordnung entsprechen.

Artikel 3

(1) Lebensmittel oder Lebensmittelzutaten, die unter diese Verordnung fallen, dürfen
– keine Gefahr für den Verbraucher darstellen;
– keine Irreführung des Verbrauchers bewirken;
– sich von Lebensmitteln oder Lebensmittelzutaten, die sie ersetzen sollen, nicht so unterscheiden, daß ihr normaler Verzehr Ernährungsmängel für den Verbraucher mit sich brächte.

(2) Im Hinblick auf das Inverkehrbringen der unter diese Verordnung fallenden Lebensmittel und Lebensmittelzutaten in der Gemeinschaft finden die Verfahren der Artikel 4, 6, 7 und 8 anhand der in Absatz 1 dieses Artikels festgelegten Kriterien und der in diesen Artikeln erwähnten sonstigen relevanten Faktoren Anwendung.

Was jedoch die Lebensmittel oder Lebensmittelzutaten im Sinne dieser Verordnung anbelangt, die aus Pflanzensorten gewonnen worden sind, für die die Richtlinien 70/457/EWG und 70/458/EWG gelten, so wird die Genehmigungsentschei-

---

([1]) ABl. Nr. L 40 vom 11. 2. 1989, S. 27. Richtlinie zuletzt geändert durch die Richtlinie 94/34/EG (ABl. Nr. L 237 vom 10. 9. 1994, S. 1).
([2]) ABl. Nr. L 184 vom 15. 7. 1988, S. 61. Richtlinie zuletzt geändert durch die Richtlinie 91/71/EWG (ABl. Nr. L 42 vom 15. 2. 1991, S. 25).
([3]) ABl. Nr. L 157 vom 24. 6. 1988, S. 28. Richtlinie zuletzt geändert durch die Richtlinie 92/115/EWG (ABl. Nr. L 409 vom 31. 12. 1992, S. 31).

dung im Sinne des Artikels 7 dieser Verordnung im Rahmen der in diesen Richtlinien vorgesehenen Verfahren getroffen, sofern dabei die in dieser Verordnung festgelegten Prüfungsgrundsätze sowie die in Absatz 1 dieses Artikels genannten Kriterien berücksichtigt werden; eine Ausnahme hiervon bilden die Bestimmungen für die Etikettierung dieser Lebensmittel oder Lebensmittelzutaten, die gemäß Artikel 8 nach dem Verfahren des Artikels 13 festgelegt werden.

(3) Absatz 2 gilt nicht für Lebensmittel und Lebensmittelzutaten im Sinne des Artikels 1 Absatz 2 Buchstabe b), wenn der für die Herstellung des Lebensmittels und der Lebensmittelzutat verwendete genetisch veränderte Organismus gemäß dieser Verordnung in Verkehr gebracht wird.

(4) Abweichend von Absatz 2 gilt das Verfahren des Artikels 5 für Lebensmittel oder Lebensmittelzutaten im Sinne des Artikels 1 Absatz 2 Buchstaben b), d) und e), die nach den verfügbaren und allgemein anerkannten wissenschaftlichen Befunden oder aufgrund einer Stellungnahme einer der in Artikel 4 Absatz 3 genannten zuständigen Stellen hinsichtlich ihrer Zusammensetzung, ihres Nährwerts, ihres Stoffwechsels, ihres Verwendungszwecks und ihres Gehalts an unerwünschten Stoffen den bestehenden Lebensmitteln und Lebensmittelzutaten im wesentlichen gleichwertig sind.

Gegebenenfalls kann nach dem Verfahren des Artikels 13 festgelegt werden, ob ein Lebensmittel oder eine Lebensmittelzutat unter diesen Absatz fällt.

Artikel 4
(1) Die Person, die für das Inverkehrbringen des Erzeugnisses in der Gemeinschaft verantwortlich ist (im folgenden "der Antragsteller" genannt), unterbreitet dem Mitgliedstaat, in dem das Erzeugnis erstmals in den Verkehr gebracht werden soll, einen Antrag. Gleichzeitig übermittelt sie der Kommission eine Antragskopie.

(2) Die Erstprüfung gemäß Artikel 6 wird durchgeführt.
Nach Abschluß des Verfahrens des Artikels 6 Absatz 4 unterrichtet der in Absatz 1 bezeichnete Mitgliedstaat unverzüglich den Antragsteller darüber, daß
– er das Lebensmittel oder die Lebensmittelzutat in den Verkehr bringen darf, wenn die ergänzende Prüfung nach Artikel 6 Absatz 3 nicht erforderlich und kein begründeter Einwand gemäß Artikel 6 Absatz 4 erhoben worden ist, oder
– eine Entscheidung über die Genehmigung gemäß Artikel 7 erforderlich ist.

(3) Jeder Mitgliedstaat teilt der Kommission den Namen und die Anschrift der zuständigen Lebensmittelprüfstellen in seinem Hohheitsgebiet mit, die für die Ausarbeitung der Berichte über die Erstprüfung gemäß Artikel 6 Absatz 2 verantwortlich sind.

(4) Vor Inkrafttreten dieser Verordung veröffentlicht die Kommission Empfehlungen zu den wissenschaftlichen Aspekten der
– zur Antragstellung erforderlichen Informationen sowie ihrer Aufmachung,
– Erstellung der Berichte über die Erstprüfung gemäß Artikel 6.

(5) Etwaige Durchführungsbestimmungen zu diesem Artikel werden nach dem Verfahren des Artikels 13 erlassen.

Artikel 5

Bei den Lebensmitteln oder Lebensmittelzutaten im Sinne des Artikels 3 Absatz 4 unterrichtet der Antragsteller die Kommission über das Inverkehrbringen. Dieser Mitteilung sind die zweckdienlichen Angaben nach Artikel 3 Absatz 4 beigefügt. Die Kommission übermittelt den Mitgliedstaaten innerhalb von 60 Tagen eine Kopie dieser Mitteilung sowie auf Anfrage eines Mitgliedstaats eine Kopie der genannten zweckdienlichen Angaben. Die Kommission veröffentlicht jährlich eine Zusammenfassung dieser Mitteilungen im *Amtsblatt der Europäischen Gemeinschaften*, Teil C.

Für die Kennzeichnung gelten die Bestimmungen des Artikels 8.

Artikel 6

(1) Der Antrag gemäß Artikel 4 Absatz 1 enthält die erforderlichen Angaben, einschließlich einer Kopie der durchgeführten Studien, und alle sonstigen Elemente, anhand deren nachgewiesen werden kann, daß das Lebensmittel oder die Lebensmittelzutat den Kriterien gemäß Artikel 3 Absatz 1 entspricht, sowie einen angemessenen Vorschlag für die Aufmachung und Etikettierung des Lebensmittels oder der Lebensmittelzutat entsprechend den Anforderungen des Artikels 8. Ferner ist dem Antrag eine Zusammenfassung des Antragsdosiers beizufügen.

(2) Nach Eingang des Antrags sorgt der in Artikel 4 Absatz 1 bezeichnete Mitgliedstaat dafür, daß eine Erstprüfung durchgeführt wird. Dazu teilt er entweder der Kommission den Namen der mit der Ausarbeitung des Berichts über die Erstprüfung beauftragten zuständigen Lebensmittelprüfstelle mit oder ersucht die Kommission, in Absprache mit einem anderen Mitgliedstaat eine der in Artikel 4 Absatz 3 genannten Prüfstellen mit der Ausarbeitung eines solchen Berichts zu beauftragen.

Die Kommission leitet an die Mitgliedstaaten unverzüglich eine Kopie der vom Antragsteller vorgelegten Zusammenfassung weiter und gibt ihnen den Namen der mit der Erstprüfung beauftragten zuständigen Lebensmittelprüfstelle bekannt.

(3) Innerhalb von drei Monaten nach Eingang des in Übereinstimmung mit den Bedingungen des Absatzes 1 erstellten Antrags wird im Einklang mit den Empfehlungen gemäß Artikel 4 Absatz 4 ein Bericht über die Erstprüfung erstellt, aus dem hervorgeht, ob das Lebensmittel oder die Lebensmittelzutat einer ergänzenden Prüfung nach Artikel 7 zu unterziehen ist.

(4) Der betreffende Mitgliedstaat übermittelt den Bericht der zuständigen Lebensmittelprüfstelle unverzüglich der Kommission, die ihn an die übrigen Mitgliedstaaten weiterleitet. Ein Mitgliedstaat oder die Kommission kann innerhalb von 60 Tagen nach der Vorlage des Berichts durch die Kommission Bemerkungen übermitteln oder einen begründeten Einwand gegen das Inverkehrbringen des Lebensmittels oder der Lebensmittelzutat erheben. Die Bemerkungen oder Einwände können auch die Aufmachung oder Etikettierung des Lebensmittels oder der Lebensmittelzutat betreffen.

Die Bemerkungen oder Einwände sind an die Kommission zu richten, die sie innerhalb der vorgenannten Frist von 60 Tagen an die Mitgliedstaaten weiterleitet.

Auf Verlangen eines Mitgliedstaats übermittelt der Antragsteller eine Kopie der mit dem Antrag vorgelegten zweckdienlichen Informationen.

Artikel 7

(1) Ist gemäß Artikel 6 Absatz 3 eine ergänzende Prüfung erforderlich oder wird gemäß Artikel 6 Absatz 4 ein Einwand erhoben, so wird eine Entscheidung über die Genehmigung nach dem Verfahren des Artikels 13 getroffen.

(2) Bei dieser Entscheidung wird der Geltungsbereich der Genehmigung und gegebenenfalls folgendes vorgeschrieben:
– die Bedingungen für die Verwendung des Lebensmittels oder der Lebensmittelzutat;
– die Bezeichnung des Lebensmittels oder der Lebensmittelzutat sowie seine/ihre genauen Merkmale;
– die spezifischen Etikettierungsanforderungen gemäß Artikel 8.

(3) Die Kommission unterrichtet den Antragsteller unverzüglich über die getroffene Entscheidung. Die Entscheidungen werden im *Amtsblatt der Europäischen Gemeinschaften* veröffentlicht.

Artikel 8

(1) Unbeschadet der übrigen Anforderungen der gemeinschaftlichen Rechtsvorschriften für die Etikettierung von Lebensmitteln gelten folgende zusätzliche spezifische Etikettierungsanforderungen für Lebensmittel zur Unterrichtung der Endverbraucher über:
a) alle Merkmale oder Ernährungseigenschaften, wie
– Zusammensetzung,
– Nährwert oder nutritive Wirkungen,
– Verwendungszweck des Lebensmittels,
die dazu führen, daß ein neuartiges Lebensmittel oder eine neuartige Lebensmittelzutat nicht mehr einem bestehenden Lebensmittel oder einer bestehenden Lebensmittelzutat gleichwertig ist.
Ein neuartiges Lebensmittel oder eine neuartige Lebensmittelzutat gilt als nicht mehr gleichwertig im Sinne dieses Artikels, wenn durch eine wissenschaftliche Beurteilung auf der Grundlage einer angemessenen Analyse der vorhandenen Daten nachgewiesen werden kann, daß die geprüften Merkmale Unterschiede gegenüber konventionellen Lebensmitteln oder Lebensmittelzutaten aufweisen, unter Beachtung der anerkannten Grenzwerte für natürliche Schwankungen dieser Merkmale.
In diesem Fall sind auf der Etikettierung diese veränderten Merkmale oder Eigenschaften sowie das Verfahren, mit dem sie erzielt wurden, anzugeben;
b) vorhandene Stoffe, die in bestehenden gleichwertigen Lebensmitteln nicht vor-

handen sind und die Gesundheit bestimmter Bevölkerungsgruppen beeinflussen können;

c) vorhandene Stoffe, die in bestehenden gleichwertigen Lebensmitteln nicht vorhanden sind und gegen die ethische Vorbehalte bestehen;

d) vorhandene genetisch veränderte Organismen, die durch die in der nicht erschöpfenden Liste in Anhang I A Teil 1 der Richtlinie 90/220/EWG genannten Verfahren der Gentechnik genetisch verändert wurden.

(2) Gibt es keine gleichwertigen Lebensmittel oder Lebensmittelzutaten, so werden gegebenenfalls geeignete Bestimmungen erlassen, um sicherzustellen, daß der Verbraucher in angemessener Weise über die Art des Lebensmittels oder der Lebensmittelzutat informiert wird.

(3) Etwaige Durchführungsbestimmungen zu diesem Artikel werden nach dem Verfahren des Artikels 13 erlassen.

Artikel 9

(1) Wenn Lebensmittel oder Lebensmittelzutaten, die in den Anwendungsbereich dieser Verordnung fallen, genetisch veränderte Organismen im Sinne von Artikel 2 Absätze 1 und 2 der Richtlinie 90/220/EWG enthalten oder aus solchen bestehen, so sind die im Antrag auf Inverkehrbringen nach Artikel 6 Absatz 1 erforderlichen Angaben zu ergänzen durch

– eine Kopie der schriftlichen Zustimmung der zuständigen Behörde zur absichtlichen Freisetzung genetisch veränderter Organismen für Forschungs- und Entwicklungszwecke gemäß Artikel 6 Absatz 4 der Richtlinie 90/220/EWG, soweit eine solche Zustimmung erforderlich ist, sowie die Ergebnisse der Freisetzungen in bezug auf Risiken für die menschliche Gesundheit und die Umwelt;

– das vollständige technische Dossier mit den in Artikel 11 der Richtlinie 90/220/EWG verlangten maßgeblichen Informationen und der aufgrund dieser Informationen vorgenommenen Umweltverträglichkeitsprüfung sowie die Ergebnisse von Untersuchungen zu Forschungs- und Entwicklungszwecken bzw. gegebenenfalls die Entscheidung über die Genehmigung für das Inverkehrbringen gemäß Teil C der Richtlinie 90/220/EWG.

Die Artikel 11 bis 18 der Richtlinie 90/220/EWG finden keine Anwendung auf Lebensmittel oder Lebensmittelzutaten, die genetisch veränderte Organismen enthalten oder aus solchen bestehen.

(2) Im Fall von Lebensmitteln oder Lebensmittelzutaten, die in den Anwendungsbereich dieser Verordnung fallen und genetisch veränderte Organismen enthalten oder aus solchen bestehen, sind bei der in Artikel 7 genannten Entscheidung die Umweltsicherheitsanforderungen gemäß der Richtlinie 90/220/EWG zu berücksichtigen, um sicherzustellen, daß alle geeigneten Maßnahmen getroffen werden, um etwaige schädliche Auswirkungen der absichtlichen Freisetzung von genetisch veränderten Organismen auf die menschliche Gesundheit und die Umwelt zu vermeiden.

Während der Prüfung der Anträge auf Inverkehrbringen für Erzeugnisse, die genetisch veränderte Organismen enthalten oder aus solchen bestehen, werden die von der Gemeinschaft oder den Mitgliedstaaten gemäß der Richtlinie 90/220/EWG eingesetzten Gremien erforderlichenfalls von der Kommission oder den Mitgliedstaaten konsultiert.

Artikel 10
Durchführungsbestimmungen betreffend den Schutz von Daten, die vom Antragsteller übermittelt werden, werden nach dem Verfahren des Artikels 13 erlassen.

Artikel 11
Der Wissenschaftliche Lebensmittelausschuß wird zu allen unter diese Verordnung fallenden Fragen, die Auswirkungen auf die öffentliche Gesundheit haben könnten, gehört.

Artikel 12
(1) Hat ein Mitgliedstaat aufgrund neuer Informationen oder infolge einer Neubewertung bestehender Informationen stichhaltige Gründe zu der Annahme, daß die Verwendung von Lebensmitteln oder Lebensmittelzutaten, die dieser Verordnung genügen, die menschliche Gesundheit oder die Umwelt gefährdet, so kann er den Handel und die Verwendung des betreffenden Lebensmittels oder der Lebensmittelzutat in seinem Hoheitsgebiet vorübergehend einschränken oder aussetzen. Er unterrichtet hiervon unverzüglich die anderen Mitgliedstaaten und die Kommission unter Angabe der Gründe für seine Entscheidung.

(2) Die Kommission prüft im Rahmen des Ständigen Lebensmittelausschusses so bald wie möglich die Gründe im Sinne des Absatzes 1 und trifft nach dem Verfahren des Artikels 13 geeignete Maßnahmen. Der Mitgliedstaat, der die Entscheidung nach Absatz 1 getroffen hat, kann sie bis zum Inkrafttreten dieser Maßnahmen aufrechterhalten.

Artikel 13
(1) Bei der Anwendung des in diesem Artikel festgelegten Verfahrens wird die Kommission von dem Ständigen Lebensmittelausschuß, nachstehend "Ausschuß" genannt, unterstützt.

(2) Der Vorsitzende des Ausschusses befaßt diesen von sich aus oder auf Antrag des Vertreters eines Mitgliedstaats.

(3) Der Vertreter der Kommission unterbreitet dem Ausschuß einen Entwurf der zu treffenden Maßnahmen. Der Ausschuß gibt seine Stellungnahme zu diesem Entwurf innerhalb einer Frist ab, die der Vorsitzende unter Berücksichtigung der Dringlichkeit der betreffenden Frage festsetzen kann. Die Stellungnahme wird mit der Mehrheit abgegeben, die in Artikel 148 Absatz 2 des Vertrags für die Annahme der vom Rat auf Vorschlag der Kommission zu fassenden Beschlüsse vorgesehen ist. Bei der Abstimmung im Ausschuß werden die Stimmen der Vertreter der Mitgliedstaaten gemäß dem

vorgenannten Artikel gewogen. Der Vorsitzende nimmt an der Abstimmung nicht teil.

(4) a) Die Kommission erläßt die beabsichtigten Maßnahmen, wenn sie mit der Stellungnahme des Ausschusses übereinstimmen.

b) Stimmen die beabsichtigten Maßnahmen mit der Stellungnahme des Ausschusses nicht überein oder liegt keine Stellungnahme vor, so unterbreitet die Kommission dem Rat unverzüglich einen Vorschlag für die zu treffenden Maßnahmen. Der Rat beschließt mit qualifizierter Mehrheit.

Hat der Rat nach Ablauf einer First von drei Monaten nach seiner Befassung keinen Beschluß gefaßt, so werden die vorgeschlagenen Maßnahmen von der Kommission erlassen.

Artikel 14

(1) Spätestens fünf Jahre nach Inkrafttreten dieser Verordnung übermittelt die Kommission dem Rat und dem Europäischen Parlament im Lichte der gesammelten Erfahrungen einen Bericht über die Durchführung der Verordnung, gegebenenfalls zusammen mit geeigneten Vorschlägen.

(2) Unbeschadet der Überprüfung gemäß Absatz 1 überwacht die Kommission die Anwendung dieser Verordnung und ihre Auswirkungen auf die Gesundheit, den Verbraucherschutz, die Verbraucherinformation und das Funktionieren des Binnenmarkts und unterbreitet nötigenfalls zum frühestmöglichen Zeitpunkt Vorschläge.

Artikel 15

Diese Verordnung tritt 90 Tage nach ihrer Veröffentlichung im *Amtsblatt der Europäischen Gemeinschaften* in Kraft.

Sachverzeichnis

Magere Zahlen bedeuten Seite(n)

Aflatoxine 78
Akteneinsicht 163, 164, 167
Alkoholgehalt 53
Allgemeinverfügung 155
ALS 82, 111
ALTS 112
ALÜ 111
Anhörung 162-163
Anschein eines Arzneimittels 10, 103
- Angabe von Rezepturen 104
- äußere Darbietungsform 103
- Darreichungsform 104
- Dosierungsanweisung 104
- Gesamtaufmachung 104
- Heilaussage 104

Antioxidationsmittel 36, 48
Apotheke 10
ARGEVET 111
Aromen 7, 45, 73, 75
Arzneimittel 5, 9-14, 103
- Deutsches Arzneimittelbuch 10
- Importerzeugnis 14
- krankheitsbezogene Aussage 13
- Mangelzustand 5
- Melatonin 13
- multifaktorelle Faktoren 10
- Nahrungsergänzungsmittel 10
- Objektive Zweckbestimmung 12
- Propolis 14
- Regel-Ausnahme-Verhältnis 9
- Richtlinie 65/65 13
- überwiegende Zweckbestimmung 10
- Vitaminpräparat 5
- Zweckbestimmung 9

Auskunftsverpflichtung 116-117
- Auskünfte 116
- Auskunftspflichtige 116
- Auskunftsverweigerung 117

Ausnahmegenehmigung nach § 37 LMBG 50-52
- § 47 a LMBG 50
- Auflage 51
- Bedingung 51
- Befristung 51
- Ermessensentscheidung 51
- Gesundheitsgefährdung 50
- Nebenbestimmung 51
- Rücknahme 52
- Widerruf 52
- zeitlich befristet 50

ausreichende Kenntlichmachung 86
- an gut sichtbarer Stelle 56, 86
- deutlich lesbar 56, 86
- nicht mehrdeutig 86

Backtriebmittel 45
"becel" 92
Begehungsdelikt 169
Beschaffenheitsangabe 100, 102
Beschwerdeprobe 119
Bestrahlungen 87, 88
Beurteilungsspielraum 155
BgVV 13, 23, 72, 111
Bier 45
"Bier" 139, 158
Bio 90
BLL 73, 82, 123, 173
Bußgeldbescheid 164
carry over-Prinzip 45, 46
Cassis-Rechtsprechung 94, 133-142, 155
- Cassis-Formel 137, 142
- "Dassonville" 134
- Globale Marketingstrategie 135, 136
- "Hünermund" 135
- Keck-Doktrin 134
- "Mars" 135
- Maßnahme gleicher Wirkung 133
- Oosthoek-Doktrin 136
- Prinzip der gegenseitigen Anerkennung 134
- Prüfungsschema 142
- Rechtfertigung, Art. 36 EGV 138, 142

– Bedürfnisprüfung 141
– Beurteilungsspielraum 139
– "Bier" 139
– Codex-Alimentarius-Kommission 141
– Darlegungslast 140, 141
– Diskriminierung 140
– Gesundheitsschutz 140
– harmonisiertes Recht 138
– höherwertige Rechtsgüter 138
– Minimierungsprinzip 141
– Mißbrauchsprüfung 141
– Novel Food-Verordnung 138
– Rechtfertigungsgründe 140
– restriktive Auslegung 138
– Souveränitätsvorbehalt 138
– Verhältnismäßigkeitsgrundsatz 139
– Zusammensetzung von Lebensmitteln 140
– Zusatzstoffe 141
– tatbestandsimmanente Schranke 137
– Verhältnismäßigkeitsgrundsatz 137, 139
– Verkaufsmodalitäten 135
– Warenmodalitäten 134
– zwingende Erfordernisse 137

Cholesterin 67
Chymosin 73
"Clinique" 95
Codex-Alimentarius-Kommission 23, 129, 130, 141, 156

"Dassonville" 134
deutlich lesbar 56, 86
Deutsche Gesellschaft für Ernährung 4, 5
Deutsche Lebensmittelbuch-Kommission 81, 133
Deutsches Arzneimittelbuch 10
diätetische Lebensmittel 3, 42, 50, 109
– Sportlernahrung 3
Dosierungsanweisung 104
DSU 130
Duldungs- und Mitwirkungspflicht 127-128
– Behinderung 127
– Duldung 127
– Hilfstätigkeiten 127
– Mitwirkung 127
– Ordnungswidrigkeiten 128
Durchgriffswirkung 142

Einfuhr 14, 153-159
– § 47 a LMBG 50, 153-159
– 90-Tage-Frist 156

– Allgemeinverfügung 155
– Antrag 156
– Beurteilungsspielraum 155
– Cassis-Rechtsprechung 155
– Codex-Alimentarius-Kommission 156
– Gesundheit 157
– Gesundheitsschutz 155
– "Irische Souvenirs" 157
– Irreführungsverbote 154
– Kenntlichmachung der Abweichung 156
– obligatorische Herkunftsangabe 157
– rechtmäßig hergestellt 154
– rechtmäßig in den Verkehr gebracht 154
– "Sauce Hollandaise" 59, 158
– Unterlagen 156
– Verbringungsverbot 153
– Verkehrsbezeichnung 158
– Zutatenverzeichnis 158
– zwingende Gründe 155
Einspruch 164-165, 167
Eintrittsrecht 113-116
Ekel 15, 77, 78, 123
Emulgatoren 42, 43
Enzym 41
Ernährung 1, 2
ernährungsphysiologisch 2, 10, 35, 50, 62, 97
erzeugen 38, 39
ethische Vorbehalte 73
Etikettierungs-Richtlinie 7, 56, 58, 153

Fahrlässigkeit 173-174
Farbstoffe 46
Fertigpackung 53, 65
Feuchthaltemittel 44
Flavr Savr-Tomate 7, 72
flüchtiger Verbraucher 93, 94
Formtrennmittel 43
"Francovich" 144
freie Radikale 108
freier Warenverkehr 129
"Friki frisch" 99

Gattungsbezeichnung 100, 149
– Rückbildung 100
– Umwandlung 100
Gefahr 123
– dringende Gefahr 115
– Gefahr im Verzug 125
– Gefahrendiagnose 124
– Gefahrenermittlung 25
– Gefahrenverdacht 124

Sachverzeichnis

Gegenprobe 121
Geliermittel 42, 43
Gemeinschaftsrecht 131-153
- bundesstaatliches Gebilde 131
- Deutsche Lebensmittelbuch-Kommission 133
- kollidierende Vorschrifte 131
- Leitlinien für gute Lebensmittelhygienepraxis 133
- Novel Food-Verordnung 133
- Richtlinie 83/189/EWG 132
- Richtlinien 132
- sekundäres Gemeinschaftsrecht 131
- unmittelbare Wirkung 132
- vorläufiger Rechtsschutz 132
- Vorrangprinzip 131

Gentechnik 6-9, 69-75, 147
- gentechnikfrei 74
- Marker-Gen 72
- transgene Sojabohne 73
- GVO 71

Genußmittel 2, 36
Geschmacksverstärker 43
Geschmackswert 36
Gesetzeskonkurrenz 95
Gesundheit 73, 157
gesundheitsbezogene Werbung 103, 104
Gesundheitsgefährdung 24, 25, 50, 123
Gesundheitsschädigung 15, 174
Gesundheitsschutz 15-17, 129, 140, 155
Gewerbezentralregister 166
gewerbsmäßiges Inverkehrbringen 77
globale Marketingstrategie 135
Gute Hygienepraxis 23, 133
gut sichtbar 55, 86
GVO 71

HACCP 20, 23-29, 31
- CCP 25
- Dokumentation 28, 29
- Eingriffsmaßnahme 27
- Fließdiagramm 25, 26
- Gefahrenermittlung und -bewertung 25
- Gesundheitsgefahren 24, 25
- chemische 25
- mikrobiologische 25
- physikalische 25
- HACCP-Plan 24
- HACCP-Team 29
- Qualitätsmanagementsystem 29
- Sonderregelungen 24
- Überwachungsmethoden 27

Haltbarkeitsdauer 101
Handelsbrauch 80, 82
health claims 104
Heilaussage 104
Herkunftsangaben 98
- Beschaffenheitsangabe 100
- einfache Herkunftsangabe 99, 149
- entlokalisierender Zusatz 101
- fremdsprachige Angabe 99
- Gattungsbezeichnung 100, 149
- geographische Herkunftsangabe 98, 149
- "Grafschafter" 99
- Herkunft 98
- mittelbare Angabe 99
- obligatorische Herkunftsangabe 157
- personengebundene Herkunftsangabe 100
- pflanzliche Herkunft 146
- qualifizierte Herkunftsangabe 99
- relokalisierender Zusatz 101
- Rückbildung einer Gattungsbezeichnung 100
- "Scotch Whisky" 99
- tierische Herkunft 146
- Umwandlungsprozeß zur Gattungsbezeichnung 100
- unmittelbare geographische Angabe 99
- Ursprungsbezeichnung 99, 149
- Verordnung über Herkunftsangaben 147
- Wertvorstellung 98

Herkunftsprinzip 154
HühnereierVO 19
"Hünermund" 135
Hybridisierungsmethode 72
Hygiene 18-33
- branchenspezifische Hygienecodizes 23
- Dokumentation 21
- HACCP 23
- Hühnereierverordnung 19
- Hygieneanforderung 20
- Hygienerisiken 18
- Hygieneschulung 21
- Kontrolle der Kontrolle 20
- LebensmittelhygieneVO 19
- Leitlinie für die gute Hygienepraxis 23
- MilchVO 19
- Mikroorganismus 18
- Mindesthaltbarkeitsdatum 19
- obligatorische Präventivstrategie 20
- QMS 29
- Verbraucherschutz 18
- Zerlegen von Fleisch 18

Importerzeugnisse 58, 179
Irrtum 170-173
– Entschuldbarkeit des Verbotsirrtums 172
– Tatumstandsirrtum 170
– Verbotsirrtum 171
Irreführung 91-104
– Angabe 96
– Anschein eines Arzneimittels 103
– Aufmachung 96
– Aussage 95
– äußere Darbietungsform 91
– "becel" 92
– Beschaffenheitsangabe 102
– Beseitigung der Irreführungsgefahr 96
– Bezeichnung 95
– Cassis-Rechtsprechung 94
– "Clinique" 95
– Darstellungen 96
– flüchtiger Verbraucher 93
– Fortwirkung 96
– Freiheit von Zusatzstoffen 103
– gemeinschaftsrechtskonforme Auslegung 94
– Gesetzeskonkurrenz 95
– gesundheitsbezogene Aussagen 103
– Haltbarkeitsdauer 101
– harmonisiertes Recht 92
– Herkunftsangaben 98
– "Irische Souvenirs" 140, 157
– Irreführungsquote 92
– Irreführungsrichtlinie 84/450/EWG 93
– "laut Gesetz" 103
– leicht, light 102
– mehrdeutige Angaben 96
– Nährwertangaben 102
– "Naturkind" 93
– normatives Korrektiv 94
– Qualitätsangabe 102
– Spezialsalz 103
– Spitzengruppe 102
– Verbraucherleitbild 92
– Verbraucherleitbild im Wettbewerbsrecht 93
– Verkehrsbezeichnung 95
– verständiger Verbraucher 92, 94
– vitaminhaltig 103
– vitaminreich 103
– Werbung mit Selbstverständlichkeiten 102
"Irische Souvenirs" 140, 157

Kapselform 10, 13, 104
"Keck" 134, 135, 136, 142
Kennzeichnung 53-65, 140, 155
– Art der Kennzeichnung 55
– deutlich lesbar 56, 86
– essentielle Kennzeichnungselemente 53
– gleiches Sichtfeld 55
– gut sichtbare Stelle 55, 86
– leicht verständliche Sprache 55, 63
– Ort der Kennzeichnung 54
– unverwischbar 56
– verbundenes Etikett 55
Kettenverantwortung 175
Konservierungsstoffe 47-48
"Kosmetik von innen" 98
krankheitsbezogene Werbung 13, 104-109
– Angst 108
– Angstgefühle 108
– Anleitungsschrift 108
– Assoziationen 105
– Äußerungen Dritter 107
– Berufskleidung 108
– bildliche Darstellung 108
– Diätetika 109
– Empfehlung 107
– freie Radikale 108
– gesundheitsbezogene Werbung 104
– health claims 104
– Hinweise auf ärztliche Empfehlungen und Gutachten 106
– Krankengeschichten 107
– Krankheit 105
– Krankheitsbezug 105
– Krankheitssymptome 105
– Liberalisierung 106
– Mangelerscheinungen 105, 106
– Oxidationsschutz 106
– Reduktion eines Krankheitsrisikos 106
– Störung 105
– suboptimale Versorgung 3, 104, 106
– Therapiemöglichkeiten 109
küchenmäßige Zubereitung 41

Landesbehörden 110
– Landesmittelbehörde 111
– Oberste Landesbehörde 111
– untere Vollzugsbehörde 111
– Untersuchungsanstalt 111
"laut Gesetz" 103
Lebensmittel 1-3, 9, 75
– diätetische Lebensmittel 3
– Ernährung 2
– Futtermittel 2
– Genußmittel 2, 36

- Halberzeugnisse 1
- Knochen 1
- Rohstoffe 1
- Schlankheitsmittel 2
- Sportlernahrung 3
- Stoffe 1
- Tonika 2
- verzehren 2
- Vorerzeugnisse 1
- Zusatzstoffe 2
- Zweckbestimmung 1

Lebensmittelbuch-Kommission 81, 133
- antizipierte Sachverständigengutachten 81
- gestaltende Funktion 81
- richterlich überprüfbar 82

Lebensmittelhygieneverordnung 19-29
- HACCP 20
- Mikroorganismen 18
- Richtlinie 93/43/EWG 19
- Salmonellen 18
- Verbraucherschutz 18

Legalitätsprinzip 161
leicht, light 102
leicht verständliche Sprache 55, 63
Los-Kennzeichnung 65, 153

Mangelerscheinungen 105, 106
Mangelzustand 5
Markenrecht 150
"Mars" 92, 94, 135, 136
Maßnahme gleicher Wirkung 133-136
Melatonin 13
Mengenkennzeichnung 53
MilchVO 19
Mikroorganismen 41
Mindesthaltbarkeitsdatum 19, 53, 54, 62-64, 181
- Abkürzungen 63
- Ablauf des MHD 63
- Art der Angabe 63
- Aufbewahrungsbedingungen 62
- bestimmte Temperaturen 64
- Garantie 62
- Information 62
- irreführende Angabe 62
- leicht verständliche Sprache 63
- Sondervorschriften 64
- spezifische Eigenschaften 62
- unterschiedliche Aufbewahrungsbedingungen 64
- Urkundenfälschung 62

Minimierungsprinzip 141

Miscellaneous-Richtlinie 144
Mißbrauchsprüfung 141
Mitwirkungspflicht 127
- Hilfstätigkeit 127, 128

modifizierte Stärke 44
"Mozzarella" 148, 151, 152

nachgemachte Lebensmittel 79
- Nachmachen 79
- sensorische Merkmale 79
- Veränderungen der Substanz 79
- Verkehrsauffassung 79

Nährstoffe 4-5, 67
- Empfehlung 4
- fehlerhafte Ernährung 5
- suboptimale Versorgung 3, 5, 104, 106
- Vitaminmangel 4

Nahrungsergänzungsmittel 3-5, 10, 42, 48, 60, 66, 144
- Arzneimittel 5
- Deutsche Gesellschaft für Ernährung 4
- fehlerhafte Behandlung 5
- fehlerhafte Ernährungsweise 5
- Nährstoffe 4
- suboptimale Versorgung 4
- Vitaminmangel 4

Nährwertkennzeichnung 66-69, 102
- Anwendung 66
- Art und Weise 67
- Big Eight 66, 67
- Big Four 66
- Cholesterin-frei 67
- empfohlene Tagesdosis 68
- Nährstoffgruppe 67
- Nahrungsergänzungsmittel 66
- Nährwert-Tabelle
- nährwertbezogene Angabe 66
- optionell-obligatorisch 66
- Platzmangel 67
- portionsbezogene Angabe 68
- synonyme Bezeichnung 68
- Tabelle 67
- Verkehrsbezeichnung 66
- Vitamine 68
- Zucker 68

Nährwertkennzeichnungsverordnung 3, 42, 66-69, 102, 153
"Naturkind" 90, 93
Nebenbestimmungen 51-52
- Auflage 51
- Bedingung 51
- Befristung

Sachverzeichnis

Nitrit 47
Novel Food 6-9, 69-75, 133, 138, 147
- Anwendungsbereich 6
- Aromen 7, 73
- Art und Weise der Kennzeichnung 71
- Basta-resistenter Mais 72
- BgVV 8
- Chymosin 73
- Erstprüfungsbehörde 8
- ethische Vorbehalte 73
- Extraktionslösungsmittel 7, 73
- Flavr Savr-Tomate 7, 72
- Freisetzungs-Richtlinie 71
- Gentechnikfrei 74
- gentechnisch veränderter Organismus 71
- Gesundheit 73
- gesundheitliche Unbedenklichkeit 8
- Gleichwertigkeit 69
- herbizidtolerante Sojabohne 6, 73
- Hybridisierungsmethoden 72
- insektizidresistenter Mais 6, 73
- Kartoffeln 72
- Kennzeichnung 70
- Lebensmittelzusatzstoffe 7
- Marker-Gen 72
- Nachweis 72
- neuartige Verfahren 70
- Nicht-Gleichwertigkeit 70
- Notifizierung 8
- Olestra 7
- Polymerasen-Kettenreaktionen 72
- Prüfverfahren 8
- Referenzmethoden 70
- rekominante DNS 72
- Rizomania-resistente Zuckerrübe 71, 73
- Robert-Koch-Institut 8
- Screening 72
- Sicherheitsniveau 7
- Substantielle Äquivalenz 8
- Tomatenpüree 72
- transgene Sojabohne 73
- Verkehrssicherungspflichten 9
- vorhandene Stoffe 71
- wesentlich gleichwertig 8
- Zusatzstoffe 73

Oberflächenbehandlung 48
Öko-VO 90, 146-147
- Anhang VI 146
- aus ökologischem Landbau 146
- gentechnische Verfahren 147
- pflanzliche Herkunft 146
- tierische Herkunft 146
- Verbot mit Befreiungsvorbehalt 146
- Verbot mit Erlaubnisvorbehalt 146
- Zutaten nicht-landwirtschaftlicher Herkunft 146

Olestra 7
"Oosthoek" 136
Opportunitätsprinzip 161
Ordnungswidrigkeiten 41, 117, 122, 128, 160
Ordnungswidrigkeiten- und Strafverfahren 160-182
- Ahndung von Rechtsverstößen 161
- Kriminalstrafe 160
- Legalitätsprinzip 161
- Opportunitätsprinzip 161
- Ordnungsfunktion 160
- Ordnungswidrigkeiten 160
- OWiG 160
- StPO 160
- Strafrahmen 160
- Straftaten 160
- unechte Mischtatbestände 160
- Verbotsverfügungen 161

Ordnungswidrigkeitenverfahren 160, 161-166
- Akteneinsicht 163
- Amtsgericht 165
- Angaben zur Person 163
- Anhörung 162
- Auskunft 163
- Bagatellverstöße 161
- Beschlußverfahren 165
- Bußgeldbescheid 164
- Einkommensverhältnisse 163
- Einspruch 164
- Akteneinsicht 164
- Begründung 164
- Einspruchsfrist 164
- Entscheidung über den Einspruch 165
- Frist 163
- Gewerbezentralregister 166
- Hauptverhandlungstermin 165
- Höhe des Bußgeldes 166
- Präjudiz 162
- Rechtsbeschwerde 165
- Staatsanwaltschaft 165
- Stellungnahme 163
- Tilgung 166
- Unschuldsvermutung 163
- Verantwortlichkeit 163
- Verwarnung 161

Sachverzeichnis 257

- Wiederholungsfälle 162
- Wiederholungstaten 166

Pflanzenschutzmittel 88
Polymerasen-Kettenreaktion 72
Prinzip der gegenseitigen Anerkennung 134, 145, 153
Probenahme 117-122, 162
- Beschwerdeprobe 119
- Beweismittel 117
- Einzelprobe 118
- Entnehmen 120
- erforderlich 120
- fordern 120
- Gegenprobe 121
- Nachprobe 119
- Ordnungswidrigkeiten 122
- Ort und Zeit 120
- Planprobe 119
- Proben 117
- Probenahme 120
- Probenarten 119
- Probenumfang 118
- repräsentativ 118
- unauffälliger Ankauf 119
- Verdachtsprobe 119
- Vergleichsprobe 119
- Verzicht 121, 122
- Zuständigkeit 120
- Zweitprobe 121

Produktsicherheitsgesetz 122
Propolis 14

Qualitätsangabe 102
Qualitätsmanagementsystem 29-33, 178
- DIN EN ISO 9000 33
- Dokumentation 30
- HACCP-Konzept 31
- Haveriekonzept 30
- Hygienekonzept 30
- internes Qualitätsaudit 30
- Lenkung fehlerhafter Erzeugnisse 30
- Lieferantenbewertung und -auswahl 32
- Personal- und Betriebshygiene 30
- Prozeßlenkung 30
- Prüfmittelüberwachung 30
- Qualitätskonzept 30
- Qualitätswerkzeuge 31
- Schulung 30
- Total-Quality-Management 33
- Verifizierung 30
- Vorsorgeverfahren 29

- Warenbeschaffung, -verarbeitung und -verwendung 30

quantum satis 45
QUID 61

Rechtfertigung 138, 142
- Bedürfnisprüfung 141
- Beurteilungsspielraum 139
- Darlegungslast 140, 141
- Diskriminierung 140
- Gesundheitsschutz 140
- harmonisiertes Recht 138
- höherwertige Rechtsgüter 138
- Minimierungsprinzip 141
- Mißbrauchsprüfung 141
- Rechtfertigungsgründe 140
- restriktive Auslegung 138
- Souveränitätsvorbehalt 138
- Verhältnismäßigkeitsgrundsatz 139

Rechtsbeschwerde 165
Reinheitsangaben 88-91
- abstrakter Gefährdungstatbestand 89
- Bestrahlungen 88
- Bio 90
- Erzeugnisse tierischen Ursprungs 91
- Firmennamen 89
- hindeuten 89
- Marken 89
- Öko-VO 90
- Pflanzenschutzmittel 88
- Stoffe mit pharmakologischer Wirkung 88
- Umweltkontamination 88, 89
- verbotene Angaben 89
- Verbraucherleitbild 89
- Verfassungskonform 90
- Zusatzstoffe 88

richterliche Sachkunde 84
Richtlinie 7, 13, 19, 58, 71, 93, 132, 143-144, 152-153
- 65/65/EWG 13
- 83/189/EWG 132
- 84/450/EWG 93
- 93/43/EWG 19
- 97/4/EG 58
- Etikettierungs-Rtl. 152
- "Francovich" 144
- richtlinienkonform 143
- Umsetzung 143
- unmittelbare Geltung 143-144
- Wahl 143

Robert-Koch-Institut 8
Rückstände 88

Saccharin 47
Sachverständigenbeweis 83
Salmonellen 18, 77-78
Sammelpackung 54
"Sauce Hollandaise" 59, 158
Säuerungsmittel 42
Säureregulator 42
scheinbare Verbesserung 85-86
Schimmel 78
Schlankheitsmittel 2
Schmelzsalz 43
Schutz der Gesundheit 15-17
– Nicht-Lebensmittel 17
– Ekel 15
– Gesundheitsschädigung 15
– Verbraucher 15
– vorhersehbar 17
– Warnhinweis 16
– Widerwillen 15
sekundäres Gemeinschaftsrecht 131, 142-159
– Durchführungsakte 142
– Durchgriffswirkung 142
– Etikettierungsrichtlinie 152
– "Francovich" 144
– Horizontale Regelungen 145
– Konzept der Kommission 144
– lebensmittelrechtliche Harmonisierung 144
– Miscellaneous-Richtlinie 144
– Nährwertkennzeichnungs-Richtlinie 153
– ÖkoVO 146-147
– Prinzip der gegenseitigen Anerkennung 145
– Richtlinien 143
– Richtlinienkonform 143
– Schutz wesentlicher Allgemeininteressen 145
– Sperrwirkung 142
– SpezialitätenVO 151-152
– Umsetzung 143
– Unmittelbare Geltung 142, 143
– Unmittelbare Wirkung 144
– Verordnung über Herkunftsangaben 147-151
– Verordnungen 142
– vertikale Rezepturvorschriften 145
– Wahlrecht 143
– Wesentlichkeitstheorie 143
Sensorik 79, 117
Sorgfaltspflicht 175-182
– Aufsichtspflicht 175

– Betriebspersonal 178
– Delegation von Aufgaben 175
– eigene Kontrolle 177, 180
– Europäisches Gemeinschaftsrecht 179
– Gesamtdelegation 175
– homogene Lebensmittel 179
– Hygienische Verhältnisse 178
– Import aus einem EG-Mitgliedstaat 179
– Kenntnis einschlägiger gesetzlicher Vorschriften 176
– Kennzeichnung 181
– Kettenverantwortung 175
– Kontrolle 178, 181
– Mindesthaltbarkeitsdatum 181
– Organisationsmängel 176
– Prüfmaßnahmen 177
– Qualitätsmanagementsystem 178
– Recht des Ausfuhrstaates 179
– Recht des Einfuhrstaates 179
– Rechtskenntnisse 179
– Sorgfaltspflicht des Einzelhändlers 181
– Sorgfaltspflicht des Großhändlers 180
– Sorgfaltspflicht des Herstellers 176
– Sorgfaltspflicht des Importeurs 178
– Spezifikation 177
– Stichproben 180
– strafrechtliche Verantwortung 176
– Stufenverantwortung 175
– Teildelegation 175
– Temperatur 181
– Überwachungsmaßnahmen 181
– Umfang der Sorgfaltspflichten 175
– Umfang der Untersuchungspflicht 179
– Vorprodukte 176
– Weisungen 178
– wiederholte Beanstandungen 181
– Zusammensetzung eines Lebensmittels 181
Souveränitätsvorbehalt 138
Sperrwirkung 142
Spezialitäten-Verordnung 151-152
– besondere Merkmale 151
– "Mozzarella" 151
– Namen vorbehalten 152
– Spezifikation 152
– traditionell 152
SPS-Übereinkommen 129
Spurenelement 37
Stabilisatoren 42, 43
Stichprobe 180, 174
Strafverfahren 41, 160, 166-168
– Akteneinsicht 167

- Anklage 167
- Aussetzung von Bußgeld- und Strafverfahren 168
- Einspruch 167
- Feststellungsklage 168
- Hilfsbeamte der Staatsanwaltschaft 166
- Ladung 167
- Staatsanwaltschaft 166
- Stellungnahme 167
- Strafbefehl 167
- Vernehmung 167
- Wirtschaftskontrolldienst 166

Stoff 1, 16, 33
Stufenverantwortung 175
suboptimale Versorgung 3, 5, 104, 106
supranationales Recht 129-159
Süßstoffe 37, 45, 47, 65
Süßungsmittel 46, 57, 65

Tablette 10, 104
Tatbestand 169-182
- äußerer Tatbestand 169
- bedingter Vorsatz 170
- Begehungsdelikt 169
- bewußte Fahrlässigkeit 173, 174
- direkter Vorsatz 170
- echte Unterlassungsdelikte 169
- Entschuldbarkeit des Verbotsirrtums 172
- Fahrlässigkeit 173
- Garantenstellung 169
- innerer Tatbestand 169
- Irreführung 170
- Irrtum 170
- Irrtum über Tatumstand 170
- Kommentar Zipfel/Rathke 173
- Lebensmittelchemiker 173
- Leichtfertigkeit 174
- Parallelbeurteilung in der Laiensphäre 170
- Rechtsanwalt 173
- soziale Sinnbedeutung 170
- Umfang der Stichproben 174
- unbewußte Fahrlässigkeit 174
- unechte Unterlassungsdelikte 169
- Unterlassungsdelikt 169
- Untersuchung 174
- Untersuchungsanstalt 173
- Ursächlichkeit der Sorgfaltspflichtverletzung 174
- Verband 173
- Verbotsirrtum 171
- Vorsatz 170

Tatumstand 170
Tatumstandsirrtum 170
TBT-Übereinkommen 129
Täuschung über Wert 87
- Anwendung 87
- Bestrahlungen 87
- Kenntlichmachung 87
- Zusatzstoffe 87

Täuschungsschutz 76-109
- Ekel 77
- Kenntnis 77
- nachträgliche Beseitigung 78
- Salmonellen 77
- ungenießbar 76
- Verkehrsauffassung 76
- zum Verzehr ungeeignet 76

technische Hilfsstoffe 39, 40
technologischer Zweck 42, 64
Tonika 2
Total-Quality-Management 33
Trennmittel 43
Trinkwasser 45
"Turròn de Alicante" 151

Überwachung 110-128
- Abschriften 116
- ALS 111
- ALTS 112
- ALÜ 111
- Amtshilfe 112
- ARGEVET 111
- Aufzeichnungen 115
- Auskünfte 116
- Auskunftsverpflichtung 116
- juristische Personen 116
- natürliche Personen 116
- nicht-rechtsfähige Personenvereinigungen 116
- Auskunftsverweigerung 117
- Besichtigungsrecht 114
- Betriebsräume 113
- Bundeswehr 110
- Datenträger 115
- dringende Gefahr 115
- Duldung 127
- Durchführung der Überwachung 112
- Eingriffsbefugnisse 112
- Einrichtung der Behörden 110
- Eintrittsrecht 113-115
- Gemeinschaftsgremien der Bundesländer 111
- geschäftliche Aufzeichnungen 115

- Geschäftsräume 113, 114
- Hausrecht 114
- Herstellungsbeschreibungen 115
- Kontrollorgane 113
- Landesbehörden 110
- Landesmittelbehörden 111
- landesrechtliche Bestimmungen 128
- Mitteilungspflicht 112
- Mitwirkung 127
- Oberste Landesbehörde 111
- Ordnungswidrigkeiten 117
- Polizeibeamte 113
- Probenahme 117-122, 162
- Überprüfungen 112
- Überwachungsbehörden 113
- übliche Betriebs- oder Geschäftszeit 114
- untere Vollzugsbehörden 111
- Unterlagen 115
- Unterstützung 112
- Untersuchungsanstalten 111
- Verkaufseinrichtungen 114
- Verwaltungsaufbau 110
- Verwaltungsverfahren 110
- Warnung 122-126
- Wohnräume 115
- Zolldienststellen 110
- Zuständigkeit der Länder 110

Überzugsmittel 44
Umweltkontamination 33, 89
Unterlassungsdelikt 169
unverwischbar 56
Ursprungsbezeichnung 99, 149

Verbotsirrtum 171, 172
Verbraucher 15
Verbrauchererwartung 13, 15, 80
- berechtigte Verbrauchererwartung 80
- hypothetische Verbrauchererwartung 80
- tatsächliche Verbrauchererwartung 80

Verbraucherleitbild 89, 92
- flüchtiger Verbraucher 93, 94
- verständiger Verbraucher 92, 93

Verbraucherschutz 18
Verdickungsmittel 43
Verhältnismäßigkeit 125, 126, 137, 139
Verkaufsmodalität 135
Verkehrsauffassung 35, 76, 79, 80-84
- Absatzort 83
- anerkannte Leitsätze 82
- Feststellung 80
- Handelsbrauch 82
- Lebensmittelbuch-Kommission 81, 133

- Lehrbücher, Rezept- und Kochbücher 83
- normative Bestimmung 81
- Verbrauchererwartung 13, 15, 80
- zeitlicher Wandel 83

Verkehrsbezeichnung 53, 56-59, 66, 81, 95, 158
- Beschreibung eines Lebensmittels 57
- Flugente 57
- Fruchtnektar 57
- Handelsmarken 58
- Importerzeugnisse 58, 179
- in Rechtsvorschriften festgelegt 56
- Konfitürenverordnung 56
- Richtlinie 97/4/EG 58
- "Sauce Hollandaise" 59, 158
- Süßungsmittel 57
- übliche Bezeichnungen 57
- verbindliche ergänzende Angaben 57
- Wahlmöglichkeit 58

Verkehrssicherungspflicht 9
Vernehmung 167
Verordnungen 142, 146-152
- Durchgriffswirkung
- Sperrwirkung 142
- unmittelbare Geltung 142

Verordnung über Herkunftsangaben 147-151
- Anforderungen an den Antrag 148
- Einfache Herkunftsangaben 149
- Gattungsbezeichnungen 149
- Geographische Angaben 149
- kein Ausschließlichkeitsrecht 147
- "Mozzarella" 151
- Ordentliches Verfahren 148
- Parallelität des Kennzeichnungsschutzes 150
- Regelungsübersicht 147
- Schutzgegenstand 149
- "Turròn de Alicante" 151
- Ursprungsbezeichnungen 149
- vereinfachtes Verfahren 148
- Verhältnis zum Markenrecht 150
- Verzeichnis 148

vertikale Rezepturvorschriften 53
Verwarnung 161-162
- Bagatellverstöße 161

verzehren 2, 16
- Injektion von Stoffen 2

Vitamine 4, 5, 60, 68, 103
- suboptimale Versorgung 4
- Vitamin C 4, 36, 60
- Vitamine A und D 37, 60

- vitaminhaltig 103
- Vitaminmangel 4
- Vitaminpräparate 5
- vitaminreich 103
- Vitaminstofflieferant 50
- "Vitaminzusätze" 141

vorläufiger Rechtsschutz 132
Vorrangprinzip 131
Vorsatz 170

Warenmodalität 134-135
Warnhinweis 16, 46
Warnung 122-126
- AGLMBG BaWü 122
- Anordnung 123
- Empfehlung 125
- Entscheidungsverfahren 124
- Erforderlichkeit 126
- Geeignetheit 126
- Gefahr 123
- Gefahr im Verzug 125
- Gefahrendiagnose 124
- Gefahrenpotential 126
- Gefahrenverdacht 124
- Gesundheits- oder Lebensgefahr 123
- Hinweis 125, 126
- Kommunikation 124
- konkrete Empfehlung 125
- landesrechtliche Vorschriften 122
- Produktsicherheitsgesetz 122
- Risikolage 124
- subsidiäre Befugnis 125
- ultima ratio-Maßnahme 125
- Verhaltensweise 126
- Verhältnismäßigkeit 126
- Warnung 125

Werbung mit einer Selbstverständlichkeit 74, 102
wertgeminderte Lebensmittel 78, 79-86
- Abweichende Beschaffenheit 84
- Beschaffenheit 84
- Brauchbarkeit 85
- Genußwert 85
- Kenntlichmachung 86
- Nährwert 85
- scheinbare Verbesserung 85
- Wertbestimmende Faktoren 84
- Wertminderung 84

Wirkaussagen 97
- Beweislast 97
- Erkenntnisse der Wissenschaft 97
- wissenschaftlich nicht hinreichend gesichert 97

Wirtschaftskontrolldienst 166
Wirtschaftsverbände 82
WTO 129, 130
- Codex-Alimentarius 130
- DSU 130
- freier Warenverkehr 129
- SPS-Übereinkommen 129
- TBT-Übereinkommen 129

„**Yves Rocher**" 136

Zuckeraustauschstoffe 37, 46, 57, 65
Zusatzstoffe 2, 7, 33-50, 64-65, 73, 75, 87, 88, 103, 141, 144
- allgemeine Verkehrsauffassung 35
- Aminosäuren 37
- beeinflußt 34
- Beschaffenheit 34
- den Natürlichen chemisch gleiche Stoffe 35
- Eigenschaften 34
- Enzyme 41
- erläuternde Angaben 64
- ernährungsphysiologischer Verwendungszweck 35
- erzeugen 39
- Freiheit von 103
- Genußmittel 2, 36
- Geruchswert 36
- Geschmackswert 36
- gleichgestellte Stoffe 36, 38
- keine Zusatzstoffe 35
- Kennzeichnung 64
- küchenmäßige Zubereitung 41
- Mikroorganismen 41
- Nährwert 36
- natürliche Bestandteile 34
- natürliche Herkunft 35
- objektive Zweckbestimmung 33
- Spurenelemente 37
- Süßstoffe 37, 47
- Süßungsmittel 46, 57, 65
- technische Hilfsstoffe 39
- Überwiegen 35
- Verkehrsverbote 39
- Verwendungsverbot 38
- Vitamin C 36
- Vitamine A und D 37
- Wirkungen 34
- Zuckeraustauschstoffe 37, 46

Sachverzeichnis

- Zulassung von Zusatzstoffen 41
- Zusatzstoffe erzeugen 38
- Zusatzstoffverbote 38
- Zusatzstoff-VerkehrsVO 49
- Zusatzstoff-ZulassungsVO 42
- zusetzen 34
- Zutatenverzeichnis 65
- Zweckbestimmung 33

Zusatzstoff-Verkehrsverordnung 38, 49
- Reinheitsanforderungen 49
- Trägerstoffe und Lösungsmittel für Zusatzstoffe 49
- Übergangsvorschriften 49
- Zusatzstoffen gleichgestellt 49

Zusatzstoff-Zulassungsverordnung 41-49
- allgemein zugelassene Zusatzstoffe 47
- Aromen 45
- begrenzt zugelassene Zusatzstoffe 47
- Bier 45
- carry over-Prinzip 45
- Diätetika 42
- diätetische Zwecke 50
- ernährungsphysiologische Zwecke 50
- Höchstmengen 45
- Legaldefinitionen 42
- Nahrungsergänzungsmittel 42
- Nitrit 47
- quantum satis 45
- Säuglings- und Kleinkindernahrung 42, 49
- technologischer Zweck 41
- Trinkwasser 45
- Übergangsvorschriften 49
- umgekehrte carry over-Regelung 46
- Weingesetz 45
- zu anderen als technologischen Zwecken 50

Zutatenverzeichnis 53, 59-61, 65, 158
- absteigende Reihenfolge 60
- im Enderzeugnis 59
- Klassennamen 60
- modifizierte Stärke 60
- QUID 61
- Verkehrsbezeichnung 59
- Vitamine 60
- Wasser 61
- Zeitpunkt der Verwendung 61
- zusammengesetzte Zutat 59, 61
- Zutaten 59

Zweckbestimmung 1, 2, 9, 10, 12, 33
- Objektivierung, Arzneimittelbegriff 12
- Wille des Herstellers 12

Zweitprobe 121